北京盛方咨询集团文化旅游经济丛书

旅游地产开发概论

许豫宏　崔宴芳　著

旅游教育出版社
·北　京·

本书创意研究

李　玲　方　淳　杨增民　贾　伟
胡晓苒　王　鹏　徐婉苏　殷佳莹
聂　尧　赵明哲　张　杨　王　斌
刘　璐　钟乙歌

目录

CONTENTS

盛方之序 …………………………………………………………………… 1

行业篇

旅游地产产业化道路 …………………………………………………… 3
　第一节　产业化构建内涵 …………………………………………… 3
　第二节　竞争力的体现方式…………………………………………… 11
旅游地产成熟模式……………………………………………………… 15
　第一节　高尔夫旅游地产……………………………………………… 15
　第二节　酒店集群旅游地产…………………………………………… 15
　第三节　主题公园旅游地产…………………………………………… 16
旅游地产产品化路径…………………………………………………… 20
　第一节　温泉旅游地产………………………………………………… 20
　第二节　养生(养老)旅游地产 ……………………………………… 22
　第三节　滨海旅游地产………………………………………………… 23
　第四节　湖岸旅游地产………………………………………………… 25
　第五节　流(区)域旅游地产 ………………………………………… 26
　第六节　文化(创意)旅游地产 ……………………………………… 27
　第七节　田园(乡村)旅游地产 ……………………………………… 30
　第八节　古镇旅游地产………………………………………………… 33
旅游地产开发的技术难题……………………………………………… 34
　第一节　项目开发原则………………………………………………… 35

第二节　多元产业发展模式 …… 35
第三节　运营策略 …… 36

学说篇

旅游地产的空间学说 …… 41
第一节　旅游地产选址影响因素 …… 41
第二节　旅游地产空间结构 …… 43
第三节　旅游地产空间布局 …… 49
旅游地产的市场学说 …… 55
第一节　地产与旅游市场 …… 55
第二节　旅游地产市场的现状 …… 60
第三节　旅游地产市场的需求 …… 62
旅游地产的文化学说 …… 67
第一节　旅游地产与文化 …… 67
第二节　旅游地产文化 …… 69
第三节　旅游文化地产 …… 73
旅游地产的产品学说 …… 75
第一节　旅游地产产品特征及注意问题 …… 75
第二节　旅游地产产品开发设计 …… 76
第三节　旅游地产产品的开发类型 …… 84
旅游地产的建筑学说 …… 87
第一节　认识地产建筑 …… 87
第二节　旅游地产建筑的空间组合 …… 89
第三节　旅游地产的建筑风格 …… 93
旅游地产的景观学说 …… 98
第一节　旅游地产景观概述 …… 98
第二节　旅游地产的景观设计要素 …… 103
第三节　旅游地产的植物造景设计 …… 108
第四节　旅游地产的景观小品 …… 113

导则篇

旅游地产开发导则之土地 …… 119
第一节　土地使用权 …… 119
第二节　土地运作 …… 121
第三节　土地流转 …… 125
旅游地产开发导则之交通 …… 129
第一节　中国公路走向资源复合、服务综合 …… 129
第二节　旅游公路 …… 131
第三节　旅游风景道 …… 133
第四节　智能交通 …… 136
旅游地产开发导则之游客 …… 139
第一节　游客需求配比看城市特质 …… 139
第二节　游客消费增量看整合路径 …… 144
旅游地产开发导则之功能 …… 149
第一节　旅游地产功能 …… 149
第二节　景区露营的功能 …… 152
旅游地产开发导则之业态 …… 159
第一节　度假地产业态 …… 159
第二节　商业商务地产业态 …… 163
第三节　其他地产业态 …… 166
旅游地产开发导则之产业 …… 169
第一节　旅游地产开发的产业集聚 …… 169
第二节　旅游地产开发的产业融合 …… 171
第三节　村镇旅游模式中的产业链价值 …… 174
旅游地产开发导则之运营 …… 182
第一节　旅游地产项目运营模式 …… 182
第二节　旅游地产物业运营模式 …… 184
旅游地产开发导则之营销 …… 192
第一节　目的地营销 …… 192
第二节　三地营销模式 …… 196
第三节　旅游地产目的地营销渠道策略 …… 198
旅游地产开发导则之投融资 …… 203

第一节　旅游地产投融资渠道 …… 203
第二节　旅游地产投融资模式 …… 205
第三节　旅游地产证券化 …… 212
旅游地产开发导则之保障 …… 215
第一节　政策保障 …… 215
第二节　服务保障 …… 217
第三节　其他保障 …… 220

经验篇

行业观点 …… 227
顾问观点 …… 250
案例观点 …… 272

附　录 …… 291

盛方之序

盛方旅居图是我和我的规划设计团队在鏖战旅游地产项目、尤其是规模旅游地产项目咨询顾问的过程中，提炼与凝铸出来的一种表达方式。通过一种图解与图示的手段表现旅游地产的复合竞争力，是国内旅游地产行业的首创和科学阐述。提出盛方旅居图的初衷，是通过一种立体的结构来阐释一种行业的产业化历程与未来产品体系的理想结局。

盛方旅居图

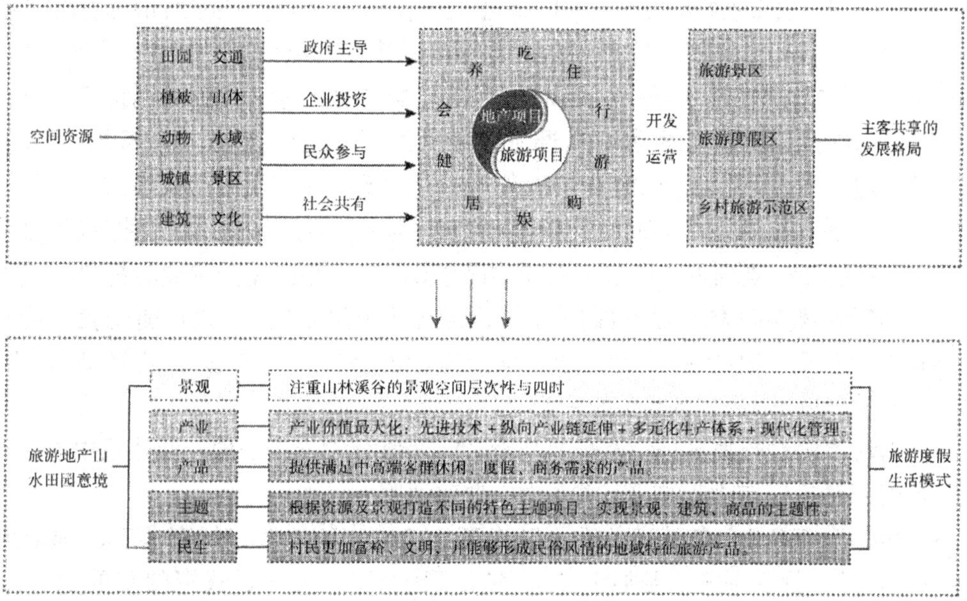

旅游地产作为时代特征的一种产物，已经或者正在成为一种新兴的行业，甚至是一种综合价值不可估量的产业经济模式。但因为区域发展的需求、企业利润的驱动、开发主题的多元等因素，需要不断深入的研究和探讨一些制约发展和规范行业的关键性问题。

为此，盛方旅居图的科学阐述就是从行业实践的潜移默化中不断成熟，最终成为一种经过实践检验的成功、科学的行业理论体系。但是由于旅游地产行业观点的多门类、产业经济的无体系，使得我们很难用一种权威的语言来具体的讲述。同时，对于我们这种更加注重实践和实际指导价值的咨询顾问团队来说，不愿意深入到行业理论的争执，只是探索并且指导一个又一个的规模旅游地产项目走向成功，推动一个又一个的旅游地产开发企业走向成功。

我们从近些年来，各个行业报刊、杂志、论坛、会议等对旅游经济学者、著名的城市战略与旅游地产规划专家许豫宏教授的数百次行业专访中，摘取了一些成熟的内容来进行编拟，形成盛方旅居图的合理注解，并将专访的内容整理出来予以成文，希望能够为中国旅游地产行业快速发展或者关注中国旅游地产规则的热心读者提供借鉴。

1. 记者：旅游地产的开发越来越受到社会各界的重视，那旅游地产的内涵与外延怎么来界定？

许豫宏："旅游地产"的说法不是一个新名词，实际上是与旅游景区开发相伴而生的，其内涵与外延具有时代的特征。传统的旅游地产是指一个区域在实施旅游景区开发时围绕吃、住、行、游、购、娱等基本的配套要素建设一批必要的功能设施，使得游客在体验旅游产品的同时能够实现旅游的综合服务价值。而我们现在所讲的旅游地产已经远远超越了以上的内涵与外延，这种时代特征其实已经成为"旅游 + 地产"的两个驱动力行业的一种复合旅游产品，从内涵来看，旅游地产是集投资与消费于一体的新型物业模式，是以旅游度假为目的，通过整合规划设计、开发建设、专业策划、市场营销、网络管理等各个环节，把旅游业与房地产业相结合的一个全新产业模式。从外延来看，作为旅游业和房地产业的完美结合，旅游房地产兼具服务性、经济性、灵活性和投资性的联动需求，既满足了旅游度假者的游憩需求，为部分投资置业者提供了新的投资渠道，同时也为区域产业发展提供了融合与共生的空间，比如目前比较流行的"世界级旅游项目 + 地产模式"已经成为旅游地产的重要开发理念，成为区域城市空间与产业经济价值体系中最重要的一张名片。

2. 记者：旅游地产其实是旅游行业与地产行业融合发展在中国产业体系中的一种特色，那能否对旅游与地产的业态关系做一些表述呢？

许豫宏：旅游与地产的业态关系可以从四个方面来阐述：从市场需求来看，旅游地产实现了人们旅行生活中行与居的结合，满足了消费者对休闲与投资的双重追求，因此具有充分的市场潜力。随着消费水平的提高，人们希望在旅途中不仅感受到"居"的舒适，也希望融进"行"的特色；不仅追求"行"的休闲和浪漫，也追求"居"的安逸与理性；旅游者已不仅仅是一个满足其休闲需求的消费者，同时也成为投资者，和开发商、销售商、分时度假交换公司等一起组成一个复杂的、多元的利益链条；从企业推动来看，旅游地产则是房地产向旅游逐步渗透、旅游对房地产更加依赖的结果，是两个行业逐步融合的需要。从房地产行业来看，整个行业竞争加剧，传统投资领域已基本饱和，特别是主流房地产开发领域的机会越来越少，于是越来越多的开发商将目光转向旅游业寻找新的商机。从旅游行业来看，国内旅游从以观光旅游为主，逐步向休闲度假过渡，休闲度假已经成为人们的普遍的生活方式，而对于休闲度假旅游而言，房地产在旅游供给环节中所占据的地位更加突出；从政府管制来看，房地产行业受宏观调控和金融政策的影响较大，政府对投资局部过热的住宅市场实施了调控政策，加强了总体控制。而相对于旅游地产的管制较宽松，是发展的有利因素；从外部环境来看，汽车在家庭的普及、城际高速列车公交化的发展、廉价航空产品的推出、高速公路的建设等，都扩大了人们日常生活的半径范围，城际距离正在变短或消失，这也是旅游地产热的客观外部条件。

3. 记者：从现实发展来看，旅游地产的市场前景勿庸置疑，但是，某一个时期以来，旅游地产被借名或者已经成为一些房地产企业“圈地运动”的代名词。怎么看这种现象的存在？

许豫宏：这种现象确实存在，并且是行业当中需要关注和逐步解决的难点问题。这种现象我觉得可以用“真心实意做旅游，关注民生做地产”来面对政府的招商工作以及地产开发商的商业行为，区域发展正在走向政府主导、企业参与、市场运作、政策支持的立体轨道。在这种背景下，利益的多元需求，肯定会出现诸多的行为变化，解决的途径我觉得应该从四个系统入手：一是政府主导的政策执法行为系统，要把政策底线和投资交换的条件约定清晰；二是企业开发的行业准入规范系统，要把商业利益和社会责任的要求规范清楚；三是资源权属的共同体利益系统，要把区域开发所涉及的各方的利益界定清楚；四是生态环境的综合要素支撑系统，要把环境保护和生态再造的责任划定清楚。

4. 记者：作为旅游地产的咨询企业，面对这个快速发展的行业和产业经济模式，从技术角度和创意角度能够提供的系统服务有哪些呢？

许豫宏：从系统创意方面来看，需要一个旅游地产咨询报告的成果体系：旅游地产咨询报告一般是解决旅游地产开发前期，基于市场角度考虑的项目定位、产品、开发运营模式、商业模式等问题。旅游地产所选项目一般都在城郊或风景区内，都不属于城市规划所覆盖的范围，属于“空降式”的开发，所以需要重新制订一套完整的规划成果与城市开发进行衔接。旅游地产所服务的对象一般是开发商，由于开发商对旅游地产报批和后期运营等问题的了解程度参差不齐，所以整个咨询过程会出现N个阶段和N个成果，每个阶段解决的核心问题都不同。经过多个案例的实践，阶段成果基本上存在以下几种形式。取地阶段：一是由开发商取地前企业内部的决策需要而产生的项目决策咨询报告，主要通过定位（总体概念定位、市场定位）、土地现状分析（确定红线、现状指标描述——土地性质、居民、地面附着物、可利用或保护的资源情况等）、空间建议（对现状土地和资源梳理后的空间布局建议）、项目时序（概念性项目和开发时序建议）、综合测算（得出总体投资额度和产出时序）、运营策略（为项目整体开展和实施服务，从经营的角度提出后期管理和运营的建议）。二是开发商内部已经决定进行开发，在与政府商讨项目思路时而产生的项目概念性规划，此成果主要是以效果图的形式展示开发商对项目的一种构想，同时配上定位、项目和土地指标方案等。三是正式启动项目需要做的项目前期策划，开始从市场的角度寻求准确的项目发展定位和方向，以及系统的策划产品、创意开发模式和商业模式，得出经济技术指标和投资估算，指导随后用于土地报批和项目立项的系列规划。

5. 记者：从实际工作来看，投资商或者说是地产企业在进入一个旅游地产项目开发以后，需要关注的核心问题和需要注意的关键环节有哪些呢？

许豫宏：投资主体介入旅游地产开发，除专业团队提供咨询服务外，自身需要对旅游地产有所认识，以增强对项目的判断力和决策力。比如地产开发商要对国家的政策进行研究，通过对区域发展政策的研究，明确国家大的区域发展走向和国家支持的重点区域，从而进行投资方向的初步选择。对土地的升值渠道预测，开发商自身必须了解未来投资土地的升值空间和渠道。初步了解旅游与地产的切割模式和常规分配比例。搞清楚土地流转方式，考虑和土地有关的三农问题，即如何解决农民的生活方式和生存方式，从而实现和谐、共同发展。该点是旅游地产开发必须解决的根本问题。对度假旅游产品和旅游吸引物的理解，比如非地产开发商，如制造业、传媒业等投资主体，首先必须把房地产开发的功课补起来：引入房地产行业资深人才、研究房地产政策、法律法规、房地产项目开工建设报批取证、房地产市场研究、市场购买力的研究、房地产的物业分类和配比、销售通道的建立。对地产开发有了一定的认识后，还需要对上面第一部分谈到的要素有所了解。

6. 记者：严格意义来说，旅游地产能否顺利开发，是政府、企业、消费者三者之间需求结构往复变换的制衡结果，就这点来说能不能谈一谈你们的看法？

许豫宏：从政府角度来看，旅游地产是城市形象区和城市第三产业发展的承载区，是展示城市吸纳力和衡量中高消费群体多次往返效率的一个重要要素，具有投资大、回收期长的特点，所以政府会为其发展配套相应的财税和土地政策。从开发商的角度，旅游地产是企业突破城市地产高成本快回收的运营模式之外的平衡出售持有物业关系的新型商业模式（除城市综合体之外）。同时介入旅游地产是为了通过低成本的土地进行房地产开发，但同时也需要承担一定的社会功能和运营压力，首先必须解决购房人群的问题，也就是除地产之外的旅游项目的吸引力问题。从消费者角度来看，旅游地产是城市化大跃进时代人类内心想要回归的一种生活方式，一种能把休闲引入生活的地产存在方式。大家都渴望自己居住的地方有高尔夫、温泉、运动场、休闲餐饮街等设施。渴望那里有更多的绿色、更多的运动场、更多的开放空间、更多的参与项目。旅游地产的实质就是城市功能的一种必然延伸，是传统开发商产业链延伸的重要方向，是国人消费力增强、生活休闲化的一种物质表现形式。

7. 记者:对从事旅游地产开发项目咨询的专家来说,案例就是一种资格和资本,请给读者谈谈您在咨询过程中的精彩故事,也请你谈谈怎么保持实现不断的精彩结果。

许豫宏:其实对我来说,成功案例的说法只是一种相对的概念,因为旅游地产企业集团利用我的一个理念、一个创意成果,可以进驻 100 个城市或者区域复制 100 个同类产品,但是我和我的团队进行旅游地产咨询就复杂得多,因为你要面对很多旅游地产开发企业创意出具有排他性的唯一技术成果,换句话说,我面对 100 个旅游地产企业,要做出 100 个完全不能也不可复制的产品。所以,所谓资格和资本只能说是一种阅历和经验,所谓的精彩和经典只能说是不断创新过程中的不断创新。几年来,我带领我的规划设计团队曾经为国内 100 多个旅游地产开发项目做过资源评价、市场调研、开发方案、战略策划、规划设计、品牌创意、政策研究等成果咨询,为全国 1 000 多家旅游地产开发企业的各个层面人员做过技术培训讲座。对于如何实现不断的精彩,我觉得在诸多项目的运营过程当中,必须做到五点:核心技术的不断破题是永远的制胜策略;资源环境的准确把握是永久的成功奥秘;土地相关的利益设计是永恒的战术主题;开发节奏的科学合理是永续的价值体现;除此之外,诚心诚信的处世之道是我永生的专家信仰。

8. 记者:应该说团队建设是旅游地产咨询能否成功的关键,这其中不仅仅是需要一种技术的能动作用,更需要成员的主动服务。请你谈谈你经常引以自豪的"狼性团队"。

许豫宏:我和我的团队进入专业的旅游地产领域,并为诸多企业提供全程咨询服务,算起来也就是五年前的事情,只有五年时间的历练应该说仍然是一个非常年轻的团队,之所以在行业里知名度很高,归结起来有六点经验:一是我们是从专业的旅游规划转型过来的,所以有旅游行业咨询的经验和实力;二是我们是从专业的城市和区域战略规划中走来,并做过全国 60 余家城市的产业发展规划;三是技术成员虽然年轻,但是专业互补性非常强,综合技术实力堪称一流;四是团队建设方面不仅有效地解决了所有加盟成员的成长机制与递进需求,同时通过"周头脑风暴"、"月沙龙竞技"、"季练兵评比"等模式形成咨询行业的"狼性团队";五是客户服务方面秉承做到"成果制作的圆满完整与全程难题的热心服务"的工作标准,真正形成了旅游地产咨询的全过程服务系统;六是与国内行业的品牌公司实施嫁接和战略合作,使得旅游地产咨询真正走向专业化,尤其是在为客户服务的难点与焦点问题上能够联合业内同行的咨询公司一起进行合作。在这一点上,我们有过联合作战的经验和组织能力。比如我们在天津诸多委托项目规划中和天津市城市规划研究院联合作业;在大连诸多项目规划中与大连城市规划研究院融合作业;在郑州雁鸣湖旅游地产项目规划过程中,曾经联合国内外 13 家规划咨询机构共同解决难题问题;在辽宁汤沟国际温泉度假区项目中和清华大学的多个规划设计团队进行合作等。

9. 记者：你在天津滨海新区旅游地产开发专题培训讲座中，曾经把新生活方式的需求作为中国旅游地产快速发展的市场支撑力价值来阐述，能不能提纲挈领地给读者阐述你的理念？

许豫宏：旅游地产与新生活方式的联姻是经济社会发展的需要与人们生活本能的需求。总结我主持规划过的一些中国知名旅游休闲城市，如天津市、大连市、杭州市、宁波市的成果经验，我觉得可以从以下几个方面来表达这种支撑力的价值：首先文化特色和区域内涵个性突出。过去传统的山林湖泊、历史遗迹等旅游景区景点资源不能代表现时代的休闲产业产品，而是要将休闲资源与地域文化结合形成城市自己的文化特色。有了文化才有内涵，旅游地产才具有综合竞争力和长久吸引力。其次创意产品和休闲业态价值多元。创意可以给旅游地产带来活力。必须摒弃过去千篇一律的休闲模式，更加推崇创意性的休闲，以满足人们的个性化、多元化休闲需求。再次休闲心态和日常生活融合一体。只有业主拥有日常化的休闲消费习惯，才能形成一个旅游地产项目的休闲氛围，单靠旅游者和过去传统的旅游行为方式是不能做到的。在先进的休闲空间里感觉不到生活的紧张和压力，看到的是居民悠闲缓慢的生活节奏和弥漫在空气中的休闲气氛。最后，生态空间和环境设施形成体系。如生态环境的设计与花园花木的再造，应该成为旅游地产不可忽视、不可或缺的生活空间，这种空间的规划策划可以使不同阶层的人们能够共同享受阳光、绿地，并有机会互相交流，构成和谐温馨的休闲气氛。

10. 记者：规划设计是旅游地产项目咨询服务的核心内容，面对众多的旅游地产开发企业，你觉得规划设计的注意原则和行动导则有哪些？

许豫宏：这个话题应该从两个终端来说，一个终端是专家的"智慧 + 品德"。之所以这样强调，主要是因为旅游地产开发咨询是涉及多专业学科、多政策集成、多途径集合的复合成果体现，专家的智慧结晶是项目能否成功的基础和基点，但是，开发区域范围内各种资源的综合利用与价值最大化体现是核心的要求，那就需要规划设计的专家团队要站在区域发展的战略高度来进行取舍和放大，重点处理好旅游产品打造、现代服务产业融合、地产形态多元、城市城镇空间组合的难点问题。既要保证综合资源有效利用，又要保证避免同质化，更要避免简单抄袭或者复制雷同的项目成果；另外一个终端是"公共利益 + 居民利益 + 企业利益"，利益的均衡体现和客观界定是旅游地产项目能不能顺利推进的制约条件，因为旅游地产项目一般选择在远离城市的生态环境优质范围，而这种环境中的资源通常有两种权属，包括国家与集体所有的公共资源和居民个人所有的权属资源，如何平衡包括国家集体、居民个人、开发商三者利益关系就是旅游地产项目能不能顺利开发的制约条件。在这种前置条件下，就要认真地处理好公共服务空间的规划设计、居民生活方式与生存方式的方案落实、生态环境的保留和综合利用、分期开发的投入产出经济平衡等。

11. 记者问：从你多年的旅游地产项目开发咨询顾问的实践来说，能不能归类提炼出成熟或者是成功的模式呢？

许豫宏教授：旅游地产的开发模式这种说法有些误导读者，其实旅游地产是一种不断探索创新并无模式可以遵循的一种行业。如果说要用"模式"这种字眼来表达的话，我觉得只能说曾经有一些成功的具有典型意义的成熟案例。总结来说，主要有四种案例来表达行业的价值示范。

第一是"城市功能区"驱动下的旅游地产项目：旅游产业的地位与产业经济规模的快速发展，使得旅游地产不仅作为一种新旅游产品进入客源市场，同时也作为一种成功的多产业融合方式进入行业发展领域，并承载一定的城市功能，以此拉动众多国内外规模企业竞相滚动资金开发旅游地产，形成了一个又一个让世人关注的经典案例。伴随着中国城市化进程加快，城市在空间上不断外扩，区域界限逐步消失，在生活需求上，由于城市中心地价的飙升、环境的恶化，使得人们不由自主向城区边缘扩散，从而催生了新的城市空间版图。在这一时代背景下，旅游地产赢得了更大的市场空间和机会，区域资源被置于广阔的地域范围内进行优化配置，使旅游地产价值更大化。同时，旅游地产也逐步成为提升城市形象，改善城市品质的重要支撑，甚至在某种程度上牵引城市空间的发展走向。可以说城市化与旅游地产将逐步体现出"双轮驱动"的并存态势，相互为用。而旅游城市化是旅游作为推动城市化的一种动力，引导人口向城市集中的过程，是基于后现代主义消费观和后现代主义城市观的一种城市发展形式，能够在推动城市化的基础上，进一步合理调整城市空间、改善生态环境和人居环境、提高城市精神文化内涵，从而达到建设可持续发展的宜居城市目标。大中型城市市内或市郊的城市化进程，在没有资源优势的情况下，需要旅游地产在自我营造的旅游氛围中开发地产项目，进行大型旅游项目开发，营造具有影响力、冲击力的旅游景观景区，改善区域基础设施条件和环境质量，靠旅游业的关联带动作用引来人流、物流，将生地变成旅游熟地和旺地，引起景区附近地产升值，再趁势搞地产开发。此类地产开发与旅游景观开发高度融合，地产开发即旅游景观开发，房产本身即是旅游景观的载体或表现形式。景即是房，房即是景，景中有房，房中有景，直接提升住宅的环境品质，增加休闲功能，提高居民生活质量，将旅游地产开发提升到一个新境界。

第二是"产业经济区"提升的旅游地产项目：产业经济区模式是新时期旅游地产开发的方向，主要借助旅游产业的广泛引入，建设一座以旅游业等第三产业为主题经济模式的产业区。笔者在天津城市休闲化咨询中，倡议并提出了滨海旅游产业集聚区、主题公园集群发展区、环城市休闲产业带等运营模式。在大连城市旅游发展过程中提出了旅游产业经济区、度假产业集聚区的运营思路，确立了群岛、群园的产业构建体系，并提出了"运营一体、投资多元、权属对应、业态规范"的机制。在杭州城市旅游产业规划中提出了产业综合体的旅游发展模式，在都市旅游产业西进发展格局中重点进行产业经济组团布局。在宁波城市旅游产业发展规划中则提出了产业基地的旅游发展模式,在提升主题特色旅游产品集聚的同时,突破都市综合服务基地建设。所有这些都将为城市的休闲化进程提供驱动力。目前新城引入旅游产业的现象越来越普遍,这是旅游产业本身的特点以及新城建设的需要二者共同决定的。旅游的发展,可以带动景区及其周边地区城市化,包括乡村城市化和由于旅游资源开发带来的度假酒店业、商业区等城市面貌建筑物的大量建设。这主要体现在三个方面:其一,旅游产业是新城初建的先导力量。新城发展旅游业具备了经济基础优势、城市区位优势和政策优势。主城区旺盛的旅游需求又带来了大量客源,以旅游景区的构建作为新城启动的先导,有利于促进区域基础设施的快速完善,依托旅游项目开展的观光旅游和商务旅游为新城带来了人气,同时也促进了旅游外延产业的集聚,这些都为人口的进一步迁移、城市规模的进一步扩大提供了前提条件。以华侨城为例,主题公园的构建,成为区域的核心吸引力,极大的带动了商业、居住地产,逐渐形成配套完善的成熟社区。其二,旅游产业是乡村城市化的重要驱动力。由于新城多位于主城郊区,结合国内城乡现状,新城的建设带有浓厚的乡村城市化色彩。旅游产业对乡村城市化的驱动力主要来源于旅游业与农业的融合,如观光农业、设施农业的出现改变了农民的从业环境,由单纯的作物种植进入到服务行业范畴,这不但提高了农民收入,同时也极大缓解了城乡差别、城镇居民收入差别导致的二元结构矛盾,为新城的快速发展和社会稳定铺平了道路。其三,旅游产业可以带动城市产业结构升级。成功的新城应该提供满足于社区日常的居住、文化、教育、商业和公众或私人服务的需求,形成相对独立的城市社区,这就要求有合理的产业配置。在产业融合的大背景下,旅游业在产业链的构建中日益凸显其优势,旅游业可以与农业结合,形成观光农业;与工业结合,形成旅游装备制造业;与商业结合,形成旅游商业,如主题商场、美食及购物街区等;与文化、艺术产业结合,形成演艺、文化体验;与医疗产业融合,形成医疗旅游及养生产业等。这些都能帮助新城形成新型外延产业聚集,同时产业结构升级又为新城发展注入巨大活力,带来新城空间化延展、规模化扩张及城市生活方式的提供。

第三是“旅游小城镇”发展起来的旅游地产项目:“旅游小城镇”的开发核心在于不仅仅要解决农村剩余劳动力的转移,同时要关注小城镇产业体系的建设和吸引力与消费力的提升。所以,小城镇的建设与发展,主导思路应该是提高消费能力和吸引消费的能力。关键在于要挖掘这个小城镇的历史文化遗产,张扬这个小城镇独具特色的自然风貌,扶持这个小城镇几千年来赖以生存发展的特色产业,如手工业、餐饮业等。发展旅游小镇,可以增加新的就业岗位,为农村富余劳动力向非农产业和城镇转移创造条件,促进农业和农村产业结构调整,带动农村第三产业的迅速发展,繁荣农村经济、增加农民收入、提高农民生活水平。旅游地产已经成为中国旅游小镇开发主要动力之一,将旅游小镇开发与城市经营全面结合起来,是形成政府资金来源和企业利润的关键。一方面,小城镇的建设,国家给予了大量的资金及土地等政策支持措施,特别是小城镇的土地,不仅仅为国有土地开发,还为集体土地流转开了口子,是一个地产领域的缺口;另一方面,小镇开发中,房地产价格非常低,本地居民购买力不强,商业性房地产企业不太有兴趣,但对旅游地产则意味着巨大的商机——因为旅游房地产的卖家不是本地居民,而是全国各地的度假游客和度假房地产投资人。开发商以低价获取的小镇土地为依托,面向全国乃至国际销售风景旅游地的度假物业,利差极大,一旦销售成功,获利丰厚。旅游小镇的发展要素如下:要制订清晰的产业发展战略;要设计旅游吸引力动力机制,即小镇的吸引力是什么;要规划旅游小镇的功能及布局;要整合小镇的旅游资源,策划具有小城镇和旅游双重功能的项目;要做好小镇的景观规划,打造旅游小镇的景观吸引力与休闲度假环境;设计政府功能与商业功能相结合的运作模式。将旅游小镇开发与城市经营全面结合起来,在大理古城、丽江古城、阳朔西街、凤凰古城等地已经得到实践,并走在了全国旅游地产的前列。大规模、高水准的旅游启动使区域具备完善的市政基础设施,而且资讯商贸发达,很快成为区域内最佳的人居社区和商贸办公中心,以此为发展核心向外辐射,逐渐扩散到与旅游业、文化产业、房地产业、娱乐业等相关的产品生产、销售和服务领域,形成一套完整的综合产业链条,创造出巨大的经济附加值,以城乡互动休闲体系构建起中国式的旅游小城镇。

第四是"乡村旅游综合体"开创的旅游地产项目:从2005年提出新农村建设战略方针到如今,大江南北涌现出了许许多多的典型和模式。其中以旅游为产业转型和经济驱动的乡村旅游综合体最为普遍,其存在原因主要有战略和战术两个层面。从战略来说,一是借势旅游顺应国家发展方式转变。未来十年是国家发展的重要战略机遇期,中央把转变发展方式确定为工作的主线。从国家战略的角度来看,在这个历史转折时期,着力推进发展方式转变需要一系列的新突破口。而旅游恰恰因其特殊的战略性,面临新的历史性选择,能够也应该成为国家战略转型的一个重要切入点和突破口;二是发展经济形成以旅游产业为主导的新农村建设。新农村建设首先必须发展经济。经济的发展,恰恰需要打破农业产业的界限,把农业产业与二、三产业结合起来。旅游产业横贯一、二、三产业,是各个产业的胶合剂,旅游产业为主导的新农村建设是新时期新农村建设的重要手段;三是平衡三方,实现农民致富、政府满意、投资商获利。在为地方造福的大格局之下谋求企业自身的经济利益,才是企业发展的根本所在。从战术上来说,一是选好区位拿大地块,最好实施整个村一级开发和运营。房企只有拿到大的并距离中心城区一个半小时车程之内的地块,才能借助目标房产的区位、交通等方面的优势,有系统地开发内部生态完整的综合地产项目,企业才能在拆迁安置之余取得预期收益。二是村容村貌建设与产业发展相融合。以旅游的视角,审视农业产业转型,大力发展高效农业、休闲农业、商贸农业,实现耕地资源集约化利用、多元化经营、建立产销通道;实施村容村貌整治,以旅游配套设施的要求进行统一规划设计,并引导农民经营农家乐、民俗等,促使部分农民融入旅游产业系统。三是旅游服务型地产与居所型地产结合。根据项目所在区域的旅游资源品质属性和未来旅游发展蓝图构想,科学配比旅游服务型地产与居住型地产。本文所指的旅游服务型地产是指旅游酒店、农庄、度假村、商业购物设施等。居所型地产是指以居住功能为主体的传统地产,包括居住小区、产权式酒店等。最后,还需要会聚多方智慧全方位高起点规划。以旅游为主导的新农村建设涉及旅游产业、农业产业、房地产业等多方领域。

12. 记者:旅游地产项目开发,尤其是规模型旅游地产项目的开发很重要的一个问题是多种开发思路的整合与提升,那么,如何很好地解决旅游地产项目开发过程中的一些关键点与核心点?

许豫宏:这个问题是旅游地产项目能否成功开发并且成功运营的十分关键的要素,旅游地产项目的开发与运营是一个十分复杂的系统工程,涉及资源序列的方方面面,涉及投资融资的多种渠道,涉及产业体系的复杂背景,涉及利益各方的整合复合,涉及政策经济的机制体制等,为此从我和我的规划设计团队的实践来说,可以从以下几个方面来具体把握与调整策略。

策略一是注意多元业态创意:对城市的公共休闲空间和休闲生活进行关注,打造休闲业态的集中区域。如城市商业、城市商务、城市会展、城市娱乐、城市餐饮、城市文化等的业态集群;在产业集聚的同时,要注意和引领产业与公共服务空间的融合,如城市的步行街、步行区及宁静的广场、绿地、花园的一体规划与运营相统一;要加强城市传统风貌的保护和城市格调的保护,为城市休闲化发展提供良好的人文特征;要注重重点休闲载体建设。例如城市公园和市民广场,城市公园和市民广场是地域文化的集中表现方式之一,也是多数市民日常休闲活动的首选区域;如中央商业游憩区,结合休闲娱乐、商业活动、饮食、文化等产业元素,凝聚城市休闲气氛;如临水城市的滨水休闲带,它是城市休闲的亮点和重点,同时也是生活质量的体现点和提高点;如休闲餐饮体系,要构造主体吸引物,包括酒吧、茶座、地方美食等;如娱乐体系,要特色突出,形成一个多层次的业态构成;如健身体系,要方便齐全,包括运动场馆、水疗保健、高尔夫等;如文化体系,要体现时尚与综合,主要构成有图书馆、博物馆、多功能电影院,以及商业街、创意街区、shopping mall 等。

策略二是强化绿色生态修复:绿色山水、生态田园往往是旅游地产开发的独特卖点和核心吸引力,是旅游地产项目开发成功的基础和前提。归类起来主要有:①出入便捷的生态观光路,在旅游地产的横穿区域打通一条生态环境良好、视野开阔同时道路等级高的旅游观光和体验路;②建立绿色隔离带,以实现旅游地产区域与周边一些传统项目的生态隔离;③生态水体景观环境的再造,以及水岸景观和休闲设施的建设,整体营造环山绕水的优美环境;④对荒山裸地进行植树造林和景观治理,提升各种经济林种植面积和适宜种类。将已经存在的林带扩大成林和产业种植区,通过科学引导和体验产业的战略定位，形成具有典型示范意义和高附加值的特色生态产业区；⑤对农田景观进行大地景观设计，形成具有特色的田园景观生态，各设施的造型及颜色均考虑整体环境的调和效果，而景观上配合生态资源做出最适当的建构。

策略三是引导综合政策扶持：可以利用的政策集成：①旅游度假区政策，所在地政府可以给予贷款贴息或以奖代补扶持，3 年内减半征收市政公用设施配套费。同时，在安排国债资金、财政贴息或补助资金时，享受其他经济主体同等的政策，给予适度的税费优惠；②新农村建设示范工程。国家和省级政府对新农村的建设有比较多的鼓励和优惠措施，国家农业部每年有固定基金对“新农村建设示范点”进行相应的奖励和宣传；③农村公路建设（国家补贴和国债工程）和旅游公路（非干线）建设（国家旅游局、吉林省旅游局）工程。国家旅游局和省级旅游局重点对基础设施，特别是旅游公路建设具有较大支持力度；④国家 2010 年民生工程的资金补贴以及国家发改委批给各地都有鼓励民生发展的支持资金；⑤设施农业的推广政策；⑥江河湖海水源保护以及涵养林造林工程政策以及生态堤防建设资金；⑦国家鼓励农村沼气池和节柴炕灶利用（国债补贴、省补贴）以及自然村屯自来水改造项目（国家），按照年度自来水改造实际情况进行一定补助。

策略四是拉动空间功能转换：一个旅游地产项目的开发有时因为周边的一条路、政府的一条法规、区域的一个村庄而改变了整个发展格局，如何在限定条件下或突变情况下寻求突破点，并快速反应猎取新的发展思路和空间，成为项目成功的关键所在。笔者带领《泰山风景名胜区旅游产业发展规划》项目组进驻泰山深度调研后，通过权衡中国风景名胜区保护与开发的关系、泰山与泰安城市的关系以及鉴于中轴线千百年来已形成的文化格局，提出了“一轴两翼一环线”，即提升中轴线，扩展两翼，贯通沿山大环线的大泰山旅游产业空间发展战略。从实践效果来看，此空间格局的创意，首先有效地解决了中国风景名胜区如何坚持保护与开发并重的原则；其次从产品上有效地解决了泰山如何在未来的休闲度假时代继续引领中国旅游走出中国、影响世界的国际竞争力问题，也为泰山从百年来的单一中轴线旅游走向两翼共同发展，形成“双轴驱动、两翼扩展”的大泰山旅游格局，构建了目的地的复合旅游产品；最后，规划创意的作用于环山旅游观光的景观大道是具有国家意义的“中国国山风景道”，这个举措既有效地保护泰山避免城市化的开发侵扰，又把环山旅游景观价值最大化，同时也成为泰山与泰安山城和谐发展的标志与表现。随着泰山环山风景道、西翼旅游综合服务区、东翼《封禅大典》大型实景演出、汉武帝封禅御道及古镇文化创意园等大型项目的落地运营，2010 年将是泰山走向全域化产业布局、大泰山旅游格局、目的地旅游产品、国际化品牌价值的丰盈时期。

策略五是利益驱动土地流转：土地资源的有效流转是旅游项目落地的重要保障，在旅游开发中怎样才能使农民、企业、政府的土地利益维持均衡，在苏州市虞山尚湖旅游度假区项目开发的过程中,采用的土地流转利益共享战术很好地解决了这一问题。按照旅游区发展"进三、优一、退二"的产业导向,对不符合旅游区发展要求的工业企业(主要指非农、非涉旅企业)实施"退区进园"。工业企业搬离旅游区内的工业用地,迁入工业园区内,享受优惠的产业政策和良好的功能配套。收回的土地用于旅游发展,实现土地空间置换。申报国家、省或地市级重点扶持或旅游示范项目,取得上级政府在土地上的支持。依托国家各大部委支持方向,根据经济区产业发展需要,可从多角度申报项目,如:当代江南文化示范基地江南文化艺术中心——国家文化产业示范基地;常熟古琴艺术中心——国家级非物质文化遗产的保护和继承;江苏省硒茶产业园——江苏省农科院合作重点试验项目;中国风景名胜区保护与开发论坛会址——中国风景名胜区的研讨交流基地等。整理农村集体建设用地,盘活存量土地资源。比如通过"减法"将旅游经济区内部分农户搬迁出去,腾出的宅基地可以置换为旅游项目的建设用地指标;比如清理农村集体建设用地,成立农村土地股份合作社,所有者以地折价入股,介入旅游开发获得相应收益。比如置换宅基地功能,对民居进行改造,农民在自愿的情况下直接或间接(土地入股)介入旅游经营,获取收益。合理流转农、林用地,实现农业规模化经营、促进土地集约化利用。保持土地性质不变,引导特色农业规模化、特色化生产;旅游经济区内地块置换,达到占补平衡。农民、企业、政府在土地流转的过程中共享了利益,保障开发商快速启动项目,促进了项目落地。为虞山尚湖旅游区成为"山水城"一体发展、复合多种产业的全国知名旅游区打下了坚实的基础。

策略六是主题特征有效运用:旅游地产的开发愿景主要是以休闲度假游客为主,大多建在滨海、山川、湖泊等自然风景区附近。选址远离市区,交通便利。而且分布很广,辐射范围遍及全国各地,向旅游者们传达不同区域、不同民族丰富多彩的地域风情、历史文化等。度假酒店经营季节性强,对娱乐设施要求较完善,突出个性化服务。在设计风格上返璞归真,讲究人与自然融合,努力为住客创造休闲放松的环境。所以主题化成为核心的开发理念。主题特征的运营方式主要有:①强调生态环境主题化。地理位置远离城市、交通便利,主要建于滨海、山野、林地、峡谷、乡村、湖泊、温泉等自然风景区附近。度假酒店与大自然有着密不可分的联系,它多处于环境优美的生态敏感地带,讲究人与自然的融合,注重给予旅游者一种度假的心情与情调,达到与现实生活的短暂隔离,和自然风光亲密接触,实现自然、人文与时尚生活的完美结合,呈现度假酒店独特的风格与个性。②强调生活方式的主题化。拥有完善且独立的生活配套设施和综合性的游憩、娱乐服务设施。度假酒店的主诉求,就是为游客提供多样化服务、多类型休闲及娱乐服务。旅游地产不只是单纯提供食宿的驿站,更是要为旅游者创造一种全方位的休闲生活经历。这种经历往往在与它所处的极致自然环境产生共鸣时显得更加丰富,并容易让旅游者产生一种场所感和归属感。从居住的角度看,犹如多个设施完善且相对独立的居住单元体的集合。③强调人文服务的主题化。服务理念更注重营造人文归属感。在服务理念上除了给游客营造一个“家”的舒适感觉外，更注重于人文关怀，给游客营造一种人文归属感，这不但是一种体验型经历，更能使旅游者离开后仍可回味这种体验。在服务内容上要更为全面与完善。既要加强服务细化，更要注重所能提供的服务项目主次结合，优化服务项目结构，以达到对资源的有效利用。通过挖掘酒店所在地最有影响力的地域特征和文化特质，确定一个有意义的主题文化，以此作为统领旅游地产的核心发展脉络，建设具有全方位的颇具个性的度假氛围和经营体系，从而营造出一种无法模仿和复制的独特魅力与个性特征，达到实现提升酒店产品质量和品位的目的。④强调产品主题的丰富化。产品差异化是吸引旅游者的核心。产品在表现手段上注重综合运用声、光、电等多种形式的高科技设施和技术来包装，以达到在形式上给顾客“耳目一新”的体验。增强活动项目的互动参与性，结合自身区位、资源优势开发游客参与性主题娱乐项目，既给顾客以全新的亲身体验经历，又为其提供了交流的平台，满足了顾客的交际需求。⑤强调物业主题酒店化。投资置业、酒店消费，使旅游与地产形成两个产业、两方面需求的有机结合。旅游与地产结合发展的旅游房地产可概括为：旅游的业态、地产的模式。旅游具有自然资源的不可再生性的特点，开发商既要考虑如何在开发期间既能快速回收投资，满足现金流需求，又要通过不可再生资源的升值为自己预留一些未来收益，同时通过一定的房地产完整产权型销售和酒店管理模式带动升值，并且通过代理完整产权型房产租赁扩大使用价值和投资者收益，达到经营者和投资者的双赢。所以旅游地产投资模式创新应该首先从理念上、观念上进行。

策略七是投资融资途径确立：旅游地产由于存在规模大、投资大、建设周期长、投资回报期长的现实问题，并且受到自然和社会经济、国家房地产政策调控等不确定因素的影响较多，所以必须打破国内银行信贷为主导的单一融资格局，拓展多元的投资融资途径。

许豫宏于北京

2012年1月23日

行业篇

旅游地产产业化道路

旅游地产是由旅游业和房地产业交叉而产生的一门综合性产物，1999 年传入我国后发展势头良好，直到最近几年这一称谓才“流行”起来。不得不承认，旅游房地产作为一种可以实现经济效益和生态资源可持续利用的创新经营模式，在我国发展前景广阔，逐渐成为新的投资关注热点。

随着社会经济的持续发展和人民生活水平的提高，旅游休闲已逐渐成为一种大众化的生活方式，从直观的表象来说，人们拥有的可自由支配的剩余时间正在迅速增加，休闲开始得到主流价值观的肯定和提倡，旅游业态也在发生巨大的转变。这种深刻变革体现在项目开发、旅游购物、交通组织、宾馆饭店等各个领域。未来的旅游项目将在广度和深度上更多地走向多主题、多向度，以一种更趋综合性的面貌出现，并形成开放性的、具有游客集散功能的大型旅游休闲社区。

现代意义上的旅游休闲社区在主题定位、功能布局、旅游形态、空间组合等方面与从前的旅游产品迥然不同。它站在关注人类生活质量、追求人文关怀的高度，以可持续发展的开发理念，着力体现人与自然的全面融合与交流，强调游客的参与性、互动性，彻底突破了单一性景点的构想，将传统的景区概念打破，把旅游休闲的功能分散到社区的每个角落，从而成为既是景区又不是单纯的景区，而是组合了观光、休闲、度假、会展、运动、娱乐、养生、教育、居住等不同功能，它们之间相辅相成、互为支撑和补充，共同组成一个配套完善、个性鲜明的旅居结合的休闲度假胜地。

在“旅游休闲社区”的开发理念中，最突出的三大要素是众多高品质的旅游休闲设施、室内/夜间的大型娱乐中心和旅游景观房产。

第一节　产业化构建内涵

目前，我国开发的旅游地产项目已超过百个，主要分布在北京、青岛、海南、广东、四川、福建等旅游资源丰富的省份。其中，以高尔夫、山地、滑雪为主题的休闲度假物业已超过 80 家；分时度假项目超过 30 家。目前市场上常见的几种旅游地产产品有：文化旅游产品、生态旅游产品、滨水旅游产品及温泉旅游产品。

一、旅游地产走向商业化

旅游地产的出现是市场必然的选择,也是相互促进的良性结构。一般旅游项目的投资收益期都超过15年,但可持续回报时间可以达到50年以上。而旅游地产2到3年就全部收回投资,且可获取150%到400%的赢利,可谓暴利项目。不过,旅游地产虽然以低成本为基础,但必须有人气,没人去的地方不管什么房子都很难卖。

旅游地产的价值与旅客流量正相关,与客源地的交通正相关,和周边风景价值正相关。当前的旅游投资商是以旅游地产投资的收益来补充旅游投资的长期性;而另一面,旅游的人气效应又有力地构成了旅游地产的价值,形成可持续升值效应。而从投资的层面来说,因为旅游地产的操作倚重于经营、投资周期长而被称为难度最大的房地产开发形态。这些都需要操作团队具有极高的专业性,并保有较大的资金储备或完备的再融资渠道。旅游地产的产生是长期持续回报与快速回报,持续现金流与短期销售,低成本土地与高成本配套等相互联结的合理趋势。实际上,低成本的土地是与高门槛的旅游开发相结合的,这里面讨巧的机会并不多。把人气搞上去,就需要进行基础设施、景点、游乐、娱乐、景观、接待等的开发,需要较大的投入。因此,旅游与地产之间互补互助关系非常重要。

二、旅游地产走向主题化

具体来说,旅游地产是一个舶来品,它最早出现在20世纪30年代的法国地中海沿岸,它的丰厚回报所带来的魅力使之从欧洲迅速席卷到东南亚,终于在20世纪80年代末悄然登陆我国沿海地区,并逐步在全国扩展开来。旅游地产是利用旅游区域的景观、生态、文脉及人气资源为开发契机的房地产开发营销模式。旅游地产概念定位为"以旅游资源为核心的地产差异化经营,依赖于稀缺的和为公众所接受的旅游景区为中心,进行地产开发"。一般来说,越是稀有的、唯一的和不可复制的,其经营价值就越高。

目前,旅游地产的商业价值以及经济和社会效益,正在被越来越多的有识之士所重视。随着旅游地产在国内的崛起,中国房地产业以全新的理念,与时代发展同步成长,中国房地产业将面临着大洗牌、大整合,旅游房地产将在一定时期内影响中国房地产业的发展走势,成为中国房地产业强有力的生力军。

在旅游产业快速发展的30年中,形成了传统认识意义上旅游地产的四大类别:

旅游景点地产——主要是指在旅游区内为游客的旅游活动建造的各种观光、休闲、娱乐性质的、非住宿型的建筑物及关联空间。这种房地产的意义在于增加景区的游览内容，提高游客的游览兴趣，进而间接提升其他旅游地产的价值。

旅游商业地产——主要指在旅游区内或旅游区旁边提供旅游服务的商店、餐馆、娱乐城等建筑物及关联空间。以旅游接待为目的的自营式酒(饭)店以及与旅游相关的写字楼等均属此类。另外，旅游休闲培训中心等也与此相关，其客户群体主要针对于企业公司，作为商务会议、员工度假的去处，既可以作为固定资产投资，又为公司员工提供了经济方便的福利待遇。

旅游度假地产——又可称为"第二居所"，主要指为游客或度假者提供的、直接用于旅游休闲度假居住的各种度假型的建筑物及关联空间，如旅游宾馆、度假村、产权酒店、用于分时度假的时权酒店以及养老型酒店等。休闲度假是此类房地产最大的特点，为旅游接待链条上重要的一环，多建在大中城市远郊或远离大中城市的著名风景区附近，或建在旅游资源突出的旅游目的地城市。既依托现有的优秀旅游资源(景区)，又投入休闲度假设施设备的建设，大力营造旅游度假氛围。开发商以为异地置业者提供"第二居所"度假休闲为目的，业主以度假置业和投资置业为目的。

旅游住宅地产——主要是指与旅游区高度关联的各类住宅建筑物及关联空间。这类住宅以为本地置业者提供"第一居所"为主要目的，多建在旅游资源突出的大中型城市市内或市郊。通过依靠旅游资源(自然的、人文的或二者兼有的)条件，如优美的自然风光、主题突出的人文内涵、多种休闲娱乐设施，直接提升住宅的环境品质，增加休闲功能，提高居民生活质量。此类房地产又可分四类，即：直接靠近现有的旅游资源和旅游景区开发景区住宅；在自我营造的旅游景区附近开发景区住宅；与旅游景观开发二位一体的房产开发；以大盘形式出现的综合性旅游房地产开发。

三、旅游地产走向结构化

随着中国旅游地产的迅速升温，目前在市场中常见的几种旅游地产产品有：

分时度假。在全球的稳健发展已经预热了中国市场。为全球分时度假行业提供相关产品和服务的最大供应商 RCI 公司已经与国内的中安达公司签署了协议，意与中国公司共同建设分时度假市场。我国青岛弄海园度假村、北京九华山庄、北京翠宫饭店、京瑞温泉国际酒店、珠海石景山旅游中心、无锡太湖威尼斯花园等 30 个度假村或酒店已经率先加入 RCI 度假交换网络，接待来自全球各地的度假会员。其中青岛弄海园度假村、京瑞温泉国际酒店分别获得了 RCI 总部颁发的金冠奖和国际金奖。

旅游主题社区。旅游主题社区是旅游发展到一定阶段后所出现的一种新型的事物。"旅游主题社区"这一名词最早出现于华侨城集团的内部会议报告中。旅游主题社区是指在旅游区畔或旅游区(如亚龙湾国家旅游度假区内的物业)内，围绕与旅游相关的明确主题(如主题公园、水景、民居建筑等旅游资源)进行生活第一居所和旅游项目的建设，或在住宅项目中增加旅游元素，进而形成的拥有完善生活配套设施的空间群落及地域生活共同体。

根据发展模式的不同，将旅游主题社区归纳为三种类型，即自建型旅游主题社区、依托型旅游主题社区和伴生型旅游主题社区。所谓自建型旅游主题社区，即此类社区的旅游主题为房地产开发商根据自身发展需要，结合市场需求，自行策划开发。所谓依托型旅游主题社区，指此类社区的旅游主题为某种原始的旅游资源（多为自然资源），社区住宅项目地处旅游资源覆盖的范围之内或毗邻旅游资源。所谓伴生型旅游主题社区，则是指开发经营者在注重保护原有城市旅游资源、民居风貌等的基础上，同时开发建设现代住宅小区；或者是在地产项目中设计旅游元素以营造居住社区的休闲生活品质，从而发展成为社区旅游景点。

度假村产品。国际上，旅游度假村的发展至今已有数百年的历史，然而，度假村业的大规模发展却是20世纪后半期的事情。“二战”以后，世界处于相对和平时期，社会、经济得到了前所未有的飞速发展，交通业不断革命，使得包括度假村业在内的国际旅游业得到良好的发展环境，在欧美等发达国家，度假旅游已经成为一种势不可当的潮流。据统计，早在1983年，法国度假旅游者就已占全国总人口的58%；1985年联邦德国的这一比例为57.1%；而英国的这一比例则高达70%多；1985年英国出国度假旅游者达1 490万，占出国旅行总人数的98.3%，特别是在7、8月份，每年约有3/4的人去地中海沿岸海滩胜地度假；美国的度假旅游也很盛行，1984年美国有2 718万出国旅游者，其中度假旅游者约占59%。就我国而言，真正的旅游业的发展，是改革开放以后近20年的事情，而度假村业的兴起和发展也只是在近几年，是旅游业发展到一定阶段的必然产物。我国旅游度假村虽然起步晚，但发展速度惊人，到目前为止，已有大大小小1 000多家旅游度假村。

度假村，是指一个用作休闲娱乐的建筑群，通常是由一家公司独立营运，但也有数个集团合作经营的。为了让客人们在假日时尽情享受他们的假期，度假村内通常设有多项设施以满足客人的需要，如餐饮、住宿、体育活动、娱乐、购物以及赌博等。一些以度假村为主体的城镇通常又被称为度假村城镇。

度假区和度假酒店是两种截然不同的概念，两者相互关联但又不能混为一谈。著名的度假区未必能导致度假酒店的成功开发，但成功的度假酒店的建设却可能加速一个受人欢迎的度假区的形成。度假区是一种地理区域划分，多是由政府操作、扶持或引导，是政府施力而不是市场自然发育完善的结果。现在在我国只有那些经政府审批设立的度假区被认为是旅游度假区。而那些不在旅游度假区内建设的度假设施（如度假酒店、产权式酒店等），只是单独的度假住宿设施性质，构不成一般意义上的度假区。简而言之，度假村和度假酒店可以坐落在旅游度假区之内，也可以坐落在旅游度假区之外。度假酒店是度假村最常见的形式，而不是唯一的形式。度假村除包括度假酒店外，还包括产权式酒店（分时度假），第二公寓（家外之家）等。度假酒店仅是其中一种以出卖度假服务换取收入的赢利性企业。

产权式酒店。即酒店的开发商将酒店的每一个客房的产权分别出售给多个业主，业主每年拥有一定的免费入住时间段，其购置的客房可委托管理公司经营，可以享受一定的分红或固定回报，同时业主可以转卖、继承、抵押、馈赠自己的客房产权。因此，产权式酒店是一种最具投资价值的物业类型。它作为一种新型的房产投资和消费模式，与住宅和写字楼的投资、股票投资、储蓄及国债投资等相比，投入轻松、风险小、回报更丰厚，同时还获得一套真正属于自己的私家酒店。有关资料显示，近10年来，全世界产权式酒店平均每年增长15.8%。与银行储蓄和投资股票债券相比，投资风险相对较小的产权式酒店有望成为中产阶层的首选。产权式酒店的投资回报率其实就是出租率，只有保证高出租率，才能提高投资回报率并降低投资风险。而出租率直接与物业的地段、稀缺性以及品质相关，因此地段好、有特色的产权式酒店才能成为投资者眼中的宠儿。

四、旅游地产走向物业化

旅游和房地产是完全不同的两个行业，但它们相互交叉、理念渗透，形成了许多边缘性的全新综合结构，如产权酒店、分时度假项目、度假别墅区、高尔夫别墅区、中央游憩区、商业步行街、shopping mall 等。其中，以别墅开发为主流，已经引起地产界的广泛关注，产权酒店也即将迎来大规模推广的时期，与商业地产结合的中央游憩区、滨水休闲区、餐饮街区、娱乐街区、古文化古建筑街区、shopping mall 等，已经成为城市休闲餐饮娱乐及购物的主力消费场所，而旅游小城镇开发及旅游城市开发——这种将旅游区域开发与城市经营全面结合的旅游地产提升模式已经出现，并逐渐发展壮大。

五、旅游地产走向理念化

旅游地产是旅游业与房地产业结合的产物，是资本与资源的对接，人文与建筑的对话，历史与现实的融合；旅游地产要以旅游开发为主导，建设相应的配套设施，包括酒店、度假屋、公寓等，是以旅游为前提条件的房地产开发与经营。从投资角度来讲，旅游地产可以说投资低，回报稳定；从投资风险来讲，旅游业与房地产行业相比，风险较小，房地产业因受金融业及土地政策的影响较大，是高风险行业，而旅游地产业依赖于旅游行业，风险极小，且处于快速上升阶段，依附于此的地产价值也将会随时间的增长带来丰厚的回报，特别是后期的增长可望几何性的爆发，可以说是投资自住两相宜。

同时，还可根据市场行情适时交易，以获得较大的经济利益。旅游地产是以旅游度假为目的，通过整合规划设计、开发建设、专业策划、市场营销、网络管理等各个环节的理念，把旅游业与房地产业相结合的一个全新产业模式。

强化景观设计。景观是旅游的基础资源，我国的景观评价、景观设计已经具备非常成熟的专业技术。而房地产对环境景观的理解，还长期停留在园林绿化的传统框架内，若能借用旅游业已经形成的理念、素材与技术，将形成景观设计理念新的提升。

主题定位。旅游项目设计，非常讲究主题定位，这对提升附加价值和塑造吸引力具有极大的功效。这也是房地产项目能够借鉴的内容。

游憩方式设计。游憩方式设计中的很多理念与技术，在旅游开发和房地产开发中是通用的。比如，情景设计、体验设计、娱乐化设计等对房地产开发有实际的借鉴价值；居住、办公等房产的过程化设计，休闲空间与功能设计，景观与观赏方式设计，对旅游开发有借鉴价值。塑造吸引力，增加游客量、延长滞留时间、提升消费水平等游憩方式设计和分析方法，对商业地产开发更是别具意义。

六、旅游地产走向生活化

旅游、休闲的生活方式已逐渐被中国人所接受，随着中国经济的发展，中国人对健康、绿色的生活拥有更多诉求，越来越需要通过旅游、休闲以及自己的私属空间来提升生活品质，因此糅合文化、旅游、休闲的地产项目将成为地产界新的开发目标。随着国家对旅游产业的支柱型战略定位，政府加快高速公路等市政基础设施建设，旅游地产度假区项目，对具备经济实力、注重生活品质的人群而言，既是与家人享受第二人生的度假产品，又是保值增值抗通胀的优秀投资选择。

七、旅游地产走向主客共享化

现代意义的旅游地产强调游客与业主的参与性和互助性，彻底突破了传统意义上单一性的旅游功能的景点或者是地产功能的地产楼盘销售的单一构思，而是将传统的概念与新型的休闲社区的概念有机结合。它拥有观光、休闲、度假、会展、运动、教育、居住、娱乐等诸多功能，并且各功能相辅相成，共同组成了一个配套完善、个性鲜明的旅居结合的度假休闲居住地。现在的旅游地产不光是以旅游景区、旅游住宅和各方面（酒店）为依托形成的地产开发，而是城市中心区有旅游与休闲、景观等的地产开发，这主要体现在城市郊区，有第二居所，有养老度假社区，有旅游俱乐部社区，有运动社区，包括酒店社区。实践证明，多功能的房地产的开发已经得到业内的认同，根据国际房协的资料统计,欧美最近十年内开发兴建的主要旅游景区,包括城市中心区和郊区、度假区、会展中心等大型项目中,92%以上都规划了旅游休闲功能的地产项目。实现地产商受益、城市受益、居民受益、游客受益。

八、旅游地产走向功能化

随着人们收入水平的提高,可自由支配资金的增多,一个休闲的时代到来了。一周是7天,5天是工作日,2天是休闲日。再加上我们国家带薪休假制度的颁布、私家车的普及、高速公路网的建设,人们生活理念和商务理念的不断调整,旅游作为休闲的方式从单一的形式转变成了综合的形式,在这种情况下酝酿了新的旅游与地产经济的兴奋点,成为中国休闲市场和房地产市场消费的新时尚。

调查发现,在北京、沈阳、上海等各大城市,"5+2"和"11+1"(一年11个月加1个月,就是11个月在工作,1个月在休息)基本上是大家认同和流行的生活方式。有的时候我们说5天在市区工作,2天在郊区休闲或者其他方面,11个月我们在城市中进行工作,1个月我们用来休假,这个休假可以在郊区或者是其他的城市进行。经过调查,在长三角、珠三角、渤海湾地区以及中部、西部等其他地区,都已经形成了比较固定的成熟的旅游出行的氛围,并且旅游的形式也逐渐多元化。

这样一种休闲度假的方式也增加了旅游休闲地产开发的机会,在这种情况下,对于休闲地产的发展也有很大的促进作用。旅游地产已经提升到了休闲地产,是旅游与地产业的一个重要的组成部分,随着旅游业的发展,旅游房地产也日益被人们关注,国务院已经将服务业作为国家经济的重要组成部分提出来了,服务业的发展水平是衡量现代社会经济发展程度的一个重要标志,我国目前正处于全面建设小康社会和工业化、城镇化、市场化、国际化加快发展的大好时机,已初步具备经济又快又好发展的条件,加快发展服务业,提高服务业在经济结构中的重要比重,尽快使服务业成为国际经济的疏导产业,这是追求经济结构调整,加快转变经济增长方式的必由之路,是友好缓解能源资源紧张短缺瓶颈的必由之路。

九、旅游地产走向价值化

人们在解决基本吃住问题后,有了向更高水平迈进的倾向。有了钱,有时间享受生活,也为中国的旅游地产发展提供了广阔的空间。随着市场经济的发展和对外开放的扩大,老百姓的视野扩大了,并且逐步改变了过去的生活方式和理念,出现了所谓的阶层消费时代。现在出现的一个新的产品叫"旅游休闲社区",它既是对现有文化旅游产品的延伸,也是对传统产品的巨大补充,它的出现将极大地提升项目所在地综合性休闲度假能力，拉动经济发展，改善旅游产品的结构，增加旅游经济的整体竞争力，进而为当地形成一个旅游全面发展的解决方案，对建设和谐社会具有重大意义。

发展旅游地产是适应对外开放，接纳众多境外游客来华参观、考察与商务的需要。城市的自然资源、人文环境大多是人们休闲娱乐和接受教育的重要场所，只有处理好保护与开发的关系，并在此指导下开发旅游地产，才能使之成为对外开放的一个重要场所。

发展旅游地产也是满足国内游客需要、扩大就业的一个重要方面。根据联合国专家对中国的调查发现，人均收入超过 1 000 美元的国家和地区，就会出现城镇化发展和旅游业发展的条件，那时人们的温饱问题已经基本得到解决，将转向对精神文明和旅游的需求。我们国家也正处在这个时期的初期，加上我国丰富的自然文化资源、旅游资源和其他的特色资源，城市交通的便捷，“五一”、“十一”、春节等黄金周的便利条件，国家的宏观政策倡导，都使职工可以利用休假进行健康有意义的服务消费。因此，发展国内旅游业也大有潜力，这就要发展旅游地产。

此外，发展旅游地产也是扩大就业的一个重要方面，也符合我国的基本国情。发展旅游地产是推进经济结构调整，加快转变经济增长方式，有效缓解能源资源的瓶颈制约，提高资源利用效率的需要。发展旅游地产也是打造城市品牌的需要。建设社会主义新农村也为第三产业发展提供了很好的发展空间。总之，旅游和房地产的结合符合国家对外开放的调整政策，也有利于带动地方经济、城市发展、房地产的开发和城市新农村的建设，是一件利国利民的好事。

十、旅游地产走向规范化

要建立健全规划的编制与审批制度，严格保护永续利用，并将各项规划放在首位；发展旅游地产，既是要求考虑地产的特色，又要考虑旅游的特色、休闲的特色和人们的需求，还必须弘扬特色文化；有严格的建设项目审批制度保证各方利益；发展旅游地产就要争取有关部门和单位的支持，要发挥媒体的作用。

在旅游地产发展的过程中如何进行有效的旅游地产的建设。要关注到旅游地产本身是一个大的产业，在这里包罗了形形色色产业结合的模式，在这种模式过程中，要和自然资源平衡，要和自然资源达到一致，因为在做旅游资产的过程中经常提出两个口号。一是“统筹兼顾”，必须关注整个社会发展中涉及的城市的问题、乡村的问题。必须关注旅游地产对当地的经济发展贡献有多大，需要有一个统筹的标准。必须关注环境保护，环境好了这个房子才能宜居。二是“协调平衡”，注重生态平衡、文化的可持续发展、城乡的平衡协调。

第二节　竞争力的体现方式

旅游地产核心竞争力是一个地产项目能够长期获得竞争优势的能力。旅游地产这种产品的特点就是以旅游产业为龙头，吸引人气，给其他的产品类型带来更多的附加值。旅游地产产业化过程中核心竞争力的体现方式主要为：

一、市场竞争力

市场前瞻强是旅游地产产业道路的核心竞争力。旅游地产是依托周边丰富的旅游资源而建，具有更好的自然景观、建筑景观。同时拥有完善的配套功能和极高的投资价值。2011 年，随着国家新政对高房价的大力打压，曾经火暴的传统住宅市场成交表现逐渐黯淡，新政无疑很大力度地压缩了住宅市场的投资空间，限制了投资客的投资和投机性需求。在此形势下，旅游地产凭借其政策导向性和资源稀缺性优势深受投资客的青睐，成为万众瞩目的楼市新宠。

二、文化竞争力

满足精神和心灵的需求是旅游地产产业化道路的文化竞争力。旅游地产的核心价值和诉求就是“卖生活方式”，旅游、休闲的生活方式已逐渐被中国人所接受，随着中国经济发展，中国人对健康、绿色的生活拥有更多诉求，越来越需要通过旅游、休闲以及自己的私属空间来提升生活品质。随着国家对旅游产业政策支持和市政基础设施建设，旅游地产度假区项目既是与家人享受第二人生的度假产品，又是保值增值抗通胀的优秀选择。

三、资源竞争力

整合资源与利用政策是旅游地产产业化道路的重要竞争力。从发展路径来说，旅游地产的发展存在两大瓶颈：一个是旅游地产开发主要依附于当地的自然资源的稀缺性，通过激发度假人群的精神兴奋点来换取较高利润的产品；另一种则是休闲区核心论，旨在通过打造温泉、高尔夫等休闲资源，加上便利的交通营造新城，但不少消费者对这种休闲模式是否认可仍处在观望之中。借鉴国外一些旅游热点城市的开发经验可以发现，其实很多区域旅游地产的发达并不是以旅游地产自身作为第一出发点的，而是待整体区域的建设成熟完善后,旅游地产魅力随之水涨船高。因而,不论是旅游业还是地产业的开发建设,并无捷径可图。

四、产业竞争力

定位清晰、多业并举与产业融合是旅游地产开发的三大关键竞争力。旅游地产涉及景点运营、地产开发、商业经营、文化发展等多个方面,与城市发展走向密切相关,因此旅游地产必须融入整个城市发展战略和城市经营上来,甚至还要站在国家的战略高度来看待区域经济的发展。只有把握城市的发展走向,清晰地块的发展功能,理清项目的角色定位,才能找准符合项目的开发模式,才能在更大程度上获得支持。

竞争力的关键词一是定位清晰——作为具备了稀缺性、艺术性、高价格的旅游度假地产,必须以大量的异地置业者和跨区域市场营销做支撑,客群定位中高端;对具有大众休闲旅游功能的博物馆、演艺中心、主题公园等产权未转移的物业,则着眼本地或者一小时交通圈市场,客群定位大众。只有明晰市场特征,合理定位消费人群,破解度假物业的配比,才能在市场上获得全胜。

竞争力的关键词二是多业态经营——作为具有强烈商业赢利导向的项目综合体,旅游地产与商业地产有着天然的联系,必然的相似,例如注重交通区位、多业态组合、多赢利模式等。不同之处在于,旅游地产更多凭借了自然与人文的优势,而非传统商圈,是造势而非借势,需要更鲜明的特色与形式,更丰富的文化内涵和休闲度假体验。因此,与商业地产相同,旅游地产合理的多业态经营有助于整个项目的平衡发展和滚动开发的策略布局,有助于加大对客群的消费吸引力和实现经营者稳定的收益回报。多业态经营也能够满足游客休闲度假的多元需求,为游客带来全新的生活方式。

竞争力的关键词三是产业联动——旅游地产的出现为旅游业和房地产业提供了一个天然的交互撬动,带动旅游、酒店、商务、商业、居住、交通等产业的快速发展。对于旅游地产核心联动产业的选择,一是结合当地产业发展优势、立足区位资源优势进行开发,带动区域优势产业提升;二是根据区域产业发展趋势,导入相关产品,驱动区域潜力产业发展。

五、空间竞争力

产品规模化与产业集群化是旅游地产产业互动道路的空间竞争力。旅游地产走向集群化、产业经济化的乘数效应产生要以产业链的互动和协调为基础,而这不仅需要很长的投资培育期,还时刻要面临产业市场竞争和变化的风险,因此,开发商必须有极强的资金平衡和开发节奏的控制能力。不管怎样,可以预见,“旅游 + 地产 + 产业

=大旅游地产”将是未来发展的趋势。

经济基础决定上层建筑。旅游地产在全球范围内，是随着各国居民收入增加而诞生的市场，在中国也不例外。除了经济基础外，旅游地产的开发和中国广袤的土地和丰富的旅游资源不无关系。浅海、滩涂、湿地、山脉、丘陵，这些丰富的资源为旅游地产的开发提供了广阔的舞台。此外，中国正大规模建设路网，为旅游地产的开发提供了相当的便利。从开发商角度来说，旅游地产也使得开发商在房地产发展上升周期可以进行更多的资源整合。旅游地产种类繁多，有旅游住宅地产、旅游商业地产、旅游度假地产等。投资者关注上市公司的融资创新能力，旅游地产对于地产概念股和旅游概念股都是极好的拉动。

另外，一般投资旅游项目，靠旅游收益，投资收益期都超过 10 年。但旅游地产土地成本一般都很低，对于开发商和投资机构而言，收回投资的时间在 10 年以内，且可获得超额收益，所以旅游地产深得投资机构的欢迎。再者，旅游地产隐含着产品卖点，对于潜在买方来说，旅游地产利益诉求清晰明了，就是为了投资和度假。对于买方，旅游地产是在满足了自住需求以外的投资品细分市场。最后，旅游地产还可以打政策的擦边球。不少地产项目都是以主题公园、旅游景区名义开建。一来可以背靠旅游产业的支柱型战略定位，二来可以逃避国家对外资投资房地产的监管，旅游地产对运营商来说充满了机会。所以说，旅游地产在中国市场正处于黄金启动期。

六、低碳竞争力

“低碳”引发的技术转型是旅游地产的革命性手段。“低碳”和“创意”在发展理念和核心要素上改变了传统经济的发展模式，是近十多年来对全球经济、社会和生活方式产生重大影响的两次革命。在资源要素、驱动力、消费市场、产业功能等方面具有耦合、互动的关系，正确处理诸要素的互动关系，将是中国城市地产走向旅游地产转型升级的重要基础。

旅游地产必须从三个方面实现低碳技术转型：一是技术减排，通过鼓励技术创新和研发，开发利用新能源、可再生能源和清洁能源，逐步降低化石能源的使用比例；加速节能减排技术和二氧化碳收集储存技术的产业化应用，大幅度提高城市包括工业能效、建筑能效和交通能效等方面的能源利用效率，以技术革命实现城市低碳化；二是结构减排，大力发展低能耗、低排放、低污染、高效率、集约型的低碳链新型产业，鼓励发展具有资源再利用、产业再循环的价值链比较优势产业，开辟低碳经济新的增长点；通过产业结构调整，降低碳排放强度，实现城市高经济发展与低碳排放的双重效应；三是改善生态，低碳城市的生态环境是一个系统复杂的多元生态环境，既包括自然生态，又包括人文生态和社会生态，必须从这三个方面共同改善生态。

七、创意竞争力

创意城市转型给旅游地产经济带来革命性变化。

一是消费升级催生了创意城市的兴起。工业革命给人类带来了丰富的物质消费产品。但物质消费只能满足人们的生理需求，不能满足人们更高一层的精神需求。随着消费升级的需求日益扩大，人们的消费重点开始从产品使用功能、物理因素的物质形态逐步转向服务、品牌、欣赏、体验等非物质因素，而配合消费升级的创意产品在城市应运而生，不仅从产品走向服务，而且从第三产业扩张到第一、第二产业，催生了创意产业在城市的兴起。特别在全球性金融危机中，创意产业逆势而兴，为发达国家渡过危机起到重要作用。

二是解放文化生产力为创意城市带来新的经济增长点。挖掘文化资源内涵，给产品、服务注入文化符号、文化象征、文化故事，从而提高产品的附加值，是创意产业构建价值链的重要手段，创意不仅让一个电影、一个动漫形成世界的消费热潮，同时还带动相关产业的发展，成为城市经济新的增长点。文化变成了经济发展的重要资源和价值增值的重要来源。

三是创意成为提高城市软实力和综合竞争力的核心。在全球经济一体化的时代，产业替代、产业转移在世界范围内的快速流动，使各国越来越难以把握自身的核心竞争力。而以地域文化为特色的文化创意产业，却不易被复制模仿，其文化独特品牌成为“地球村”内差异化竞争的法宝，它不仅是发达城市占领全球经济制高点的重大战略，也是非发达城市后来居上、振兴经济、建立自身竞争优势的有效途径。创意引发的文化革命，将城市从经济竞争升级为软实力竞争。

旅游地产成熟模式

2000年以来，旅游地产行业的实践探索，基本形成了三大旅游地产的主题旅游项目系统：高尔夫旅游地产、酒店集群旅游地产和主题公园旅游地产。

第一节　高尔夫旅游地产

以高尔夫球场知名度打造为核心与切入点，通过球场品牌的打造吸引全国各地高尔夫爱好者，通过这群人的实地体验，为地产的销售积累了大量客户资源。同时通过客户口碑的传播，实现了更广泛范围的客户资源积累。

目前，大部分地产的销售仍然以球场客户为主。此模式成功的关键要素：

高尔夫球场是整体复合项目成功之核心；

高尔夫球场品牌的成功塑造，为地产价值的提升及地产销售积累人气；

高尔夫球场客户资源的成功经营，为地产销售积累口碑与客户基础；

围绕以高尔夫为核心的高端生活方式的塑造是整体复合项目之灵魂，以高尔夫球场为核心行销高端生活方式，让高端生活方式成为旅游项目以及地产项目之魂，从而建立高尔夫旅游地产项目之精髓。

综合高尔夫旅游地产成功的关键要素与存在的问题，在缺乏自然环境等先天资源情况下，以高尔夫作为模式之核心与支点，最容易实现整体项目价值提升与业绩提升。但对于高尔夫球场本身的重视、品牌运作、客户资源整合以及球场运营是整个项目成功的核心。

第二节　酒店集群旅游地产

旅游度假区的重心在度假，度假的主要载体在酒店集群。其中的产权酒店的主要特点是：开发商将具有旅游特性的酒店以独立的房间为单位销售给业主，产权归个人，业主可以居住，也可委托管理企业经营，并从企业的经营利润中按比例获得稳定的回报，同时获得一定时限的免费居住时间，通过网络交换平台根据个人意愿实现国内异地的休闲度假消费。

全产权酒店公寓是与酒店一体集成、享受酒店所带来的各种商务、休闲、会议等配套服务项目，经营者向业主承租并统一服务和管理，面向社会经营的酒店套房。重要的是它向住客提供了家庭式的居住环境，又有了高档酒店的良好环境和专业服务。同时，无须支付高额的居住费用。因此，备受高档次家庭自住与中短期租务需求的白领、商务人士和异地旅游人士的青睐。国际级酒店公寓，最特殊的投资工具，其平均收益率远远高于一般房地产，抗风险能力高于商铺、证券、基金等传统投资工具，精通投资的人都想在酒店公寓上分得一杯羹。

分时度假房产是旅游地产的另一个分支，"分时度假"房产的意思是，一年除两周用于住房维护外，其余50周每一周的住房使用权分别出售给50个用户，以供他们度假之用，使用年限至少10年，最多不超过房屋的地产年限。在不同时间、不同地域拥有"分时度假"房产的人们还可以通过中介机构进行交换，也可以出租和转让。

产权酒店是通过网络交换平台进行的，就是使用先进的网络资源为业主提供一个房间互换的平台。业主通过网络平台交换到与自己产权房间级别相当的网络内的其他相关类型酒店的免费入住权，按意愿实现异地休闲度假旅游消费，这样就增加了业主对使用产权酒店产品的满意度，另一方面将促进产权酒店的销售工作。交换平台依据"点数"来控制网络系统，异地酒店的居住互换，其"点数"是根据业主所购买的房间的价值、所在地域的旅游特点，以及购买时所签订合同的具体内容为参考而制定，每年进行一次派送，只限于当年进行交换而用。这进一步活跃了产权酒店的连锁经营。

第三节　主题公园旅游地产

旅游房地产的出现最早要追溯到主题公园，从单一的主题公园到完整意义上的大型旅游休闲社区，经过了较长的探索过程，而该产品形态一经产生，首先在著名旅游度假区，随即在全球范围内获得了飞速的发展。

主题公园是一个外来的概念。中国现代意义上的主题公园是从1989年深圳锦绣中华开始的，后来这一项目的巨大成功引发了全国性的主题公园建设热潮，短短七八年时间就超过了500家，随即又以同样的速度纷纷倒闭。结果，经历短暂的以"西游记宫"、"鬼屋"、"红楼梦馆"和游乐场为代表的热潮并沉淀了近千亿巨额资金后，到20世纪90年代中期，主题公园在中国已备受冷落。全国上下开始弥漫着一种"主题公园恐惧症"，人们说起主题公园就像说起90年代初的海南房地产泡沫和1930年前后华尔街的股票一样。但这只是表面现象。

所谓主题公园，其实质是现代都市的休闲娱乐区。随着生活水平的提高，人们对休闲生活的要求已日益提高和多样化，而主题公园恰恰是一种非常契合人们这种需求的旅游产品。因此，它必然具有广阔的市场和强大的生命力。应该看到，主题公园在中国遍地开花又昙花一现，抄袭和模仿盛行导致的主题同构化、规划设计和软硬件的粗制滥造、休闲娱乐活动缺乏创意和创新等是它们共同的弊病。而这显然是人为造成的，而不是主题公园本身的宿命。

事实上，久盛不衰的主题公园也有很多，世界上历史最悠久的维也纳普拉特游乐园里的摩天观光轮 Wener Riesenrad 至今依然屹立在公园里，述说着它 100 多年来带给人们的新奇与震撼。世界上第一个微缩景观主题公园、1952 年开放的荷兰“马都洛丹”(Madurodam)也已成功经营 52 年之久。在国内，深圳“锦绣中华”已 15 年，“苏州乐园”也有 7 年了，这些景点每年的游客量和收入都在稳步上升。因此，所谓的主题公园仅三五年生命周期的说法是没有任何科学依据的。

代表性产品：迪士尼乐园——美国的灯塔。1955 年 7 月 17 日开业的位于美国加利福尼亚西南部城市阿纳海姆的迪士尼乐园(Disney Land)是世界上最早的真正具有“主题”意义的主题公园，也是迄今最成功的主题公园之一。尽管占地仅 160 英亩，尽管仓促的开业大典由于许多工程和准备工作都没有完成而闹出了不少“非常糟糕的事”，尽管当时一些报刊的记者也曾对它挑剔指责，但这丝毫不能妨碍迪士尼乐园焕发出巨大的魅力。它开创了全世界主题公园建设的新时代，构建了现代概念的旅游目的地形态，彻底改变了旅游者休闲娱乐的选择方向，深刻地影响了现代旅游业的发展模式，对区域社会、经济、文化等领域产生了广泛的关联效应。

其成功的经验大致有以下几点值得借鉴：

第一，迪士尼乐园是迪士尼文化的产品化。从米老鼠、唐老鸭的短片卡通，到白雪公主、小木偶、仙履奇遇及小飞侠等长篇电影，全部突破了年龄的界限，不仅深受儿童喜爱，而且连成人也津津乐道，带给人们珍贵的梦想与真诚的爱。

第二，迪士尼乐园是迪斯尼艺术的具体化。迪士尼先生将他构思设计和拍摄制作动画电影所运用的色彩、魔幻、刺激、娱乐、惊悚和游乐园的特性融合起来，把游乐园以一种戏剧性、舞台化的方式表现出来，用主题情节暗示和贯穿园区内的游乐项目，形成了一个模拟的乌托邦世界，使游客很容易找到欢乐和知识。

第三，迪士尼乐园是迪斯尼理想的现实化。迪士尼乐园是一座以灰姑娘城堡为中心的童话世界，它超越了年龄的限制，将人们引领到那幻想与魔法的王国。它主要分为世界商场、探险乐园、西部乐园、梦幻乐园和狂想乐园五个区。园内的舞台和广场上，随时都有变化丰富的化妆表演和各种趣味性游行，从而成为以美和奇观为特征的博物馆，融集市、博览会、游乐场、社区中心和活的事物为一体，把这个世界的成就、喜乐和希望充分展示，以戏剧化的方式表现了创立伟大国家的理想和艰苦的事实，进而激励人们。

理念转型的背景:单一主题公园的先天性缺陷。迪斯尼乐园的巨大成功表明,主题公园完全可以和以自然山水、文化遗迹为特征的原赋性景区一样开成"百年老店"。但不可否认,单一主题公园"主题"两个字本身即表明了其固有的局限性。尤其是在人们对旅游休闲产品多样化的需求不断深入的情况下,这种旅游产品的缺陷也显露无疑。产品的单一化特性已成为其获得更大发展空间的障碍,这种状况亟须改变。与此同时,出于对景区个性、品质和创新的追求,现代的主题公园投资额也不断扩大。高额投资无疑大大加重了投资回收的难度。为了尽快收回投资,各景区都不约而同选择了较高的票价。而高票价显然又是与当今旅游休闲自助化、大众化、平民化趋势相悖的。于是,"两高一低"(高投资、高风险、低回报)成为一种普遍现象。主题公园的投资者开始陷入一个两难的境地:要么粗制滥造,降低资金沉淀的风险;要么追求精品,却又必须提高票价——两者的最终结果似乎都是被游客抛弃。

正是在这样的背景下,迪士尼的创造者开始了对有别于以往的综合性、区域性开发理念的探索,即迪士尼世界:世界主题公园之都。意识到迪斯尼乐园的上述缺陷之后,1964 年末,迪斯尼在佛罗里达州奥兰多(Orlando)的郊外,用低廉的价格从农民手里购买了 2.75 万英亩的沼泽地。之所以需要这么大的面积,主要是因为迪士尼乐园开业后,迅速带动了区域周边的人气和土地的升值,结果一些投机者把公园周围的地产买去经营各种其他生意,这些"寄生者"所获得的收入要比迪士尼乐园自身获得的门票收入高两倍。为了避免这样的失误,迪士尼买下了全部有用的土地,成为一个提供最大限度的享受和丰富产品的独立娱乐休闲王国。

1971 年 10 月,"沃尔特·迪士尼世界"开门纳客了。这个耗资 6 亿美元的旅游主题公园架构了六大主题:奇幻王国(Magic Kingdom)、拓荒地(Frontier Land)、探险地(Adventure Land)、自由广场(Liberty Square)、明白世界(Tomorrow Land)和美国大街(Main Street, U. S. A)。之后,设施和服务又日趋综合化,陆续建设了"迪斯尼·米高梅(MGM)影城"、"野兽王国"(投资 10 亿美元)等大型主题公园;"台风港"、"风暴山"等三个水上乐园;夜生活娱乐区"迪士尼城"(Disney Downtown);周围还建设了一座巨大的体育中心(投资 1.2 亿美元)、26 个主题酒店、6 个高尔夫球俱乐部(99 个球洞),以及网球场、游泳池、餐厅和购物中心等大量容纳游客的设施和可供一些大型企业举行活动的场所,甚至还包括一个政府特许的结婚场所。水、陆、空(高架单轨列车)交通网络将所有的景点、酒店和娱乐设施连通起来,形成一个整体,大大强化了迪士尼世界作为旅游目的地的吸引功能。

目前,迪士尼世界每年接待的外国游客量接近全美国接待总数的 15% 之多,从而使奥兰多不仅一举成为美国第三大旅游目的地,还成为全世界的"旅游主题公园之都"。对于旅游房地产,刚开始的时候,有人认为在旅游项目中嫁接房产元素是不伦不类的做法。但是,作为世界上最先进入休闲时代的美国,他们事实上早已完成了对旅游景观房产这一全新概念体系的建立和实践。1971 年，在迪士尼世界的最初规划中就有一个占地达 30 平方公里的“未来社区的实验原型(Experimental Prototype Community of Tomorrow)”项目，即“埃普科特”，可以说是景观房产的最初尝试。遗憾的是这一极富创意的设想并没有获得顺利发展，由于技术、财力、法律上的原因和内部争论不休，公园开业七年后，“埃普科特”才陆续开业，这使它的运作成本增加到 12 亿美元之多，等于原先预算的 3 倍。尽管如此，这个点睛之笔还是大大强化了迪士尼世界作为旅游目的地的吸引力，并使它远远超越了作为旅游方式的概念框架。先进的开发理念使它的成功大大超过了先前开业的功能相对一元化的迪士尼乐园。因为有了埃普科特，从 1992 年起，迪士尼集团的收入增加了 15%，利润增加了 78%。1998 年，迪士尼集团的收入已高达 58 亿美元，营业利润达 16 亿美元。其品牌渗透力更是持续强化，价值达 170 亿美元，位居全球第五。实践证明，景观房地产是大型都市休闲度假区“度假”功能得以充分实现的保证。因此，它已成为发达国家发展休闲旅游的一种共同做法和普遍趋势，根据国际娱乐设施暨主题乐园协会(IAAPA)的一份统计资料，欧美最近 10 年内开工兴建的主要旅游景区、度假区、会展中心等项目中，92% 以上规划有景观房产。

旅游地产产品化路径

旅游地产行业经过十年的实践探索，在融合旅游景区、旅游度假区、主题公园、旅游服务配套等主题项目模式以后，逐步形成以“休闲度假主题项目 + 区域经济运营模式”为理念引领未来的旅游地产八类创新旅游产品形态。

第一节　温泉旅游地产

温泉旅游地产出现一枝独秀。温泉开发逐年升温的同时，开发企业开始“全国热恋”温泉旅游地产。目前已经风靡包括山东、海南、福建、四川、重庆等在内的 20 多个省市。在温泉的袅袅热气中，温泉地产不仅给购房者带来全新的居住体验，而且其依傍温泉使房产价值得以极大提升。随着人们对健康养生的消费需求迅速增长，温泉地产的前景得到不少投资人士的青睐。在当前住宅市场调控趋紧形势下，开发商纷纷“求变”，竞相转入旅游地产。

选址至关重要。温泉旅游地产的开发运营选址是关键。旅游地产项目选择的一般性原则包括：是否有旅游资源可挖掘，是否有历史文化资源可以挖掘，是否有体验式旅游资源，是否可以借势与周边旅游资源进行深度开发，距离市区是否在一小时车程内，能否与项目所在城市定位进行嫁接。对于温泉地产来说，根据春夏秋冬季节的不同和南北方气候地理环境的不同，选择不同的生态植被，进行景观创意就显得非常重要。如何通过地产项目实现旅游观光、人文体验、休闲养生等功能，这是温泉旅游地产的“灵魂”所在。开发商在温泉的利用、科技创新等方面应充分利用新技术。温泉旅游地产项目在倡导生态、健康、休闲等居住环境的同时，还要注重温泉资源的节能和再利用，不断完善城市配套设施，降低居民的居住成本，以此来实现温泉地产品牌推向全国。

发展之路漫长。由于温泉地产始终处于初始阶段，对于众多的温泉旅游地产开发项目而言，赢利空间以及抗风险性有待评估。虽然类属于旅游地产范畴，但温泉地产已经超越了房地产的传统定义，与商业地产类似，温泉地产的成功与否取决于对整个温泉旅游项目的运营。目前全国大部分温泉地产项目远离中心城区，虽然前期的投入与住宅相比较低，但由于回报时间长，这就对开发商的运作能力、资金实力要求较高，只有少数有实力的开发商才能介入开发。温泉地产的发展最重要的是信心，信心来源于对项目的后期运营能力，毕竟客户不可能仅仅因为泡温泉而去买房产。从目前国内的温泉地产现状来看，这些项目一般占地面积比较大，而且开发周期比较长，这对开发商来说是对企业实力的考验。

温泉旅游地产会在聚焦中升值。通过观察和分析我国温泉产业的发展趋势和各地温泉住宅楼盘的特征，可以发现，我国温泉地产产品存在着以下问题：大部分温泉住宅均强调其拥有的温泉资源的技术性优势，但各个温泉住宅内所承载的休闲方式和休闲品质却无二致；大多以公用的温泉会所或温泉水疗中心去实现其温泉休闲功能；形成资源主导型住宅为主，休闲主导型住宅尚未发育等现状；绝大多数的温泉住宅的开发模式依然沿袭常规住宅开发模式，并未很好地研究温泉休闲方式与居住生活方式的关系，温泉资源未能深度开发，利用程度低，未能很好地成为住宅的增值要素；温泉休闲产业链的下游部分出现了大量协作性很强的商业产业，如康复、水疗、温泉消费品等，但在大部分温泉住宅内，未能体现其既有的横向协作性，没有出现围绕温泉休闲形成的商业物业集群，温泉房地产的商业价值未能得到充分挖掘和运用。

运用休闲游憩项目的打造模式和理念，通过分析温泉休闲生活的要素和特征，可以发现，将开发眼光聚焦于现代人的休闲生活方式，着眼于温泉产业聚集，是可以大幅度提高温泉地产的商业价值的。

在温泉住宅的建筑单体设计方面，需要在满足住户正常的居住功能的基础上，运用入户的温泉资源，可以打造极具情趣性的温泉休闲空间（温泉健身房、温泉阳台、温泉影音厅等），也可以根据住户特征，打造特有的温泉功能空间（私家水疗房、私家温泉理疗房）。还可以运用温泉景观打造手法，将温泉融入到整个建筑中。

在社区园林景观的打造上，不仅需要考虑到自然景观的赏心悦目和文化景观的寓意表达，更重要的是，充分理解住户在室内室外的休闲游憩习惯，并结合各产业的经营和消费特征，将各种造景要素（山水树石、亭台楼榭等）作为融合住户休闲生活方式的脉络和工具。同时，也将各种温泉休闲业态融入景观中（湖中水疗中心、山林康复中心等），实现社区园林景观的可参与性和可消费性。

在社区配套设施上，要保证基本生活配套设施（能源、信息、安全等）和休闲配套（健身、娱乐、社交等）设施。以水疗为例，可营造室内室外、私有或公用的多种冷热水疗空间、设施和设备；同时注重室内装修和园林景观的情景化；将精油、食品、温泉与声光电技术融进社区配套，打造与日常生活紧密联系的温室型会所、康复音乐系统、家庭香氛系统、养生植物和食品配送系统等。

在社区服务的营造中，也需要根据住户日常生活和休闲生活特征，定制公共服务和私家专属服务的综合社区服务系统，公共服务如社区温室、儿童温泉娱乐场、温泉健身场等，私家可以定制的服务包括养生食品药品配送服务、私家水疗服务、私家康复服务等；一方面，在社区商业中逐渐聚集温泉及衍生的商业业态，形成为社区服务的小型温泉商业中心，可容纳的业态包括了温泉娱乐、温泉康复、温泉养生、温泉美容品、温泉食品、温泉植被等，另一方面，在住宅的营销和物业服务中，形成产业中业态的横向联动，通过与项目外的相关产业业态形成联动经营和联动营销态势，可充分将住户的家居休闲生活和其他生活连成一线，真正实现生活方式的打造，同时也促进了社区商业和服务的引进。

第二节　养生（养老）旅游地产

新兴的养生养老地产项目无疑极具发展潜力。改革开放30年来，人们的生活逐渐步入小康，也造就了一大批中产和富裕阶层；与此同时，工作压力大，生活节奏快，更多的人处于亚健康状态，养生成为现代社会生活中不可或缺的部分。养生养老的需求与供给的矛盾浮出水面，这既存在总供给不足的总量矛盾，也存在供给结构不合理的结构性矛盾。养生养老服务需求的数量与质量要求都在与日俱增，而集住、养、医疗、康复等功能的综合性房地产项目发展却明显滞后。改革开放与经济的快速发展，使我国社会结构、经济结构以及国人的生存、生活方式都发生了一系列的变化，健康意识也在发生着潜移默化的变化。健康的消费需求由简单、单一的医疗治疗型向疾病预防型、保健型和健康促进型转变。现有的社会经济结构已经促使中国健康消费市场的“消费侧”悄然形成了病患群体、保健群体、健康促进群体、特殊健康消费群体和高端健康消费群体。上述群体释放出巨大的对健康市场的需求，由此催生了养生养老项目的开发。

国家在政策上已经给予养生养老地产提供了支持。早在2006年，国务院就发布《关于加快发展养老服务业的意见》，要求积极支持以公建民营、民办公助、购买服务等多种方式兴办养老服务业，鼓励社会资金以独资、合资、合作、联营、参股等方式兴办养老服务业，大力发展社会养老服务机构；2011年发布的《我国国民经济和社会发展“十二五”规划纲要》提及要“加快发展社会养老服务，培育壮大老龄事业和产业，加强公益性养老服务设施建设，鼓励社会资本兴办具有护理功能的养老服务机构，增加社区老年活动场所和便利化设施，开发利用老年人力资源。”随后，民政部发布的《社会养老服务体系建设“十二五”规划（征求意见稿）》指明了“十二五”期间中国养老服务建设体系的目标，提出“2020年我国老年人护理服务和生活照料的潜在市场规模将超过5 000亿元”，这成为养老服务行业中民营企业发展新的风向标。为落实中央文件，各级地方政府也出台了相应政策，号召建立完善的养生养老体系，鼓励民间投资发展养生养老事业。国家的方针导向和地方的政策支持，为民营资本投资养生养老项目提供了大的社会环境。

对房地产开发商和投资者来说，中国的养生养老地产不仅需要考虑政府政策导向，还需要把控经济和市场的发展方向和规律，并结合当地人民的生活水平和方式，这样才能给市场提供合适的产品。随着养生旅游的日益发展成熟，养生养老地产因其“养生+旅游+房产”三管齐下的开发模式也备受社会各界投资者的青睐。

综上所述，养生养老旅游地产潜力极其巨大，极有可能成为21世纪经济最大的增长点之一。经济的发展，人民生活水平的提高，是催生养生养老地产的前提条件。工业文明的发展，让人类越来越渴望最自然的环境和最安逸的生存空间，人民开始追求更高层次的生活需求。居家生活的多样性也得到了充分的释放。收入的差异性、工作的地域性、投资的不同需求等原因，使人们在选择居家生活的方式上，逐渐体现自身的个性化的需要。其中事业有成的社会中坚一族和退休金丰厚的老年人一族，在选择居家生活时，趋向于选择舒适度更高的居家条件，更多的侧重对周边环境的选择。另外，一些追求高品质生活的城市新贵族阶层，也对这种新型的物业产生了浓厚的兴趣。人以类聚，在经济比较发达的沿海城市，把家安在自然风景怡人的地方，是所有追求高品质生活享受的先富裕起来阶层的共同选择。正是在这样有利的环境推动下，养生养老地产也正在从沿海城市向经济强劲发展的中西部城市延伸，刺激了内地休闲、养生地产的发展。所以说，养生地产的出现是人居水平发展到一定程度后的必然规律，也是中国旅游产业发展的必经之路。

第三节　滨海旅游地产

滨海是打造旅游地产的鲜明优势。从资源上讲，对于世界各国旅游产业和住宅产业，濒临海洋的海岸线都是最佳资源，全世界60%左右的人口住在沿海区域；从经济上讲，沿海地区常常是世界各国经济发达的地区，大量财富聚集在这里，为沿海实施大量旅游地产开发、投资奠定了一个坚实的经济基础；在市场方面，沿海地区对人口具有巨大的吸引力，这里交通网络密集，足以造成一个一个的城市群，甚至出现一些人口千万级的滨海城市，人口集聚是旅游地产的一个重要条件；再者，沿海地区通常是经济发达地区，房价上升空间很大，而且领跑房价上升。

滨海旅游消费大众化水平让滨海旅游地产性价比更有市场推广价值。在很多人的印象中，滨海旅游产品大多是高端的，普通市民消费不起。世界滨海旅游已经进入消费大众化、产品多样化、市场层次化时代。因此，在海湾开发和项目设计上，要增强参与性，让普通消费者能享受到更多的公共空间。

我国的地产新政，很大程度上限制了楼市的投资和投机性需求，除刚性需求外，改善型需求、投资需求、返乡需求和休闲度假需求都需要寻找新的突破口，其中休闲地产，尤其是滨海度假地产就成为重要选择。目前，各个地产商对于休闲地产资源，尤其是滨海地产资源的争夺进入白热化。而在深圳东海岸，将成为继三亚之后，中国又一国际级滨海度假湾区。深圳东海岸优势无可比拟，相较三亚等滨海资源来说，深圳东海岸占据了天时、地利、人和的优势。深圳东海岸由于具有毗邻深港澳的地缘优势，坐享世界第三大都市圈深港都会圈成熟的国际级都市配套。

中国人度假亲海情绪使得滨海旅游地产上风上水。在大众化度假的时代，打造大众化的滨海度假物业也是市场所需。深圳东海岸线号称“珠三角最后的海岸线”，滨海度假资源丰富。海南拥有优美的滨海自然条件及丰富的滨海配套，是众多珠三角市民向往的滨海度假天堂。可对于珠三角的市民来说，去海南度假最大的不便则是交通。虽然到三亚搭飞机的时间仅一个多小时，但是浪费在往返机场和候机上的时间，也是不可小觑的，到海南旅游花费在路途中的时间，比享受度假乐趣的时间还多。而深圳东海岸则是珠三角的后花园，如果去度假，不用搭飞机，一般来说，从珠三角各个区域都只需两个小时左右的车程。因而深圳东海岸成了开发商竞相开发的热土。

天津滨海新区滨海旅游地产成为都市生活主流。天津滨海新区以旅游地产为理念的项目出现了批量生产的态势，旅游与地产资源的组合在天津房地产业刮起了一股以旅游休闲为定位的新风。滨海新区定位于以“基辅”号航母为核心旅游资源的大型综合人文娱乐景区，包括军事主题公园、水域娱乐区、西部牛仔城、海景平台、产权式度假酒店等项目。

威海滨海旅游地产成为城市休闲度假战略。“走遍四海，还是威海”的旅游品牌和“蓝色休闲之都，世界宜居城市”的城市品牌，创建了国内唯一的中国优秀旅游城市群，全市旅游总收入占国内生产总值和第三产业增加值的比例不断提高，旅游业已经成为全市经济发展和社会进步的重要力量。把旅游业发展放在更加突出的位置，坚定不移地把旅游业作为战略性支柱产业，进一步提升旅游业的核心竞争力，全力推动旅游业又好又快发展，努力把威海建设成为国内一流、世界知名的滨海休闲度假旅游区。充分发挥威海海、岛、滩、湾、林、温泉等资源优势和文化基础条件，以千公里海岸线为依托，由观光型向度假型转变，由单纯重景观建设向重旅游文化精品建设转变，由点式开发向串珠成链、资源整合转变，努力延长游客停留时间，提高消费水平，拉长旅游产业链条。

走向海洋时代让宁波滨海旅游地产成为区域经济着力点。“宁波旅游要提升在全省的地位，应该做足海洋文章。”宁波城市地处中国大陆海岸线的中段，海湾、岛屿、海滩、海涂众多，且各种类型都有，资源十分丰富。此外，渔村、渔港、古镇以及传统节日、庙会、祭祀等自然和文化物产资源很有特色，在长三角一带很有吸引力。其次，滨海旅游有广阔的市场。上海、江苏等客源地处于200到500公里的范围之内，与周末度假、休闲的旅游目标十分吻合。据统计,宁波接待的国内游客数和宁波旅游总收入,“涉海”的均占到了三分之一,宁波开发海洋旅游已有一定基础。在空间上,海洋资源集中在象山港、三门湾和杭州湾三大港湾。

第四节　湖岸旅游地产

我国幅员辽阔,地理形态丰富多样,湖泊的数量和类型很多。根据我国自然旅游资源在世界上的地位表明,我国拥有的湖泊景观资源位居世界第三,仅次于北美地区和北欧地区。天然的资源条件使得我国的湖泊旅游得到了较大的发展,为湖泊旅游模式的开发提供了良好的基础资源和保障条件。湖泊旅游项目开发模式与自身湖泊资源有着密切的关系。

无锡/苏州太湖旅游度假区将高水平建设——太湖治理以太湖流域水环境治理为契机,加快东太湖综合整治及环太湖大堤后续工程建设,加大“引江济太”力度,提高太湖地区水环境质量。以严格保护山水资源为前提,科学规划建设高新区西部生态城、太湖滨湖新城,高水平建设苏州太湖旅游度假区,打造现代服务业和生态人居高地。加大苏州港开发建设力度,完善港口配套服务和辐射功能,提升临港产业集聚发展水平,建设江苏沿江最具竞争力的产业集聚和服务中心。东太湖滨湖新城位于苏州太湖之梢,北接姑苏,南连吴江,是苏州未来南部重要的战略空间发展腹地。未来,太湖板块的发展潜力毋庸置疑。

千岛湖旅游地产开发布局成为战略模式——“休闲度假胜地”、“中国水业基地”、“生态宜居福地”、“都市农业园地”、“文明和谐境地”五块品牌为提升千岛湖房产的品质注入了新的活力,更加放大了千岛湖房地产的度假休闲旅游效应。便捷的交通为千岛湖房地产加速发展提供了可行性。杭千高速建成通车,千岛湖大桥、南浦大桥、昌文公路一期完工,淳开公路淳安段进展顺利,千岛湖已经完全融入 1.5 小时经济圈。从当前的市场运行来看,千岛湖房地产业的发展呈现如下特点:一是房地产开发投资总体态势良好;二是房地产企业数目众多,作用突出;三是房屋价格呈阶梯式增长;四是房产供应类型有所变化;五是外地房企开发 90% 以上的高档景观别墅销售给外地居民作为休闲度假的第二居所。千岛湖旅游业要真正起到产业主导作用,不联合房地产业的力量恐难担此重任;反过来,基于房地产业自身发展规律性与当前全国房地产业发展大形势,千岛湖房地产业如果能与旅游业真正实现融合,也就能借助当地各种优势条件,充分挖掘和发挥自身潜能,提升自身实力。因此,旅游地产是千岛湖房地产业发展的主方向。

旅游是旅游地产的前提,而旅游产业的特殊性就在于消费群的流动性,只有让消费者充分认识到此地的与众不同，才能吸引他们前来观光，而这种与众不同只有让来者进一步感受到心旷神怡，才有可能调动他们租住或购买地产的欲望。湖岸型旅游地产业发展战略的制定要在国家政策和当地条件允许的基础上，既要从高处着眼，统筹考虑，协调发展，保证长远利益的实现；又要从当前起步，立足现实，分阶段有层次有重点地稳步推进，着力打造强势旅游地产，促进产业多元发展，完善配套设施及服务。

第五节　流（区）域旅游地产

海河流域的成功开发标志着中国流域旅游地产模式形成割据。

海河经济是利用海河河道以及海河两岸土地资源、自然景观和历史文脉，发展以现代服务业为主的第三产业，以及海河两岸的工业、仓储业、运输业和其他产业经济活动的总和。发展海河经济是要通过海河两岸服务型经济带的建设，带动物流、商贸会展、房地产、金融保险等现代服务业的发展，使海河两岸区域成为现代服务业的标志地带、新的经济增长点，以及最能展现当地特色景观的亮丽风景线。

漓江流域具有举世闻名的山水风光。在桂林这样一个自然旅游资源占重要地位的区域，如何处理好城市的开发建设与旅游资源的保护利用的关系，是一个亟待解决的战略问题，对于城市建设的基础产业——旅游房地产业的发展更是如此。漓江流域房地产业必须利用桂林旅游的优势，走与旅游相结合的发展道路。景观房产的含义和类型“景观房产”是旅游业和房地产业在较高层次上相结合的产物，景观房产类型的划分可以有不同的标准，但主要根据房产开发过程中景观设计的不同角度来划分，按照这种划分标准，景观房产划分为“设计景观房产”与“旅游景观房产”两大类，而其中又可进行更详细的划分。旅游景观房产其实是一种配合旅游发展的房地产开发。由于旅游业发展，必然牵动大批的房地产项目为旅游观光与度假所使用，如宾馆、酒店、度假村、别墅、招待所和娱乐设施等。还有一些房地产项目间接为旅游服务，如超级市场、会议中心、体育训练中心等。

西江流域经济发展实现跨流域整合。流域包括广东佛山、肇庆、云浮和广西南宁、柳州、梧州、贵港、玉林、贺州、来宾等西江流域城市。“加强区域旅游合作，打造西江旅游黄金带”，进行研讨与交流，共同签署《梧州倡议》，达成了携手共建西江旅游黄金带、促进西江流域旅游经济繁荣发展的共识。共同推进区域旅游合作。按照“资源共享、信息互通、交通互联、客源互送、营销互动、品牌共建、协同发展”的原则，打破行政地域界限，优化旅游资源配置，提升旅游发展质量。通过旅游市场一体化、精品线路一体化、旅游品牌与形象一体化来促进区域旅游共同繁荣、共同发展。首先要共同创新旅游合作机制。创新“政府主导、企业联动”的区域旅游合作机制；建立联席会议制度，各方成员轮流承办联席会议，协调区域旅游合作事项；清理行政障碍，消除旅游壁垒；建立旅游管理信息互通机制，联动处置涉及旅游诚信、旅游质监、旅游事故等重大事件；引导区域内各景区、各旅游酒店、各旅行社建立联动机制。共同打造西江旅游品牌。以西江流域独特的自然景观、文物古迹、民俗风情为依托，优化整合区域旅游资源，统筹区域旅游发展规划，构建以休闲度假旅游为特征的特色鲜明、层次丰富、魅力独具的西江旅游品牌。以西江旅游的统一形象开展各种旅游营销会展活动，把“西江观光休闲度假旅游”作为共同的品牌推向市场。其次要共同加快基础设施建设。共同推进西江沿线公路、铁路和水路网络的建设，畅通区域与外界、区域内景区之间的快速通道，实现游客零距离换乘。不断完善区域内旅游道路、游客集散中心、旅游环境保护设施、旅游标志系统等旅游服务配套设施建设，提高景区景点的品质。最后要共同发展西江生态旅游。按照绿色、环保、低碳的要求，合理有序开发和科学利用西江旅游资源。

杭州市三江两岸流域总体发展全面启动。确立“统一思想认识、明确目标任务、加快工作进度、建立有效机制、营造浓厚氛围”，谋划的500个重大项目将正式开始。农村环境综合整治、河面清洁整治、乡镇垃圾处理设施建设、非法采砂整治、生态修复、环境监测、工业污染防治、规划编制等方面做了大量的工作。流域生态保护、流域综合治理是系统工程，也是民生工程。“历史人文、城市建设、城市防洪的有机结合”是三江两岸综合发展的目标原则。把综合治理作为事关全局、影响长远的战略部署，作为造福百姓、惠及子孙的战略工程，作为产业升级、转型发展的重要举措，作为连接皖浙、统筹城乡发展的重大项目，切实放到更加突出的位置，进一步统一思想，深化认识，充分利用好中央和省委“一号文件”所提供的政策机遇、新安江流域生态补偿机制试点启动所带来的资金支持、国家功能区设置所形成的差异化发展空间、综合治理所创造的成功经验，扎实有效地抓好综合治理，加快形成上下游资源共享、生态共建、环境共保、效益共赢的格局。

第六节　文化(创意)旅游地产

随着调控新政对楼市的严酷打压，曾一度火暴的传统住宅市场成交表现逐渐黯淡。这无疑大大压缩了住宅市场的投资空间，限制了投资客的投资和投机性需求。在此形势下，文化旅游地产却凭借其政策导向性和资源稀缺性优势，而成为万众瞩目的楼市新宠。

而随着市场对文化旅游地产的纷纷看好，越来越多的开发商正在迅速进入文化旅游地产领域。文化旅游地产兴起并在房地产行业形成热潮，是因为2010年以来，随着中央出台了史称"最严厉"的调控政策后,使房地产业面临着历史性的转型,形成的"文化沙尘暴"席卷房地产行业。但文化在房地产开发中的探索创新和凝聚积累,绝非一两句话能说清,或仅一两篇文章可说完,也非进行主题大讨论就能得出正确的答案。文化需要在房地产开发中传承与发扬,换言之,文化需要在房地产开发中践行、总结而提升。

当下,房地产业已经走向专业化、综合性、跨地域性的开发之路。目前房地产业的竞争应该是在更高层次上的竞争,即文化的竞争。面对竞争,只有通过高远的气度和视野,借势而行才能立于不败之地。大到国家战略,小到企业生存都会遵从这个规律,文化旅游地产的发展更是如此。房地产行业从"资本竞争"—"质本竞争"—"客本竞争"—"品本竞争"—"知本竞争"经历了五个阶段,而"知本竞争"就是文化的竞争。可以说,未来的赢家是"资本家+知本家",或说是"知本引领资本,资本崇尚文化"是未来趋势。

其实,早在20世纪90年代的深圳,开发商便开始了对文化旅游地产的实践与创新活动。其以文化(旅游)为核心切入点,将文化概念融入了项目中。使产品具有独特的差异化优势,从而成为国内地产界"文化经济"的先行者。随后,国内其他开发商也纷纷开始尝试。文化旅游地产,通过将文化、旅游和地产有机的结合,打造出具有独特人文内涵和建筑风貌的文化旅游区。并通过商业、住宅、酒店、公寓、商务等项目的导入,实现了项目的总体开发收益。同时,文化旅游地产也得到了地方政府、开发商及高端消费者的追捧,未来具有较大的发展前景。

文化旅游地产,是依托自然资源(山林秀水、温泉湿地、人文景观等)和生态气候条件做开发深耕,将水的滋物生灵之茂和山的巍然磅礴之气融入项目中,使建筑从内到外彰显其文化价值,让建筑在自然中听风舒展,让居者体味清闲安逸之空间、静享修身养性之时间,给居者以天人合一的陶然境界。

众所周知,旅游地产的价值,与客流量正相关,与客源地交通正相关,与周边风景正相关。而"文化旅游地产"的价值除此三个相关外,还与其"特有意境"正相关。现代居住文化的核心是人、自然和社会的和谐统一,满足居住者的使用要求和精神要求,强调在人与自然和谐的基础上,融入人文因素,将历史文脉、地区习性和周边影响,作为创造理想居住社区的重要参数,从而使居住和生活在其间的人,能够体会到强烈的亲切感和归属感。而购房者对于一般性的房子(尤其是刚需),其关注的是房子的本身(如居室的分配、大小,价格等)。对于文化旅游地产,购房者除了关注房子的基本层面外,则更关注其心灵层面的感受。也可以说,是更看重其建筑与人之间的和谐。在文化旅游地产中,文化不再是营销的概念和手段,而是建筑精神和价值的核心。文化软实力成为提升、统合建筑价值的核心和体系。换言之,在文化旅游地产中,文化必须是可落实、可体验、可感触、可实现的浑然整体。就文化旅游地产的特征而言,其主要是:以一定的旅游资源与土地为基础;以旅游休闲度假功能为主导;以土地综合开发为手段;以文化产品为核心;以较高品质服务和完善的配套为保障。

目前,文化旅游地产的开发营运模式基本是三种:一是以旅游目的伴生地产项目,但其依赖于城市配套;二是以自然资源打造的复合型地产项目;三是以主题旅游(游乐、娱乐)开发的地产项目。对于文化旅游地产营销体系而言,其异差性是最大的挑战。因许多传统房企不具备完整的异地营销的能力,也不适应异地营销的模式。从而影响文化旅游地产的跨界开发和经营。再者,文化旅游地产成功与否,其完善的配套是其核心元素之一,也是该项目能否持续运营、长久发展的关键。在进行文化旅游产业操作时,应注意由表及里、由细微到主题、由微观到宏观的不同打造。其项目应着重打造"精、气、神、形、体"五个层面。同时,也应注意并处理好项目的三个横向体系与一个纵向关系,只有这样才能真正让整个项目结构合理、浑然一体。把脉文化旅游地产,还应注意并研究其产业理论、产业结构和产业政策。再者,就是文化旅游地产项目的定位并非越高越好,而是适合最为关键。诚然,文化旅游产业不是一个孤立的产业,作为先导性、统合性的产业定位,也要求其必须在经济发展之外最大限度的支持、引导其他产业经济的发展。文化旅游地产是把"死环境"变成"活载体"的系统工程,是以文化提升固化建筑价值。作为文化旅游地产,应该承担起面向历史的传统与遗产的传承使命,面向当代的文化与思想的弘扬使命,面向未来的发展与自新的创新使命。

文化旅游地产发展。当下文化旅游地产呈"上山下海"之趋势。对于房企而言,文化旅游地产规模庞大、土地充足,通过该项目,可得到产权住宅地块,减缓通过"招拍挂"市场难以满足土地储备的窘况。此外,无论是政策调控,还是从土地政策的趋势及长期利润上看,文化旅游地产将成为调控背景下房企的优选之一。然而,市场到底需要怎样的文化旅游地产,或我们要留下怎样的文化旅游地产,将是业界同仁反思的。可以说,文化旅游地产是社会发展的必然趋势,是一种"心经济"(满足人们心理的产业经济)。而优秀的、高品质的文化旅游地产项目,是地产与文化深度的融合体。而从其本质而言,文化旅游地产是一种文化活动。因此,文化旅游地产的未来发展必是一种崭新的业态:文化综合体。即一个包容多种(多民族)文化的、和谐的人文社会地产项目综合实体。文化综合体不仅可以提升该城市的品位,而且可以使城市品牌内涵独具特色。从城市规划和建设的角度考虑,可以从物质文化、非物质文化和建设文化来强调城市的文化内涵。文化综合体具有"综合性、复合性、包容性、多元性、创新性、延展性、渗透性和传承性"这八大特性。文化综合体应是在"医、食、住、行、养、乐、商、教"等层面的完善。因此,文化综合体能充分体现"天人合一,人宅相扶"的自然和谐共生的理念。

赋予建筑物文化内涵。文化就像爱情一样,是一个永恒不变的主题,可以在各个历史阶段与各种产业"联姻"。建筑本身是没有多大差别的,因为其文化和品位不同才使建筑有了高下之分,因为有了文化因素才使建筑更加鲜活。但是要注意文化内涵不能与当地历史文化脱离。文化的本质特征是让没有生命的钢筋水泥具有文化的永恒价值,让文化体现在地产开发的每一个环节。文化在其中不是标签,更非噱头,而是充实在建筑物的每一个细部,包括阳台的设置,立面的颜色,甚至保姆房的设置都非常注重。

业主和开发商共同打造文化地产。当房地产做到一个阶段时,它表现出来的便是一种生活,一种文化。对于文化地产,文化和地产的结合是人们对美好生活的向往,文化不仅仅是开发商提出来就能实现的,还需要广大的业主有较高的文化素质,和开发商共同打造文化地产。

每个楼盘应该有独特的文化。文化是有内涵的,包括了地域文化、建筑文化、社区文化及企业文化几大部分。目前大部分的房地产开发商只是打着文化地产的旗号,并没有把文化完全融入到地产中去,许多建筑师和开发商都把文化丢掉了。实际上,一个楼盘应该有自己独特的文化。从一开始的规划设计,到后面的建筑用料,再到小区景观设计,甚至业主入住后都是要体现的。特别是业主入住后,对文化的建设起着至关重要的作用。文化地产还有一段艰难的路要走。

文化地产要从消费者需求出发。房地产并不只是钢筋加水泥简单的堆砌,当人们满足了“有其居”之后,开始对住所产生文化和精神层面的要求。没有文化的产品就像是流行歌曲,很容易过时,只有在楼盘上附加文化,才能使建筑持之以恒。因此,做文化地产务必要从消费者需求出发,重视细部。从消费者需求出发解决了市场问题,重视细节则解决了“落地”的问题。

第七节　田园(乡村)旅游地产

指在农民自由宅基地和农村集体土地上利用庭院、果园、花圃及菜畦等田园景观、乡村人文资源,以家庭为经营主体,为游客提供以农业体验为特色的观光、餐饮、住宿及娱乐等服务的乡村旅游。它以农民家庭为基本接待单位,以农业、农村及农事为主要载体,以利用环境资源、体验农村生活为特色,以“吃农家饭、住农家屋、干农家活、享农家乐”为主要内容,以旅游经营为目的。

田园生活是田园旅游房地产发展的吸引力。在乡村休闲产品中,田园生活是较为普及的一类产品。除了与自然亲近,游客更着重田园中“人家”生活的感觉,那是人与自然和谐相处的体验过程。吸引力内容包括:田园风光——包括田园生活重要的意象,如耕田、梯田、水塘、牧童、耕牛、油菜花、大树、庭院植物等。不同时节田园不同的景象;田园生产生活方式——包括渔、樵、耕、读等,各种农耕器具的展示与使用;田园生活节奏的体验——田园的手工副业。包括自然经济下的行业，酿酒、制茶、养蚕、造纸、烧瓷、风筝、年画等；田园四季节庆——围绕农耕文明形成的各种节庆活动；田园的建筑和小品——村舍、祠堂、庵庙、书院、水车、水井、晒场、草垛等。各个地域有自己独特的风格，让游客乐此不疲；田园的文化——包括中国士大夫文化、隐逸文化、民俗掌故等，无数的艺术作品都在描绘诗意的田园生活。

可以分为以下产品类型：农家——一般为农民的生产生活资料，具备接待功能即是“农家乐”；庄园——一般为企业或个人开发的度假性质产品，综合了餐饮、采摘、住宿、游乐等多项休憩内容，通常以某项农作物或手工副业为卖点，综合各类配套产品，有较大的接待容量，如农庄、酒庄、水庄、山庄等。有的产品档次极高，能满足高端市场的消费需求。一般区位靠近休闲消费市场；乡村别墅——一般处在近郊，通常配有花卉、果园等，此类别墅有产权和时权的产品选择；古村——这种类型的产品是旅游房地产中资源条件最好的产品，它在山水、建筑、文化、风光、人物等方面，对游客有很强的吸引力。随着可进入性和接待设施的配套，整个产品可以相对较少的投资带来较好的现金流。此类地产的开发，需充分考虑文物保护问题，除了地块选址的问题，还须考虑新建和改造房地产的风格协调问题。

从发展方式来说，有几个路径：

模式多样——从区位上来看，旅游产业导向的社会主义新农村主要有依托城市型和依托自然型两种。根据其旅游资源的不同，目前已有红色旅游、自然观光、生态养生、田园风貌、农业观光采摘、原生态体验、民俗文化体验、特色餐饮等模式，与社会主义新农村紧密地结合在一起。而高档餐饮、高档酒店、旅游地产、高档运动娱乐项目已经开始进入乡村旅游市场，这无疑将为旅游导向的社会主义新农村建设提供了更多可选择的模式。

涉及面更广——传统的乡村旅游可以说只是农民业主和游客之间的互动，而旅游产业导向的社会主义新农村则涵盖的更多——市县到乡村政府都要站在各自的角度，解决产业结构调整和新农村建设的问题；当地的企业和农民，需要明晰自己在这种新农村建设和旅游开发模式中的地位，并借此契机获得实在的收益；外来的投资商则明确地需要投资的回报。如何将各方紧密地团结在一起，是旅游产业为导向的社会主义新农村建设的关键问题。

认识更加科学、运作方式日趋合理——在旅游产业导向的社会主义新农村建设中，策划、规划、可行性研究等工作越来越被看重；整个建设工作越来越像一个整体，有专门的机构负责协调，并以统一思路进行开发、运营和营销推广；单一乡村的独立发展，也越来越被村际间的合作与分工、片区内资源的整合、城乡一体化推进等所替代。

田园旅游房地产已经有较为成熟的运作模式：景区式房地产模式——依托于具备了田园生活核心吸引力的高品质旅游资源，解决可进入性问题，开发旅游房地产。以观光休闲游客的商业消费和住宿接待为主要功能的旅游房地产，前期可对原有村落进行内部住宿接待设施提升和改造，后期可新建结合当地风格的档次较高的宾馆酒店；旅游目的地房地产模式——在高品位的古村保护区外，具备合适条件的地方进行旅游房地产开发，为高端客户投资购买；度假村房地产模式——在休闲消费市场需求较大的城市近郊，租入或购入适合开发田园旅游房地产的地块或村落，打造出典型田园生活的吸引力产品，吸引休闲度假游客消费，较受自驾市场、企业单位会议活动市场及其他市场的青睐，可称为度假村房地产模式；最为普遍的农家乐房地产模式——体量规模较小，但却支撑了一大部分市场；题材房地产模式——在城市近郊，以田园生活产品为卖点的房地产产品，以田园生活的浪漫诗意为诉求点，如郁金香花园、熏衣草庄园等是正式的房地产产品，可称为题材房地产模式。

土地利用特点：①多效益性。旅游用地可以获得多种效益，包括经济效益、社会效益和生态效益。这些效益具有两面性，一方面能增加经营户的经济效益，满足旅游者的需求，促进文化的交流；另一方面也可能给旅游地带来不可逆转的经济、社会和生态的负面效果；②高收益性。"农家乐"用地不仅能维持原有的土地功能收入，而且还能通过发展旅游得到额外的收入，明显增加了土地的经济产出；河流水面、滩涂等未利用地，通过承包、租赁发挥其未利用地的经济潜力；经营户利用疏林下的空隙种植蔬菜、布置娱乐设施，也使土地经济收益显著增加；③复杂性。"农家乐"用地类型众多，包括水田、果园、茶园、林地、坑塘水面及农村宅基地等。考虑不同类型用地本身的特点，发挥其优势，也是"农家乐"发展中需要考虑的一个复杂而重要的问题。虽然我国法律规定一切土地都归国家和集体所有，但是"农家乐"用地仍然涉及种种复杂的土地管理体制，因此需要对不同的土地利用类型进行不同的土地用途管制。

土地利用存在的问题。①避开审批，违法占地。"农家乐"为农民增收开辟了一条新的途径，在利益的驱使下，一些业主在向农村集体经济组织租赁、承包和村民合作联营的方式取得土地后，擅自改变土地用途，硬化地面，建设永久性的建筑物，虚报、瞒报实际的经营内容，借开发"农家乐"之名，行房地产项目之实。②用地需求扩张与耕地保护相矛盾。土地资源日益紧缺已成为制约各地发展的瓶颈。③发展区域单向集中，资源依赖程度高。

基本对策。重视土地利用规划，协调各规划之间的关系。避免盲目、无序的发展"农家乐"，坚持与区域范围内的社会发展总体规划、土地利用规划、农林业发展规划及城乡建设规划相衔接。对"农家乐"的发展还要进行堵疏结合，特色引导；集约土地利用，完善土地管理政策。土地集约利用体现在土地投入的强度，土地利用的深度、精细程度、效益以及合理的布局和产品体系上。在现在和可预见的未来条件下，满足"农家乐"用地的完整功能，适度的发展规模，在取得最大规模效益的基础上，增加存量土地的利用，优化结构，不断地提高土地利用效率。完善土地管理制度，在不破坏农用地耕作层和种植条件等的前提下，明确界定“农家乐”用地的规定；升级旅游产品，保护生态环境。加强高级“农家乐”旅游产品的规划设计，细分市场，针对不同的目标市场开发不同的旅游产品，提供不同的旅游活动和旅游体验，展现人文资源，对乡村文化内涵进行深层次挖掘，加强游客与当地居民的互动性。保护“农家乐”旅游地的生态环境和人文环境，重视生态容量的运用。

用地的空间形态分布——经营个体用地的空间形态有点状和块状两种。采取何种布局形态与地理条件、投资规模及土地管理制度等有关。点状的空间形态是指除了主体接待设施以外，基本上没有附属的户外休闲娱乐设施。块状的空间形态是指除主体接待设施以外，周围还有小范围的景观休闲用地和户外休闲娱乐设施。除了优越的地理位置和优雅的环境，经营户本身自有或租赁来的水库、菜地及农地等可供游客进行垂钓、乘竹排和摸鱼虾等户外娱乐休闲活动。

第八节　古镇旅游地产

古镇旅游地产作为遗产文化的载体，综合反映了历史城镇旅游地各个方面的成就，形成了独特的历史文化遗产特色和文化品位。每年有300万左右的旅游者被江南水乡“小桥、流水、人家”的水乡环境风貌所透出的文化底蕴、温情的人性关怀、水乡居民浓郁的文化风情所吸引，年旅游收入达8亿元，创造了巨大的经济效益，拉动了当地经济快速增长，富裕了水乡古镇的人民，走出了一条“旅游兴镇，强镇富民”的新路。商业古镇作为历史的见证，经历了历史的沧海桑田，保存至今的已不多见，其中的精品是少之又少，所以首先要坚持保护与发展相统一的原则。在尊重自然，维护“人与自然”系统整体利益的前提下，利用历史古镇来发展旅游，使历史遗产区成为人们向往的集自然与文化生态为一体的优秀环境之地。其次，历史古镇的保护应该在其原真性地位不被动摇的前提下，符合古镇文化生态环境的实际。再者，历史与现代相和谐，从建筑风格、整体环境、景观视觉等体现从历史到现今城市发展过程中文化内涵的同质性，以及通过这种同质性所表达的历史与现代秩序。最后，历史古镇反映和表达了地域个性与特质，是“城市文化资本”动力机制的重要组成部分，是现代城市文化与城市经营的新生长点。

旅游地产开发的技术难题

随着人民生活水平的提高，休闲时间的增加，中国的旅游业和房地产业都将会有极为广阔的发展前景，旅游地产作为两个黄金产业的交叉型产业，是一个巨大的“金矿”。现在人民消费的四大热点：住宅、汽车、旅游、通讯产品，旅游房地产在四个热点中占了两个，因此也成为更多投资者关注的房地产新型业态。

目前，国内各地对发展以旅游房地产业为主要构成要素的大型旅游休闲社区都表现出了浓厚的兴趣。其原因主要是，尽管许多地方都具有优美的自然风光和深厚的文化积淀，但相对于本地区巨大的市场潜力和良好的客源集散条件而言，旅游业仍显得滞后。这突出体现在旅游产品的老化和结构失衡上。国内的绝大多数旅游产品都具有自然美景和人文历史积淀相结合的特点，其品质固然很好，但从产品特性来说却趋于同质，都是对悠久文化“昔人已逝”的静态展示，属于观光旅游范畴，很难符合现代旅游需求日益多样化、休闲化、注重参与性的趋势。大型旅游休闲社区，则既是对现有文化旅游产品的有力延伸，更是对已显老化的产品序列的重大补充。它的出现将极大地提升项目所在地的综合性休闲度假接待能力与城市人居品质，改善旅游产品在种类和地域上的失衡结构，增强旅游经济的整体竞争力，进而为当地提供一个城市旅游与休闲人居产业全面发展的一揽子解决方案。

随着各种实践的不断成功，有人开始接受旅游景观房产这个新生事物。但是，对于它和普通意义上的房产存在的本质上的不同，又有许多人认识模糊。作为一个独立的概念和房产类型，旅游景观房产有其自身的特质。旅游景区成为它的强大配套——而且由于所有这些配套同时都是经营性景区的一部分，是一种产业化的操作，因而其价格并没有比普通楼盘高得离谱。旅居结合——把景区像家一样建造与把家像景区一样建造——已显示出独特的生命力。旅游房地产，顾名思义，就是以多种旅游项目为依托和基础，以优美的景观和良好的配套为主要特征的具有一定主题的房地产项目，它通过和旅游项目的嫁接与融合，二者互为依托，相辅相成，共同构成一个旅居结合的、融旅游、休闲、度假、居住等诸种功能于一体的大型旅游休闲社区。

但是，需要强调的是，旅游房地产目前还不是房地产业未来发展的主流，它的定位应该是旅游开发的主流和房产业的一个分支。正因为这样，它对开发主体的规划设计与建设的专业能力要求极高。有人误以为景观房产是“远郊房产”的另一个名称，是“城市空心化”带来的必然结果，这是一种错误的说法。因为地理位置的相似性不能说明其本质的相同，这里有个比例和主次的问题。旅游房产的核心是旅游景观，房产只是景区的附属物和配套，是先有景观后有房产。它们不是为房产而房产，而是为旅游而房产（景观房产对旅游休闲业具有的巨大意义只有在这一前提下才得以成立），不能喧宾夺主，将“景观房产”变为“房产景观”，对这一属性上的界定是必须清晰的。

第一节　项目开发原则

坚守旅游地产“总体规划，分步实施，先做旅游，后做房产”的项目开发原则。项目建设应强调高起点、大手笔、跨越式，最好是聘请实力雄厚、资质一流的国际知名景观设计公司进行精心设计和规划，做到规划一步到位，实施分步进行。原则上应先做旅游，后做房地产。因此首期的项目中应包括主要的旅游项目，以人气带动区域价值提升（旅游项目的建设与经营要不求赢利，只求精品），并可增强项目在政府领导和公众中的号召力，取信于人，为后续开发的顺利实施奠定基础。但由于项目规模巨大，开发周期长，资金压力大，为此，一定要注意合理安排开发的节奏，确保资金链的安全，要短线开发与长线开发结合。因此也要适当包括一部分房地产，以增加现金流，缓解资金压力。也可先将部分土地作价入股与其他公司成立新的房产项目公司，以尽快变现，从而降低投资风险。

第二节　多元产业发展模式

坚守“综合开发，环境优先、永续利用，全面收益”的多元产业发展模式。旅游房地产项目的功能组合极其丰富，配套齐全，因此其子项目往往众多，从而做到相互支撑、降低风险的目的。但一般说来，都是由旅游项目、休闲度假项目、人居项目和配套项目四大部分组成。自然生态资源是项目生存和可持续发展的基础，因此项目建设应体现“统一规划，近期、远期兼顾”的精神，正确处理保护与开发的矛盾，防止和杜绝一切破坏性的建设，坚持“严格保护、统一管理、合理开发、永续利用”原则。在规划中将着重处理好一期工程与后续工程、整个项目与各子项目之间的衔接，协调好关系，使各子项目一方面具有相对的独立性，同时又共同组成有机的整体，合理分担整个项目不同的功能诉求。

对项目周边原来的景区、景点，可与之开展多种方式的合作经营，并在尊重历史、科学保护的前提下，重新进行统一的规划、扩充和完善，加强项目间的深度整合，使它们得以重现昔日盛况，以与新开发项目互为补充与呼应，丰富、提升整个区域旅游的游历空间与内涵。由于本身的高端产品特性，决定了旅游房地产项目的建设一定要走"精品化"道路，着力强调项目的个性、品质和创新，并从一开始就全面导入 ISO 9000 和ISO 14000体系。它不但要与当地的区域历史地理文脉密切融合与沟通，更要使其得到全新的定位、延续和提炼。

第三节 运营策略

坚守"科学选址，合理立项，低调取地，规避风险"运营策略。

区位上，由于成本关系，不宜在城市中心，但必须位于大城市近郊，距市中心直线距离不超过 30 公里。地形地貌上，要求有丰富的自然山水资源。如果自然景观不佳，则应由政府按项目规划的要求挖好湖面及全部河道，平均深度不少于 2 米。同时在湖中堆出岛屿、半岛、港湾等起伏有致、高低错落的地形地貌。

项目所在地及周边的环境破坏与工业污染较少，没有高压线、放射性、易燃易爆物品生产或仓储基地，空气质量优良，社会治安状况良好。注意标高不可过低，以免出现洪灾。项目所在地及附近如有排灌工程与设施，应让政府将其移交给项目公司管理及维护。

争取较低的地价是根本需要。由于此类项目需要巨大的投入，为扩大现金流，降低投资风险，提高其可持续发展能力，需要政府提供强有力的政策扶持，除允许项目配套建设旅居结合的房地产，还要对项目建设用地给予优惠的出让价格。旅游休闲业具有极高的产业关联度，它不但可以促进城市品牌的提升和区域休闲经济的发展，而且还可以形成很长的产业链，对整个国民经济的带动作用非常突出。但旅游产业本身又具有"高投资、高风险、低收入、慢回报"的基本特征。因此，在与当地政府进行项目谈判时，一般可以获得比普通房地产用地低廉得多的土地。即使经营性用地全部需要公开招标、挂牌出让，也可以有很大的空间（含土地出让金、拆迁、青苗补偿、安置劳力及挖湖造地等除办证费用以外的所有费用，平均为 3 ~ 5 万元/亩，有的甚至低至一两千元）。但考虑到项目占地面积较大，动辄三五千亩甚至上万亩，因此土地成本总额还是很可观的，有可能对投资方资金造成较大压力。为此，需要从以下几个方面加以变通：

付款方式上，前期准备工作（包括工商登记、初步规划、项目立项、土地测量、土地指标审批）期间，只支付定金，其余按土地证发放时间分期支付；土地办证费争取只交纳中央和省市部分；除了必需的房地产建设用地以外，可以在土地构成中安排大量的水面和农用地，一方面由于租赁的是非建设用地，因此可以加快进度，另一方面也降低了总成本。大量水面除本身即为重要的景观构成要素外，还可以开展水上游乐、农业观光。而农用地也完全可以用于景区绿化、道路、农业观光、草地公园、山地公园或者高尔夫等。此外，也需要有部分40或50年的商业、旅游、综合用地（办证难度相对较低），以用于旅游休闲、产权式酒店、商业、娱乐、教育、文化产业等，容积率、建筑面积、建筑高度和方位不作具体限制，投资方可根据项目需要灵活调整。

土地取得方式上的法律和政策风险及其规避。由于报批建设用地（在尤其是70年的房地产用地）指标、征用集体用地需要时间，可以先办出一部分，其余作为预留建设用地，令政府承诺在一定时间内全部办理完毕。为尽可能减少不确定性，合理的付款方式是：在项目总合同书签署、支付定金的同时，与当地政府签订全部用地的50年农用地和水面的租赁协议，从而先明确所有用地的开发权属。同时，要在一开始就针对各子项目成立几个不同的项目公司，并将土地证分成十几本（每本50～200亩），直接落在各项目公司名下，这样便于日后抵押融资以及与别的企业开展多种层面与方式的合作，而且也可以有效地防止土地转让时巨额土地税费的出现。

高度重视公关工作。一定要大力建立和充分用好省市与本地领导的公关资源，这是项目顺利推进的关键因素之一（在投资环境还不完善、不透明的情况下就更是如此，因为它提供了一条投诉和监督渠道，这是极为重要的稀缺资源）。

同时，要促使当地政府与我们建立起相同的价值取向，使该项目的开发不仅是企业单方的行为，也是政府乐观其成并全力推动的事情。整合宣传炒作是重要保障。大项目的开发涉及千头万绪，必然会遇到各种阻力和障碍，为此，在项目未启动时就要有统一、整合的宣传炒作安排，要提前制作精美的宣传画册、折页等资料，要先入为主，与媒体开展密切合作，尽可能使该项目人尽皆知。

在规划时对项目的功能分区、交通组织等要有前瞻性，做到30年不落后，尽可能避免建设性浪费的发生。一般来说，通往项目红线的主干道的建设标准应不低于城市标准主干道，辅道不低于二级公路标准，道路还要有统一设计的景观设计；自来水管线直径在600～1000毫米之间；用电采用双回路。由于项目旅居结合的特征，在项目总合同书中，容积率、建筑面积、建筑高度和方位等规划指标不可能作具体限制，这样也便于根据项目需要灵活调整，但在合同书中应明确当地政府免收调整产生的相关费用。高尔夫项目获得批准难度较大，同时也为了降低土地成本，其建设用地可以是农用地，以“绿化用地”的名义建高尔夫球场。项目中的水道、陆路、游步道等宜曲不宜直，以起到界定空间、相互借景的作用，并丰富游历内涵和景观的层次。为避免大的人流车流量造成交通阻塞，要尽可能地多用丁字路口而不是十字路口。路面不能用水泥，而需要铺沥青，以降低噪声污染。如果项目所在地的地势过于平坦，则需要规划建设一处高层建筑作为统领全局的视觉中心。

环境保护问题。项目合同中应约定，当地政府负责在项目动工前完成区域内及周边水域的截污工程建设，确保项目区域的环境质量。同时应将该项目的排污管道纳入城市排污主管网,并在区域内建设足够容量的污水集中处理设施,否则如引起环境问题则由当地政府承担。建设过程中要精心保护项目所在区域内及周边的现有全部林木,所有树径在8厘米以上的树木一律予以保留,因项目规划和工程建设的要求确需移栽别处的,在保证存活的前提下方可将其移栽于项目所在区域内其他地点。项目拓展与品牌推广。在签订项目开发总合同书时,应有后续项目储备土地条款和周边一定范围内同等条件下优先开发权条款,避免土地带旺后为人作嫁。由于旅游房地产契合世界旅游休闲和大型人居建设的最新发展趋势,具有主题地产、休闲房产的若干要素,因此,应将它上升到“旅游新城”的高度,注意认真总结经验,提升与包装理念,将它作为一种可移植的全新范式在国内合适的地方加以推广,如若成功,将因此走出一条独具特色的低成本扩张模式,可据此占有大量的土地等稀缺资源,从而为今后的长远可持续发展奠定雄厚的基础,这恐怕是此类项目更重大的意义所在。

学说篇

旅游地产的空间学说

第一节　旅游地产选址影响因素

旅游地产的选址是其成败的关键。从区域经济、旅游资源、局地自然资源和基础设施等方面详细论述了影响旅游地产项目选址的因素，以促进消费者度假、休闲与娱乐为一体的旅游地产的发展。

一、宏观因素

（一）区域经济

区域经济的发展对旅游地产的发展至关重要，从旅游地产的特性可以看到，购买旅游地产的大多表现为二次置业、三次置业。它是以稀缺性的旅游资源为依托的，直接表现为满足人们的旅游、休闲、度假等方面的消费需求。所以只有区域经济发展到一定程度，人民生活水平提高了，才可能发展旅游地产。

但是对位于著名旅游胜地的旅游地产项目，就具体项目所在的小地区来说，并不一定要经济很发达。这是由于旅游地产的消费者主要是区外消费者，起主要作用的是地区所在国家甚至是全球的区域发展水平。也有一些项目是位于大城市的主题公园，这些项目的特点大部分都是人造景观，能够在各个城市间复制。这些项目对当地的区域经济发展水平有一定的要求，因为这些旅游地产的消费者大都是附近的居民。由于这些项目也不像位于名山大川的旅游地产那样具有全国甚至全世界的知名度，所以很难吸引区外的消费者。

（二）旅游资源

旅游地产的选址自然需要良好的旅游资源。风景名胜地旅游资源的数量、质量及所坐落的地理位置和可进入程度决定了房地产开发规模和利用程度。但也是由于位于风景名胜区，往往面临很多限制性条件，如政策限制、规划制约、环保要求等。所以在规划、建设时，应考虑与当地的生态环境融合，选址应巧借山、水、景，注意保护自然生态，注重对旅游景观资源地占据与融合，不但要求观景，更要求融入风景、享受风景。

为杜绝破坏景区的房地产开发行为出现，当地政府要做好规划，严禁在风景区乱建住宅项目。

另外，主题公园类的旅游地产项目往往对旅游资源要求并不很高，因为这类旅游地产的旅游资源主要是人工环境，主要是通过开发商的设计、建设而使项目形成独特的旅游资源。这对开发商的能力往往要求比较高。

二、微观因素

(一)自然资源

自然资源包括水文、地形、气候、地貌、植被、土壤等因素。丰富的水资源不仅可以满足游客们的生活需要，而且因为有水，景区也会充满灵气，如山中的溪、山间的河等。地形地貌条件则决定了土地所能承受的项目开发能力，项目所在地的岩性以及该地是否是多地震带、泥石流出现区等，这些都对旅游地产项目开发有影响。气候因素也是必须考虑的条件之一，旅游地的气候条件影响旅游者的可进入性。

旅游地产选址确定以后，最好不要破坏原有格局，有道是"取法顺其自然"，特别是对周边生态环境的保护、水系的保护和水质的保护。许多开发商通常先用推土机把一块地铲平了，然后再造风景、水系。其实这种做法不可取，一来破坏了原来的水系、地形，项目失去了自然原味，人们回归自然的愿望就失去了几分；二来导致项目与其他项目没有分别，不符合人们标新立异的心态。

(二)基础设施

旅游地产由于面积较大，大都位于远离城市的郊区或风景名胜区。若是单纯的地产项目，政府是不会参与市政配套的。可是大多旅游地产项目由于土地面积大，涉及人口多，而且事关当地经济的发展，一般当地政府都会积极地支持，主动承担一部分市政建设工程。基础设施中交通系统是最主要的，由于旅游地产的消费者都是些高收入者，对于他们来说时间比较宝贵，所以附近最好有高速公路、机场。

旅游地产的选址是一个综合决策的过程，要综合考虑一系列因素，开发商必须做好充分的市场调研。只有空间和感观上的赏心悦目，才能真正实现消费者度假、休闲与娱乐为目的的旅游地产的成功。

第二节　旅游地产空间结构

一、基本概念

（一）空间

空间是地理学与城市规划学最基本的概念之一，长久以来，地理学和城市规划学均从各自的视角对其进行了深入的研究。地理学中的空间指的是地理事物和经济活动发生、联系和发展于其中的具体的地理背景或环境空间。与地理学相比，城市规划学更倾向于关注城市的实体空间，以规划的角度看，由城市形体环境组成的外部空间即为城市空间，它是与实体相对的城市设计和建筑设计要素。

地理学注重分析城市相互作用网络在理性的组织原理下的表达方式—城市结构，分析更多涉及与城市功能活动有关的地域结构变迁；城市规划学则将城市空间结构作为城市存在的理性抽象，更多是强调空间场所的概念，偏重于视觉艺术及形体秩序的城市形式分析。

而社会经济的空间结构概念里的“空间”，其中分布着农业、工业、城镇居民点、道路和通信设施、文化及商业供应设施等多种类型的客体，不断发生着诸如商品生产、原料和成品的运输、信息的传送、商品的销售等再生产过程，以及新区的开发、人口的流动（分散与集聚）、城镇扩大和新居民点的产生、新技术的扩散等现象。而其中每一种事物、客体及其相互间产生的运动现象，都会形成一种空间态势，它们在整体中的结合关系便产生一种多重空间。

（二）空间结构

“结构”一词，原指建筑物的内部设置。后来，结构被引用到生物科学及社会科学中，指被研究的对象具有系统性、持续性，并且是可辨认的现象，如生命结构、产业结构、社会结构、空间结构等。瑞士学者皮亚杰指出：结构是一种关系的组合。事物各成分之间的相互依赖是以它们对全体的关系为特征的，即一个具体事物的意义并不完全取决于该事物的本身，而取决于各个事物之间的联系，即该事物的整个结构，“整体大于（或小于）部分之和”是结构的本质所在。R. J. 约翰斯顿主编的人文地理学词典中将空间结构解释为用来组织空间并涉及社会和（或）自然过程运行和结果的模式。

二、旅游地产的空间结构要素

旅游地产的空间结构是由旅游地产空间结构要素的数量、类型与形状所决定。

(一)旅游地产空间结构要素的判别

按照空间经济学的观点,空间是人类进行社会经济活动的场所。借鉴空间经济学的理论成果,本节把旅游地产空间结构要素具体分为以下几种类型。

1. 旅游节点

一定区域范围内的旅游经济活动内聚力极化而成的中心,称为旅游节点。旅游节点由两个相互联系的基本成分组成:旅游吸引物聚集体及旅游服务设施。旅游吸引物聚集体包含旅游者游览或打算游览的任何设施和资源,其包括一个或多个个体吸引物及能产生吸引力的景观和物体等。旅游节点的服务设施成分包含一系列旅游服务设施,如:住宿业、各式餐馆、零售商店或其他任何以旅游者为主要服务目的的服务设施等。

2. 旅游区与旅游目的地区域

受旅游经济中心吸引和辐射影响的旅游经济腹地或域面称为旅游区与旅游目的地区域。任一旅游目的地区域都由一些不同旅游主题的旅游节点或一定旅游范围组成。如果一个范围内有一特定的风格和旅游重点,那么,这个范围就称为旅游区。旅游区包含一个或多个相似的旅游节点,旅游区的存在使旅游目的地区域有可能满足不同类型的旅游者的多样性旅游需求与旅游期望。旅游目的地区域是指旅游者为了度过美好的闲暇时间所选择参观游览至少居住一晚的具有独特风情和风貌的特定旅游区域,这个特定的旅游区域有可能由一座旅游城市构成,也有可能由旅游主题或氛围相似的一组旅游城市构成。

3. 旅游循环路线、旅游目的地区域出(入)口通道、旅游网络等

旅游循环路线是指旅游者在旅游目的地的各吸引物聚集体和服务设施之间的流动轨迹。旅游目的地区域内并非所有的旅游节点之间都直接通达,也并非所有的旅游者在返程时都选择同一路线,因此,旅游目的地区域的路线设计应是循环路线设计。出(入)口通道是旅游者进入旅游目的地区域的大门或到达地点,预示着旅游者进入该旅游目的地区域,也同时表明这一旅程的结束,它可以给出这一目的地区域的全景俯瞰。

4. 旅游流,包括旅游者流、旅游物流和旅游信息流

严格来说,旅游流既包括游客流,也包括客源地与目的地之间交流的信息流、物质流以及旅游者和开发者承担的各种资金流。管理游客流量的方法主要有:空间措施(空间规划布局、有助于游客分散或聚集的政策);时间管理(主要通过激励措施来把

游客量分布于全天、全月或全年的每一时间段);进入限制(主要通过全部或部分开放设施、价格策略的运用、实行预约制度及控制基础设施容量等措施来实现);提供信息与提升旅游者认知度(如通过新闻媒体发布客情公告、建立旅游地信息绿色通道等措施来实现游客量管理)。

5. 城市旅游空间等级——规模体系

依据旅游资源质量、旅游收入、接待游客量等反映的旅游业发展程度、旅游中心职能强度、旅游经济与接待规模等指标,旅游空间可分为不同的等级与规模。不同等级与规模的旅游区在地域旅游空间中形成一定的空间等级——规模体系。

(二)旅游地产空间结构要素解析

借用纯几何学或拓扑学的研究方法,旅游地产空间结构要素可抽象为具有某种内涵和意义的符号及其他表现形式,如点、线、面和多维向量集合等。

1. 旅游点状模式与旅游点要素分析

当旅游节点的大小与其存在的空间相比可不予考虑时,即可抽象为旅游点。旅游空间结构分析中,旅游景区(点)、旅游饭店、旅行社,甚至一座旅游城镇,在旅游地图上可用一个点来描述,虽然实际上它们占据了一定的空间。旅游节点要素是旅游空间结构区位几何要素中的最基本形式,是组成"线"和"面"的基础,也是旅游空间结构分析和区域旅游规划工作中的研究重点。

2. 线状模式与线要素分析

当旅游要素分布的横向宽度与纵长相比可以不予考虑时,即可抽象为旅游线路。旅游空间结构中,不同空间区位的旅游吸引物聚集体或旅游设施沿着旅游交通线路;湖泊、大江、大河、海洋等岸线;自然地理特征线(如河流线、海岸线)等形成旅游带。旅游发展轴线可以根据旅游组成要素的数量、密度质量及重要性等分成不同的等级。同类但不同等级的线之间往往在功能上是互补的,它们相互连接,相互补充,共同完成旅游经济活动。

3. 面状模式与域要素分析

旅游空间结构中的域面是由旅游经济活动在地理空间上所表现出来的面状分布状态。如果旅游经济活动在一定地理空间范围内呈较密集的连续分布,也可看做是旅游域面。旅游区是旅游节点与旅游线要素赖以存在的空间基础,具有确定的空间范围。

4. 点、线、面三要素——旅游空间结构中的不可缺一性

旅游经济活动必须以一定的空间物质要素为载体,即离不开旅游节点、旅游线路、旅游带、旅游区域等旅游空间区位要素。旅游点、线、面三大要素相互依存和相互作用,维系着旅游空间作为一个整体的存在和发展。旅游空间结构要素的组合模式如表2-1所示。

表 2-1 旅游空间结构要素的组合模式

旅游区位要素及组合	旅游空间子系统	旅游空间组合类型
旅游节点—旅游节点	旅游节点系统	旅游吸引物系统、旅游企业系统、旅游中心地系统
旅游节点—旅游线	旅游经济枢纽系统	旅游交通枢纽、旅游(游客)集散地
旅游节点—旅游面	旅游节点—城镇—区域系统	旅游聚集区、城市旅游区
旅游线—旅游线	旅游网络系统	旅游线路网络、旅游交通网络、旅游吸引物聚集网络、旅游产业带
旅游线—旅游面	旅游产业区域系统	旅游产业带
旅游面—旅游面	宏观旅游区域系统	基本旅游经济区(如长三角、珠三角等市旅游经济区)、基本旅游经济带
旅游节点—旅游线—旅游面	旅游空间一体化系统	旅游等级规模体系

三、旅游地产空间结构的理论基础

笔者认为旅游地产空间结构的理论基础主要由旅游区位论、点-轴理论、核心-外缘理论、旅游增长极理论、旅游空间集聚理论、旅游中心地理论等理论体系构成。

(一)旅游区位论

区位理论是关于人类活动所占有场所的理论。经济学中最早提出区位论,19世纪初,德国经济学家杜能创立了农业区位论;20世纪初,德国经济学家韦伯创立了工业区位论;德国经济学家廖什提出了产业的市场区位论。由于旅游业本身具有旅游资源的分散性,旅游产品多样性以及游客个人偏好性等方面的特征,使得运用传统的区位论解释旅游区位遇到一系列的问题。旅游区位论20世纪30年代始于西方,是研究客源地、目的地和旅游交通的空间格局、地域组织形式及旅游场所位置与经济效益之间关系的理论,内容侧重影响旅游场所因素的分析。克里斯泰勒运用行为和经验的研究方法研究旅游区位论;德国地理学家鲁彼特从旅游地与旅游市场间的距离关系来探讨旅游地的区位条件、规模和形态。由于旅游活动的空间组织是在多个因素相互作用下进行的,例如资源、地理、经济、政治和宗教等,不可能将其中某一因素看成是决定因素,因此旅游区位理论不能机械套用其他区位理论。

(二)点-轴理论

1984年,我国著名经济地理学家陆大道首次提出点-轴系统理论,并在《区域发展及其空间结构》一书中进一步完善。点－轴系统理论中的“点”是带动各级区域发展的中心城镇，是各级中心城（镇），是各级区域的集聚点。“轴”是联结若干不同级别的城镇而形成的人口和产业的密集带。轴线是区域社会与经济设施的集中地带。轴线上集中的社会与经济设施通过技术、信息、财政、人员、产品等，对附近区域有扩散作用。轴线又可以看做“开发轴线”或是“发展轴线”。点－轴空间结构系统的形成过程模式如图2－1所示。

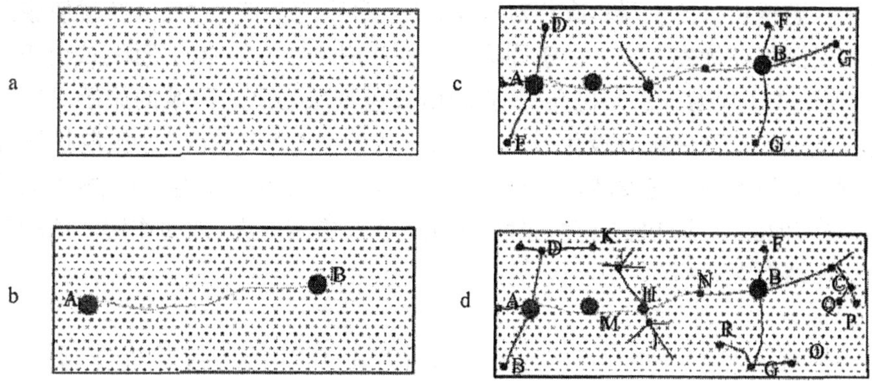

图2－1　点－轴空间结构系统形成模式

（三）中心－外围理论

20世纪60年代和70年代，发展经济学家研究发达国家与不发达国家的不平等经济关系时，所形成的一系列理论统称为中心－外围理论。1966年，美国学者弗里德曼在《区域发展策略》中提出的中心－外围理论较具有代表性。弗里德曼认为，因为多种原因，在若干区域之间会有个别区域发展迅速而成为“中心”，其他区域发展缓慢而成为“外围”。中心与外围之间的贸易不平等，高效生产活动、技术进步、经济权利因素、生产的创新等集中在中心，致使中心位于统治地位，外围在发展上依赖于中心。中心与外围存在着不平等的发展关系。中心依靠优势从外围获取剩余价值，并影响外围。“中心－外围”理论提供了一个解释区域空间结构和形态变化的模型，并将这种区域空间结构与经济发展阶段联系起来，与区域经济的其他理论结合，成为区域规划的理论工具。

利用中心－外围理论指导区域旅游的开发，充分整合区域旅游资源，将旅游资源进行归类分级，合理定位，以资源条件好的地区作为区域旅游开发的增长极，从而构造合理的区域旅游空间结构。

（四）旅游增长极理论

增长极（Growth pole）的概念最早是由法国经济学家弗朗索瓦·佩鲁于1950年在其著名的著作《经济空间：理论与运用》中提出的。佩鲁通过对实际经济活动的观察，认为增长并非同时出现在所有地方，它以不同的强度首先出现于一些增长点或增长极上，然后通过不同的渠道向外扩散并对整个经济产生不同的影响。笔者认为旅游增长极至少应具有三种内涵，即在经济意义上的某一推进型旅游企业、在地理意义上的城市旅游空间单元或地理区位、在经济意义上和地理意义上的拥有推进型产业的旅游节点。

旅游增长极对周围旅游目的地或旅游景区（点）产生的负效果称为旅游极化作用。由于旅游增长极的发展具有相对利益，产生吸引力和向心力，这样就使旅游增长极的旅游资源得到优先开发。由于周边旅游资源属于非优势旅游资源，或由于旅游资源相似，而失去了旅游开发的机会，使旅游增长极区域与周边区域的旅游发展差距扩大。这种负效果被称为旅游极化效果，也被称为旅游“回流效应”。旅游扩散作用是由于旅游核心地区的快速发展，通过旅游产品、资本、旅游者、旅游信息、旅游人力资源的流动，对其他旅游目的地或旅游景区（点）产生的旅游促进、带动作用。这种扩散效果被称为旅游“涓滴效应”。

（五）旅游空间集聚理论

旅游空间集聚群，是指在特定的地域范围内具有相当数量不同性质、类型和等级规模的旅游城市及相当数量不同等级的国家旅游区、星级饭店等各类旅游企业，依托一定的自然与人文旅游资源条件，以一个或数个旅游经济发达的核心旅游城市作为区域旅游经济发展的核心，借助于铁路、公路、水路、航空等不同类型旅游交通运输网组成的综合旅游交通通道的通达性，发生在旅游城市之间、旅游企业之间、旅游城市与旅游区域之间的内在联系，共同构成的一个相对完整的城市旅游地域空间组织。城市旅游空间集聚群是由旅游城市、旅游企业、旅游者、旅游从业人员、城市旅游相关行业、自然与人文旅游资源、社会经济文化要素等组成的区域旅游空间有机体。

（六）旅游中心地理论

中心地理论，出自德国地理学家克里斯泰拿于 1933 年出版的著作《地图的中心说》。克里斯泰拿以系统性的科学概念，配以数学计算，勾勒出不同聚落的分布规律。根据各项假设，克里斯泰拿推论出聚落分布会呈六角形形状，分布均等，使通勤各聚落间更方便。而聚落更加被分作七个等级，按货品的档次排名。由此聚落倘能售卖高档次货品，会相对服务更多范围。

旅游中心地是提供中心吸引物的职能场所，不同等级的旅游中心地形成中心地体系，如旅游城市——旅游城镇——旅游村镇。不同等级的旅游中心地通过交通线路的连接形成网状的旅游中心地体系，高等级旅游中心地与低等级旅游中心地之间存在着集聚与扩散作用。旅游功能是城市的基本职能之一，其服务主体有居民、投资者和旅游者。

第三节　旅游地产空间布局

一、旅游地产空间布局概念

旅游地产空间布局是依据资源分布、土地利用、项目设计等状况对地产空间进行系统划分的过程，是对旅游地产项目经济要素的统筹安排和部署。空间布局决定了地产项目的内部结构，对于地产项目的景观设计、交通路线设计等都会产生深远的影响。旅游地产空间布局主要包括空间划分、功能定位、主题定位、形象定位、项目选址。

空间划分是将旅游地产在空间上分成具有不同功能的几个部分。进行空间划分时既可以以某些自然的界限为基础，也可以利用人工建筑和设施将区域人为分割。

功能定位就是在旅游地产空间划分的基础上对每一个空间的主导功能进行界定。旅游地产空间的功能一般具有多元化的特征，所以在对不同的区域进行功能定位时，除了确定该主导功能外，还应该对该分区的辅助功能以及支撑功能等加以界定。

主题定位是指为每个功能分区的开发方向确定一个核心，围绕该方向来规划分区内的项目、设施以及其他要素。

形象定位是在分区主题定位的基础之上，针对旅游者的心理认知而设计的旅游地产的形象。

项目选址是指在了解了旅游地产内功能分区的范围、发展方向的基础上，将规划项目按照一定的规律和原则布置在相关的分区空间里。

二、旅游地产空间布局原则

（一）突出分区特色

是旅游地产空间布局的核心原则。旅游者在游玩过程中感触最深的往往是最具特色之处。因此，旅游地产中各个分区的特色是否突出是判定旅游地产空间布局成功与否的基础性标准。

旅游地产空间布局的突出特色原则主要体现在以下两个方面：首先，旅游地产空间布局以一定的自然资源条件为基础，即空间的划分和区域特色的确定应该以实际资源和环境条件为依据；其次，旅游地产空间布局的特色化原则要求景观和项目设计应该与该区域的功能和形象保持高度一致。

（二）功能单元大分散、小集中

所谓大分散是指各分区的功能以及主要项目的相对分散化分布，小集中则是指在区域范围内旅游服务配套设施的布局采用相对集中式。旅游项目是主要吸引物，因此，旅游项目如果过于集中则不利于旅游地产空间的平衡发展。另外，旅游项目在功能和特色上不尽相同，旅游项目的集中分布将大大弱化功能分区的作用，而使各个区域特色趋同。所以，从旅游地产空间布局均衡发展、环境保护和突出各个分区特色的角度看，旅游项目的空间布局应该实行相对分散的布局模式。

（三）协调功能分区

所谓功能分区的协调主要是指处理好地产项目内部各个分区与周围环境的关系、功能分区与管理中心的关系、功能分区之间的关系以及内部主要景观结构（核心建筑、主体景观）与功能小区之间的关系。

（四）合理规划动视线

动线是指旅游者移动的线路，视线则是旅游者的视力所及的范围。合理规划动线和视线，要求旅游地产在空间布局上应该从人体工程学的角度，充分考虑旅游者各个器官的满足。

（五）保护旅游环境

旅游地产空间布局的另一个重要原则是要保护内部的旅游环境。环境保护的目的是保证旅游地产的可持续发展。

三、旅游地产空间布局方法

对于旅游地产空间布局方法的研究主要有定位、定性、定量法，聚类区划法，降解区划法。

（一）定位、定性、定量法

所谓定位就是依据一定的理论和旅游地产项目的实际情况确定各个功能分区旅游项目以及设施的位置。定性是指在空间定位的基础上，对各个功能分区的主导功能、主题形象等内容加以限定，为今后的发展提供明确的指导方向。定量则是指在对各个功能分区定位和定性的基础上，依据各个功能分区的环境条件以及旅游者行为的预测确定各个分区的最佳生态容量。

（二）聚类区划法

又称上升区划法，是指从小地域空间入手，通过对其进行归类合并而逐步上升到数量较少的大型功能分区的方法，主要步骤为：

第一，在地产项目区域内设定 n 个区域样本，即最小的地域空间；

第二，计算各个样本空间之间的距离，并按照相邻样本空间之间的共性，将其划分为 n - x 类；

第三，针对上述的 n - x 类地域空间形式，进行同类或者相邻地域样本的合并，并不断重复该过程；

第四，最终会形成无法继续合并而产生 n - x - y 个典型少数大型区域，这就是最终需要的对旅游地产的空间划分。

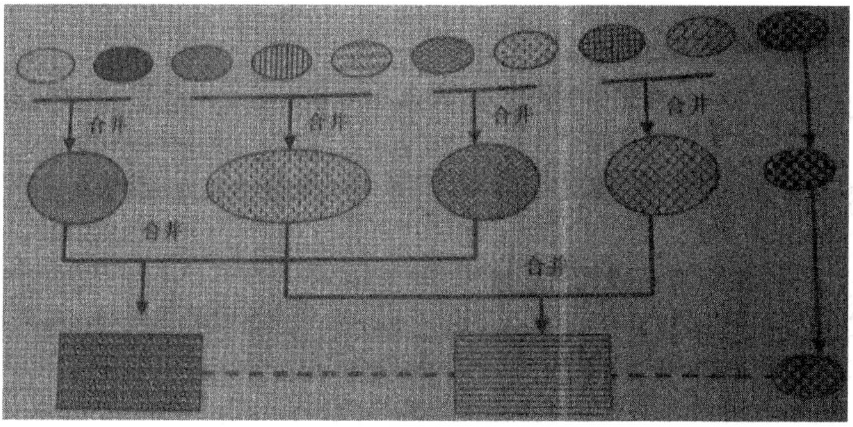

图 2 - 2　聚类区划法示意图

（三）降解区划法

降解区划法是 1986 年由加拿大学者史密斯提出的一种大尺度旅游空间进行区划定位的方法。该方法在具体的操作上与聚类区划法形成一对逆操作，即聚类分析法式是由下至上进行分析和归类，而降解区划法式从大空间范围着眼，对大尺度空间范围予以逐步的分解，最后形成若干个旅游地的次级分区的结果。从具体的操作过程看，主要是借助两分法，通过规划者的主观判断，将大尺度空间最终划分为若干个小型区域空间（图 2 - 3）。

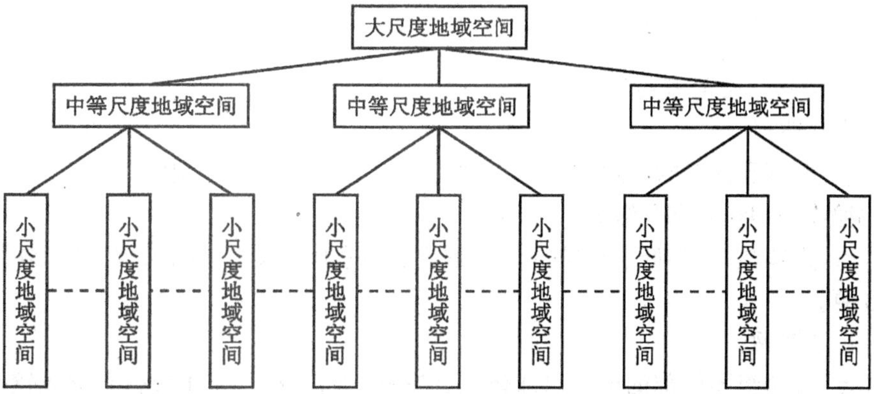

图 2 - 3　降解区划法示意图

四、旅游地产空间布局模式

主要从公建、景观、道路和建筑等四个方面分析空间的布局模式，以满足多层次的需求和品味以及多功能的积聚。

（一）公建的空间布局模式

1. 沿交通带状纵向布置

优点：沿生活性道路布局，使用比较方便，具有内外服务的功能，容易打造连续的景观。

缺点：道路对服务设施的干扰比较大，服务设施缺少纵深，景观过于单一缺少变化。

2. 沿交通带状横向布置

优点：沿主要的道路布局，有利于形成一定服务规模的商业氛围的社区中心；

缺点：功能集中程度高，容易相互交叉影响，对社区内部的干扰较大。

3. 沿交通综合集中布置

优点：沿主要的道路布局，辐射范围广，使用方便，利于形成集聚效应；

缺点：受道路的干扰较大，使用空间比较单一，对周边开发影响较大，投资相对较高，短期内难以形成商业氛围。

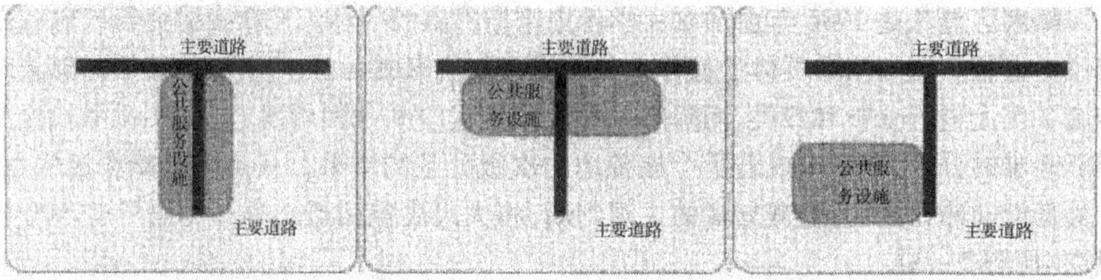

沿交通带状纵向布置　　沿交通带状横向布置　　沿交通综合集中布置

（二）道路的空间布局模式

1. 枝状路网

优点：路网灵活，结构变化丰富，有利于塑造丰富多样的景观空间，有利于将不同档次的物业类型和业态分级分区布局；

缺点：人车混行，降低了道路的使用强度，不利于形成集中的景观空间，各组团联系不方便。

2. 环状路网

优点：各个组团内部的道路自成体系，结构明确，有利于人车分行和形成较好的集中景观空间；

缺点:对地块的划分不明晰,不利于分期建设,建设成本较高。

3. 放射状路网

优点:可以便捷地联系区域内外,有利于中心区交通的疏解,有利于整体交通的变化;

缺点:容易形成局部的拥堵,难以形成集中的景观空间。

4. 复合型路网

优点:可根据地形进行功能分区,形成良好的组团景观环境空间,加强各组团的交通联系,道路结构清晰;

缺点:道路网密度过大,对用地的划分比较混乱,地块分割不完整,对后续土地利用影响大。

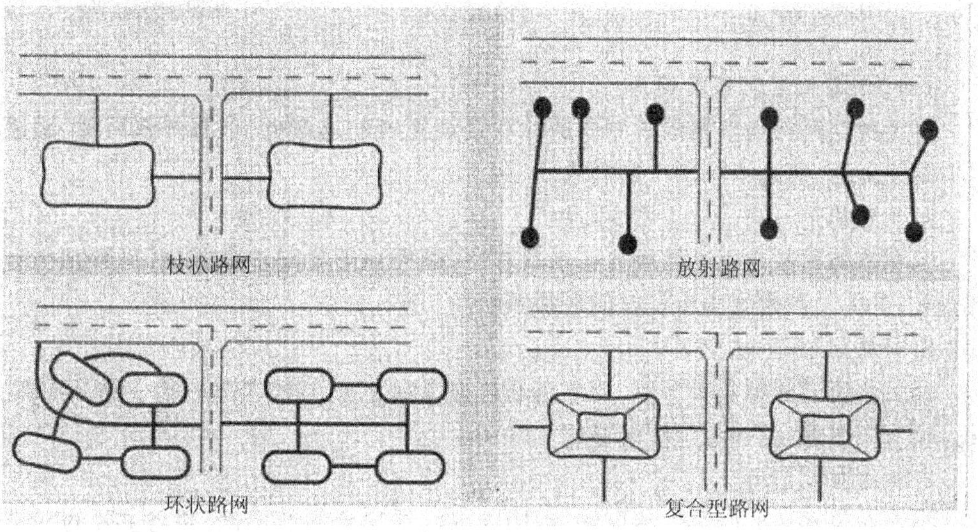

(三)景观的空间布局模式

1. 单核心景观模式

优点:与公共景观中心结合布局,形成强烈的居住中心景观,景观性比较好;公共区域使用率较高,能够提供一个活动的公共场所,服务半径较大,日常使用较多;

缺点:维护较大。

2. 多核心景观模式

优点:各分区分别设置景观核心,方便各个区域使用,规模适中尺度比较合理,易于形成社区内部较大的景观空间;

缺点:分区间缺少联系,沟通不方便,难以形成整体的空间意向。

3. 带状景观核心模式

优点:形式自然,空间层次性比较强,能够充分利用水体、绿化等元素,景观的整体性和均质性比较好；

缺点：工程量比较大，涉及面比较广，复杂程度比较高，对道路、建筑布局影响较大，景观轴线容易被道路割裂。

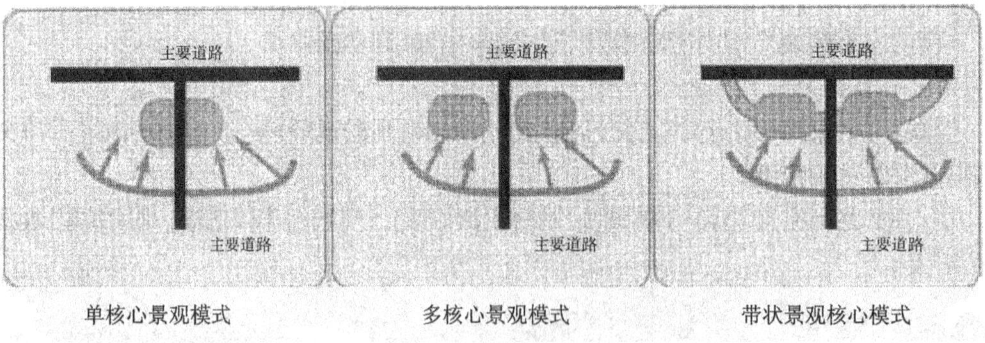

（四）建筑的空间布局模式

建筑的空间布局根据景观的通透性和景观视线的连续性，依靠外部环境，设置不同的建筑业态，打造不同层次的需求。

1. 别墅组团

别墅周边都被自然山体和人工水系环绕，顺应地形灵活多变布置，路网以自由线形为主，为每一户别墅争取良好的景观条朝向。

2. 公寓组团

组团之间通过绿化带分割，与周边的景观绿轴连通，组团内部形成小型的环路，道路两侧布置公寓，保持景观视线通廊。

3. 普通住宅组团

分布在景观核心的第二线区域，组团内部实现完全的步行化，并与主要的绿带保持通畅的步行绿道联系，车行通道设在组团两侧，设置半地下车库。

旅游地产的市场学说

第一节　地产与旅游市场

一、地产市场

2010年4月17日，国务院发出了《关于坚决遏制部分城市房价过快上涨的通知》。通知要求遏制房价过快上涨，实行更为严格的差别化住房信贷政策。通知中提出十条举措；被业内称为房地产"新国十条"。笔者将对新政出台的背景进行分析，并对新政进行解读。

（一）新政出台的背景

2007年美国次贷危机影响下，全球陷入经济危机的阴影。2008年11月，政府提出扩大内需、促进增长的十项措施，并投资4万亿元以刺激内需。

房地产的快速发展被作为扩大内需的一项重要内容。2008年12月，国务院出台了一系列优惠政策刺激房地产发展；

由于各项政策措施的实施，2009年达到了"扩内需，保增长，调结构"的目标，也实现了经济的保发展。

房地产行业也得到迅速发展，2009年全国房地产市场呈现价格快增长，成交量稳步上升的势头。

为了抑制房价过快上涨，政府在2009年年底和2010年年初分别出台了"国四"和"国十一"条政策，但政策效果不明显；2010年3月3—14日的两会期间，温总理强调坚决遏制过快上涨的势头；2010年3月15日北京再现新地王；4月15日，国务院常务会议研究部署遏制部分城市房价过快上涨的政策措施（简称"新国四条"）；政府重拳出击，4月17日出台新国十条，5月前后细则纷纷出台；4月20日，住房和城乡建设部下发《关于进一步加强房地产市场监管完善商品住房预售制度有关问题的通知》；5月2日，央行再次上调存款准备金率0.5个百分点。

(二)新政解读

1.新政政策相对比较严格

住房问题已经从经济层面上升到影响社会稳定、关乎国计民生的政治层面,此次出台的地产调控政策是较为严格的(见表2-2)。

表2-2 《国务院关于坚决遏制部分城市房价过快上涨的通知》要点

要点	主要内容	影响评级
实行更为严格的差别化住房信贷政策	·90平方米以上的家庭贷款首付款比例不得低于30%; ·第二套住房贷款首付款比例不得低于50%,贷款利率不得低于基准利率的1.1倍; ·商品住房价格过高、上涨过快、供应紧张的地区,商业银行可根据风险状况,暂停发放购买第三套及以上住房贷款; ·对不能提供1年以上当地纳税证明或社会保险缴纳证明的非本地居民暂停发放购买住房贷款。	★★★★★
发挥税收政策对住房消费和房地产收益的调节作用	·财政部、税务总局要加快研究制定引导个人合理住房消费和调节个人房产收益的税收政策	★★★★
加强对房地产开发企业购地和融资的监管	·对存在土地闲臵及炒地行为的房地产开发企业,商业银行不得发放新开发项目贷款,证监部门暂停批准其上市、再融资和重大资产重组。	★★★★
建立考核问责机制	·对稳定房价、推进保障性住房建设工作不力,影响社会发展和稳定的,要追究责任。	★★★★
加大交易秩序监管力度	·对取得预售许可或者办理现房销售备案的房地产开发项目,要在规定时间内一次性公开全部销售房源,并严格按照申报价格明码标价对外销售。	★★★
增加居住用地有效供应	·房价上涨过快的城市,要增加居住用地的供应总量; ·要依法加快处置闲置房地产用地,对收回的闲置土地,要优先安排用于普通住房建设。	★★
调整住房供应结构	·保障性住房、棚户区改造和中小套型普通商品住房用地不低于住房建设用地供应总量的70%,并优先保证供应; ·房价过高、上涨过快的地区,要大幅度增加公共租赁住房、经济适用住房和限价商品住房供应。	★★
加快保障性安居工程建设	·确保完成2010年建设保障性住房300万套、各类棚户区改造住房280万套的工作任务。	★★

资料来源:2010年中国房地产信息集团

2. 信贷政策对房地产影响重大

信贷政策对房地产市场影响重大，此次信贷收紧的新政足以严重打压房地产市场：

2005 年：新国八条出台，房地产市场开始调控，市场进入低谷；

2007 年：927 新政提出，二套房贷首付 40%，利率 1.1 倍，使得 2008 年市场跌幅创历史纪录；

2008 年：年底开始救市政策频出，房贷 7 折优惠，二套房标准放宽，使得 2009 年市场疯狂反弹；

2010 年：信贷大幅收紧，房地产市场将受到较大影响。

3. 中央政府此次对房地产调控的决心不容忽视

（1）政策的严厉程度前所未有，大超预期

17 日国务院《通知》将遏制房价与维护社会稳定等量齐观，这是中央对高房价的危害性的评级最严重的一次；将考核问责机制提到文件的"第二条"，由住房城乡建设部、监察部等部门对省级人民政府的相关工作进行考核、监督。并严厉强调："对稳定房价、推进保障性住房建设工作不力，影响社会发展和稳定的，要追究责任。"

（2）措施细化可操作性强，完全封堵住利用信贷炒房的口子

此次政策针对性更强，对于投机性需求抑制更明显。此次政策最严厉之处在于：房价过高、上涨过快、供应紧张的地区，商业银行可根据风险状况，暂停发放购买第三套及以上住房贷款；对不能提供 1 年以上当地纳税证明或社会保险缴纳证明的非本地居民暂停发放购买住房贷款。这相当于堵住了利用金融杠杆炒房的通道，同时也增加了异地购房的难度。最大限度地保证市场上的购房者主要是自主需求者。

（3）严格清算土地增值税，从开发商资金端调控市场，以达到迫使开发商适当调控价格的目的

从目前整体的情况来看，开发商的资金状况处于历史最好的情况，但是如果政府对土地增值税严格清算，或者加大对囤地等情况的打击，一定会逐步改变开发商的资金链状况，使得从开发商角度调整价格成为可能。

4. 地方政府对新政的响应速度和力度都较之前有明显变化

地方政府对新政的响应速度和力度都较之前有明显变化，各城市细则总体方向相比国家政策更为严格（见表 2－3）。

表2-3 地方调控细则

地方	细则名称	主要内容
北京	《贯彻落实国务院关于坚决遏制部分城市房价过快上涨文件的通知》	· 商业银行根据风险状况暂停发放第三套及以上住房和不能提供1年以上本市纳税证明或社会保险缴纳证明的非本市居民购房贷款。 · 自发布之日起，同一购房家庭只能新购买一套商品住房；金融机构和税务部门可根据房屋权属交易系统中个人住房记录，实施差别化的信贷和税收政策。
海南	《贯彻国务院办公厅关于促进房地产市场平稳健康发展通知的实施意见》	· 对已利用贷款购买住房、又申请贷款购买第二套或第二套以上住房的(包括借款人本人、其配偶、其未成年子女)，金融机构要严格审查其贷款条件，贷款首付比例不得低于总房价的40%。 · 对已预售的商品住房，应于收款当日出具发票。在订立商品住房买卖合同后，开发企业应在预售后10天内办理备案手续和预告登记。商品住房预售款应存放于开发企业指定的某一银行账户，严禁开发企业直接收取现金。 · 房地产项目土地出让金应自土地出让合同生效之日起60日内全部付清。逾期未付清的，从逾期之日起每日加收未付部分千分之一的违约金。
青岛	《关于促进房地产市场平稳健康发展进一步加快住房建设的意见》	· 暂停发放购买第三套及以上住房贷款。对不能提供1年以上当地纳税证明或社会保险缴纳证明的非本地居民，暂停发放购买住房贷款。 · 对房地产企业开发的一般商品房的计税毛利率由现行的15%调至20%；对房地产企业开发的非普通住宅(含别墅)和非住宅的土地增值税预征率由现行的1%调至2%。
浙江	《坚决遏制部分城市房价过快上涨促进房地产市场平稳健康发展的实施意见》	· 暂停发放购买第三套及以上住房贷款。 · 对不能提供1年以上当地纳税证明或社会保险缴纳证明的非本地居民，暂停发放购买住房贷款。

资料来源：2010年中国房地产信息集团

(三)中国地产市场的表现

新政出台后，从周成交数据来看：

· 调控后，周成交数据出现明显持续性下滑，一、二线城市成交下滑幅度要明显大于三线城市。随着地方性政策的逐渐出台，预计成交量将进一步萎缩；

· 一线城市的高、低端出现分化，中低端项目受影响较为明显，部分高档项目热销依旧，中低档项目受到明显影响；

·二线城市中政策影响偏重中高档项目，成交跌幅较大，中低档项目影响较小，中高档、高档投资性项目影响稍大；

·三线城市中新政影响不大，项目成交主要取决于自身定价影响，传统旺季及春交会等因素的影响，楼盘成交依旧比较火热。

二、旅游市场

（一）旅游市场的快速发展

旅游业是一个最具发展活力和潜力的产业，从发展趋势看，旅游业这一“朝阳产业”还将因为全球经济从金融危机泥潭中走出及中国旅游市场需求的持续增长和升级而日益旺盛。据国家统计局统计，2010 年全年国内出游人数达 21.0 亿人次，比上年增长 10.6%；国内旅游收入 12 580 亿元，增长 23.5%。入境旅游人数 13 376 万人次，增长 5.8%。国际旅游外汇收入 458 亿美元，增长 15.5%。

目前，中国已经成为世界第四大入境旅游接待国，亚洲第一大出境旅游国，据联合国世界旅游组织预测，到 2015 年中国将成为世界上第一大入境旅游接待国和第四大出境旅游客源国。随着中国经济的发展，人均可支配收入将会进一步增长，旅游也将会成为中国人生活中重要的一部分，随之而来的旅游消费需求将大幅提升，而这将会成为中国旅游业持续兴旺发展的强劲动力，旅游业未来也将继续保持高速增长。

（二）旅游的政策支持

旅游地产的核心在于旅游项目的发展，旅游地产的发展与旅游行业政策的支持息息相关，而旅游行业作为具有明显比较优势的现代服务业，在国际金融危机和国内“调结构”“扩内需”的背景下，旅游业的重要作用愈发凸显出来。早在 2007 年的时候，国家旅游局就发布了关于进一步促进旅游业发展的意见，以推动中国旅游业从粗放型经营向集约化经营、由满足人们旅游的基本需求向提供高质量的旅游服务转变，而“十二五”规划更是将其定位为国民经济战略性支柱产业。地方都制定了大量积极发展旅游业的政策优惠措施（见表 2 -4）。

表 2 -4　地方政策支持细则

地方	细则名称	主要内容
江西	《加快旅游大省建设，支持旅游业发展税收优惠政策和服务措施 30 条》	“30 条”包括保护旅游生态环境、推动绿色生态旅游、扶持小型微利旅游企业、支持“农家乐”等乡村旅游开发、扶持安置下岗再就业人员和残疾人的旅游企业等方面的税收优惠政策

续表

地方	细则名称	主要内容
海南	《国务院关于推进海南国际旅游岛建设发展的若干意见》	在购物、土地、财税和投融资等方面给予了政策支持
新疆	《关于促进我区旅游业发展的财税政策的通知》	在"十二五"期间，自治区财政每年安排旅游发展专项资金1亿元，主要用于景点景区基础设施建设和旅游促销，使全区景点景区基础设施建设在"十二五"期间有较大改善。同时，加大"十二五"期间旅游业税收政策支持力度。
青岛	《关于促进旅游业加快发展的实施意见》	设立旅游宣传促销专项经费；鼓励投资旅游度假区；鼓励旅游企业争创服务名牌；鼓励社会经营机构举办旅游演出活动。

三、旅游地产市场成为新的增长点

旅游地产的出现是市场必然的选择，也是相互促进的良性结构。一般旅游项目的投资收益期都超过15年，但可持续回报时间可以达到50年以上。而旅游地产2～3年就全部收回投资，且可获取150%到400%的赢利。因此，作为旅游与地产联姻的产物的旅游地产，在住宅地产宏观调控愈发严格的背景下，旅游业的政策支持将会大大促进旅游地产的发展。当"限购令"网罩住一线城市以及许多二线城市，一大批有见地的客户早已将目光投向资源更稀缺但不限购的旅游地产，这也造就了旅游地产行情渐涨，成为市场新的投资点和增长点。

第二节　旅游地产市场的现状

对旅游地产市场的现状进行分析，主要需要了解旅游地产市场发展的机遇和危机。

一、旅游地产市场的机遇

（一）越来越多的企业投入旅游房地产市场

目前为止，国内涉足旅游房地产领域的公司超过100家，除了国外和港台颇具实力的大公司外，还包括内地首创、海航、中信中旅等大型企业，也包括天鸿、万通集团等一大批房地产投资开发商。北京、上海、海南、广东、深圳等开工的旅游房地产项目达到近百个。从1999年海南"南海传说"和三亚"博鳌国家旅游休闲度假区"成功开发后，先后已有几十个旅游房地产项目在全国进行，并取得了较大的市场反应。

（二）旅游市场与地产市场的嫁接日趋成熟

随着人民生活水平的提高，特别是社会有产阶层的形成为旅游房地产消费奠定了基础。多种旅游产品和投资品种的完善，多重市场价值的凸显使这一产品逐渐成为市场新宠，并与旅游消费成功实现了嫁接。国内目前的宏观经济背景，比较类似发达国家20世纪70年代旅游物业飞速发展的初期，不论是供给还是需求都已具备了发展旅游、休闲物业及分时度假交换系统的条件。

（三）消费市场的过渡使发展空间加大

工作时间的缩短和经济水平的提高，使度假消费成为时尚。每年115天的假期和对传统旅游方式的不满足，使以单纯观光旅游阶段已开始向度假旅游过渡，并形成了每年24%以上的增长幅度。根据国际通行发展惯例，度假需求从产生发展到具备一定规模所需时间为35年。从这一方面来说，国内至少还有35年的火暴发展空间。

（四）市场日趋成熟，可利用资金相对充足

传统投资领域、生产领域已基本饱和，市场进入成长发展阶段，特别是传统房地产开发领域的机会越来越少，住宅市场成熟期已基本到来。京、沪、深人均居住面积已超过20平方米。住宅消费开始向舒适型转移，销售市场出现了萎缩的前兆，即滞涨期。大量的传统房地产资金开始物色新的领域。

二、旅游地产市场的危机

（一）经营模式单一，缺乏创新

国内旅游房地产经营开发方式普遍过于传统和呆板，除了项目单纯照搬、没有创新外，经营操作上也普遍采用单一的旅游风景式，不能形成自有稳定的消费群体，难以形成一个整体的营销网络。

（二）经营市场混乱，缺乏行业规范

巨大的市场和高额的利润回报引来了众多企业的争夺。但由于旅游房地产在国内尚属起步阶段，行业法规不够完善，让部分经营者有机可乘，带来了许多不良影响。一些经营者在广告宣传资料中明示了投资回报，在购房者与经营公司签订的委托合同中许下诱人的承诺，以此误导消费者。更有一些不法之徒采用欺诈性销售、非法集资等手段牟取暴利。

(三)消费者支付能力的制约

旅游房地产在国内主要以产权酒店形式出现。尽管这一形式在国外已风靡多年,但在国内尚属新兴事物,消费者普遍对其不太了解,加上中国人超前消费的意识并不强,一下子拿出多年的积蓄去购买未来十几年甚至几十年的度假用房却最终没有房子的产权,这对于大多数中国老百姓来说有点太超前了。而且目前国内市场上加入国际度假交换系统的部分分时度假产品价格超出了国内的支付能力,顾客想与国外进行交换度假的愿望很难实现。另外,带薪休假制度在国内并未全面实行,这使得广大消费者对于投资旅游房地产更加审慎。

(四)地产市场理念引导尚需时日

旅游地产的具体运作过程中,有一些细节问题成为发展的重要障碍。例如物业产权分散就是阻碍地产项目实现旅游化的一个重要障碍。这是指许多已经出售的商用物业产权分散在大大小小的业主手中,经营项目和装修风格无法统一协调,使得物业不能形成吸引游人的景点。

(五)旅游地产自身的弱势地位

旅游业过分依赖于宏观经济,缺乏独立生存的能力。一旦宏观经济形式发生不利变化,旅游业将迅速萧条,而依附于旅游业的别墅、度假村将再次出现门可罗雀的惨淡景象。

(六)市场法律法规的相对滞后影响发展

旅游房地产还需要相关法律的支持,就现行法律来讲,所谓的分时度假产权酒店等物业就是一个敏感的问题。

第三节　旅游地产市场的需求

一、旅游地产市场的需求特点

目前,旅游业处在观光旅游向休闲度假旅游转变的阶段,人们更加强调的是休闲和度假。休闲度假旅游地产市场需求的特点为:

(一)滞留时间相对较长

与观光型旅游"打一枪、换一炮"相比,旅游地产市场上的需求特点以"不劳心、不劳身"为原则,往往会选择以一地为据点,然后辐射周边,将休闲、观光、运动、体验甚至商务等有机结合,以慢节奏为特征的生活方式,所以往往在一地的停留时间较长。国外一般把一周称为短期度假,7 天至 30 天的称为中期度假,1 个月至半年的称为长期度假。当然对于中长期度假，光有风光和酒店是远远不够的，社会配套资源起着举足轻重的作用。

（二）复游率高

与观光型旅游以一次性消费为主，重复性消费所占比重较小不同的是，好的旅游地产产品的复游率高，即游客认准了一个度假地或者一个度假酒店，其忠诚度会非常高，这是度假旅游的又一个特点。在观光型旅游点适合开发以酒店为主的物业，通过面向不同的消费对象，来解决旅游物业高效率使用问题。在休闲度假区则可以开发直接面向业主购买需求的物业。但即使对于复游率高的旅游产品，业主对物业的使用率总体仍是低的。

（三）实现异域家的感觉

基于滞留时间相对较长和复游率高的特点，消费者要求休闲旅游房产品能带来家的感觉，要求具有更大的独立性和自主性。而传统酒店给消费者更多的是服务性，较少独立性，这也是近年来度假公寓、度假别墅成为传统饭店业强大竞争对手的主要原因之一。同时，休闲旅游房产品不是解决最基本的居住需求，它是满足休闲度假需要，提供生活享受需求，这又决定了其要有与惯常居所不同的感觉，产生一种异域感。这种异域感可来自于自然环境的不同、文化的不同、建筑产品的不同、体验性项目的不同等。旅游者休闲旅游是为了“逃离”惯常环境，寻求异域的刺激。而传统的房地产产品，由于其不可移动性和不易变现性，决定了其不能适应消费者寻求异域刺激的需求。传统饭店产品的灵活性虽然能够满足消费者对不同地域的选择，但由于传统饭店产品的标准性，不仅缺少了异域的感觉，更没有家的感觉。所以，给消费者一个异域家的感觉是创新休闲旅游房地产产品的关键。

（四）需求弹性系数大

与传统第一住宅的刚性需求不一样，度假旅游地产的需求弹性系数大。度假旅游地产是有钱有闲阶层的选择消费目标，并不是其必需消费品。从纯经济角度来说，购买低使用率的度假旅游房产是非常不合算的，因此，度假旅游房产品必须具有引起消费者购买冲动的某种吸引特质，如独特的旅游资源、美丽的景观、宜人的气候、特色建筑等。一些度假胜地旅游地产的成功正是得益于拥有吸引人的特质。

（五）购买消费兼具投资目的性

购买度假旅游房产品的消费者，其目的除了满足休闲度假需要之外，更为重要的原因是看好其长期投资的收益。吸引相当部分人下单购买旅游房产品，一方面是来自于满足休闲度假需求的内在冲动，另一方面是看中房产品的稀缺性。旅游资源的稀缺性是旅游地产长期保值增值的有力保证，从而在某种意义上来说，购买旅游度假房产品既是消费又是存储，更是一种投资。

二、旅游地产市场的消费趋势

(一)休闲度假旅游消费需求强劲

改革开放30年来,我国经济取得了举世瞩目的成就,经济的持续增长强化了居民的旅游支付能力,2008年中国人均GDP首次突破3 000美元,上海、北京更是分别突破8 500美元与9 000美元。日本共同社指出,3 000美元作为经济发展的一个节点,随后更有可能带来消费的活跃。可自由支配收入越高,旅游支付能力,特别是以休闲和度假为代表的高端旅游支付能力就越强。其次,居民可支配时间增多,除了十一、春节两大黄金周外,政府还颁布了《职工带薪年休假条例》,假日时间总量的增加带动了国内旅游市场的增长,对旅游产品的选择也更加合理与多样化,其中休闲度假旅游成为越来越多消费者选择的旅游模式。可以说,经过30年的积累,一个以休闲为主的旅游时代正在来临。

(二)休闲度假旅游享受呈现层次分化

伴随改革开放的深入,大量国际消费理念在国内迅速传播,享受自然、享受人生的时尚消费越来越受到中高收入者的青睐,单纯的观光旅游向度假旅游过渡。受居民家庭收入的制约,不同收入家庭能够承受的旅游花费存在着较大差异,目前对休闲度假旅游已经形成多段的价位,消费群体的多元化使产品越来越丰富,价位也参差不齐,这就使地产商不得不考虑自身产品的消费定位。因此,在旅游市场开发观念上,应从产品促销转到市场营销上来,考虑消费者需求,通过引导产品供给来带动需求,从而扩大市场规模。

(三)主题旅游度假社区将成为发展潮流

自从深圳提出打造主体公园城市的口号后,国内许多城市利用当地的特有文化和旅游资源优势塑造主题形象,提出了富有地方特色的旅游主题,打造主题型旅游城市,在主题型旅游城市的基础上打造旅游社区,旅游社区是主题旅游城市的微观组成。主题旅游度假社区是近年来有些开发商对旅游房地产发展有了一定认识以后,围绕旅游资源而量身打造,具有一定主题概念的休闲旅游度假社区,它更加突出了其专业性、人文性,整个社区基本上以休闲、度假为核心,形成了一个综合旅游服务体系,这种形态将是中国未来旅游房地产的发展趋势。

(四)休闲养生将成为未来市场的选择

从健康产业的发展来看,亚健康领域的市场需求,尤其是成功人士在这方面的市场需求十分强劲并日益扩大,而与之相应的供给还很薄弱,市场呼吁有效的供给方式,以亚健康为主导方向的健康产业呈现出喷薄欲出的态势。休闲养生表明了人们生活理念的一种转变,也表明了人们提高生活质量标准的一种转变。我国有五千年的文化，有丰厚的养生资源，这都是养生养老地产发展的优势与动力。

三、旅游地产市场的开发策略

（一）制定相关法规，实现管理法制化

由于旅游房地产在中国属于新兴事物，关于旅游房地产发展的法律法规还不完善，发展过程中出现了种种破坏市场秩序、损害投资者利益的现象。《商品房销售管理办法》规定，不得采取售后包租返本销售或分割拆零方式销售商品房。这对于旅游房地产项目中的产权酒店、养老型酒店的开发进行了明确限制。为此，国家旅游局应与建设部协商，对属于旅游业的酒店、度假村的房地产，鉴于它使用变化大的特点，制定相关的法规促进旅游房地产的发展。同时，应全面落实带薪休假制度，各企事业单位应结合具体条件进一步推开实行带薪休假制度，并联系单位实际情况，由个人自主选择休假时间，这样可避免旅游度假消费的过度集中，使得休闲度假旅游地产能够充分利用。要建立旅游房地产市场监管体系，对损害投资者利益的经营者给予法律制裁，营造一个公平公正的法治环境，使旅游房地产健康发展。

（二）统筹规划，科学选址，整合旅游与地产资源

政府部门应做好统筹规划，杜绝盲目开发。应以景区项目为中心，打破行政区划的束缚，合理布局，均衡布置。特别是对新项目进行投资时，政府部门一定要把好审批和选址关，防止开发商变相使用土地。科学选址，要综合考虑一系列因素，做好充分调研，只有空间和感观上赏心悦目，真正实现消费者度假、休闲与娱乐为目的的旅游地产才会取得成功。度假旅游地产要努力发挥旅游性这一自身的独特优势，将土地、农副特产、民俗、文化、人文、环境等资源，围绕功能目标，整合到开发项目中去，培植独特的优势。

（三）进行科学而有创意的定位，强调文化内涵

一般商业地产的定位，主要从满足人们生活需求的角度，进行大众化、高档化、专业化或一站式服务的定位；而度假旅游地产的定位，主要从文化挖掘和游客行为特征的角度，进行特色化的定位。房地产项目的主题定位具有提升附加价值的极大功效。目前国内的主题型房地产发展良好，都显示出不俗的发展潜力。在推崇品牌的竞争时代，定位主题化将成为国内未来旅游房地产发展的灵魂。因此，应采用学术研讨会、论证会等形式，借助专家学者的智慧。对休闲房地产的特色、历史文化和各类优势资源进行深入挖掘。另外，旅游地产作为旅游休闲场所，项目设计应遵循规划恰当、功能完善、设施齐全、观感舒服、安全便捷的原则。项目的规模与功能、建筑风格、空间布局、氛围营造，都应有新的创意。只有不断创新，旅游房地产才能不断以新的姿态和魅力赢得广大消费者的青睐。

（四）加强营销创新，塑造鲜明、独具特色的品牌形象

与传统房地产不同，旅游房地产的所有权不一定发生转移，出卖的是它的功能、服务以及软性消费品。所以在营销手段上，必须进行技术创新，向国际潮流靠拢，不一定将自己限定于房地产业的销售模式上。应引用整合营销理论、多个渠道、一种声音，不单要宣传产品，更要宣传企业，要把品牌性质、企业精神融入其中。通过媒体传向大众，使休闲房地产形象品牌化，抓住产品推广的有利时机，有计划地、连续地、稳定地进行广告宣传，尤其是软文化宣传，分阶段达成建立知名度，提高偏好度的宣传目标。企业应该采取定向突破、整体包装、多措并举的方式来创建休闲房地产的品牌营销体系。另外，特别要注意加强公关活动及体验式宣传、营销。在品牌建设上，应从多方面出发，从长远着手，建立专门的品牌管理组织，专门负责品牌的设计、打造和传播工作。建立企业形象识别系统（CIS），包括统一的理念、行为、视觉、感觉、听觉等全方位识别系统，加强品牌文化建设。

旅游地产的文化学说

第一节　旅游地产与文化

地产与文化有着不解的因缘。本质上讲，地产开发便是地域上的空间重塑，它受制于却又规限着人们的生活方式和居住环境，它展示的是一定时空下的文化。文化不只是它的躯壳，更是它的灵魂。

一、地产文化

梳理我国房地产业的竞争史，不难发现房地产竞争焦点的演变历程，20 世纪 80 年代是地段、质量和价格的竞争，90 年代是环境、服务和品牌的竞争，21 世纪的竞争焦点已经转移到房地产文化上来了。

地产文化是一种科学与艺术、经验与技术相结合的高度综合性的文化。地产文化内涵丰富，不单单是建筑本身的外观形象和建筑风格，如北京的四合院布局，上海的海派风格，安徽的徽派建筑，广东的岭南风情，青岛的晴天碧海红瓦白墙等富于地域特色的建筑文化；还包括社区空间的人居生活、社会交往等活动中所蕴涵的文化品位、生活方式等人居文化。房地产文化源远流长，既源自博大精深的东西方传统文化，也来自生机勃勃的现代新兴文化；既源自统治社会基调的主流文化，更来自富于民族风情、地域特色和群体特征的亚文化。

地产文化是整个房地产经营开发的灵魂。优秀的房地产文化不但能形成持久竞争优势，而且可作为对抗模仿的最有效、最坚固的壁垒。它有利于产生独特性，而且文化中所包含的只可意会不可言传的因素，使竞争者难以模仿和复制。地产文化贯穿整个房地产开发的全过程，影响项目定位的科学性和准确性，并对楼盘的市场销售起着直接推动作用，也为未来优秀的社区文化形成和建设奠定良好的基础。

地产文化丰富多彩，开发过程中的每一个环节都体现着文化。项目选址、理念创意、规划设计、建筑施工、市场营销、物业管理等都综合应用和体现着文化因素。地产文化既体现在社区名称、主体概念方面，也体现在社区空间规划、建筑风格设计方面；

既体现在楼盘的广告策划、推广宣传方面，也体现在开发商的开发理念、目标使命方面；既体现在社区建筑风格、园林山水的物质空间布局与构建，更体现在社区生活方式、居住理念等精神生活的引导与创造。无论是景观房产、运动社区、智能住宅，还是“郊居运动”、“新都市主义”、“新自然主义”等，都是文化赋予了楼盘社区精神和灵性。可以说地产业的每一个理念都离不开文化。

成功的开发商可以利用文化独特的亲和力，把具有相同文化修养与文化追求的人们聚集在一起，并取得价值观的认同，从而达成有效的沟通，建立起与顾客的亲密关系。优秀的开发商通过倡导和塑造优秀的房地产文化，能够真正为顾客提供独特的附加利益、居住体验和生活价值，超越顾客的期望值和满意度，从而提高顾客的忠诚度和美誉度，也为开发商长期发展提供文化积淀和品牌提升。

二、旅游地产是文化投资

第一空间是现在居住的城市，第二空间就是另外一个城市，比如说度假地。第二空间主要是精神消费，就是度假、放松的场所。它不是一个简单的物质消费，旅游地产的目标就是打造人们的第二生活空间。

打造第二生活空间的旅游地产是长线的投资，是一个文化投资，不是一个简单的营利模式。它一定是企业最后的长线投资，当然文化含量非常高，没有文化的企业就不能去做。要进到旅游地产，一定要解决文化概念。应该抱着一种理念，打造21世纪中国城市的第二生活空间，提供一个新的生活模式——精神消费模式。只有有了这个理念，才能赢利。

（一）传承城市文化：旅游地产的建筑设计

城市建筑是篆刻城市历史、传承城市文化、体现城市个性的最重要载体。从世界其他国家的成功项目来看，建筑形式及风格特色首先决定了旅游地产项目对消费者吸引力的大小。作为促进城市经济发展的旅游地产，其建筑的规划与设计应该秉承传承城市文化的深刻思路而进行。

企业在继承传统建筑文化的同时，需要进一步结合现代的功能需求、科技发展和现实条件，秉承“去粗取精、去伪存真”的批判吸收精神，创造适合城市特定发展时期与发展特点的城市建筑。通过以传承城市文脉为使命，优化地产建筑的规划设计，有效展示出一座城市独特的历史与文化魅力。

（二）塑造文化主题：创新旅游地产品牌

目前我国多数地产企业对旅游地产项目的开发功能定位大都千篇一律，缺乏个性，但殊不知“主题特色”才是旅游地产项目成功运营的基础。只有主题明晰，统一经营、统一规划、统一形象才能落到实处。

地产开发企业应该针对每一个项目类型，在定位环节就注重个性的发掘与培育，通过以塑造文化主题为基石，不断升级旅游地产项目的品牌定位，使之呈现出独特的个性、丰富的想象力与持久的生命力。

（三）构筑文化空间：丰富旅游地产业态布局

文化主题的形成要以文化空间为载体。进一步突破传统旅游地产发展模式，在不同的旅游地产项目文化主题定位基础上，通过构建各种不同的文化生活空间，丰富与完善各种不同旅游地产项目的业态布局，注重文化性格的塑造。

旅游地产不是钢筋水泥的简单组合，而是富有强烈旅游空间设计感、具有鲜明文化主题的空间环境，企业需要巧妙融入自然景观元素与特色艺术元素，充分考虑人们对于旅游地产空间功能与艺术人文的审美需求；围绕各种吸引要素组合业态，通过引入书吧、艺术展览、茶室、情调休闲吧、布吧、陶吧、创意精品店、酒吧等充满文化与品位的休闲业态，从而形成一个集文化、艺术、休闲和购物于一体的人文风尚汇。

（四）注重文化培育：升级旅游地产的运营

在旅游地产同质化愈加明显的今天，单纯的功能性诉求已经无法形成竞争优势，这使得旅游地产传统的运营推广方式面临挑战。如何凸显一个旅游地产项目独一无二的特色，从前期招商至后期日常运营，均是一个要始终放在首位去对待的问题。

企业可以考虑围绕统一文化主题进行统一招商，确保业态布局主题突出、结构合理、品质优秀。同时，注重长线经营，进行文化氛围的长期培育，平衡消费者对物质与精神的双重追求。

（五）倾注人文关怀：提升旅游地产的管理服务

一个没有爱、没有自由和尊重的房子充其量只是一个身体或商品的大仓库。现代社会，人们对于旅游地产的感知绝不仅仅是一个短暂停留的空间，更是关于生活的无限遐想：可以感受身处其中的乐趣，可以感受温馨的生活情调，可以感受浓郁的文化氛围……

强调“人文关怀”是对人本身的一种尊重。以倾注人文关怀为目标，“软”“硬”兼施，营造宽松的经营环境，提升商业地产的物业服务，以人性化、细节管理、定制服务为软性竞争力，将温情融汇于日常管理与服务的每一个环节。

第二节　旅游地产文化

一、旅游地产文化的内涵和外延

旅游地产文化作为一种特定的文化形态，有其特定的内涵和相应的外延。广义的理解，旅游地产文化是以一般文化的内在价值因素为依据，以旅游地产诸要素为依托，作用于旅游全过程的一种特殊文化形态。作为一种新的文化形态，旅游地产文化的理论基础是那些鲜明地反映着旅游地产经济和活动特殊需要的部分。除理论基础之外，旅游地产文化还有更广泛的外延成分。它涉及社会学、历史学、艺术学、景观学、民俗学、宗教学、建筑规划、建筑设计、生态学、园艺学、公共关系等学科中与旅游地产相关的部分；它更体现在养生度假、商务会议、休闲商业等具体的旅游地产诸形态中。一言以蔽之，旅游地产文化渗透在与旅游地产有关的居、游、购、娱、休等诸多要素及相关的服务各方面。

旅游地产文化，也可以说成是消费者对其的认同，是意识形态、教化和项目价值延伸的必然结果，通过项目内在品质的形式传达不同时期的建筑文化取向和生活目标。经典的旅游地产文化是人类共同拥有的文化遗产，它无言地守护着人类对理想旅游地产的共同追求和价值目标。

二、旅游地产文化的形态

（一）地脉文化

旅游地产是一个地域性很强的产业，每个城市、每个地区都有自己独特的风格和文化，这些地脉文化形成了当地的生活习惯，并具体表现在人们的喜好、行为和文化观念等方面。旅游地产文化只有体现出地域特色才会有市场和生命力，许多开发商意识到了这一点，在了解城市的地形、地貌、气候、环境等外在因素后，还对当地的人文历史等内在底蕴进行深刻思考，深掘出城市独特的文化主题。文化不是封闭的，它强调地脉文化的同时更提倡对其他居住文化甚至是外来文化的吸收，这样兼收并蓄，才会使居住文化得以持续发展。

（二）建筑文化

建筑是技术、文化、艺术、生活的综合，它又是哲学观念、宗教观念、价值观念、美学思想、环境意识、心理学、行为学等多方面因素的外在体现。建筑文化是人类文明长河中产生的一大物质内容和地域文化特色的亮丽风景，是人类生活与自然环境不断作用的产物。在不同的时代，建筑文化内涵和风格是不一样的；在不同的地域，建筑文化也完全不同，建筑文化的发展趋势下，多种多样的建筑流派和建筑思潮层出不穷，与城市意识流的多元化交织在一起，形成丰富的建筑文化格局。面对外来建筑流派的不断涌入，建筑文化的出路在于继承和发扬传统建筑文化的精髓，同时充分利用现代科技和世界先进建筑设计理念，进行符合时代潮流的创新。

（三）园林文化

园林中的建筑、植物、山水尽显文化的符号。依靠园林设计的文化，应用一定的地域运用工程技术和艺术手段,通过改造地形(或进一步筑山、叠石、理水)、种植树木花草、营造建筑和布置园路等途径创造出美的自然环境和游憩境域。这一自然环境可作为游憩之用,而且具有保护和改善环境的功能。而游憩在景色优美和安静的园林中,有助于消除长时间工作带来的紧张和疲乏,使脑力、体力得到恢复。

(四)健康文化

联合国世界卫生组织对"健康"的最新定义是:人的健康,不仅是躯体没有疾病,还要具备心理健康、道德健康和社会适应能力。健康文化的定义是:人类社会通过生存发展的历史和现实过程,积淀在个人和人群的所有意识、感觉、观念、心态、思想、语言、行为中的有利于人的身心健康的习惯方式及其物化形态。健康文化是消费者的追求和需求,地产项目开发中要注重对健康文化,如养生文化、温泉文化、绿色低碳等的合理利用。

(五)运动文化

运动、健康、活力、个性,这些运词语传递着人类的健身文明,是对运动文化的彰显。不同的运动,对运动地点、时间选择、注意事项有不同的要求。有氧运动中骑自行车的地点选择:户外;时间选择:视天气而定;注意事项:做好一定的安全防范,比如戴头盔、手套,穿硬底的登山鞋。竞技运动中的足篮排球类的地点选择:无论室内外,有场地即可;时间选择:随时;注意事项:要适当、多次地喝水,要控制好运动量和运动强度的安排,不要在打球过程中往头上浇水纳凉,也不要在打球后急于跳入泳池或用凉水冲身。秋季运动宜选择轻松平缓、活动量不大的项目。建议大家可以选择慢跑、徒步、登山、自行车等户外运动,也可以选择游泳、肚皮舞、健美操等室内活动。其中,徒步适宜大部分人群,关节疾病患者不宜登山或慢跑,可以选择骑自行车等对膝关节负担较小的活动。此外,超重人群和心脏病患者也不宜选择登山运动。徒步和登山运动时,可携带手杖,以减缓对膝关节压力。

(六)宗教文化

宗教是一种文化现象,世界各民族的宗教观念又互不相同。落后的宗教观念虽在一定程度上束缚了人们的身心,但也给人类以极大的精神慰藉,并为后人留下了大量的宗教文化遗迹。在中国复杂的宗教体系中,既有土生土长的原始宗教道教,也有外来的世界三大宗教——佛教、伊斯兰教和基督教,民间还存在着其他一些小的宗教。从一定意义上讲,儒教也是一种宗教。由于受到儒家思想出世观念的影响,中华民族才没有形成全民族的宗教迷狂;而外来宗教也由于受到中国固有的儒、道思想的排挤,不得不在传播方式、思想体系上程度不同的改变。

(七)民族文化

俗话说,十里不同风,百里不同俗。中国有960多万平方公里的土地,有56个民族。地大物博,人口众多,因而形成了千姿百态的民俗风情。中国的传统节庆、服饰、居住、配件，婚丧习俗、民间娱乐等，不仅与西方截然不同，就是在我国内部，古代与近代之间，南北与东西之间，汉民族与各少数民族之间，也存在着巨大差异。在地产项目开发中加入民族风俗文化，加入认同感和归属感，打造出自己独有的特色，显现出自己的市场特色。

（八）风水文化

中国风水学（或者叫堪舆学）现在称居住环境学，起源于原始时期，雏形于尧舜时期，成熟于汉唐时期，鼎盛于明清时期。风水学是人类在长期的居住实践中积累的宝贵经验。朝阳光、避风雨、防火灾，近水源、利出行成了最基本的居住理论。几千年甚至几万年来人们不断地总结居住环境的优劣，到了汉唐时期就形成了很成熟很系统的中国风水学理论。利用风水文化可以更合理地利用土地的自然资源，弥补土地所存在的一些缺陷。“一方水土养育一方人”，每一块土地上所赋予人们的秉性各不相同；也可以说，每一块土地都是有其“个性”的：经纬度的不同，海拔高度的不同，磁场角度的不同，地形地貌的不同，周边环境的不同，都使得地块呈现变化万千的“个性”。风水文化就是充分发挥每一块土地的灵性，合符天道，藏风聚气，成为丁财两旺的人居之所。

（九）人文文化

人文文化是关于精神世界的，它所追求的目标主要是满足人的精神世界的需要，满足个人需要与社会需要的终极关怀，是“为人之本”，一切危害人与社会的认识与活动必须制止与消除。地产产品的开发，开发的是一种幸福居住的理念。因此，人文文化要求地产开发必须以人为本，强调人的主体性，也就是强调地产开发必须满足人的多层次的需求。它并不特别强调项目在开发过程中一定要具有某种清晰的文化符号，而是强调项目的开发必须要尽可能满足人的需求，而且是多个人的多层次的需求。简单来说，就是从人的角度出发，创建自然和谐的地产项目环境和文化。

（十）休闲文化

每个民族都有自己特殊的休闲方式，因而也就产生了各个国家迥异的休闲文化。中华民族历史源远流长，其休闲文化的内容十分丰富。综合起来，中国传统的休闲文化主要分为文人休闲文化和大众休闲文化，前者包括琴、棋、书、画、酒、茶，后者除了民间花、鸟、虫、鱼的休闲功能之外，还有其他许多诸如斗鸡走狗之类的民间娱乐活动。休闲文化以其广泛性、大众性，深刻反映出一个民族的传统心理特征。对中国休闲文化的认知、参与，是旅游者了解中国传统文化、愉悦身心的重要途径之一。

第三节　旅游文化地产

一、文化地产

文化地产理念，由家族竞争力体系创立人王为先生提出。在住宅地产领域的"家族地产"，商业地产领域的"Shopping Mall"（购物中心），工业地产领域的"经济生长"，园区地产领域的"文化轴心"等都是文化地产理念的延伸和实践。

（一）文化地产概念

文化地产是以"文化软实力"为核心竞争力的地产项目，是用文化引领规划、建筑设计、园林景观、营销体系、物业服务等的系统工程，是把"死建筑"变成"活建筑"的系统工程。传统地产的开发是以"建筑"为核心，文化和概念仅作为营销手段；而文化地产是以"文化和生活方式、居住理想"为核心，用文化提升固化建筑价值。

（二）文化地产标准

文化地产的四大标准：

· 文化不再是营销的概念和手段，而是建筑精神和价值的核心；

· 建筑硬实力和文化软实力是共生关系，而非从属关系，文化软实力成为提升建筑价值的核心；

· 用文化软实力统合地产核心价值体系：用文化引领建筑设计、园林景观、营销体系、物业服务等的全过程。

· 在文化地产系统中，文化必须是可落实、可体验、可感触、可实现的浑然整体。

二、旅游文化地产

文化旅游地产从优势的角度上讲，首先最重要的一点是理念的创新，具体还包括了主题的创新和延伸产品的创新。

（一）旅游文化地产概念

旅游文化地产通过将文化、旅游和地产有机地结合，打造出具有独特人文内涵和建筑风貌的文化旅游区，并通过商业、住宅、酒店、公寓、商务等项目的导入，实现了项目的总体开发收益。这一概念绝非仅是添加一个名词的噱头，而是要在建筑设计、园林景观、营销体系、物业服务等的全过程中体现出来。

（二）地产文化主题设计

在旅游地产的策划和推广过程中，首先要有一个独到而富有吸引力的文化主题。这样的主题是激活整个项目的灵魂，能给项目带来很大的号召力和幽雅高贵又神秘的感觉。有了主题氛围，就要对这一主题文化氛围进行完美的构造和推广。构造主题文化的氛围，就是要在项目中以某种文化主题进行整体定位之后，去精妙地将这种文化形象和氛围渲染出来、推广出去。

构造中应秉持虚实结合的思路，具体如下：一是VI系统的传神策划，即要围绕主题文化的精华特质来发展创意，以达到神形兼备之效。二是户外、报纸、电视、广播和网络等广告传播手段都要为营造和传达主题文化的内涵与形象共同出力，以在市场上和潜在客户那里建立起丰满的形象，从而点燃他们憧憬这种生活的希望之火。三是公关和促销等营销活动的策划和实施亦要以文化主题为中心来创意和行销，而将主题文化的形象塑造得更加生动和富有韵味。四是建筑实体形象中恰到好处的运化和勾勒。即在规划设计阶段就将主题文化的内涵和灵动传神的要素在图纸中展示出来，更要在成品中布置和建造。如欧式风格的罗马柱、风车建筑小品、中式建筑的四合院围合布局、中式园林小桥流水的古典幽静等。其中，营销中心、牌坊、会所、房交会、样板房等节点上更要浓墨重彩地进行雕琢。

旅游地产的产品学说

第一节　旅游地产产品特征及注意问题

一、旅游地产产品组合的特征

（一）满足多样化的旅游需求

旅游地产的产品组合必须满足人们度假旅游的各种需求，它与一般的普通地产项目完全不同，它的各种功能及配套设施不是为了人们日常生活工作起居，而是为满足人们旅游度假需求，是人们旅游度假时的临时之家。作为第二住宅，旅游地产既要有住宅的基本功能，又要具备各种休闲、娱乐、康疗、健身等各类旅游度假的特殊功能。

（二）秉承高要求的产品开发

旅游地产的开发投资行为特征，已不再是单纯的地产投资活动，它对社会文化的促进、生态环境的保护、土地资源的利用等各种层面的影响，均受到社会舆论的关注。由于旅游地产的客户群，已不再是简单的为解决住房有无的客户群体，而是一批讲究生活质量、着眼投资效益的苛刻客人，这些消费者的要求更高，投资行为更理智。因此，旅游地产项目应强调“全盘策划”与“动态规划”。全盘策划的目的在于保持项目的整体主题的一致，保障项目在市场能完全树立市场地位和品牌形象，动态规划则是要保持单体项目、子项目的个性和相对独立，使之实施起来也能结合资源和现实背景更加科学、客观。

（三）创造多元化的产品运营模式

旅游地产发展商正面临一个专业化的时代，投资开发的行为向专业化、集约化和国际化方向发展，它不同于普通的地产开发，更依赖环境条件和投资的实力。无论是旅游街区的商铺、产权式的酒店、度假别墅、酒店式公寓、时权酒店等，各种的产品类型都有其各自的经营模式，是租赁、是出售、还是租赁和出售相结合的形式，要求有更高的管理水平和经营能力。无论是旅游地产发展商还是投资客，创造出多元化的产品运营模式，达到多方共赢的目的，是旅游地产产品组合设计过程中至关重要的一点。

二、旅游地产产品开发注意问题

旅游市场进入体验经济时代，正是打造超越市场的大型旅游产品的有利时机。如何塑造一个极富吸引力的品牌旅游产品的主题，是困扰众多开发企业的主要问题。从国内外最新的成功经验来看，以下几点值得借鉴。

(一)产品主题保持一致

旅游地产项目业态复杂，产品层次丰富，因此，为了适应灵敏度较高的市场需求，旅游地产项目应强调"全盘策划"与"动态规划"。全盘策划的目的在于保持项目整体主题的一致，保障项目在市场上能完全树立市场地位和品牌形象，动态规划则能保持单体项目、子项目的个性和相对独立，实施起来也能结合资源和现实背景更加科学、客观。同时两者能有效协调政府公共决策与地产商业开发之间的矛盾，解决策划与规划衔接不足、传统规划市场敏感性不强、容易忽略市场环境变化等问题。"主题一致"是统领整个项目多类型、多层次产品的有效途径，也是项目进行传播的有效手段。

(二)产品塑造应全面细致

从国际旅游市场发展趋势看，塑造一个细致的主题正成为旅游地产项目竞争的重点，也是游客旅行体验富有收获的主要保证。主题塑造的过程应该包括从结合每个一个市场进行统一规划，到全面整合包括主题娱乐项目、酒店、商业、教育、文化活动、服务、专业机构等在内的资源，再到精细周到的服务管理，最后涵盖内容策划、规划建筑、内装、活动展示、宣传推广等涉及项目多个方面的内容。

(三)产业融合型产品设计

旅游地产产品与其说是一种产品，不如说是一种服务，它包括休闲、交通、度假、全程服务甚至旅游事前的计划和事后的回味。因此，其发展不是孤立的，而是与各种产业密切相关，它是一个产业群。产业群的存在涉及多个产业形态的组合、配置，因此所对应的产品设计复杂而且关键，它将直接决定项目整体的营利模式和滚动开发的策略布局。

第二节　旅游地产产品开发设计

一、主流度假产品

旅游地产借势于旅游资源，表现出品位高、价格贵、区位选择挑剔、市场定位集中等特点。目前,较为流行的两大度假产品主要有：

(一)分时度假产品

分时度假从实质上看,是介于房地产产品和酒店产品之间的一种中间产品。旅游地产中分时度假酒店(公寓)就是加入了分时度假交换体系的“时权酒店”。在分时度假产品中会涉及多方主体:开发商,拥有房产产权;销售商,作为开发商的销售代表向公众销售分时度假产品;度假房产管理公司,管理和维护分时度假房产;分时度假交换公司,向具有分时度假房产使用权的消费者(会员)提供不同地区之间的分时度假产品交换业务;其他还有律师、金融机构、咨询顾问等直接或间接与分时度假相关的专业群体。分时度假在全球的稳健发展已经预热了中国市场。

(二)产权式酒店

产权式酒店作为一种新型的房产投资和消费模式,符合现代经济资源共享的基本原则,从开发商的角度来看,产权式酒店能够调动社会资源,顺利完成酒店建设,同时及时实现投资资金回笼;从经营者的角度,稳定的客户群体成了酒店经营的保证;从购房人的角度来讲,可以像购买住房一样投资置业,可以从经营利润中分红,每一个客房都可以有独立的产权,在为他们打开了一道投资的大门的同时,产权式酒店为他们提供了一种高尚而现实的生活方式;从银行的角度来讲,产权式酒店也因为其稳定的经营模式而成为一项低风险的业务。对于投资回报率来说,其实就是出租率,只有高出租率的保证,才能提高投资回报率并降低投资风险。而出租率直接与物业的地段、稀缺性以及品质相关,因此地段好、有特色的产权式酒店才能成为投资者眼中的宠儿。

二、休闲产品

休闲是指在非劳动及非工作时间内以各种“玩”的方式求得身心的调节与放松,达到生命保健、体能恢复、身心愉悦的目的的一种业余生活。科学文明的休闲方式,可以有效地促进能量的储蓄和释放,它包括对智能、体能的调节和生理、心理机能的锻炼。

随着人们生活质量的提高,休闲已成为一种时尚。休闲产业日益兴起,休闲经济对国民经济有着巨大的影响力。在休闲产业经营的过程中,单一的、无特色的休闲产品已不能满足人们的需求,休闲产品主题化多元化成为发展趋势。

(一)中国古代的休闲方式

在中国,由数千年传统思想文化的影响,长期以来,中国人在生活中形成了自己的一套休闲方式,而这套休闲方式,在古代就已经形成为一种文化形态,有些休闲方式直至今日还在人们的生活中有着很深的影响。

1. 载歌载舞的休闲方式

它可以说是人类最古老、最原始的休闲方式之一。其目的是宣泄自己的感情，是自身生理和心理的需要，可以促进身心健康。在《吕氏春秋·古乐》中就有记载，说人们编制舞蹈来休闲。都市的休闲方式与文人的活动相关，以“文舞”为主，而在乡村，则与民间集会相关，歌舞与民间的其他娱乐形式相结合，如秧歌、高跷、狮舞等，成为民间闲暇时的主要休闲活动形式。

2. 运动性的休闲方式

运动的功能最初在于增加人的体质，调节人的身心，提高人的生活质量，后来逐步转化为一种带有竞技性和娱乐性的休闲活动方式。它主要包括保健养生、武艺竞技、娱乐性竞技和其他民俗游乐竞技几种休闲活动方式。

武艺竞技类休闲活动形式的内容，主要包括射箭、水上与冰上以及武艺等；娱乐性竞技休闲运动形式有由角抵、相扑发展而来的摔跤，有球类运动如蹴鞠、马球、捶丸、手拍球、板球等，有各种棋类运动项目如弹棋、围棋、象棋等；民俗游乐休闲活动，内容更加广泛，其中既有适于文儒雅士的投壶、游山，又有民间大众喜爱的风筝、舞龙、舞狮、斗兽、斗鸡、踩高跷、踢毽子；既有文人仕女钟爱的荡秋千、踏青、观灯，又有儿童参与的鞭陀螺、骑竹马、滑板、跳绳等。

3. 欣赏性的休闲方式

通过对戏曲、乐舞表演等各种技艺的欣赏，达到愉悦心智目的的休闲方式。除此之外，吟诗结社、琴棋书画也是古代文人们普遍喜欢的休闲生活方式。它是一种比较高雅的文化娱乐活动，主要是在上层社会有钱的贵族中非常盛行。

（二）中国近现代的休闲方式

晚清时期，赌博以一种空前绝后的休闲方式，上至王公贵族，下至平民百姓，无不通晓方城之战。除了赌博之外，晚清还盛行彩票、轮盘赌等西洋赌法，为配合这种需要，当时出现了“职业赌商”，为赌博提供一条龙服务。另外泡茶馆、体育运动、旅游、逛公园等也是当时休闲方式。

民国时期，休闲生活表现得更为繁盛，如京剧在当时就非常盛行。另外出现了一些较为高雅的休闲方式，如看电影、集邮等。但茶馆聚赌、逛游艺场还屡见不鲜。

从1949年中华人民共和国建立到1966年间，休闲生活简单，而且每一样都充满了较为健康的气息。如体育运动、跳交谊舞、集邮、看电影、戏剧、逛公园等。当时广播操、乒乓球、游泳等体育项目十分火暴。

“文化大革命”期间，休闲成为无处生存的奢侈，于是样板戏、语录歌、忠字舞这些时代的“怪胎”，以政治任务的面貌来为人们留下了一些苦涩的欢乐。

改革开放的年代，娱乐休闲堂而皇之地成为这个时代的响亮、多彩的主题：卡拉OK、摇滚、迪斯科、蹦迪。同时电视节目种类繁多，它不仅给国人带来情感享受，还潜移默化地影响着人们的日常生活与观念。另外健身从伸腿弯腰发展为家庭器械健身，再到健身房健身。“泡吧”则显得安详、宁静得多，网吧、水吧、茶吧、书吧、陶吧等所有在现实中无法释放的情怀，都能在“吧”中得到满足。

20世纪90年代，原本一枝独秀的集邮衍生成包罗万象的收藏：钱币、粮票、钟表等都成为人们收藏的对象。最后进入20世纪末，人们最向往的休闲方式是“回归大自然”，最大众化的方式是旅游，人们在旅游的过程中收获着在城市生活中寻找的感动。

（三）休闲产品开发

· 娱乐休闲产品：歌厅、舞厅、迪厅、音乐厅、棋牌馆、影院、剧院、演艺中心、卡拉OK、KTV等；

· 体育休闲产品：游泳馆、乒乓球馆、保龄球馆、武术馆、网球场、羽毛球场、高尔夫球场、足球场、篮球场、壁球场、桌球场、溜冰场、赛马场、射箭场、自行车运动场及漂流、攀岩、狩猎、潜水、冲浪、跳伞、航模、蹦极、野营、垂钓等；

· 保健休闲产品：温泉疗养、森林疗养、花卉疗养、水疗、泥疗、盐疗、洗浴、阳光浴、美容、美发、推拿、按摩、氧吧等；

· 旅游休闲产品：各类自然、人文风景名胜区，及主题公园、动植物园、城市风光等；

· 乡村休闲产品：农家乐、渔家乐、牧场乐、民俗村、乡村古镇等；

· 教育休闲产品：博物馆、图书馆、纪念馆、展览馆、科技馆、天文馆、地质馆、艺术馆、烈士陵园、宗教寺观、大学校园、工业园、示范园、老年大学、书店、书吧、文化站及各类非职业性培训中心等；

· 饮食休闲产品：饭店、酒楼、茶馆、咖啡馆、风味小吃店、美食广场等；

· 购物休闲产品：商场、会展、批发市场、步行街、专卖店及拍卖、典当等；

· 怡情休闲产品：宠物豢养、形象设计、美容、美发、种花、种草、集邮、收藏雕刻、书法、绘画、编织、插花、陶吧、话吧、清吧等；

· 社会休闲产品：慈善、福利、志愿者行动及各种节庆、会餐、交友、手机短信、网吧等。

三、养生产品

中国养生文化源远流长，贯穿于中华民族5000年的历史长河中，不仅是中华民族的瑰宝，也是享誉世界的奇葩。养生除了依靠得天独厚的环境因素外，还需要对项目、服务、产品进行开发。

（一）养生产品的资源支撑

1. 空气养生

负氧离子素有“空气长寿素”、“大气维生素”之称，是衡量空气质量的主要指标之一。负氧离子含量高的地方，一般也是长寿老人比较多的地方，在负氧离子作用下形成的天然大氧吧，可以消烟除尘、改善心肺功能、促进新陈代谢、增强抵抗力，从呼吸上达到养生目的。

2. 温泉养生

温泉养生在我国有悠久的历史，黄帝、秦始皇、唐太宗、唐玄宗等杰出帝王，都与之结下不解之缘。在国外也有着很深的渊源，如日本、罗马、英国、土耳其、韩国等。“温泉水滑洗凝脂，皓首沐浴回常春”，表现了温泉对于人体养生的独特一面。温泉浴不仅可使肌肉、关节松弛，消除疲劳；还可扩张血管，促进血液循环，加速人体新陈代谢。此外，大多数温泉中都含有丰富的化学物质，对人体有一定的帮助。

3. 滨海养生

海洋养生是很好的环境资源养生，世界上有许多岛国都是长寿之国。近年来，利用海洋治病和保健的海洋养生疗法，在国内外日益盛行。海洋养生是在海洋气候的作用下，使用海水、海沙、海风、海景、海涛、海浪、海气等治病的一种健身方法。包括洗海澡、海潮浴、海滨散步、聆听涛声、观看涌浪、呼吸海气、身裹海泥晒太阳等。沙滩也可养生，让沙石刺激脚底的穴位及敏感区，有补肾、健脾、宁神、强筋作用，增强体质，延缓衰老。根据临床研究证明，海洋疗法可以治疗的疾病很多，并有独特疗效。

4. 山林养生

海拔500米以上的山区，气温凉爽，人体阳气内敛，耗散较少，有利于养生；地广人稀，环境幽静，人的情绪稳定，气血和畅；空气清新，负氧离子高，阳光充足，湿度适当，山多泉水、瀑布、溪水，水中矿物质多，均有利于养阴益寿。森林也是人类健康的益友，它吐氧吸碳，杀菌除噪，环境宁静，鸟语花香，都对益寿延年有好处。尤其是松树林效果更佳，松树是一种长寿植物，松树养生也是森林养生的一个重要内容。

5. 日光养生

日光养生很早就为我国传统养生家所认识，晋代养生家嵇康在《养生论》中就提出了“晞以朝阳”的观点，唐人孙思邈有“呼吸太阳”之论，历代道教养生家更是推崇日光的养生作用，《黄庭经》中就有“日月之华救老残”的说法；宋代的《云笈七签》中还发明了与现代日光浴相类似的所谓“采日精法”……日光同地球上一切有生命的物质关系极为密切，对人体的发育生长也有着极为重要的作用，人称“太阳大夫”。

6. 饮食养生

水不仅能满足人体正常生命活动的需要，还是人体营养物质的重要来源之一。水质、土壤与健身祛病的关系十分密切，而在优质的水源和土壤中生长出来的珍鲜果蔬也一样具有优良的品质和丰富的营养，为人类健康生活提供有力的保证。

7. 文化养生

养生一词最早见于《庄子》内篇。所谓养，即保养、调养、补养之意；所谓生，就是生命、生存、生长之意。道教更是将养生发扬光大，其根本就是“生道合一”，先有生命，也就是自然之本，才有后面的道。道教主要内容是“观生、修生、存生、保生、贵生、爱生”，每个内容都离不开生，所以养生理念贯穿于道教之中。

8. 医疗养生

养生不但要使软环境适合养生，增强体质，减少疾病的产生，也要在硬环境上配合养生，在产生疾病的时候，能及时治疗疾病，达到身心健康，更好地进行养生。

9. 气候养生

变化万千的气候，时刻影响着人的身体健康，所以养生也讲究利用气候适时养生，就是所谓的四季养生，“春温春生，夏热夏长，秋凉秋收，冬寒冬藏”。

（二）养生保健项目

养生地产最突出的特点，就是在养生、保健、培训、体检、治疗等相关环节为入住社区的居民提供高品质养生服务。

· 多项特色养生服务设施：养生度假社区、养生酒店、养生植物园、养生食舫、养生水疗会馆、音乐理疗室等；

· 养生咨询培训中心：如资深专家坐堂、诊断开方、心理咨询指导、各类养生课程；

· 休养中心：如提供食饵养生、环境养生、熏治养生、中医养生音乐、瑜伽养生等服务；

· 养生膳食房：如调和五味、平衡阴阳、以食养生、药食同源，整理创新四季养生菜肴，日常膳食营养指导；

· 特色美容馆：如现代美容、传统养生、汉方驻颜、塑身美体、排毒活络等；

· SPA① 中心、养生国际研究交流中心以及室内外游泳池、网球、草地保龄球、健身和娱乐中心、会议室等。

（三）养生服务

相对普通商品房开发的服务标准，养生产品服务有了明显的变化，一方面体现在高效的物业管理上，另一方面体现在对入住居民的专业化养生服务上。比如，增加了保健、培训、体检、理疗、诊疗、护理、洗衣、送餐等全方位养生服务；针对商务人群，还可以提供卫星会议、活动策划、会展中心等服务；甚至一些新型养生社区不仅能够实现全天候养生服务，而且还在送餐、夜餐甚至代机票、车票、旅游门票等方面下工夫。

养生产品的人性化、管家式服务，从各个方面善待客户。从一日三餐开始，像管家

---

① SPA 一词起源于拉丁文“Solus Par Agula”的字首，Solus（健康），Par（在），Agula（水），意指用水来达到健康。

一样无微不至地对客户进行关怀。根据具体情况制定服务内容。以客户的需求为主导，根据客户不同的身体状况、精神状态、性格喜好等实际需要，提供送餐、洗澡、家政、生活照料、身体护理、悉心陪伴等各种单项服务，可根据每位客户的不同需求适时调整、组合。其养生膳食从科学营养的饮食配方为客户制定健康食谱，以食养法实现延年益寿，主要从饮食物性味、客户身体状态、天时气候、地理方域等关系修养养生之道。

（四）养生产品开发

· 长寿主题类产品：一般以长寿老人较多、养生文化遗迹等为卖点，结合当地的特殊地理环境进行生态养生产品的开发。

· 山林养生类产品：以山林溪谷为生态本底，以负氧离子、绿色环境、湿润空气、适居温度、矿泉水质、中草药等为养生原料形成的氧吧、森林浴、雾浴、竹海浴、竹文化养生、矿泉浴、生态食疗等。

· 日光养生类产品：古代养生家已经感受到了日光具有保健作用。晋代养生家嵇康在《养生论》中就提出了“晞以朝阳”的观点，孙思邈也提倡“呼吸太阳”。

· 花卉养生类产品：花香、精油，可以用于美容等。典型产品如芳香疗法。

· 生态水疗类产品：以矿泉、中草药为基础，形成特色生态水疗项目，结合中医按摩、流行 SPA 等。

· 四季养生类产品：古代养生家针对春夏秋冬的气候特征，认为在饮食调摄、生活起居等方面必须顺应四时的生、长、藏特点，做到“春夏养阳，秋冬养阴”。

· 民俗类产品：有民族特色的养生方式，如回族的节食风俗，瑶浴的药浴，藏浴的“五味甘露汤”等。

· 其他结合养生中的导引按摩类、吐纳行气类、意念修炼类、滋补服食类、起居摄生类、香汤沐浴类产品，有的综合在一个产品中，有的成为整个产品中的独特卖点。

四、温泉产品

目前，温泉产品已经从个别性的产品，逐步转化为温泉沐浴、桑拿、按摩、SPA、药浴、健身等结合的康复疗养产业链。

（一）温泉产品的现状

纵观温泉产品的开发现状，可谓是“好、快、广、大”与“低、后、弱、少”同时并存。“好、快、广、大”，即资源好，发展快，分布广，潜力大；“低、后、弱、少”则是说大多温泉项目起点低，开发思路落后，规模与档次不足，实力较弱，精品项目少。

（二）温泉产品开发设计

1. 改变出水方式产生的游憩

运用工程技术手段，通过改变温泉的出水方式，主要产生的游憩有：

· 音波喷射温泉：温泉水流随着音乐的节奏变化喷射，使人有美妙感受。

· SPA（器械性）冲击泉气泡温泉：以气泡的形式产生冲击泉。

· 冲喷温泉：温泉以冲喷的形式对人体的穴位进行按摩，达到舒筋活络的效果。

· 蒸气泉浴：类似桑拿浴，利用温泉的蒸气、喷气进行桑拿，加速新陈代谢、挥发汗水。

· 瀑布温泉：利用温泉自高向低流下之落差冲力起到温热按摩效果。

· 温泉海浪浴：运用特殊器械，使温泉水形成海浪的动力。

2. 泡浴方式

通过向温泉水中添加花草、矿物、瓜果汁、盐雾、香精等特定材料，形成具有不通功效的温泉汤浴，从而丰富游憩方式；

· 花草温泉：指在温泉里添加各种花草类材料的泡浴，如玫瑰浴、香草浴；

· 矿物温泉：硫黄温泉、寒水石温泉、矾石温泉、五灵脂温泉和石灰石温泉；

· 瓜果温泉：瓜果取汁加入温泉，通过温泉的刺激使皮肤更好地吸收瓜果中的养分，实现皮肤护理，如柠檬温泉；

· 香薰温泉：依季节时令，香薰汤池每隔 2 时辰(4 小时)换一种香薰油精，温泉水中加入香薰油精（温泉水面会冒气泡），具有润肤养颜、杀菌香体的功效；

· 盐雾温泉：利用死海矿物盐的神奇作用，采用先进技术，使矿物盐以雾浴的方式让客人享用，这样的浴法会使人体更易吸收矿物质。死海矿物盐对强化身体、恢复健康有着不可思议的作用，它含有锌、硫黄、氯化物、钙、溴化物、钾、钠、镁等矿物质，能达到加速伤口复合痊愈，消毒、杀菌及平衡体内细胞矿物质的分布、增加新陈代谢等作用；

· 矿泥温泉：可治疗高血压、神经痛、糖尿病等疾病；

· 天然香精温泉：它们具有神奇的排毒养颜作用，历来为人们所推崇。静泡香精汤池中，合闭双眼，任迷人的香氛将你轻轻围绕，每一个毛孔仿佛都开放在仙境的花蕊中；

· 花粉、蜂蜜温泉：这两样宝贝向来是美容养颜的至尊法宝，也有润燥解毒之用。干燥的冬日，就让它们通过温泉水的刺激，悄悄滋养你的肌肤吧；

· 木料温泉：荷兰松木泉、泰国松木泉、印度檀香木泉、日本松木泉等。

3. 泡浴设施设计

· 桶浴温泉：以桶为泡浴设施的游憩；

· 温泉游泳池：供游人游泳的温泉池；

· 沐足廊：以温泉浴足为特色的通透廊道；

· 浮浴池：以人造的盐浴“死海”，能让人漂浮在上面的温泉浴池；

· 水吧：供人一边泡温泉、一边聊天品茗的特定空间；

·温泉漂流河:由温泉水构建的漂流的水道。

4.温泉产品组合

结合温泉的开发,配套美食、运动、商务、会议、美容、健身、娱乐、养生等休闲项目,形成复合型的游憩方式。

·温泉与美食的结合:指泡汤与特色餐饮的结合;

·温泉与运动的结合:温泉与高尔夫、温泉与游泳、滑水等运动的结合;

·温泉与商务的结合:泡汤与商务活动的结合;

·温泉与会议的结合:泡汤与会议、论坛的结合;

·温泉与美容的结合:泡汤与美容美体的结合;

·温泉与健身的结合:温泉与健身锻炼的结合;

·温泉与娱乐的结合:如温泉与艺术表演的结合,温泉与游戏的结合。

·温泉与养生的结合:如温泉与膳食调理、心理咨询等养生项目的结合。

5.区分不同受众产生的产品

·老年人温泉池:专门针对老年人建造的温泉池;

·儿童温泉池:专门针对儿童建造的温泉池;

·女性温泉池:专门针对女性受众建造的温泉池;

·鸳鸯浴池:为情侣或夫妇专门定制的泡池。

6.由于季节变换产生的产品

·春季泡汤:可以产生在花海中泡温泉的产品;

·夏季泡汤:夏夜泡温泉,或者白天将山泉泡与温泉泡相互结合,形成双泉泡;

·秋季泡汤:可以产生在果林里泡温泉的产品;

·冬季泡汤:可以产生雪地露天泡温泉的产品。

第三节　旅游地产产品的开发类型

旅游房地产的产品类型和产品形式多种多样,根据旅游房地产价值链的重心不同,旅游房地产可以归结为以下三类:

一、城市型旅游地产产品

·区位:位于城市市区。

·依托基础:依托于城市内的公园、文化区、商业区等自然和人文旅游资源。

·操作模式:城市型旅游房地产易操作,模式也相对比较成熟。开发商以旅游资源为核心，圈定旅游资源周边土地，挖掘开发资源潜力和特色，突出人文内涵，改善生态环境，配套休闲娱乐设施，完善休闲旅游功能，开发城市 CRD（中央游憩区）或 RBD（游憩商业区）。

· 房产类型：第一居所，商业房产。

· 价值链：通过旅游开发做旺人气扩大知名度，通过改善配套服务功能和休闲生活环境提高旅、商、居条件，区域土地价值迅速提升，区域房产价格迅速攀升。

· 价值链重心：房产出租收入、房产销售收入。

二、城郊型旅游地产产品

· 区位：位于城市近郊区，主要限于车程 2 小时之内。

· 依托：依托于城市郊区优良的交通条件、大面积的土地、良好的生态环境。

· 操作模式：依托城郊的现成旅游资源是最为易行的操作模式。在缺乏旅游资源依托的条件下，许多开发商选择自己建设景点模式。这类房地产不依附现有的旅游资源、旅游景区，往往先投入巨资，专注于搞大型旅游项目开发，营造具有影响力、冲击力的旅游景观景区，改善区域基础设施条件和环境质量，靠旅游业的关联带动作用引来人流物流，将生地变成旅游熟地和旺地，引起景区附近地产升值，再搞房地产开发。此外还存在景观地产概念，此类房地产开发与旅游景观开发高度融合，房地产开发即旅游景观开发，房产本身即是旅游景观载体或表现形式。景即是房，房即是景，景中有房，房中有景。景观房产本身就是景观构成的有机组成部分，无论别墅、公寓均按它所在的环境氛围要求建造，在造型、选材、用料、装饰上都极富个性，将旅游房地产开发提升到一个新境界。

· 房产类型：第一居所、第二居所、度假房产。

· 价值链：旅游开发将生地变成熟地，旅游经营将熟地变成旺地，配套完善功能和良好环境保障旅游持续经营，借势开发房地产。

· 价值链重心：旅游经营收入、房产销售收入。

三、乡野型旅游地产产品

· 区位：城市远郊区的乡野农村。

· 依托：乡野型旅游房地主要依托于远郊区丰富的旅游资源和成熟的旅游景区，根据依托旅游资源的不同，呈现民俗风情、山野情趣、田园牧歌、水景泛舟等不同种类的乡野型旅游房地产。

· 操作模式：乡野型旅游房地产是目前种类最多，应用最广泛的旅游房地产形式。

乡野型旅游房地产特别强调与旅游区的互动和促进。乡野型旅游房地产必须促进旅游区的配套设施完善,同时应将娱乐、观光、接待、景观等多种元素融合在一起,旅游区通过引入旅游房地产构建了更加稳固的旅游产业链。旅游小城镇建设、社会主义旅游新农村建设在全国各地兴起,反映了乡野型旅游房地产的良好前景。

· 房产类型:旅游配套房产、度假房产、第二居所、第一居所。

· 价值链:乡野旅游房地产对与旅游区是相互促进的伴生联结体。开发房地产为旅游区提供重要的配套,丰富和完善旅游区旅游功能,增加旅游区的吸引力和营利能力;旅游区为房地产项目提供持续的人流,保证房地产的租售率。

· 价值链重点:旅游经营收入、房产出租收入、房产销售收入。

旅游地产的建筑学说

第一节　认识地产建筑

一、建筑的本质

建筑是人们用土、石、木、钢、玻璃、芦苇、塑料、冰块等一切可以利用的材料建造的构筑物。建筑的本身不是目的，建筑的目的是获得建筑所形成的“空间”。空间是建筑的灵魂，也称之为建筑中的主角。

从几何学的意义来说，空间只是一块空的区域，或者是空的容量。但是建筑师们却能够利用它们来表现各种特点。空间无处不在，然而特色的空间却因地而异。

二、中国古代建筑

中国古代建筑具有朴素淡雅的风格，主要以茅草、木材为建筑材料，以木架构为结构方式（柱、梁、枋、檩、椽等构件），按照结构需要的实际大小、形状组合在一起。这种建筑结构方式反映了古代宗法社会结构的清晰、有序和稳定。由于木质材质制作的梁柱不易形成巨大的内部空间，古代建筑便巧妙地利用外部自然空间，组成庭院。庭院是建筑的基本单位，它既是封闭的，又是开放的；既是人工的，又是自然的，可以植花草树木，观风云日月，成为古人“天人合一”观念的又一表现，也体现了中国人既含蓄内向又开拓进取的民族性格。

（一）原始社会建筑

中国是世界上建筑历史最悠久的国家之一。早在50万年前的旧石器时代初期，原始人群普遍利用天然山洞作为居所。大约在六七千年前，我国进入氏族社会，生产力有了初步发展，建筑活动日益频繁。由于各地气候、地理、材料等条件的不同，建筑形式多种多样，其中较具代表性的主要有两种：一种是长江流域多水地区的干栏式建筑；另一种是黄河流域的木骨泥墙房屋。当时的建筑平面除了圆形、方形外，还有吕字形以及三至五间连在一起的形式;建筑工具主要是石刀、石斧、石锛、石凿等;建筑材料则是木、石、生土等天然材料,已出现人工烧制的石灰和手制土坯砖。为了适应以农业为主的定居生活,原始社会晚期有初步区划布局的村落。

（二）秦汉建筑

秦汉建筑是在商周已初步形成的某些重要艺术特点的基础上发展而来,秦汉的统一促进了中原与吴楚建筑文化的交流,建筑规模更为宏大,组合更为多样。秦汉建筑类型以都城、宫殿、祭祀建筑(礼制建筑)和陵墓为主;到汉末,又出现了佛教建筑。都城规划由西周的规矩对称,经春秋战国向自由格局转变,又逐渐回归于规整,到汉未以曹操邺城为标志,已完成了这一过程。祭祀建筑是汉代的重要建筑类型,其主体仍为春秋战国以来盛行的高台建筑,呈团块状,取十字轴线对称组合,尺度巨大,形象突出,追求象征涵义。

秦汉建筑艺术总的风格可以用“豪放朴拙”四个字来概括。屋顶很大,已出现了屋坡的折线“反字”,即以后“举折”或“举架”的初步做法,但曲度不大;屋角无翘起,呈现出刚健质朴的气质。建筑装饰题材多飞仙神异,忠臣烈士,古拙而豪壮。

（三）唐代建筑

唐代建筑规模宏大,规划严整,中国建筑群的整体规划在这一时期日趋成熟。唐代的木建筑实现了艺术加工与结构造型的统一,包括斗拱、柱子、房梁等在内的建筑构件,均体现了力与美的完美结合。唐代建筑舒展朴实,庄重大方,色调简洁明快。此外,唐代的砖石建筑也得到了进一步发展,佛塔大多采用砖石建造。

（四）宋代建筑

宋代时期的建筑一改唐代雄浑的特点,变得纤巧秀丽、注重装饰。宋代的城市形成了临街设店、按行成街的布局,城市消防、交通运输、商店、桥梁等建筑都有了新发展。中国各地也已不再兴建规模巨大的建筑了,只在建筑组合方面加强了进深方向的空间层次以衬托主体建筑,并大力发展建筑装修与色彩。宋代砖石建筑的水平不断提高,这时的砖石建筑主要是佛塔和桥梁。宋代,中国经济社会得到了一定程度发展,注重意境的园林在这一时期开始兴起。中国古典园林重在写意,融自然美与人工美于一体,以建筑和人工建造的家用山水、岩壑、花木等一同表现某种艺术境界。

（五）元代建筑

在这一时期中国经济、文化发展缓慢,建筑发展也基本处于凋敝状态,大部分建筑简单粗糙。宋亡而元兴,建筑一度受到外来工匠的影响,并以北方工匠为主,其建筑结构多大胆粗犷,其艺术风格也狂放不羁。元朝由于民族众多,而各民族又有着不同的宗教和文化,经过相互交流,给传统建筑的艺术增加了若干新因素。这时宗教建筑相当发达,从西藏到大都建造了很多喇嘛教寺院和塔,带来了一些新的装饰题材与雕塑、壁画的新手法。

（六）明代建筑

明代开始，中国进入了封建社会晚期。这一时期的建筑样式，大都继承于宋代而无显著变化，但建筑设计规划以规模宏大、气象雄伟为主要特点。值得一提的是，风水术在明代已达极盛时期，这一中国建筑史上特有的古代文化现象，影响一直延续到近代。

（七）清代建筑

中国最后一个封建王朝建筑大体因袭明代传统，但也有发展和创新，建筑物更崇尚工巧华丽。尤其是园林建筑，在结合地形或空间进行处理、变化造型等方面都有很高的水平。建筑技艺仍有所创新，主要表现在玻璃的引进使用及砖石建筑的进步等方面。中国的民居建筑丰富多彩，灵活多样的自由式建筑较多。风格独特的藏传佛教建筑在这一时期兴盛。这些佛寺造型多样，打破了原有寺庙建筑传统单一的程式化处理，创造了丰富多彩的建筑形式。清代晚期，中国还出现了部分中西合璧的新建筑形象。

（八）现代建筑

中国现代建筑泛指 19 世纪中叶以来的中国建筑。

1840 年鸦片战争爆发到 1949 年新中国成立，中国建筑呈现出中西交汇、风格多样的特点。这一时期，传统的中国旧建筑体系仍然占据数量上的优势，但戏园、酒楼、客栈等娱乐业、服务业建筑和百货、商场、菜市场等商业建筑，普遍突破了传统的建筑格局，扩大了人际活动空间，树立起中西合璧的洋式店面；西方建筑风格也呈现在中国的建筑活动中，在上海、天津、青岛、哈尔滨等租界城市，出现了外国领事馆、洋行、银行、饭店、俱乐部等外来建筑。这一时期也出现了近代民族建筑，这类建筑较好地取得了新功能、新技术、新造型与民现代建筑族风格的统一。

1949 年中华人民共和国建立后，中国建筑进入新的历史时期，大规模、有计划的国民经济建设，推动了建筑业的蓬勃发展。中国现代建筑在数量、规模、类型、地区分布及现代化水平上都突破近代的局限，展现出崭新的姿态。自 20 世纪 80 年代以来，中国建筑逐步趋向开放、兼容，中国现代建筑开始向多元化发展。

第二节　旅游地产建筑的空间组合

一、影响建筑空间特点的因素

建筑学其实就是一门研究如何设计出各种特色空间的学问。这些空间可以给人不同的感觉。在研究建筑史的时候，人们总是将太多的注意力集中在以下几个方面：建造了什么（墙壁、立柱、屋顶、以及它们的比例），怎样建造（施工方式），建筑物表面处理方法（装饰、雕刻等），以及建筑物所包围的地方，即是空间。空间在建筑中是最重要的。比例、大小、装饰等只不过是影响空间特点的几个因素罢了。

（一）形状

空间是由建筑物的形状决定的。而建筑物的形状又是由诸如墙壁、柱体、屋顶等建筑元素所决定的。这些建筑元素在尺寸、外形和比例上的不同组合将决定不同的建筑物形状。

在高强度混凝土建筑物出现以前，负载比较重的建筑物的墙壁总是建成又重又厚的模式。这样，建筑物的许多地方都不能开窗户。随着高强度混凝土的应用，人们现在可以建造任何形状的建筑物，因为由横梁、柱体和混凝土厚板块组成的高强度混凝土框架，能够满足任何建筑物的稳定性要求，墙壁的建造只是为了满足人们的私人空间的愿望。因此，设计师现在想开多大的窗户都行。传统的盒式房子已经被淘汰了。有了高强度混凝土结构，建筑物里的墙壁可以是平面，也可以是曲面。各种空间因房间不同而异，因房间内外不同而异。

（二）比例与尺寸大小

比例指的是建筑物各组成部分的长、宽、高在数学意义上的相对关系，以及各组成部分的长、宽、高与建筑物整体之间的相对关系。

自古以来，人们在建造建筑物时就一直遵循那些使建筑物显得统一、协调和富有节奏感的设计规律。假设有这样一个房子，它的长和宽都是 5 米，但是它的高度却是 20 米。这个烟囱模样的房子围成了一个令人心烦，压抑的空间。除非改变这个房间的比例，将天花板的高度降到 2 米左右，否则无论房间的装修多么精美，表面处理技术多么高明，支出的花销多么庞大，也不能使里面的人感到舒服。

比例涉及的是建筑物形状各个真实尺寸的相对数学关系，而建筑物的大小指的是对建筑元素尺寸的感觉，或者是该建筑物与别的建筑物之间的相对空间感。所以，即使是相同尺寸的物体，放在远处的物体也会比放在近处的物体显得更小一些。根据这个道理，不同的建筑物应当设计成不同的尺寸。传统的纪念性建筑物总是建造得比较大，人们站在包围了他们的巨大空间里便会感觉到自己的渺小。这时候空间主宰了人的感情。而现代建筑突出了以人为本的时代精神，建筑物的尺寸是根据人类的尺度来设计的，所以在里面人会感到很舒服。

（三）光与影

光与影在塑造空间的特点时起到了非常关键的作用。光能够影响人的心情。一般来说，光亮能够愉悦身心，而没有光线则会令人心情低落。因此，在设计建筑物中比较重要的空间和特征建筑元素时，设计师总会避免让它们暴露在强烈的光线之中。光线给建筑物带来神秘感、朦胧感，同时也会把建筑物里的空间烘托得更有动感。光和影还可以交织出美丽的图案。如果图案是由自然的光影交织而成的，那么这些图案还会随着时间的推移而改变方向和颜色。一句话，光线给建筑物带来了生机。

（四）装饰

建筑装饰也是影响空间特点的一个因素。如果装饰强调的是垂直线条，人们就会有一种错觉，认为建筑物比实际的更高。如果装饰强调的是水平线条，人们则会感觉到建筑物特别的宽。空间会受到那些在视觉上把它分成几部分的装饰物的影响。传统的建筑物中，装饰物一般是雕刻出来的。而在现代的建筑物中，装饰物一般都很小，而且是以不同材料装饰物并排的形式出现的，例如，石头装饰物与木质装饰物相邻，塑料装饰物和玻璃装饰物相邻等。

（五）颜色

颜色和质地都有视觉上的重量感。质感较强的物体能够最先吸引人们的注意力，而且在观察时吸引了大部分注意力。因此重要建筑元素和空间的颜色和质地应有较强的质感，同时，如上面所说的，要避免太强的光线。

颜色当然也对空间的特点有影响。一个地板黝黑，而天花板明亮的楼房给人的空间感，和一个地板明亮而天花板黝黑的楼房给人的空间感是完全不同的。

（六）心理影响因素

空间的特点还受到观察者心理状态的影响。一般来说，是受观察者的期望的影响。当一个人走过一条又长又窄的走廊，然后来到一个非常大的大厅，这时候，对他来说，这个大厅将显得比其实际尺寸还大，因为他刚从非常小的空间里走出来。在一个建筑物里的活动是依次走过不同空间的体验，它要求各个空间的协调。

实际上，影响空间特点的因素数以百计，上述的因素只不过是提到了它们之中的极少部分。一个优秀的建筑师能够根据不同的实际情况来设计他的特色空间。

二、建筑空间组合方式

建筑空间的组合方式主要有并联式空间组合方式、串联式空间组合方式、集中式空间组合方式、辐射式空间组合方式、单元式空间组合方式、网络式空间组合方式、轴线对位式空间组合方式。

（一）并联式空间组合方式

指具有相同功能性质和结构特征的空间单元以重复的方式并联在一起所形成的空间组合方式。这种组合方式简便、快捷，适用于功能相对单一的建筑空间。这类空间的形态基本上是近似的，互相之间没有明确的主从关系，根据不同的使用要求可以相互联通也可以不联通。

(二)串联式空间组合方式

各组合空间单元由于功能或形式等方面的要求,先后次序明确,相互串联形成一个空间序列,呈线性排列,故此该组合方式也称为"序列组合"或"线性组合"。这些空间可以逐个直接连接,也可以由一条联系纽带将各个分支连接起来。前者适用于那些人们必须依次通过各部分空间的建筑,其组合形式必然形成序列。如展览馆、纪念馆、陈列馆等,后者适用于分支较多、分支内部又较复杂的建筑空间,如综合医院、大型火车站、航空港等。

中国古代宫殿建筑群为了创造威严的气氛,设计了结构完整、高潮迭起的空间序列,也属于此种组合方式,如北京故宫建筑群。在串联式组合的空间序列中,在功能上或象征方面有重要意义的空间,可以通过改变尺寸、形状等手法加以突出,也可以通过其所处的位置加以强调,如位于序列的首末、偏离线性组合或位于变化的转折处等。另外高层建筑的空间组合方式也可归于串联式组合,由垂直交通核心将各层空间在竖直方向上串联在一起。

(三)集中式空间组合方式

集中式空间组合方式通常是一种稳定的向心式构图,它由一定数量的次要空间围绕一个大的占主导地位的中心空间构成。处于中心的主导空间一般为相对规则的形状,应有足够大的空间体量,以便使次要空间能够集结在其周围;次要空间的功能、体量可以完全相同,也可以不同,以适应功能和环境的需要。一般说来,集中式组合本身没有明确的方向性,其人口及引导部分多设于某个次要空间。这种空间组合方式适用于体育馆、歌剧院等以大空间为主的建筑,西方古代的教堂也有很多采用这种空间组合方式。

(四)辐射式空间组合方式

这种空间组合方式兼有集中式和串联式空间特征。由一个中心空间和若干呈辐射状扩展的串联空间组合而成,辐射式组合空间通过现行的分支向外伸展,与周围环境紧密结合。这些辐射状分支空间的功能、形态、结构可以相同,也可不同,长度可长可短,以适应不同的基地环境变化。这种空间组合方式常用于山地旅馆、大型办公群体等。另外设计中常用的"风车式"组合也属于辐射式的一种变体。

(五)单元式空间组合方式

把空间划分若干个单元,用交通空间将各个单元联系在一起,形成单元组合。单元内部功能相近或联系紧密,单元之间关系松散,具有共同的或相近的形态特征。实践中常用的庭院式建筑即属于这种组合方式。单元之间的组合方式或可以采用某种几何概念,如对称或交错等,这种组合方式常用于度假村、疗养院、医院、文化馆、图书馆等建筑。

(六)网格式空间组合方式

这种组合方式是将建筑的功能空间按照二维或三维的网格作为模数单元来进行

组织和联系。在建筑设计中,这种网格一般是通过结构体系的梁柱来建立的,由于网格具有重复的空间模数的特性,因而可以增加、削减或层叠,而网格的同一性保持不变。按照这种方式组合的空间具有规则性和连续性的特点,并且结构标准化,构件种类少,受力均匀,建筑空间的轮廓规整而又富于变化,适应性强,被各类建筑所广泛使用。

(七)轴线对位空间组合方式

这种组合方式由轴线对空间进行定位,并通过轴线关系将各个空间有效地组织起来。轴线对位组合形式虽然不一定有明确的几何形式,但一切均由轴线控制,空间关系清晰有序。一个建筑中的轴线可以有一条或多条,多条轴线之间有主次之分,层次分明。轴线可以起到引导行为的作用,使空间序列更有秩序,在空间视觉效果上也呈现出连续的景观线,有时轴线还往往被赋予某种文化内涵,使空间的艺术性得以增强。

第三节　旅游地产的建筑风格

建筑风格是指建筑设计中在内容和外貌方面所反映的特征,主要在于建筑的平面布局、形态构成、艺术处理和手法运用等方面所显示的独创和完美的意境。

一、地中海建筑风格

地中海风格建筑,原来是特指沿欧洲地中海北岸沿线的建筑,特别是西班牙、葡萄牙、法国、意大利、希腊这些国家南部沿海地区的住宅,温润而醇和的外立面颜色、粗朴而富有质感的材料,有众多的回廊、构架和观景平台。这些地中海沿岸的建筑和当地乡村风格的建筑相结合,就产生了诸如法国普罗旺斯、意大利托斯卡纳等地区的经典建筑风格,其淳厚粗朴的建筑风格和它所代表的轻松闲适的生活方式,在今天仍然备受推崇和喜爱。后来这种建筑风格融入欧洲其他地区的建筑特点后,逐渐演变成为了一种豪宅的符号。

综观经典地中海建筑楼盘,可以总结出其中的八个重点细节,它们都表达了建筑的共同之处,证实了这种建筑风格及形式的美观和宜居性。

(1)海湾式布局:地中海是海洋性气候,“水”是地中海牙风格的灵魂元素之一,一些地中海项目通常在空间分割中使用水系、绿化带为分隔媒介,使社区与外部自然区分,由社区空间到生活空间,水岸气息散落每个角落,体现了建筑与水与人的完美和谐。

（2）层级分明的规划设计：地中海建筑通常以远高近低的层级方式排布，高低错落，符合人的空间尺度感。外立面设计着重突出整体的层次感和空间表情，通过空间层次的转变，打破传统立面的单一和呆板，其节奏、比例、尺度符合数学美。

（3）创新联排别墅独栋化：以往的联排别墅大多是多联体的简单复制，不具备可识别性和整体感官效果。而在现在的一些西班牙建筑项目中，设计者通常用模块的形式雕筑联排别墅，每户不再是简单的复制。这样的设计对于过客是美景的享受，对于家人则是舒适的生活空间。

（4）浅色调：地中海风格的最大特点是在建筑中融入了阳光和活力，采取更为质朴温暖的色彩，使建筑外立面色彩明快，既醒目又不过分张扬，且采用柔和的特殊涂料，不产生反射光，不会晃眼，给人以踏实的感觉。

（5）具有典型的地中海建筑元素及特征：从红陶筒瓦到手工抹灰墙，从弧形墙到一步阳台，还有铁艺、陶艺挂件等，以及对于小拱璇、文化石外墙、红色坡屋顶、圆弧檐口等符号的抽象化利用，都表达出西班牙风格的特征。

（6）取材朴实，产品完全手工化、精细化：地中海建筑采用的建筑材料一般都会给人斑驳的、手工的、比较旧的感觉，但却非常有视觉感和生态性，像陶瓦，泥土烧制、环保吸水等特性都可以保持屋内温度。无论是在地形处理还是铁艺、门窗及外墙施工工艺方面，地中海风格建筑都能体现出手工打造的典型特征。

（7）家庭庭院：典型的西班牙建筑一般每户都有两个庭院——入户庭院和家庭庭院，入户庭院突出了会客的气氛，院门为仿旧铁艺门；家庭庭院则体现了家人交流空间的特点，同时有一定的私密性。

（8）强调家庭厅：家庭厅在房屋的最好位置，采光效果也最好，是家人聚集的地方，体现了以居住为本的功能性。另外淘汰了大客厅，满足了主人饮食起居、交流礼仪等各方面的家庭生活需要。

总的来说，地中海的建筑与其多元的文化有着很明显的关联性，基督文化和回教文化的碰撞更给地中海艺术带上了奇异的色彩，而且地中海沿岸的民族天生就有一种热情奔放和狂野的个性，在建筑上就反映出诗意的、幻想的、神话的风格，充满了丰富的想象力和浪漫情怀。

二、北美建筑风格

北美建筑风格实际上是一种混合风格，不像欧洲建筑风格是一步步逐渐发展演变而来的，它在同一时期接受了许多种成熟的建筑风格，相互之间又有融合和影响，具有注重建筑细节、有古典情怀、外观简洁大方、融合多种风情于一体的鲜明特点。在北美建筑中，既有私密性强的个体居住单位，又有恢弘大气的整体社区气氛。而街区概念的形成，不仅满足了居住的需要，更满足一个阶层心灵归属、文化认同、邻里回归的需要。

北美建筑的明显特点，是大窗、阁楼、坡屋顶、丰富的色彩和流畅的线条。街区氛围追求悠闲活力、自由开放。美式别墅的建筑体量普遍比英式别墅大；美式别墅多为木结构，体现了乡村感；运用侧山墙、双折线屋顶以及哥特式样的尖顶等比较典型的北美建筑的视觉符号；住宅类建筑个性化和多元化风格成分高。

在中国发展进行的北美风格，更多体现在别墅这种业态上，北美别墅发展为既简约大气，有集各种建筑精华于一身的独特风格，充分体现了简洁大方、轻松的特点，居住非常具有人性化，在别墅市场非常受欢迎。

三、欧式建筑风格

欧式建筑风格，产生于20世纪80年代末，主要运用现代技术材料制作出古典的形式，借此再现区域的文化和传统。类型有哥特式建筑、巴洛克建筑、法国古典主义建筑、古罗马建筑、古典复兴建筑、罗曼建筑、文艺复兴、浪漫主义、折中主义。在各个时期都有各种精彩的演出，是欧式风格不可或缺的要角。

欧洲风格在建造形态上的特点是：简洁、线条分明、讲究对称、运用色彩的明暗，鲜淡来对视觉进行冲击。在意态上则使人感到雍容华贵、典雅，富有浪漫主义色彩。喷泉、罗马柱、雕塑、尖塔、八角房等都是欧式建筑的典型标志。

四、新中式建筑风格

中国传统的建筑主张“天人合一、浑然一体”，居住讲究“静”和“净”以及环境的平和建筑的含蓄。无论是写意的江南庭院还是独立的四合院，都追求人与环境的和谐共生，讲究居住环境的稳定、安全和归属感。

新中式建筑在沿袭中国传统建筑精粹的同时，更注重对现代生活价值的精雕细刻。同单纯的仿古建筑不同，新中式建筑着力提高舒适度，比如在设计中更多考虑私密性，增强采光通风，更有效地提高卫生间、厨房在居室中的地位，更好地使老人、孩子、夫妇的居室环境合理分割与有机协调等。另外，在庭院、地下室的处理中，也吸纳了更多现代生活流线的创新之笔，如外庭院、下沉庭院、内游廊等，让中式建筑以一种更自然、更现代、更具生命力的品相出现。

新中式建筑通过现代材料和手法修改了传统建筑中的各个元素，并在此基础上进行必要的演化和抽象化，外貌上看不到传统建筑的原来模样，但在整体风格上仍然保留着中式住宅的神韵和精髓。空间结构上有意遵循了传统住宅的布局格式，延续了传统住宅一贯采用的覆瓦坡屋顶,但不遵循守旧,根据各地特色吸收了当地的建筑色彩及建筑风格,能自成特色。

五、现代主义建筑

现代主义建筑,以简洁的造型和线条塑造鲜明的建筑表情。

现代主义建筑思潮产生于19世纪后期,成熟于20世纪20年代,在五六十年代风行于全世界。现代主义建筑是20世纪中叶在西方建筑界居主导地位的一种建筑,这种建筑摆脱传统建筑形式的束缚,大胆创造适应于工业化社会的条件和要求的崭新的建筑,具有鲜明的理性主义和激进主义色彩,又称现代派建筑。

现代主义建筑的代表人物提倡新的建筑美学原则,包括:表现手法和建造手段的统一;建筑形体和内部功能的配合;建筑形象的逻辑性;灵活均衡的非对称构图;简洁的处理手法和纯净的体形;在建筑艺术中吸取视觉艺术的新成果。

持有现代主义建筑思想的建筑师设计出来的建筑作品,有一些相近的形式特征,如平屋顶、对称的布局、光洁的白墙面、简单的檐部处理、大小不一的玻璃窗、少用或完全不用装饰线脚等。

六、新古典主义建筑风格

新古典主义是古典与现代的结合物,它的精华来自古典主义,但不是仿古,更不是复古,而是追求神似。新古典主义建筑强调建筑的厚重与整体的和谐,外观借鉴并运用了很多欧陆元素的处理手法,加以简化或局部适用,配以大面积墙及玻璃或简单线脚构架,特别强调了石材的运用,装饰相对简化,追求一种轻松、清新、典雅的气氛。

新古典主义的设计风格其实就是经过改良的古典主义风格。一方面保留了材质、色彩的大致风格,仍然可以很强烈地感受传统的历史痕迹与浑厚的文化底蕴,同时又摒弃了过于复杂的机理和装饰,简化了线条。新古典主义的灯具则将古典的繁杂雕饰经过简化,并与现代的材质相结合,呈现出古典而简约的新风貌,是一种多元化的思考方式。将怀古的浪漫情怀与现代人对生活的需求相结合,兼容华贵典雅与时尚现代,反映出后工业时代个性化的美学观念和文化品位。

新古典主义建筑表现为下列特点:

(1)艳丽而丰富的色彩。通过色彩的巧妙对比,创造美妙的画境效果,不避雅俗,构思大胆。

(2)把古典元素抽象化为符号,在建筑中,既作为装饰,又起到隐喻的效果。古典的柱式、拱券乃至山花和线脚，在很大程度上，是在历史与现实、建筑与环境之间建立一种文脉上的勾连，并产生修辞效果。

（3）粗与细、雅与俗的对比。在许多新古典主义建筑师的作品中，可以很明显地看到，一方面是高雅精致的细部，一方面又有低俗粗犷的浑朴，两种对比鲜明的风格既互相对立又互相统一。

旅游地产的景观学说

第一节　旅游地产景观概述

一、旅游地产景观与地产价值

（一）景观建设保证地产价值

地产景观的建设对房地产增值有深刻的影响。房地产界这些年来对这个问题的认识是逐步加深的。首先，景观设计对房地产销售价值有很大的影响；第二，景观增强了房地产对建筑功能性贬值的防御能力；第三，对楼盘的开放空间是一种环境的保证，虽然目前受社会治安影响，现在很多小区都是封闭的，但到一定阶段，住区开放，社区的围墙全部打开，那地产景观将对城市面貌作出贡献。

（二）景观投入拉动地产增值

投入在园林景观中的造价在房产升值的比例中占10%左右，即每向园林景观投入10元，就可以在房价提升中获得10倍的收益，这是通过统计数据得到的研究数字，房地产商愿意往里面投资就是这个原因，当然所谓的1:10的关系是有一个区间的，并不是说没有一个限度的。通常是指，如果以安居房的价格，即普通的居住空间价格作为基数的话，环境质量每改善1%，价值空间就提升10%。

特别要说明的是，建造是完善设计的一个非常重要的后续环境，如果设计和建造这两个环节没有很好地联系在一起，对于景观的创造是不连续的。景观是否可以长久保持下去，要看经营者的水平和能力。很多的景观之所以没有得到很好的维护，没有做到所谓的可持续发展，造成地产环境越来越脏乱，就是因为管理的问题。如果景观设计和建造能够完美协和，园林景观可以成为房地产升值、保值最大最后的空间。

二、旅游地产景观设计的理论要素

（一）生态学

1866年德国动物学家海克尔首次将生态学定义为：研究有机体与其周围环境—包括非生物环境和生物环境—相互关系的科学。生态学由于综合性和理论上的指导意义而成为现今社会无处不在的科学。

（二）景观生态学

1939年德国生物地理学家特劳尔提出的景观生态学的概念，是在人们解决工业革命后日益突出的人类聚居环境生态问题过程中产生的。他指出，景观生态学由地理学的景观和生物学的生态学两者组合而成，表示支配一个地域不同单元的自然生物综合体的相互关系。景观设计理论通过水平生态过程与景观格局之间的相互关系，研究多个生态系统之间的空间格局及相互之间的生态系统，并用斑块—廊道—基质来分析和改变景观。

（三）行为地理学

环境对人的性格的塑造在某种程度上起着一定的作用。一个地方特有的地形地貌和风土人情或者性格之间有着必然的联系，如草原人的豪爽、黄土高原人的憨厚淳朴、江南人的精明能干等。因此，人类在地理环境中的行为过程、行为空间、区位选择及其发展规律等都是行为地理学的重要研究内容。环境空间和人的行为、性格、心理的相互关系突出体现在城市居住区、城市公园街道、城市广场、工厂企业园区、城市商业中心等人工环境的设计和使用上。

三、旅游地产景观的设计理念

旅游地产景观的设计首先需要强调交流，因为地产项目是在什么地区做，对房屋需求的人有什么感想很重要。城市里空间比较少，到处是高楼林立，看到绿化就会舒服。城市里做景观，就是要用公园的观念，源于自然高于自然，在整个空间的上要考虑管理的成本，还要注重绿化和保养，这与开发商要求是相符的。其次需要做好景观。除了生态学外，还有美学和空间的概念。要充分利用大自然，很多人在设计的过程中，没有留意大自然景观形成的过程，所以首要的是理解大自然的美，在设计和营造的过程中将设计的亮点做出来。旅游地产景观就是要追求城市设计、公共设计、公园设计、风景区设计的结合。做一个大公共空间，要真正的尊重自然，而不是破坏别人的自然环境。

（一）经济性的理念

由于地产项目都是投资型地产，讲究的是投资回报率，所以如何在满足地产环境营造需要的同时节约成本，就成为各开发商最关心的问题。任何投资主体都会特别强调投入与产出的关系，力求以最经济的投入获得最大化的产出。这就是“经济性”原则。

在构筑景观的时候，应当提倡打造符合不同楼盘需要的、性价比最高的景观作品。豪华型的景观建设投入或许能带来短暂的投资回报，但大投入往往带来大破坏，违反自然及环保原则，不符合长远的社会利益。因此未来景观设计的发展方向一定是回归自然、符合环保、绿色经济、满足人性化需要并且具备可持续发展的条件。经济性的景观作品会随着社会发展的成熟越来越多，设计师的设计着眼点也会从高投入、豪华高档、复杂多样转向突出个性化的创意设计为主要方向。

（二）自然化的环境

《圣经》说：“神造万物，各按其时，成为美好。”就植物而言，南方有南方的特色，北方有北方的特点，南北差异正好体现这个世界的多姿多彩。好的设计师是能充分利用当地的植物营造富有当地气候特点的园林景观，而不是靠一味的求奇求异来展示有限的创意。如果一味迁就消费者猎奇的需要，千方百计把南方树种移到北方，这其实本身已违反自然性原则。植物并不都能移植，即便能移植通常也达不到原生地的种植效果，而且移植的施工成本和养护成本都比较高，不符合经济性原则。

强调自然化的环境主要有两个原因：源于自然、回归自然是全人类对环境景观的最高追求，任何人工雕琢都是对环境或多或少的破坏，因此尽量以植物造景为主成为必选之道；符合自然的原则就要尽量做到植物当地化，万物都有其生长规律，盲目引种外地植物导致高死亡率和高成本投入，既违反自然规律又不能突出当地的气候特色及风土人情。

（三）人性化的尺度

许多地产景观盲目追求大气、好看、气派（如大广场、大人工湖等），忽略了消费者对景观不仅仅是欣赏，而且有使用的需要。“地产景观”是为消费者服务的，不能只图一时的好看、气派而忘了消费者的真正需要。忽略人性化的景观不能长久，且消费者欣赏水平越来越高，更多的是强调观赏性与实用性相结合的景观。

作为设计师，对空间尺度的把握能力是基本要求，但同时也是最容易出错的地方。符合人性化要求的尺度应该以人的感受为焦点，而不是盲目的追求高大、宏伟、开阔或者曲折、错落，让人感觉舒适、使用方便是设计师的任务，因此人性化的尺度就应该以合适为衡量的标准。

（四）参与性功能

强调参与性也就是突出景观的实用性。地产景观与自然景观、城市景观不同，它更多的是服务于社区人群，因此景观功能只是停留于观赏是远远不够的，还应该满足人群对景观空间的参与要求。

强调参与性的功能空间能调动人的体验式乐趣，大大提升景观环境的娱乐性附加值，也充分体现景观带给人们的实用价值；参与性的功能空间要注意与观赏性的审美要求相融合，避免强调功能性、突出参与性后降低了景观的观赏性要求，对景观空间产生破坏。

（五）立体化的空间

景观设计手法要多样，层次要丰富。现代景观要与传统园林手法相结合，把地产里的园林景观在适当的地方体现多种层次空间，营造不同视角、不同氛围的环境，增加地产景观亮点，既能促进销售，更能满足人们对立体空间的需要。

满足人对景观空间视觉审美上的视觉延伸的要求，加强景观空间的层次感和立体感；强调立体化能向本来有限的空间“变化”出更多的空间，甚至能使“死空间”变成“活空间”，化腐朽为神奇；立体化空间能延展人的活动范围，并增加了人对景观空间的体验乐趣。

（六）艺术性的感受

强调艺术性的感受是源于人类对艺术的本能性追求。景观设计工作其本质是对人类外部活动空间的营造艺术，失去艺术性就等于对空间只破坏不建设，性质等同于对人类环境的犯罪；艺术性并非只是景观雕塑、小品的堆砌，而是整体景观空间营造出来的一种艺术氛围，是人的感受，往往是不能用语言表达的艺术体验。

艺术性还体现在不同的地区和不同的项目，可以根据不同的文化背景、人文风情、地方特色，加入独特的文化元素，使景观设计作品更具人文艺术特色，更具历史文化价值。

（七）均好性的布局

均好性即环境资源的均享，整个社区的每幢大楼所处的位置一样好。如果楼盘景观未能做到均好性原则，楼价必然打折扣，各组团的卖价也会相差很大。同时也破坏了人们使用景观环境时的适度集中原则，很容易产生大部分地方没人去，一两个地方人太多的现象，也降低了一个楼盘整体景观环境的使用价值，这是需要重视的问题。虽然各个楼盘因定位、投入的不同和售价的限制，还很难做到景观均好性，但这是一种发展趋势，也越来越为更多有理想的开发商所重视。

均好性的布局能使资源更加合理地分布利用，避免有限的资源过于集中而产生的环境反差过大。为了地产景观的建设向市场细分、人群分阶层居住的方向发展，均好性是必须要把握的设计原则之一。

（八）多样化的风格

各地的地产项目各有特色，不但地域、风情、人文、族群会影响地产项目的设计风格,不同层次的消费者审美观也不同,因此不能千篇一律地用一种手法去设计各地不同的项目。造景手法、设计风格多样性是“地产景观设计”时必须把握的另一条重要原则。

不同区域就有不同的风土人情,对人居环境的风格也有不同的喜好和要求;同一区域不同的人群对人居环境也会有不同的审美需要,因此也就会有景观空间不同的风格要求;同一个项目也可以以一种风格为主线,将各种不同风格的景观元素融合在一起,达到中西合璧、异中求同、博采众长的效果。

每一个项目都会有一个鲜明的建筑风格,因此有什么样的建筑风格,就要有同类风格的景观环境与之相配套,这样的项目才能成为人文景观,成为城市的亮点,也才有更长的生命力。因此设计师能否自由驾驭不同风格的景观设计特点,也成为区别设计师水平高低的重要参考标准。

四、旅游地产景观的发展趋势

房地产景观设计中,人本位的倾向越发明显,在这样的价值思考定式下,未来的地产景观在设计上将出现新的趋势。

在房地产开发的过程中,景观到底谁说了算呢?是开发商还是景观设计师呢?在两者因角度不同而产生的矛盾和不妥协中,如今景观的意义已不仅是对人文的崇拜或对野趣融合的要求,更是对地域性及居住理念的尊重,因而,景观将不再是停留在表面的美丽形式,而是在生态价值观与生态美学引领下走向形式、功能与思想内涵的更高层次的统一。

(一)从功能出发,以人为本

景观设计师的设计文本里经常出现“从功能出发,真正以人为本”的设计说明。但事实上,大多数的景观设计师是从形态好看与否的角度来做景观设计的,因此导致了对功能定位的随意性,使之将来的使用性较差。景观设计师要合理运用“数据量化分析”,真正做到从功能出发来设计居住地产的景观,这样才能帮助开发商从以人为本的角度来营造和谐的社区环境。

(二)因地制宜,景观与产品混搭

当前,房地产的景观风格一般都是追随开发商“产品系”风格,比如说现代简约、西班牙风格等,这些风格在建筑语言上,包括屋顶、山墙、景观小品、灯具上能体现出来,但是在软质景观,即绿化上是很难体现的,一味追求景观风格与产品系列匹配很有可能因为当地气候、水土等因素而事倍功半,因此因地制宜、适地适树,才有可能达到更好的效果。

（三）景观营造软质化

地产景观有两个不同的发展方向，一种是以硬质景观为主，主张大广场、大轴线以及大型构筑物；另一种是以软质景观绿化为主，强调自然、静谧和温馨的景观效果。而将来地产景观的趋势应该是向着以绿化配置为重点的方向发展，不仅绿量增大，而且绿化的品种、层次将会更加多样化，后期的绿化养护也越来越重要，植物长得越好，楼盘的效果也会越好。由于硬质构筑物的材料会随着时间推移而老化变形，需要投入大量成本进行翻修维护，因此硬质构筑物的设计量要尽量减少，主要放置于重点区域必不可少的位置上。实际上，用这种精致的绿化造景手法能够快速地回笼销售收入，同时赢得消费者的价值认同，用景观所创造的价值远远超过了成本投入。

（四）“相地”布局，借景增值

“相地”意思是给基地“相面”，也就是对基地采用最佳的景观设计手法，根据基地的不同特色做出最适合这个基地的景观。如在山地上进行地产开发，就应该依山就势布置登山路径，步移景异，合理借景和对景，这样的景观设计既节约开发商的成本，又能做出好的景观效果。另一方面，不仅要对基地内部的环境进行相地，还要注意基地周边环境的改造，也就是巧妙地“借景”，这就是“景观增值服务”的魅力。

（五）低碳健康绿色的地产景观

作为建筑物，无论在时间和空间上，它的碳排放是影响环境的主要来源，“低碳建筑”是当前“绿色建筑”理念的前沿体现，而地产景观的设计与塑造过程现在更应该遵循低碳概念，打造更加健康绿色的地产景观，而这也是地产景观设计发展的一个趋势。

第二节　旅游地产的景观设计要素

所有的景观都是通过景观要素来体现的，旅游地产景观设计的素材和内容包括地形地貌、植被、水体、铺地和景观小品。其中，地形地貌是设计的基础，其余是设计的要素。

一、地形地貌

地形地貌是旅游地产景观设计最基本的场地和基础。这里谈的地形是指景观绿地中地表各种起伏形状的地貌。在规则式景观中，一般表现为不同标高的地坪、层次；在自然式景观中，往往因为地形的起伏，形成平原、丘陵、山峰、盆地等地貌。在景观设计时要充分利用原有的地形地貌，考虑生态学的观点，营造符合当地生态环境的自然景观，减少对其环境的干扰和破坏。同时，可以减少土石方量的开挖，节约经济成本。

因此，充分考虑应用地形特点，是安排布置好其他景观元素的基础。景观用地原有地形、地貌是影响总体规划的重要因素，要因地制宜。

（一）限制因素

旅游地产景观地形设计不能局限于原有现状，而要充分体现总体规划的意图，作必需的工程措施。这里要考虑几方面的限制因素：

山、丘的多少大小和容人量有关，同时还要考虑到因堆山挖湖所减少的陆地面积；此外还要考虑经济因素，有人计算，用1:2.5的坡度堆一个10米高的山，山顶上留30平方米地面，就要用13 000立方米土，据估计，单是土方价约50万元，因此要掌握“山”的数量和高度，主次分明，画龙点睛；因地制宜，就地取材改造地形。

改善植物种植条件，提供干、湿，以至水中；阴、阳、缓陡等多样性环境；利用地形自然排水，所形成水面提供多种景观用途，同时具有灌溉、抗旱、防灾作用；创造园林活动项目，建筑所需各种地形环境；组织景观空间，形成优美园林景观。

（二）设计手法

在具体的设计表现手法方面，可以采用GIS新技术，如VR仿真技术手段进行三维地形的表现，以便真实地模拟实际地形，表达景观设计后的场景效果，更好地和客户进行交流沟通。

二、植被设计

植被是旅游地产景观设计的重要素材之一。设计中的素材包括草坪、灌木和各种大、小乔木等。巧妙合理地运用植被不仅可以成功营造出人们熟悉喜欢的各种空间，还可以改善住户的局部气候环境，使住户和朋友邻里在舒适愉悦的环境里完成交谈、驻足聊天、照看小孩等活动。

（一）植被设计的功能

植被的功能包括视觉功能和非视觉功能。非视觉功能指植被改善气候、保护物种的功能；植被的视觉功能指植被在审美上，是否能使人感到心旷神怡。通过视觉功能可以实现空间分割、形成构筑物、景观装饰灯等功能。

Gary Robinette在其著作《植物、人和环境品质》中将植被的功能分为四大方面：建筑功能、工程功能、调节气候功能、美学功能。

建筑功能：界定空间、遮景、提供私密性空间和创造系列景观等，简言之，即空间造型功能。

工程功能：防止眩光、防止水土流失、噪声及交通视线诱导。

调节气候功能：遮阴、防风、调节温度和影响雨水的汇流等。

美学功能：强调主景、框景及美化其他设计元素，使其作为景观焦点或背景；另外，利用植被的色彩差别、质地等特点还可以形成小范围的特色，以提高景观的识别性，使景观更加人性化。

（二）植被设计的注意事项

与景观道路、广场有关的绿化形式有：中心绿岛、回车岛等；行道树；花钵、花树坛、树阵；两侧绿化。

最好的绿化效果，应该是林荫夹道。郊区大面积绿化，行道树可和两旁绿化种植结合在一起，自由进出，不按间距灵活种植，实现路在林中走的意境。这不妨称之为夹景；一定距离在局部稍作浓密布置，形成阻隔，是障景。障点使人有“山重水复疑无路，柳暗花明又一村”的意境。城市绿地则要多几种绿化形式，才能减少人为的破坏。在车行道路，绿化的布置要符合行车视距、转弯半径等要求。特别是不要沿路边种植浓密树丛，以防人穿行时刹车不及。

要考虑把“绿”引伸到道路、广场的可能，相互交叉渗透，最为理想：使用点状路面，如旱汀步、间隔铺砌；使用空心砌块，目前使用最多是植草砖。波兰有种空心砖，可使绿地占铺砌面2/3以上。在道路、广场中嵌入花钵、花树坛、树阵。

道路和绿地的高低关系。设计好的道路，常是浅埋于绿地之内，隐藏于绿丛之中的。尤其是山麓边坡外，景观中的道路一经暴露便会留下道道横行痕迹，极不美观，因此设计者往往要求路比“绿”低，但不一定是比“土”低。

三、水体设计

不论哪一种类型的地产景观，水是最富有生气的因素，无水不活。喜水是人类的天性。水体设计是旅游地产景观设计的重点和难点。水的形态多样，千变万化。

（一）水体分类

景观设计大体将水体分为静态水和动态水的设计方法。静有安详，动有灵性，自然式景观以表现静态的水景为主。自然式景观也表现水的动态美，但不是喷泉和规则式的台阶瀑布，而是自然式的瀑布。动态的水一般是指人工景观中的喷泉、瀑布、活水公园等。自然状态下的水体和人工状态下的水体，其侧面、底面也是不一样的。自然状态下的水体，如自然界的湖泊、池塘、溪流等，其边坡、底面均是天然形成的。人工状态下的水体，如喷水池、游泳池等，其侧面、底面均是人工构筑物。

（二）水体设计的注意事项

注意水景设计和地面排水结合；管线和设施的隐蔽性设计；防水层和防潮性设计；与灯光照明相结合；寒冷地区考虑结冰防冻。

无论是一块绿地、一个公园的水体，应服从总体要求，有一个统一的构思；池岸是自然，抑或是规则，是隐是现，有无栏杆小径，要看整体的地域位置、风格面貌而定。一个园内不同区域,也可有不同的要求。

多种池岸的做法,可相互配合使用。此岸近广场建筑而规则,彼岸近丘陵丛林而自然,也不失为一种变化和对比,注意点是交接如何过渡。

池岸的设计要考虑安全因素.一般近岸处水宜浅(2/5 - 3/5),面底坡缓(1/3 -1/5),以求节约和安全。人流密集的地方,如何防止落水,也需多费匠心。

水面使用功能不同,如观赏鱼、植荷莲、划舟艇、显倒影、喷水、游泳、溜冰等,也会使景观的水深浅、水波浪不尽相同,这样会影响池岸设计。

选材既关及景观,也决定造价,从经济上也要多加考虑。

四、道路设计

这里所说的道路,是指旅游地产景观绿地中的道路、广场等各种铺装地坪。它是旅游地产景观设计中不可缺少的构成要素,是景观的骨架、网络。旅游地产的景观道路和多数城市道路不同之处在于除了组织交通、运输,还有其景观上要求:如组织游览线路、提供休憩地面等。景观道路、广场的铺装、线型、色彩等本身也是景观一部分。

(一)景观道路分类

道路。贯通整个景观,必须考虑通行、生产、救护、消防、游览车辆。宽7~8米。

次要道路。沟通景区内各景点、建筑,通轻型车辆及人力车。宽3~4米。

林荫道、滨江道和各种广场。

休闲小径、健康步道。双人行走1.2~1.5米,单人0.6~1.0米。健康步道是近年来最为流行的足底按摩健身方式。通过行走卵石路上按摩足底穴位既达到健身目的,同时又不失为一个好的景观。

(二)道路设计的注意事项

规划中的景观道路,有自由、曲线的方式,也有规则、直线的方式,形成两种不同的景观风格。当然采用一种方式为主的同时,也可以用另一种方式补充。

景观道路并不是对着中轴,两边平行一成不变的,景观道路可以是不对称的。

景观道路也可以根据功能需要采用变断面的形式。如转折处不同宽窄;路旁的过路亭;还有道路和小广场相结合等。这样宽窄不一,曲直相济,反倒使道路多变,生动起来,做到一条路上休闲、停留和人行、运动相结合,各得其所。

道路的转弯曲折。这在天然条件好的景观用地上并不成问题:因地形地貌而迂回曲折,十分自然。而在条件并不太好的地区,为了延长游览路线,增加游览趣味,提高绿地的利用率,景观道路往往设计成蜿蜒起伏状态。但是有的地区景观用地的变化不大,这时就必须人为地创造一些条件来配合园路的转折和起伏。例如,在转折处布置一些山石、树木,或者地势升降,做到曲之有理,路在绿地中。

景观道路的交叉要注意几点：避免多路交叉；尽量靠近正交；做到主次分明；要有景色和特点；安排好残疾人所到范围和用路。

五、地面铺装

地面铺装和植被设计有一个共同的地方，即交通视线诱导(包括人流、车流)。其目的是方便使用者，提高对环境的识别性。

(一)考虑因素

一般的道路铺装，通常采用砂、石、木等面层，砂土基层的景观道路。这是上可透气、下可渗水的园林——生态——环保道路。采用这种道路有很多优点，主要是基于下面几点考虑：

符合绿地生态要求。可透气渗水，有利于树木的生长，同时减少沟渠外排水量，增加地下水补充。

与景观相协调。自然、野趣、少留人工痕迹。尤其是郊区人工森林这种类型绿地，粗犷一些并无不当。

新建的景观，往往因地形变更，土方工程使部分甚至大部分道路、广场处于新填土之上。

景观的绿地建设是一个长期过程，要不断补充完善。

景观绿地除建设期间外，道路车流频率不高，重型车也不多。

(二)地面铺装的注意事项

广场内同一空间，道路同一走向，用一种式样的铺装较好。这样几个不同地方不同的铺砌，组成一个整体，达到统一中求变化的目的。实际上，这是以景观道路的铺装来表达道路的不同性质、用途和区域。

一种类型铺装内，可用不同大小、材质和拼装方式的块料来组成，关键是用什么，铺装在什么地方。例如，主要干道、交通性强的地方，要牢固、平坦、防滑、耐磨，线条简洁大方，便于施工和管理。如用同一种石料，要变化大小和拼砌方法。小径、小空间、休闲林荫道可丰富多彩一些，如我国古典园林。

块料的大小、形状，除了要与环境、空间相协调，还要适于自由曲折的线型铺砌，这是施工简易的关键；表面粗细适度，粗要可行儿童车，走高跟鞋，细不致雨天滑倒跌伤；块料尺寸模数，要与路面宽度相协调；使用不同材质块料拼砌，色彩、质感、形状等对比要强烈。

建议多采用自然材质块料。自然材质块料接近自然，朴实无华，价廉物美，经久耐用，甚至于旧料、废料略经加工也可利用为宝。日本有种路面是散铺粗砂，我国过去也有煤屑路面；碎大理石花岗岩板也可以广为使用，石屑更是常用填料。如今拆房的旧砖瓦，何尝不是传统园路的好材料。

六、设施景观

设施景观主要指各种材质的公共艺术雕塑或者艺术化的公共设施，如垃圾箱、座椅、公用电话、指示牌、路标等。它们作为旅游地产景观的一些小元素是不太引人注意的，但是它们却又是旅游地产景观中不可或缺的设施。还有一些大的设施在人们生活中也扮演着重要角色，如运动场等。这些设施无论大小，它们都越来越成为旅游地产整体环境的一部分，也是景观营建中不容忽视的环节，所以又被称为“设施景观”。

旅游地产景观的设计当然应该首先注重实用，同时其所设置的环境也是人们户外活动的场所，所以应该以适合、适用为原则。各项设施、设备应该以满足使用者的需求为主，在符合人性化的尺度下，提供合宜的设施和设备，并考虑外观美，以增加环境视觉美的趣味。必须要了解设施物的实质特征（如大小、质量、材料、生活距离等）、美学特征（大小、造型、颜色、质感）以及机能特征（品质影响及使用机能），并预期不同的设施设计及组合、造型配置后所能形成的品质和感觉，确定发挥其潜能。

另外，设计中还必须考虑到旅游地产设施景观的安全性，以防止它们被盗或遭到破坏，大型的运动设施应建造必要的围护。小型的设施应该把它们牢固地安装在地面或者墙上，保证所有的装配构件都没有被移动、拆卸的可能。

第三节　旅游地产的植物造景设计

地产建筑属于以人工美取胜的硬质景观。植物体是有生命的活体，有其生长发育的规律，具有灵动的自然美。植物与地产建筑的配置是自然美与人工美的结合，二者关系若处理得当可求得和谐一致。植物丰富的自然色彩、柔和多变的线条、优美的姿态及风韵都能增添建筑的美感，使之产生的感染力生动活泼且富有季节变化，体现出一种动态的均衡感，使建筑与周围的环境更为和谐、融洽。

一、旅游地产植物造景设计的原则

（一）以人为本原则

任何需布局的景观都是为人而设计，以人们的需求为出发点的。然而人的需求并非完全单纯的只是对美的享受，真正的以人为本应当首先满足人在作为使用者的过程中最根本的需求。植物景观的设计亦是如此。所以设计者必须首先掌握使用其所设计的地产建筑的人的类型及其生活和行为的普遍规律，使设计能够真正满足使用者的基本行为感受和需求，即必须实现其为人服务的基本功能。

（二）因地制宜原则

在进行植物配置时，要根据地产建筑各方位的生态环境的不同因地制宜地选择适当的植物种类，使植物本身的生态习性和栽植地点的环境条件基本一致，使方案能最终得以实施。这就要求设计者首先对设计场地的环境条件（包括温度、湿度、光照、土壤和空气等）进行实地勘测并进行综合分析，然后才能根据实际情况确定具体的种植设计。

（三）生态性原则

利用植物群落生态系统的循环和再生功能，维护地产建筑周围的生态平衡。构建人工生态植物群落，从空间形态上形成物质、能量的循环通道，通过植物吸收养分，依靠分解者改良土壤、净化空气。此外，生态植物群落能挥发多组分气体，有利于空气电离并提高大气负氧离子浓度，促进人们的身心健康。

（四）个性化原则

地产建筑周边的植物配置有规律的变化，能产生一种和谐的韵律感，从而与建筑物在外在形态上产生一种呼应关系。园林绿化构图的韵律与节奏方式很多，常见的有简单的韵律、交替韵律、起伏曲折韵律及拟态韵律等。

地产建筑周围的植物景观设计应突出建筑自身的形象特征。每座建筑都有各自不同的风格、历史背景、空间尺度、色彩、符号等。所以在为不同的建筑配置植物时应该用不同的方式，映衬出不同风格建筑的风采和神韵，表现出其独特的气质和性格。注重选择不同类型的植物，形成高低错落有致的人工植物群落，考虑植物配置与生态性的和谐，通过不同树种的搭配体现韵律变化。

二、旅游地产建筑与植物的构图关系

地产建筑与植物的构图关系含两方面的内容，即平面形式的组织和立体造型的组合。地产建筑与植物的平面组合形成了“图底”的关系，这种图与底的关系要求两者都必须恰当表现。如地产建筑周围植满花草树木，建筑形态就格外突出。绿化平面形式应根据建筑外轮廓来设计，其方法之一就是随形就势，即在建筑外随凹凸变化布置植物，其植物形式与建筑形成统一形态。另外的统一办法就是使植物造景形式与建筑的外形相同，建筑外的绿化形式采用了规则方式使得造景与建筑形式相同，但在空间构图时利用构图的独特手法，进一步使得绿化形式富于变化，给建筑环境带来清新感。

（一）对景与借景

对景是利用植物景观作为地产建筑轴线或行进路线端部的景。对景可分为直接对景和间接对景,直接对景是视觉必然注意到的景,如进出建筑时都可看到门前的大花坛,在大视角的位置上,成为醒目的对景。间接对景是不在行进路线的正视域内而是略有隐藏之意的隐藏之景,如回头一望或行进中发现的景。对景的对象可以是建筑也可以是植物景观,如在建筑内观看室外的绿化成为对景,或在林木间观看建筑成为对景,这也称互作对景。借景是将没有组织的景色借到视域内。

(二)障景与隔景

障景是将不希望人们看到的部分遮挡起来。如建筑的配房、杂物院等形象不算太美的可用树木将其遮挡,或因建筑主要立面出现卫生间的窗户时,为避免室内外视线的流通可用一丛树木将窗遮挡住。隔景是用来分隔、分离空间或景区,将大化小,将单调变成丰富,或将不希望人们达到的地方用绿化带予以分隔,阻止人们前往。如建筑外墙常出现一些凹陷空间,当不希望人们到达这些凹陷空间时,就用草坪或树木分隔此处。

(三)诱导与暗示

植物造景的诱导是在人们希望到达的目标处设立明显的绿化标志,提醒或帮助人们找到目标。如建筑入口处可植单株树木或设置花坛来突出入口;门厅中的楼梯口处设置几盆鲜花就会使人很容易找到上楼的通道。还可利用绿化形成具有方向性的路线,如道路两旁的树木、内通道两旁的盆栽,都具有很强的或明或暗的指向性。

(四)渗透与延伸

利用植物作为两个不同空间联系的媒介,使空间之间相互渗透、扩展与延伸。这不仅增加了空间之间的流通感,还丰富了植物景观。如在入口处从台阶开始设花盆经门斗到门厅,这一连续性的花盆摆设将三个独立空间相互串联在一起,一种从内到外的空间流动感经由这个纽带连接而形成。有时,人们还能看到树的一半从屋面长出,这是为保护基地的原有树木而在建筑中开“天窗”留天井造成的,这种设计能将人们的视线由室内沿树干一直引到天空,这是垂直状内外空间的相互渗透。

(五)尺度与比例

建筑空间中栽植绿化植物能使人把握空间尺度。在建筑中,人们希望体验到轻松愉快、富有宜人尺度的空间。不少建筑的室内外都设计成共享的尺度高大的空间,因而也会使人感到自己的渺小。解决这一问题的办法是使空间尺度大小宜人或借用绿化植物作为人对空间体验的参照物。

(六)质地与机理

建筑与植物的结合中,可利用建筑与植物的不同机理与质地的对比来丰富造型语言。如满而厚植的草坪有一种柔软的地毯感,会和水泥或沥青地面形成明显的对比。在室内环境中的墙面、地面、家具和各种装饰织物与室内绿化植物可形成粗糙与细腻、坚硬与柔化的对比。利用机理的对比,可丰富人们的视觉内容,加强造型美感。建筑与家具陈设等均为人造产品，表面肌也较机械；而植物的表面肌很自然、富有生气，在布局中合理配置可凸显各自不同的特点。

三、旅游地产建筑的风格与植物的配置

（一）中国古典皇家建筑的植物配置

皇家园林体现了皇家园林气派，古拙庄重的苍松翠柏等高大树木与色彩浓重的建筑物相映衬，形成庄严雄浑的园林特色。宫殿建筑群具有体量宏大、色彩浓重、布局严整、等级分明的特点，常选择姿态苍劲、意境深远的中国传统树种，如白皮松、油松、圆柏、青檀、七叶树、海棠、玉兰、银杏、国槐、牡丹、芍药等作基调树种，且一般多规则式种植。

（二）江南古典私家建筑的植物配置

江南古典私家园林面积不大，常通过以小见大的手法再现大自然的景色，建筑以粉墙、灰瓦、栗柱为特色，用于显示文人墨客的清淡和高雅。植物配置充满了诗情画意的意境，在景点命名上体现建筑与植物的巧妙结合，如“海棠春坞”，以海棠果及垂丝海棠来欣赏海棠报春的景色。

（三）纪念性建筑的植物配置

纪念性建筑的植物配置常用松、柏来象征革命先烈高风亮节的品格和永垂不朽的精神，也表达了人民对先烈的怀念和敬仰。多用白皮松、油松、圆柏、国槐、七叶树、银杏，且多列植和对植于建筑前以突出建筑庄严肃穆的特点。

（四）现代公共建筑的植物配置

现代公共建筑造型较灵活，形式多样。因此，树种选择范围较宽，应根据具体环境条件、功能作用和景观要求选择适当树种，如果建筑前有些活动的设施，或是人群经常停留的空间，则应考虑用大乔木遮阴，还要考虑用安全性的植物，如枝干上无刺、无过敏性花果、不污染衣物等。

四、旅游地产建筑方位与植物的配置

（一）地产建筑南面植物配置

建筑物南面一般为建筑物的主要观赏面和主要出入口。阳光充足，白天全天几乎都有直射光，反射光也多，墙面辐射大，加上背风，空气流通不畅，温度高，生长季延长，这些形成特殊的小气候。多选用观赏价值较高的花灌木、叶木等，或需要在小气候条件下越冬的外来树种。建筑的基础种植应考虑建筑的采光问题，不能离得太近，不能过多地遮挡建筑的立面，同时还应考虑建筑基础不能影响植物的正常生长。

（二）地产建筑北面植物配置

建筑物北面荫蔽，其范围随纬度、太阳高度而变化，以漫射光为主，夏日午后、傍晚各有少量直射光。温度较低，相对湿度较大，冬季风大、寒冷。首先应选择耐阴、耐寒树种；不设出入口的可采用树群或多植物层次群落，以遮挡冬季的北风；设有出入口的则选用圆球形花灌木，于入口处规则式种植。

（三）地产建筑东面植物配置

建筑物东面一般上午有直射光，约下午 3 时后为庇荫地，光照温度不高，比较柔和，适合于一般树木，可选用需侧方庇荫的树种，如红枫、槭类、牡丹，也可用树木（如居住区内）。

（四）地产建筑西面植物配置

建筑物西面上午为庇荫地，下午形成西晒，尤以夏季为甚。光照时间虽短，但温度高，变化剧烈，西晒墙吸收积累热量大，空气湿度大。为了防西晒，一般选用喜光、耐燥热、不怕日灼的树木，如大乔木作庭荫树，墙面在条件许可下可栽植爬墙虎。

（五）地产建筑墙的植物配置

建筑的墙的作用是承重和分隔空间。利用墙的南面小气候良好的特点引种栽培一些美丽的不抗寒的植物，继而发展成美化墙面的墙园。一般的墙园都是用藤本植物，经过整形修剪及绑扎的观花、观果的灌木或极少数的乔木来美化的，并辅以各种球根、宿根花卉作为基础栽植，常用的种类有：紫藤、地锦、蔓性月季、五叶地锦、享式爬山虎、深山日天蓼、猕猴桃、葡萄、山荞麦、铁线莲、美国凌霄、凌霄、金银花、盘叶忍冬、华中五味子、绿萝、迎春、银杏、广玉兰等。

（六）地产建筑门的植物配置

门是建筑的入口和通道，并且和墙一起起到分割空间的作用。门应和路、石、植物等一起组景形成优美的构图，植物能起到丰富建筑构图、增加生机和生命活力、软化门的几何线条、增加景深、扩大视野、延伸空间的作用。

（七）地产建筑窗的植物配置

窗可充分作为框景的材料。安坐室内，看窗框的植物配置，俨然是一幅生动的画面。由于窗框的尺度是固定不变的，植物却不断生长，随着生长，体量增大，会破坏原来的画面。因此，要选择生长缓慢、变化不大的植物。

（八）地产建筑屋顶花园的植物配置

屋顶花园的出现使得植物和建筑更加紧密地融为一体，丰富了建筑的美感。屋顶花园土层较薄，基质含的有机养分较单纯，且保水、抗寒、抗风能力较差，植物应选择体量轻、根系浅、抗风、抗旱、抗寒，花、叶、果美丽的小乔木、灌木、草花为主。

建筑与植物，一硬一软，一张一弛，质感组成皆不同，形成鲜明对比；但作为景观构成中的基本要素，两者更多表现出的是相辅相成、相得益彰的关系。建筑周边的植物不仅仅是建筑的陪衬和被动的规划项目，而应是与之互动的统一景观体。这就要求在设计时，明确什么是这个景观体要解决的问题，目标是什么，然后以此为导向，寻找答案。通常要考虑建筑的特点、功能，植物的生态学和生物学特性，周围的环境和人们的需求等因素，综合这些因素从而构造出和谐的景观。

第四节　旅游地产的景观小品

景观小品是景观中的点睛之笔，一般体量较小、色彩单纯，对空间起点缀作用。景观的总体效果是通过大量的细部艺术加以体现的。因此，旅游地产景观设计中的景观小品一定要做到位，体现出地产项目的文化素质和审美情趣。

一、景观小品概述

（一）景观小品的概念

景观小品是旅游地产项目中供休息、装饰、照明、展示和为方便游人之用的小型建筑设施，一般没有内部空间，造型别致。拥有体量较小、色彩单纯，对空间起点缀作用的特点。

景观中的艺术作品同其他的艺术形式相比，更加注重公共的交流、互动，注意“社会精神”的体现，将艺术与自然、社会融为一体，将艺术拉进大众化之中，通过雕塑、壁画、装置以及公共设施等艺术形式来表现大众的需求和生活状态。所以，从某种意义上来说，旅游地产景观小品就是我们所说的公共艺术品。

（二）景观小品的作用

环境艺术品是面向大众的审美态度，它的功能也是与大众需求分不开的，并对社会发展、区域环境产生积极的影响。旅游地产景观小品的主要功能有以下几点：

（1）美化环境。景观设施与景观小品的艺术特性与审美效果，加强了景观环境的艺术氛围，创造了美的环境。

（2）标示区域特点。优秀的景观设施与小品具有特定区域的特征，是该地人文化历史、民风民情以及发展轨迹的反映。通过这些景观中的设施与小品可以提高区域的识别性。

（3）实用功能。景观小品尤其是景观设施，主要目的就是给游人提供在景观活动中所需要的生理、心理等各方面的服务，如休息、照明、观赏、导向、交通、健身等的需求。

（4）提高整体环境品质。通过这些艺术品和设施的设计来表现景观主题，可以引起人们对环境和生态以及各种社会问题的关注，产生一定的社会文化意义，同时改良景观的生态环境，提高环境艺术品位和思想境界，提升整体环境品质。

二、旅游地产景观小品的设计原则

（一）功能满足

旅游地产景观小品在设计中要考虑到功能因素，无论是在实用上还是在精神上，都要满足人们的需求，尤其是公共设施的艺术设计，它的功能设计是更为重要的部分，要以人为本，满足各种人群的需求，尤其是残疾人的特殊需求，体现人文关怀。

（二）个性特色

旅游地产景观小品的设计必须具有独特的个性，这不仅指设计师的个性，更包括该艺术品对它所处的区域环境的历史文化和时代特色的反映，吸取当地的艺术语言符号，采用当地的材料和制作工艺，产生具有一定的本土意识的环境艺术品设计。

（三）生态原则

一方面节约节能，采用可再生材料来制作艺术品。另一方面在作品的设计思想上引导和加强人们的生态保护观念。

（四）情感归宿

旅游地产的景观小品不仅带给人视觉上的美感，而且更具有意味深长的意义。好的景观小品注重地方传统，强调历史文脉，饱含了记忆、想象、体验和价值等因素，常常能够形成独特的、引人入胜的意境，使观赏者产生美好的联想，成为旅游地产环境建设中的一个情感节点。

三、旅游地产景观小品的分类

按照旅游地产景观小品的功能，可分为六大类：休息类、装饰类、照明类、信息类、服务类、游乐设施类。

（一）休息类景观小品

休息类小品主要包括供游人休息、遮阳用的廊架、座椅等。其主要特点有：常结合环境，用自然块石或用混凝土做成仿石、仿树墩的凳、桌；或利用花坛、花台边缘的矮墙和地下通气孔道来做椅、凳等；围绕大树基部设椅凳，既可休息，又能纳荫。

以座椅为例：

座椅是园林中最常见、最基本的“家具”，是供游人休息的必要设施。

座椅在园林中具有实用功能还有组景点景的作用，兼具观赏、休息、谈话的功能。

座椅的设计要点：满足人的心理习惯和活动规律的要求；园林中有特色的地段，面向风景，视线良好，较好的人的活动区域；方便性和私密性的要求；座椅的数量应根据人流量大小而定；座椅尺度符合人体工程学。

座椅制作材料：可采用木材、石材、混凝土、陶瓷、金属、塑料等。

注意事项：实木材料做防腐处理，金属做防锈处理。

（二）装饰类景观小品

装饰类景观小品包括雕塑、铺装、景墙、花坛、旗杆、栏杆等，在园林中起到点缀作用的小品。其特点：装饰手法多样，内容丰富，在园林中起到重要作用。

以雕塑小品为例：

我国古典园林中就有大量雕塑小品存在，如石牛、石鱼。雕塑在现代园林中占有相当重要的地位。雕塑小品可以赋予景观空间以生气和主题，通过小巧的格局、精美的造型来点缀空间，使空间诱人而富于意境，提高环境景观的精神品质。

雕塑是当代公共艺术中一种常见的方式。也是公共艺术的最佳载体，它已经成为城市生活和环境中不可缺少的艺术样式，也是公共艺术、环境艺术整体中重要的组成部分。

从表现手法上分为：具象和抽象雕塑；按雕塑的空间形式分为：圆雕、浮雕、透雕；按使用功能分为：纪念性雕塑、主题性雕塑、功能性雕塑、装饰性雕塑等。

雕塑设计要点：注重整体性，雕塑自身的材料、布局、造型的整体，其次是与环境空间、文化传统相统一；体现时代感，立意（反映当今时代主题）、材料（结合现代材料）、形式（体现地域人文精神）；注意与配景的有机结合以及与其他景观小品的结合。

（三）照明类景观小品

照明小品种类繁多，主要包括草坪灯、广场灯、景观灯、庭院灯、射灯等为主的灯饰小品。园灯的基座、灯柱、灯头、灯具都有很强的装饰作用。

灯具选择与设计要遵守以下原则：功能齐备，光线舒适，能充分发挥照明功效；艺术性要强，灯具形态具有美感，光线设计要配合环境，形成亮部与阴影的对比，丰富空间的层次和立体感；与环境气氛相协调，用“光”与“影”来衬托自然的美，并起到分割空间，变化氛围；保证安全，灯具线路开关乃至灯杆设置都要采取安全措施。

（四）信息类景观小品

随着信息技术，科学技术的发展，以及美学在景观中的应用，景区在信息装置方面发展日趋多样化。各种各样关于日常生活的信息标志、地图、布告栏、路标、指示牌等，对人们具有一定的指导、宣传、教育的功能。

（五）服务类景观小品

旅游地产内为消费者提供服务的各类小品设施。诸如：为方便消费者设置的电话亭、洗手池及为保持环境卫生的废物箱等。

以电话亭为例：

电话亭是公园、广场、风景游览区等公共环境中是不可缺少的服务设施。按其外形可分为：封闭式、遮体式等。封闭式：高为2米~2.4米，长×宽为0.8米×0.8米~1.4米×1.4米；遮体式：高2米，深0.5米~0.9米。

设计考虑：尺度上参照人体工程学；材料和形式上满足隔音效果；材料选择能抵抗日晒雨淋。

（六）游乐健身类景观小品

游乐健身类景观小品主要是提供给消费者娱乐健身的各种设施，如健身器材、秋千、滑梯、跷跷板等。游乐设施一般为12岁以下的儿童所设置，需要家长看护。在设计时注意考虑儿童身体和动作的基本尺寸，以及结构和材料的安全保障，同时在游乐设施周围应设置家长的休息看管座椅。健身设施是能够通过运动锻炼身体各个部分的健身器械，健身设施一般为12岁以上儿童以及成年人所设置。在设计时要考虑成年人和儿童的不同身体和动作的基本尺寸要求，考虑结构和材料的安全性。游乐和健身设施一般设置在院里主路的区域，环境优美并且安全系数较高。

导则篇

旅游地产开发导则之土地

第一节 土地使用权

土地使用权是指国家机关、企事业单位、农民集体和公民个人以及三资企业等，凡具备法定条件者，依照法定程序或依约定对国有土地或农民集体土地所享有的占有、利用、收益和有限处分的权力。土地使用权是外延比较大的概念，这里的土地包括农用地、建设用地、未利用地的使用权。

一、确认

土地使用权确认在中国有关土地管理的法律文件中被称为土地确权。不论称谓如何，实质上都是对土地使用权归属的确认。土地使用权确认是指在土地使用权的归属不明或发生争议时，利害关系人请求有关权力机关确认土地使用权归属，从而解决土地使用权争议的行为。土地使用权确认请求权由对特定的土地有利害关系的人行使，利害关系人不一定是土地使用权人，在土地使用权归属不清或发生争议时，利害关系人（可以是任何针对特定的土地有土地使用权法律关系的自然人、法人和其他组织）可以向有关机关或机构提出土地使用权确认的请求。

二、提前收回

提前收回土地使用权，是指出让人在土地使用权出让合同约定出让年限尚未届满的情况下，终止土地使用权出让合同而收回土地使用权。根据《城市房地产管理法》和《土地管理法》及其实施细则的有关规定，提前收回土地使用权的前提条件是在特殊情况下，根据社会公共利益的需要，并由有关人民政府土地行政主管部门报经原审批机关批准。提前收回土地使用权一般有以下几种情况：

为公共利益需要使用土地的。为公共利益需要是指国家为经济、政治、军事、文化、卫生等建设而需要使用土地的，可以将土地使用权收回。

为实施城市规划进行旧城区改建，需要调整使用土地的。随着城市建设的加快，新的城市规划的实施，需要对旧城区进行大规模的改造，需要重新调整和安排城市各个区域的土地的使用，为配合旧城区改建，国家要调整使用土地，收回或重新安排一些单位和居民正在使用的土地。

土地出让等有偿使用合同约定的使用期限届满，土地使用者未申请续期或者申请续期未获批准的。

因单位撤销、迁移等原因，停止使用原划拨的国有土地的。

公路、铁路、机场、矿场等经核准报废的。

三、补偿

根据《城市房地产管理法》第19条后段的规定，国家提前收回土地使用权的，应“根据土地使用者使用土地的实际年限和开发土地的实际情况给予相应的补偿”。由于国家提前终止土地使用权出让合同，收回土地使用权，必然会给土地使用者造成损失，国家给予相应的补偿，符合合同法理。

付给余期土地使用权补偿费。提前收回使用权时，出让方应根据土地使用权的余期、土地的用途、土地使用者对土地进行投资开发的情况，出让时的地价和收回时的地价等因素，与土地使用者协商确定补偿费。补偿费的标准依土地使用者的损失情况而定。一般来说，要补偿的费用应包括土地使用者的直接损失和间接损失。

用其他土地使用权交换。即出让方与使用方协商，将另一块地的使用权与被收回的土地使用权进行交换。交换时，双方根据商定收回的土地使用权的补偿费和换得的土地使用权的出让金来进行结算。土地使用者通过交换得到土地使用权，应与出让方重新签订土地使用权出让合同，并办理登记手续。

四、使用期

土地使用权出让合同约定的使用年限届满，土地使用者依该合同取得的土地使用权即终止。由于土地使用权是一种有期限的他物权，土地所有者出让土地使用权的结果并不导致所有权的丧失。因而，使用期届限满，土地使用者理应将土地使用权返还给土地所有者，这是土地国家所有权的最终体现，也是土地有偿、有期限使用原则的具体反映。为了平衡土地使用权人和土地使用者利益，《城市房地产管理法》第21条从以下两个方面对土地使用权期限届满的法律后果作了规定：

续期。使用权出让合同约定的使用年限届满后的续期。土地使用权出让合同约定的使用年限届满，土地使用者需要继续使用土地的，应当至迟于届满前一年提出续期申请。土地使用者提出续期申请后，土地管理部门应在合理期限内，尽快做出答复，除根据社会公共利益需要收回该土地外，均应予以批准。

收回。土地使用权出让合同约定的使用年限届满，如果土地使用者未申请续期或未按法定期限申请续期，以及根据社会公共利益的需要，国家未批准其续期申请，土地使用权由国家无偿收回。国家是国有土地的所有者，国有土地使用权作为相对独立的财产权，它只是通过出让的方式，在一定期限内由国家让渡于土地使用者。土地使用者在支付一定期限的土地使用权出让金后，取得在该期限内使用土地的权利，即取得了一定期限的土地使用权。当出让期限届满，土地使用者就不再拥有该土地使用权。因此，国家收回其土地使用权应当是无偿的，不应附加任何条件。国家在无偿收回起土地使用权的同时，无偿取得该土地上的建筑物、其他附着物所有权。

第二节　土地运作

土地是一种特殊的资源，它的所有权属于国家或集体，任何单位和个人只能取得一定年限内的使用权。要在政策允许的情况下，运作土地的取得方式：转让、划拨和出让。

一、土地划拨

划拨土地使用权是指经县级以上人民政府依法批准，在土地使用者缴纳补偿、安置等费用后，取得的国有土地使用权，或者经县级以上人民政府依法批准后无偿取得的国有土地使用权。由此可见，划拨土地使用权有两种基本形式：

经县级以上人民政府依法批准，土地使用者缴纳补偿、安置等费用后取得的国有土地使用权。这种划拨土地使用权有两个显著特征：一是土地使用者取得土地使用权必须经县级以上人民政府依法批准，二是土地使用者取得土地使用权必须缴纳补偿、安置等费用。

经县级以上人民政府依法批准后，土地使用者无偿取得的土地使用权。这种划拨土地使用权也有两个显著特征：一是土地使用者取得土地使用权必须经县级以上人民政府依法批准，二是土地使用者取得土地使用权是无偿的，也就是说无须缴纳任何费用、支付任何经济上的代价。

可以以划拨方式取得：国家机关用地和军事用地；城市基础设施用地和公益事业用地；国家重点扶持的能源、交通、水利等基础设施用地；法律、行政法规规定的其他用地。

二、土地出让

出让土地使用权是指国家以土地所有者的身份将国有土地使用权在一定年限内让与土地使用者。

(一)取得出让土地使用权的特征

由土地使用者向国家支付土地使用权出让金后取得的土地使用权。取得出让土地使用权有以下几个特征:

取得的土地使用权是有偿的。土地使用者取得一定年限内的土地使用权应向国家支付土地使用权出让金。国家凭借土地所有权取得的土地经济效益,表现为一定年期内的地租,一般以土地使用者向国家支付一定数额的货币为表现形式。

取得的土地使用权是有期限的。土地使用者享有土地使用权的期限以出让年限为限。出让年限由出让合同约定,但不得超过法律限定的最高年限。

取得的土地使用权是一种物权。土地使用权出让是以土地所有权与土地使用权分离为基础的。土地使用权出让后,在出让期限内受让人实际享有对土地占有、使用、收益和处分的权力,其使用权在使用年限内可以依法转让、出租、抵押或者用于其他经济活动,合法权益受国家法律保护。土地使用权出让的形式有三种,即协议出让、招标出让和拍卖出让。

(二)土地出让方式

土地“招拍挂”制度是国家土地资源出让、买卖的招标、拍卖、挂牌制度的简称,具体是指国家在土地出让或者买卖程序中的“招标”“拍卖”“挂牌”交易的政策或规定。土地交易的公开投标、拍卖和挂牌的共性表明了其交易的公开性,但其具体操作又有差异性,针对不同性质的土地交易要采取不同的交易方式。

1. 土地招标

招标出让国有土地使用权,是指市、县人民政府土地行政主管部门发布招标公告,邀请特定或者不特定的公民、法人和其他组织参加国有土地使用权投标,根据投标结果确定土地使用者的行为。

在招标出让中,土地主管部门要根据出让土地的具体情况编制招标文件,并实施投标的登记,投标人在登记时必须缴纳投标保证金,并提交营业执照的副本、法人代表人证明等文件。投标人在按照招标文件的要求编制标书后,在规定的时间内将标书密封投入指定标箱。经由专家组成的评标委员会按照评标标准对企业提交的投标文件进行评审后,在规定的时间地点开标。在中标人确定后,招标人应向中标人发出《中标通知书》,中标人则在《中标通知书》约定的时间,按照招标文件与土地管理部门签订《国有土地使用权出让合同》。公开招标的投标单位不能少于三家,如果少于三家则招标人应当停止开标。在公开招标中投标企业投标的价格是重要的评标因素，但评标委员会为了防止土地开发的后续资金无法到位或出现土地闲置浪费现象，开发商的从业经验和实力也是评标委员们重点关注的要点。

2. 土地拍卖

拍卖出让国有土地使用权，是指市、县人民政府土地行政主管部门发布拍卖公告，由竞买人在指定时间、地点进行公开竞价，根据出价结果确定土地使用者的行为。

土地的主管部门根据被拍卖土地的特征编制拍卖文件，竞买人在竞买申请截止日期前提出竞买申请，交纳不少于拍卖文件规定的保证金，并同样提交法定代表人证明书等资信证明。竞买人通过审查后，得到印有编号的竟买标志牌，拍卖会在拍卖公告规定的时间、地点进行。参加的竞买人同样不能少于三人，否则应终止拍卖。在拍卖中最终的成交价格必须高于拍卖方所制定的底价，否则也需终止拍卖。拍卖成交后，竞得人按照《拍卖成交书》规定的时间和土地管理部门签订《国有土地使用权出让合同》。土地拍卖中最重要的原则是“价高者得”，与其他形式的拍卖原理相同。

3. 土地挂牌

挂牌出让国有土地使用权，是指市、县人民政府土地行政主管部门发布挂牌公告，按公告规定的期限将拟出出让宗地的交易条件在指定的土地交易场所挂牌公布，接受竞买人的报价申请并更新挂牌价格，根据挂牌期限截止时的出价结果确定土地使用者的行为。

政府土地主管部门编制挂牌文件，竞买人在规定日期前提出竞买申请，按规定交纳保证金、提交法定代表人证明书等资信证明后提交竞买申请书。在挂牌文件规定的挂牌起始日期，挂牌人应该将挂牌宗地的位置、面积、用途、使用年限、规划要求、起始价、增价规则、增价幅度等内容，在土地交易市场挂牌公布，符合条件的竞买人应该按照文件的要求填写竞买报价单，在挂牌期限内竞买人可多次报价。如果在挂牌期限内只有一个竞买人，且报价不低于挂牌底价，并符合其他交易条件的，挂牌成交；在挂牌期限内有两个或两个以上竞买人报价的，报价最高者为竞得人；报价相同的，先提交报价单者为竞得人。但报价低于底价者除外，在挂牌期限内无应价者或者竞买人的报价均低于底价或均不符合其他交易条件的，挂牌不成交。挂牌交易的挂牌期限不得少于十个工作日。

竞买人确定后．挂牌人应当向竞买人发出《挂牌成交确认书》。竞得人应该根据《挂牌成交确认书》所约定的时间与市国土房管局签订《国有土地使用权出让合同》。挂牌同样遵循“价高者得”的原则，不同之处在于不是现场报价。由于挂牌是以书面的形式报价，所引发的关注程度及曝光不如招标与拍卖。

三、土地转让

是指土地使用者将土地使用权再转移的行为，包括出售、交换和赠与。这种转让的行为在法律上是有前提条件的，在符合前提条件之后，就变成了土地二级市场的正常的经营行为。这种经营行为可以不用挂牌、拍卖和招标的方式来确定，因为它已经不是一个出让的过程，而是一个转让的过程。

（一）转让与出让的区别

国有土地使用权转让与出让区别大致包括如下几点：

主体不同。出让主体：国有土地所有者，即国家，由法律授权的县以上人民政府予以具体实施；转让主体：取得国有土地使用权的土地使用者。

行为性质不同。根据物权理论，出让是他物权设定，转让是他物权转移。

转移条件与程序不同。出让条件无限制，签订出让合同，缴出让金，即可办证；转让条件有限制，转让须经申请、审批或补办出让手续，缴纳税费，方可登记过户。

交易市场不同。出让：一级市场，即国家作为国有土地所有者垄断；转让：二级市场，即符合法定条件的自由转让。

（二）土地转让方式

关于土地使用权转让的方式，《城镇国有土地使用权出让和转让暂行条例》第十九条规定有出售、交换和赠与三种方式。后《城市房地产管理法》第三十六条略作发展，将转让的方式规定为买卖、赠与或其他合法方式。“其他合法方式”一般包括：

1. 买卖

作为土地使用权转让的最普通的方式，买卖以价金的支付为土地使用权的对价。由于“买卖”是土地使用权“转让”的主要表现形式，我们通常所说的土地使用权“转让”指的就是土地使用权“买卖”。下文关于土地使用权转让合同的讨论实际上也是关于土地使用权买卖合同的讨论，所以说，“转让”有广、狭两个概念之分，当“转让”是广义概念时，它包括所有的以权利主体变更为目的的土地使用权的移转行为；当“转让”是狭义概念时，它与买卖具有同样的含义。

2. 抵债

抵债是买卖的一种特殊形式，只不过价金支付的条件和期限不同而已。在土地使用权买卖时，土地使用权的移转和价金的支付是对等进行的，而在以土地使用权抵债时，价金支付在前，所抵之债视为已付之价金。

3. 交换

以交换的方式转让土地使用权的，土地使用权的对价不是价金，而是其他财产或特定的财产权益。土地使用人将土地使用权移转给受让人，以此取得受让人提供的其他财产或特定的财产权益。

4. 作价入股

作价入股介于买卖和交换之间，既类似买卖，又类似交换。说它类似买卖，是因为将土地使用权用来作价，所作之价如同买卖之价金；说它类似交换，是因为土地使用权被用来入股，所得之股如同其他财产或特定的财产权益。

5. 合建

在开发房地产时，合建与以土地使用权作价入股都属于一方出地、他方出钱建房的合作形式。为合作建房的目的而设立独立法人的，土地使用权转让的对价是股权；不设立独立法人，而采取加名的方式，或甚至不加名、仅以合建合同约定合作各方产权分配的，土地使用权的对价是房屋建成以后的产权。因合建而分配产权以后，原土地使用人虽然拥有部分房屋产权及该房屋占用范围和公用面积的土地使用权，却不再拥有原来意义上的土地使用权，可视为交换的一种特殊形式，即用地人以部分土地使用权换取房屋产权。

6. 赠与

赠与是用地人将其土地使用权无偿移转给受赠人的法律行为。以赠与方式转让土地使用权的，土地使用权的移转没有直接的对价，它无须价金的支付或财产权利的提供作为对应条件。但土地使用权赠与合同可能会附加其他条件，如用地人在将土地赠与学校使用时，可能会将土地的使用限于与教育有关的目的。

7. 继承

在用地人是自然人时，用地人的死亡会使其继承人取得相应的土地使用权。在用地人是法人或其他组织时，其合并或分立也会导致合并或分立之后的主体取得相应的土地使用权。通过继承取得土地使用权时，土地使用权的移转也没有直接的对价，但可能会有间接的对价，如在通过合并取得土地使用权的法律关系中，新公司继承了原公司的财产，也会继承原公司的债务，新公司取得土地使用权的对价，可能以承担原公司的其他债务的方式体现出来。

第三节　土地流转

2004 年，国务院颁布《关于深化改革严格土地管理的决定》，其中有关于“农民集体所有建设用地使用权可以依法流转”的规定，强调“在符合规划的前提下，村庄、集镇、建制镇中的农民集体所有建设用地使用权可以依法流转。”土地流转是指土地使用权流转，土地使用权流转的含义，是指拥有土地承包经营权的农户将土地经营权（使用权）转让给其他农户或经济组织，即保留承包权，转让使用权。

一、土地流转原因

农村土地承包经营权流转大致有以下的原因：

土地承包经营成本高，收益低。农业税免征之前，农民由于承包经营土地的负担重，收益相对较低，承包经营土地的积极性不高。许多外出务工、经商的农民纷纷将承包经营权流转给亲友或其他农户，也有的以自己享有的土地承包经营权投股或参股。这是过去几年土地承包经营权流转的一个最重要的原因。

农村二、三产业的发展和劳动力的转移。土地二轮承包时“增人不增地，减人不减地”的原则，使得农村原本存在的人多地少的矛盾更加突出，导致大量劳动力纷纷向本地农村二、三产业或向外地转移，转移的劳动力中有一部分带动全家转移，便将土地承包经营权流转给他人。

镇、村非农建设项目的需要。因招商引资、工业园区等非农建设项目用地需要，镇、村将土地承包经营权以租赁的方式从农户手中流转出来。

村产业结构调整的需要。村为培植专业大户、承包大户，一方面鼓励农户将土地承包经营权流转给被培植对象，另一方面将土地从农户手中以租赁或其他方式流转出来再转包给被培植对象，即“反租倒包”。

二、土地流转内容

中国关于农村土地使用权流动的政策刚出台，上海就在积极实施。据悉，上海农村集体土地使用权流转机制的思路框架基本形成：将按照“土地确权、两权（所有权和使用权）分离、价值显化、市场运作、利益共享”方针，依据土地有偿使用原则，对上海郊区农业用地和建设用地使用权实行有偿有期限流转制度。农业用地在土地承包期限内，可以通过转包、转让、入股、合作、租赁、互换等方式出让承包权，鼓励农民将承包的土地向专业大户、合作农场和农业园区流转，发展农业规模经营。

集体建设用地可通过土地使用权的合作、入股、联营、转换等方式进行流转，鼓励集体建设用地向城镇和工业园区集中。其要点是：在不改变家庭承包经营基本制度的基础上，把股份制引入土地制度建设，建立以土地为主要内容的农村股份合作制，把农民承包的土地从实物形态变为价值形态，让一部分农民获得股权后安心从事二、三产业；另一部分农民可以扩大土地经营规模，实现市郊农业由传统向现代转型。

三、土地流转方式

土地流转方式主要有：

（一）转包

转包是指承包方将部分或全部土地承包经营权以一定期限转给同一集体经济组织的其他农户从事农业生产经营。转包后原土地承包关系不变，原承包方继续履行原土地承包合同规定的权利和义务。接包方按转包时约定的条件对转包方（原承包方）负责。承包方将土地交他人代耕不足一年的除外。

（二）互换

互换是指承包方之间为各自需要或者方便耕种管理，通过自愿平等协商，对属于同一集体经济组织的承包地块进行交换，同时交换相应的土地承包经营权。是促进农村规模化、产业化、集约化经营的必由之路。互换后，原土地承包合同规定的权利义务可由原承包者承担，也可随互换而转移，但如果转移了则须按规定办理相关手续。

（三）入股

入股，亦称“股田制”或股份合作经营，是指在坚持承包户自愿的基础上，将承包土地经营权作价入股，建立股份公司。在土地入股过程中，实行农村土地经营的双向选择（农民将土地入股给公司后，既可继续参与土地经营，也可不参与土地经营），农民凭借土地承包权可拥有公司股份，并可按股分红。该形式的最大优点在于产权清晰、利益直接，以价值形态形式把农户的土地承包经营权长期确定下来，农民既是公司经营的参与者，也是利益的所有者。入股是当前农村土地流转机制的新突破。

（四）出租

出租是指承包方将部分或全部土地承包经营权以一定期限租赁给他人（包括个人、集体、企业或其他组织）从事农业生产经营，出租人向承租人收取租金。出租后原土地承包关系不变，原承包方继续履行原土地承包合同规定的权利和义务。承租人按出租时约定的条件对出租人（承包方）负责。

（五）抵押

抵押是指抵押人（原承包方）在通过农村土地承包方式取得物权性质土地承包经营权有效存在的前提下，不转移农村土地所有权，只将物权性质土地承包经营权作为债权担保的行为。在抵押人不履行债务时，债权人（抵押权人）依照担保法规定拍卖、变卖物权性质土地承包经营权的价款中优先受偿或以物权性质土地承包经营权折价受偿。

（六）“股份＋合作”

农户以土地经营权为股份共同组建合作社。村里按照“群众自愿、土地入股、集约经营、收益分红、利益保障”的原则，引导农户以土地承包经营权入股。合作社按照民主原则对土地统一管理，不再由农民分散经营。合作社挂靠龙头企业进行生产经营。合作社实行按土地保底和按效益分红的方式，年度分配时，首先支付社员土地保底收益，留足公积公益金、风险金，然后再按股进行二次分红。

（七）宅基地换住房

宅基地换住房方式是指用集中兴建的新型农村社区或城镇住房替换农村宅基地的方案。按照土地集中、城市建设用地增加与农村建设用地减少相挂钩的思路，农户将土地承包经营权通过入股、联营、出租或租赁、转包、转让等方式实现集中，农户获得租金、薪金、股金三重收入，同时，农户可以退出其宅基地使用权进入新型农村社区集中居住或进入城镇购买经济适用房或商品房，政府给予旧房拆迁补偿，并将增加的农村宅基地指标置换为城市建设用地，用土地出让金等收益对农民购房进行补贴。

（八）承包地换社保

社会保障换承包地方式是指用社会保障代替土地保障的方案。农民年老后进入小城镇定居，且拥有稳定的非农收入来源，又自愿出让其原先承包经营的土地和宅基地使用权，可以申报为城镇居民户口，与城镇居民享有同等的社会保障和子女入学政策，并对其购买养老保险、医疗保险等给予适当补助，并纳入城市廉租房范围，实行就业扶持。该种模式的土地流转，各区县政府要统一实施征地，统一各种补偿政策，统一办理失地农民农转非和养老保险，并对不同年龄阶段的农民实施不同的补贴和社保政策。

四、旅游地产的土地流转模式

在县域发展、城镇扩张中，农村集体土地流转是一个重要环节。农村土地流转涉及两个层面，一是集体建设用地流转，耕地、林地流转。

（一）建设用地的流转

在建设用地中，分为村集体建设用地（乡镇企业、公共设施、公益事业和其他用地）和农民宅基地（闲置宅基地和其他宅基地）。通过对闲置的村集体建设用地和闲置的宅基地（清理和回购）实施清理，成立农村土地股份合作社，介入城市建设开发，获取土地增值收益。对于其他宅基地，农民可以以宅基地换得城镇内住房，地上附着物按价补偿，然后旧宅基地收归国有，按照规划统一利用。

（二）农林用地的流转

土地性质不变，规模化集中。保持土地性质不变，改变农业生产方式，开发农业产业园、特色农业基地、特种经济林地等，向规模化、产业化方向引导，农民以土地入股成立专业合作社，引入农业大户或农业企业投入资金、技术，引导农业产业化。

土地农转非。对于纳入规划区的农用地，可通过成立农民土地股份合作社，农民以土地经营权折价入股，直接介入土地经营，获取土地增值收益。

旅游地产开发导则之交通

传统中国公路发展是从交通功能与运输通道来体现其价值的,所以它就具有公益性、服务性、社会性的特征。而旅游产业发展的核心是通过旅游产业诸多要素高度融合作用下形成的产品的综合价值体现,让人们享受、体验、消费。所以旅游产业除具有服务性之外,更重要的是具有经济性、驱(拉)动性、功能性、目的地性。

从这些意义来说,中国交通与中国旅游的切合点就在于,要把中国公路的单一性的交通功能,强化、转化成旅游资源整合功能、旅游产品体验功能、服务业态消费功能,以此形成中国交通的旅游资源化、旅游产品化、旅游服务化、旅游价值化、旅游环境化、旅游体验化等产品特质,最终形成中国公路的旅游产品化和旅游产业化。

基于以上认识和理念,中国公路与中国旅游的融合点、融合方式、融合手段应该得到更多的关注,因为这是中国公路与中国旅游走向未来一体化发展的基础与发力点。

第一节　中国公路走向资源复合、服务综合

一、中国公路与中国旅游融合发展的政策依据

2009 年 12 月《国务院关于加快发展旅游业的意见》中提出"把旅游业培育成国民经济的战略性支柱产业和人民群众更加满意的现代服务业"、"大力推进旅游与文化、体育、农业、工业、林业、商业、水利、地质、海洋、环保、气象等相关产业和行业的融合发展";

2010 年 7 月《贯彻落实国务院关于加快发展旅游业意见重点工作分工方案》中提出"培育新的旅游消费热点"、"大力推进旅游与文化、体育、农业、工业、林业、商业、水利、地质、海洋、环保、气象等相关产业和行业的融合发展(旅游局等有关部门负责)"、"支持有条件的地区发展生态旅游、森林旅游、商务旅游、体育旅游、工业旅游、医疗健康旅游、邮轮游艇旅游。(旅游局会同有关部门负责)";

2010 年 12 月《中国旅游业"十二五"发展规划纲要》中提出"推进产业融合发展,大力延伸产业领域,拓展旅游要素体系,促进旅游产业与其他产业融合发展。顺应现

代产业融合发展趋势，打破旅游产业传统边界，通过要素的链接与各相关产业相互渗透，发挥旅游业对国际金融、现代农业、新能源产业、仓储物流、信息咨询、文化创意、影视娱乐、会展博览等新兴产业和现代服务业的重要促进作用，促进旅游业和工业、农业、文化、体育、教育、林业、水利、地质、海洋、环保、气象、医疗等行业和领域的融合发展”。

二、旅游产业与公路系统的协作关系

就旅游产业经济模式来看，国发 41 号文件《国务院关于加快发展旅游业的意见》中多个方面反映出未来旅游产业的发展与公路系统建设之间、旅游部门与交通职能部门之间的必然的协作关系。

第一，在优化旅游消费环境中提到，城市公交服务网络要逐步延伸到周边主要景区和乡村旅游点，中国公路服务区要拓展旅游服务功能。进一步完善自驾车旅游服务体系。规范引导自发性旅游活动。重点建设旅游道路、景区停车场、游客服务中心、旅游安全以及资源环境保护等基础设施。加强主要景区连接交通干线的旅游公路建设。力争通过五年努力，全国所有 A 级景区旅游交通基本畅通。

第二，积极发展休闲度假旅游，引导城市周边休闲度假带建设。培育新的旅游消费热点。大力推进旅游与文化、体育、农业、工业、林业、商业、水利、地质、海洋、环保、气象等相关产业和行业的融合发展。

第三，促进区域旅游协调发展。有序推进区域性旅游业发展，完善旅游交通、信息和服务网络。

第四，完善配套政策和措施。年度土地供应要适当增加旅游业发展用地。积极支持利用荒地、荒坡、荒滩、垃圾场、废弃矿山、边远海岛和可以开发利用的石漠化土地等开发旅游项目。非干线旅游公路也要纳入国家公路规划建设投资的范围。

这种从服务、行业、区域、政策等多个角度的战略性指导意见，为公路的交通服务功能转化为旅游产业经济模式提供了广阔的发展空间。即在现有公路服务区基础上完善旅游服务功能，打造综合性旅游产业服务功能区。打造旅游专线公路，将远距离的旅游价值资源加以利用，开发为适合于休闲度假的产品，将区域间的旅游资源实施整合打造协作体系。

具体来说，新时代下全民出行交通方式的转变将更加强化旅游产业的高融合度在公路系统上的作用，打通中国公路未来旅游产品化运营的路径，实现中国公路与中国旅游的完美融合。

第二节 旅游公路

旅游地产是旅游产业与多种行业业态组合发展的一种新方式，尤其是在旅游目的地构建、城市化扩张、产业经济格局下，更是起到了区域经济、综合功能、社会职能相得益彰互为促进的驱动与拉动作用。而中国公路建设与发展也为旅游地产的规模化开发提供了有力的基础保障与价值增值可能。

一、公路型旅游地产模式

依托公路功能将形成三种公路型旅游地产模式，包括公路功能扩张型旅游地产、公路资源依托型旅游地产、公路专门指向型旅游地产。通过这三种形式把中国公路的功能融入旅游经济发展和全域城市化扩张的体系之中，让中国公路本身通过功能提升、内涵充实成为旅游资源、旅游产品，发挥其旅游体验价值，形成旅游公路开发方式、公路旅游开发方式。

（一）公路功能扩张型旅游地产

公路功能扩张型旅游地产的发展是随着汽车发展和汽车服务的兴起（如汽车旅馆、服务站等），以及人们户外游憩兴趣的增加，在传统公路服务区的基础上叠加旅游服务体系，这个服务体系从传统的车辆维修保养、加油、基本补给走向旅游综合服务体系。包括旅游咨询中心、大型停车场、特色餐饮店、酒店、当地旅游纪念品销售、标志系统、高速公路度假村，呈现出一种旅游综合服务区的特征。这种公路功能扩张性对公路周边的旅游资源依赖性不强，一般位于远离目的地的交通节点上。属于目的地之间的依托汽车服务打造的服务型旅游地产开发区，为游客提供短暂休憩和过夜服务两种形式，服务的人群较为多样，包括货车人员、旅游团队、自驾游客等。随着公路的旅游化，旅游服务与公路服务形成一体化。

从实践来说主要有几个特点，第一，明显的服务标志系统，体现其服务项目的综合性；第二，大面积的停车场，随着自驾车出游数量的大幅增加，对停车场的需求越来越高；其中注重大中型、小型车停车空间的划分。第三，服务区的机动车服务功能较强，包括多种机动车停车空间的设置和汽车一般服务；第四，周边 50～100 公里范围内分布有部分旅游景区；第五，各种接待设施规模较小，餐饮一般可接待 70 人左右，住宿接待 40 人左右。第六，餐饮、住宿、购物，尤其是住宿必须具备主题性和品质性，从室内设计、服务、早餐、房价等各个环节提升产品的竞争力，保障在周边有接待能力的情况下可以吸引相对稳定的客源。

（二）公路资源依托型旅游地产

公路资源依托型旅游地产是旅游产业发展过程中，将公路资源与公路沿线的泛旅游资源，通过旅游地产的形式高度整合的一种主题化旅游产品，也就是泛旅游资源整合，它通过休闲度假的建筑形态予以实现，最终营造从城市走向郊区的休闲度假旅游地产集聚区。此类公路型旅游地产对周边的资源有一定要求，最好邻近旅游资源，借势资源高度整合实施旅游地产综合体的打造。

这种高度整合需要具备几个硬性指标：

一是必须依托公路，必须在公路干线上布点；二是公路沿线旅游资源丰富且本身具备旅游风景道的特质。所谓的资源丰富更加注重的休闲度假的特质，弱化观光的功能；三是公路指向高品质的旅游目的地；四是邻近大城市群，具有庞大的客源市场；五是规模化、主题化，具备主题吸引和区域竞合的实力；六是拥有较强经济实力的投资商。这六点基本上可以涵盖公路资源依托型旅游地产的核心竞争力。

除此之外，关于公路沿线旅游资源的界定可以从更加宽泛的角度来思考，即具备"泛旅游资源"的概念，同时这些资源算不上优质，只是具备了可挖掘和开发的基本特征，比如农田、万亩果林、湖泊、村落、历史文化遗迹、企业、矿山等资源，将这些资源通过公路的经济导入功能赋予其市场价值，资源的泛旅游化＋出行的方式＋公路的服务＋地产，开发形成规模化的度假酒店集群、温泉小镇、田园小镇、生态庄园、主题公园、大地艺术园、田园牧场、渔家宴集群等。

（三）公路指向型旅游地产

公路指向型旅游地产是对公路与旅游结合度要求较高的形式，这种开发一是必须具备品质较高的旅游资源，并且已经具备较强的集聚形态。基于此，需要对资源进行专项的开发而专门开通一条旅游公路连通市场与产品；二是必须具有规模开发的综合价值，未来可以形成新的城市化功能区旅游产业经济园区、旅游度假区、主题旅游小城镇或特色养生产业集聚区等；三是必须是"大旅游＋大地产＋大文化"的运营内涵，可以形成人文精神传承体验的文化创意旅游地产，可以形成独特消费产品的民俗风情休闲，可以形成主题感受并居住特征的综合度假旅游地产等。

二、旅游公路发展模式

实施旅游公路的理念与战略具有实践价值，其中包含有两个层面的含义：一种是在满足公路工程技术标准的前提下，通过公路景观设计使沿线生态景观更加美观、自然与和谐。通过公路景观设计的分析，从线形、路面、绿化和防护等方面综合体现，探索旅游公路景观设计的方法，使原本单调的公路与大自然融为一体，营造出一个和谐的绿色观光走廊，形成旅游特征；另一种是将公路的规划建设与公路沿线和终极目标地的旅游资源实现联动开发，形成公路—旅游景区—旅游配套—旅游服务等一体化的旅游综合体模式。

（一）环形旅游公路

为巩固区域旅游集散功能，建立和完善旅游交通体系，加强旅游服务与集散功能，丰富旅游交通方式，丰富旅游种类，实现对外可达性高、对内便捷度高的旅游目的地和集散地，建议规划建设纵横交织的市域旅游公路的高速运营系统，同时实施旅游公路为主题的中心建设：旅游信息中心建设、旅游咨询中心建设、旅游集散中心建设。

（二）城市群旅游公路

要想实现城市转型，实现旅游目的地的城市旅游格局，必须在连续打造景区景点旅游产品的同时，大手笔的规划旅游公路，让交通改变区位难题。打造城市群旅游公路，就是通过旅游高速公路实现目的地与周边目标市场城市群的顺利通车，实现一小时经济圈，实现旅游公路的旅游经济驱动作用。

（三）通道式旅游公路

对于位于偏远地区景区的优质资源，需要一条完整畅通的旅游公路可以让极度偏僻的旅游景区景点让游客观光休闲。为此，可以打通一条旅游专用公路来解决旅游的区位问题，也就是通道式旅游公路，这是扶贫路、资源路、旅游路和国防战备路，对开发地区资源、促进沿线群众脱贫致富，发展生态旅游、实现旅游强市目标，振兴地方经济、改善沿线人民物质文化生活，都具有极其重大的意义。

（四）目的地式旅游公路

旅游公路不仅让游客更便捷地往来于城市与旅游目的地之间，同时让过去深藏起来的旅游资源通过开发建设形成能够让人们体验消费的旅游产品，让旅游产品的区位优势一下子变得快捷与便利。在旅游公路规划建设过程中，要运用景观兴奋点设计方法，依据公路景观评价中各景观节点的分值来确定它们的视觉景观兴奋度，结合公路景观序列空间布局的实际情况，进行公路景观整体规划设计，合理有序地把沿途的自然景观和人文景观展现给游客。

在规划建设旅游公路时，要遵循低碳绿色的设计思路，要因地制宜，随弯就势，营造出融入自然、亲近自然的氛围。因此速度不是首要问题，技术指标并非一成不变。同一条公路不同路段可根据地形限定不同车速，修建不同路幅宽度，适当降低公路等级，灵活运用技术标准，避免刻意地裁弯取直、大挖大填，最大限度地保护当地的植被和生态环境。宜采用国外盛行的无公害低噪声环保路面。

第三节　旅游风景道

风景道实现了道路从单一的交通功能向交通、生态、游憩和保护等复合功能的转变,对于新时期科学发展观指导下的道路建设、生态环境保护、景观设计、旅游发展等具有十分重要的作用和意义。

一、风景道的概念

风景道是一种路旁或视域之内,拥有审美风景的、自然的、文化的、历史的、考古的和增进游憩价值的景观道路,是交通价值、景观价值、游憩价值、历史价值、文化价值、自然价值、文物价值等多重价值的融合。

风景道作用和功能主要表现为:

风景道实现了道路从单一的交通功能向交通、生态、游憩和保护等复合功能的转变,对于新时期科学发展观指导下的道路建设、生态环境保护、景观设计、城市建设等具有十分重要的作用和意义;

风景道所具有的充分拓展旅游、旅行途中的景观观赏功能,将惯常的旅行成本转变为旅游者的特殊旅行,收益方面具有明显优势,在满足了自驾车游客需要的同时也顺应了旅游业尤其是自驾车旅游迅猛发展的趋势;

风景道是一种通过线性路线将点、面状的旅游景区景点连接成网状旅游目的地的非常有效的手段和途径,对于面状、线状产品是一种最经济、最直观、最深刻的体验方式。因此,风景道改变了传统的围墙内的旅游风景区开发模式,是一种很好的线性旅游开发模式,是对点、面状旅游开发模式的补充和完善。

可以说,风景道在促进道路建设、保护生态环境,增加自然人文资源吸引力,满足审美游憩需求,优化城市、道路设计,拉动社区经济增长等多方面,发挥着越来越重要的作用。

二、国外风景道的发展

风景道概念是于1930年美国在修建蓝岭风景道时首次正式提出。20世纪50年代之后,随着汽车发展和汽车服务的兴起(如汽车旅馆,服务站等),以及美国人和欧洲人户外游憩兴趣的增加,促进了风景道在欧美等国家迅速发展。

国外风景道的蓬勃发展受益于两个方面,从供给角度看:汽车文明的繁荣,保护沿途景观资源、自然和遗产旅游资源的需要,风景道成为一类特色旅游吸引物,创造经济效益并拉动周边社区经济发展,政府部门以及开发商的支持和参与促进了国外风景道的蓬勃发展。从需求角度看:人们将公路走廊作为一个更广阔的人的价值的混合体;近年来自驾车旅游快速发展,强化旅游者旅行途中的景观观赏功能,将旅行成本转变为旅行收益成本,是风景道发展的强劲推动力。

1967 年美国《风景和休闲道路法案》出台，标志着风景道理念已经为规划者们广泛接受，并获得了政府的大力支持，政府高度重视对其进行管理和引导。尤其是 1986 年前后《关于户外运动的总统授权报告》的出台，以及 1987 年美国保护基金发起的绿道计划，更是促进了风景道的迅速发展。

1991 年美国制定了《交通运输道路效用法案》，其下的风景道法案对风景道的级别、标准、提名工作以及提名程序、功能、本质都作了详细说明。之后，许多州开始仿效制定地方法案。同年，为增强驾驶旅游的体验，也为了展示美国国家独特的资源，美国国会通过了"综合地面运输效率方案"（ISTEA），至此风景道进入了规范化发展的时代。

目前美国已建设了 80 多条国家风景小道（National Scenic Byway）和泛美风景道（All American Road），形成了由国家、州和地方级组成的风景道体系。风景道在道路规划、景观设计、保护历史遗迹和优美的自然风景、带动地方经济发展等方面发挥着非常重要的作用。

三、风景道体系

公路旅游综合体模式的核心在于项目的组合和创意。因功能和主题的不同形成五种风景道体系，包括文化风景道、休闲风景道、服务风景道、交通风景道、运动风景道。

（一）文化风景道

利用借景、对景、点景、补景的手法，借岛、海、船、农田、山水之景，观景平台、观景塔、游客茶室为点景，利用现状及创意景观一展当地丰富的文化与风情，建设文化风景道。

（二）休闲风景道

为吸引不同的客源，可建设商务酒店、娱乐购物街、大排档、儿童乐园等，并配套停车场、餐厅、茶座、WC、观景平台、登山步道、巴士车站、特产中心、旅游信息服务查询台和资料台（电脑与宣传资料）等设施。

（三）服务风景道

主要功能为人流集散、车流集散、信息集散、商品集散，主要设施有停车场、便利店、露营地及其他便民设施，并联合交通部门对突发事件快速及时处理，配有汽车修理、交通信息服务等服务。

（四）交通风景道

通过看一路、歇一会、住一宿打造风景道的内部游线，通过在集散中心的换乘或旅游组织打造与外部线路的联动。

（五）运动风景道

依靠资源、地形优势，结合周边市场消费偏好，开展运动项目，例如滑索、蹦极、滑板、赛车、攀岩、滑翔、热气球、跳伞等，让游客充分地接触自然，冲破封锁，挑战自我、释放自我。

第四节　智能交通

21世纪将是公路交通智能化的世纪，人们将要采用的智能交通系统，是一种先进的一体化交通综合管理系统。在该系统中，车辆靠自己的智能在道路上自由行驶，公路靠自身的智能将交通流量调整至最佳状态，借助于这个系统，管理人员对道路、车辆的行踪将掌握得一清二楚。

一、智能交通概念

智能交通系统（Intelligent Transportation System，简称ITS）是未来交通系统的发展方向，它是通过将先进的信息技术、数据通信传输技术、电子传感技术、控制技术及计算机技术等有效集成运用于整个地面交通管理系统而建立的一种在大范围内、全方位发挥作用的，实时、准确、高效的综合交通运输管理系统。ITS可以有效地利用现有交通设施、减少交通负荷和环境污染、保证交通安全、提高运输效率，因而日益受到各国的重视。

智能交通系统具有以下两个特点：一是着眼于交通信息的广泛应用与服务，二是着眼于提高既有交通设施的运行效率。

与一般技术系统相比。智能交通系统建设过程中的整体性要求更加严格. 这种整体性体现在：

跨行业特点。智能交通系统建设涉及众多行业领域，是社会广泛参与的复杂巨型系统工程，从而造成复杂的行业间协调问题。

技术领域特点。智能交通系统综合了交通工程、信息工程，通信技术、控制工程、计算机技术等众多科学领域的成果，需要众多领域的技术人员共同协作。

政府、企业、科研单位及高等院校共同参与，恰当的角色定位和任务分担是系统有效展开的重要前提条件。

二、智能交通系统发展动因

（一）汽车发展的社会化

工业化国家在市场经济的指导下，大都经历了经济的发展促进汽车的发展，而汽车产业的发展又刺激经济发展的过程，从而这些国家超前实现了汽车化的时代。汽车化社会带来的诸如交通阻塞、交通事故、能源消费和环境污染等社会问题日趋恶化，交通阻塞造成的经济损失巨大。建立在汽车轮子上的工业国家在探索既维护汽车化社会，又要缓解交通拥挤问题的过程中，借助现代化科技改善交通状况达到“保障安全，提高效率、改善环境、节约能源”的目的的ITS概念便逐步形成。

（二）人类环境的可续化

工业化国家在工业化、城市化发展的进程中面临着日益严重的资源短缺与环境恶化问题，这一问题在发展中国家同样存在，20世纪50年代以来，生存与发展问题成为人类社会面临的最紧迫的任务，1972年联合国人类环境会议上通过了《人类环境宣言》。

为满足车辆发展的需求，而大力开发建设交通基础设施，在大量土地、燃油等资源占用和消耗的同时，不但交通需求没有完全满足，而且还造成汽车尾气由于道路拥挤排放量剧增，不仅经济造成巨大损失，而且给环境带来恶劣影响。由于石油危机及环境恶化，在社会可持续化发展的目标下调整运输结构，建立对能源均衡利用和环境保护最优化的交通运输体系。ITS作为综合解决交通问题、保护社会经济可持续发展和与环境相协调的新一代交通运输系统，成为世界范围内的重要发展趋势。

（三）信息技术智能化

交通管理的科学化、现代化，一直是人们综合治理、解决交通问题而追寻的目标，早期的交通信号控制系统装置采用了电子、传感、传输等技术实现科学管理，随着科学技术的发展，尤其是计算机技术科学以及GPS、信息通信的普及和应用，交通监视控制系统、交通诱导系统、信息采集系统等在交通管理中发挥了很大作用，但这些技术单纯是对车辆或道路实施科学化管理，范围单一，局限性、系统性不强。

20世纪80年代后期以来，世界范围内的冷战结束，工业化国家用于军事和国防领域的卫星导航系统、信息采集与提供系统、计算机控制与管理系统、电子与电子通信技术等高新技术转向民用化，军事上的投入也大部分转移到民用技术的开发和应用上。与此同时，包括我国在内的广大发展中国家借助和平、稳定的国际环境加快本国的经济发展，发展中国家经济的迅速发展促进了世界范围内产业结构发生巨大的变化，工业化国家的传统工业领域由于劳动力密集型的产业向发展中国家集中而失去明显竞争优势，开始酝酿开辟高新技术含量的产业市场。在这种国际环境背景下，代表一场信息革命到来的信号，引起全球的极大关注，这就是“信息高速公路”信息技术得到飞速发展，尤其是国际信息网络“internet”建立，加快了全球经济一体化的进程。1994年开始，世界经济逐步进入信息革命阶段，信息产业应运而生，ITS以信息技术为先导，融其他相关技术应用到交通运输智能管理，因为ITS有广大的市场工业化国家纷纷投入到这一新兴的产业。

三、智能交通子系统

(一)车辆控制系统

指辅助驾驶员驾驶汽车或替代驾驶员自动驾驶汽车的系统。该系统通过安装在汽车前部和旁侧的雷达或红外探测仪,可以准确地判断车与障碍物之间的距离,遇紧急情况,车载电脑能及时发出警报或自动刹车避让,并根据路况自己调节行车速度,人称“智能汽车”。

(二)交通监控系统

该系统类似于机场的航空控制器,它将在道路、车辆和驾驶员之间建立快速通信联系。哪里发生了交通事故,哪里交通拥挤,哪条路最为畅通,该系统会以最快的速度提供给驾驶员和交通管理人员。

(三)运营车辆高度管理系统

该系统通过汽车的车载电脑、高度管理中心计算机与全球定位系统卫星联网,实现驾驶员与调度管理中心之间的双向通信,来提供商业车辆、公共汽车和出租汽车的运营效率。该系统通信能力极强,可以对全国乃至更大范围内的车辆实施控制。

(四)旅行信息系统

是专为外出旅行人员及时提供各种交通信息的系统。该系统提供信息的媒介是多种多样的,如电脑、电视、电话、路标、无线电、车内显示屏等,任何一种方式都可以。无论是在办公室、大街上、家中、汽车上,只要采用其中任何一种方式,都能从信息系统中获得所需要的信息。有了该系统,外出旅行者就可以眼观六路、耳听八方了。

旅游地产开发导则之游客

旅游地产行业发展到新的时代，休闲度假已经成为核心的精神内涵。不经意之间，人们在远离属地的城市中进行的商务会议、探亲访友、文化修学等与观光购物、游乐休闲相比成为另外一种目的性的旅游地产活动，也同时纳入了国家旅游地产行业关注与统计的范畴。就此以城市载体为依托的地域旅游地产产品、地域游线整合、产业支撑系统、服务功能要素等已经或者正在成为游客旅游地产最大的价值所在。由此，也标志着中国旅游地产业正在从过去单纯以旅游地产景点串联构成的观光线路旅游地产，步入以一个城市为终极旅游地产目的地的休闲旅游地产时代。为此，在这里尝试地提出一个游客价值链与城市旅游地产目的地互动、互惠、互促、互益的策略，期待能够为旅游地产发展的新时代融入一种与时俱进的话语权。

第一节　游客需求配比看城市特质

每个城市都具有与众不同的特质，而这些特质也正是设定明确的城市发展远景、目标与策略以及有效的城市营销执行计划之重要依据，也是游客往来这座城市实现综合消费的价值体现。城市行销大师科特勒在1993年亦提出城市在竞争环境中的六种策略目的：吸引观光客及来访者刺激产业成长、从其他城市争取企业入驻、维护和延伸既有产业、推展中小企业和开发新产业、扩张出口量引进海外投资、扩张人口或改变人口结构。通过这六种策略，大师已经明确地提示未来的城市经营者、城市策划（规划）者，游客的城市往来以及综合消费创造的价值将是城市发展的第一推动力，关注游客的综合性需求、研究游客的消费曲线也成为学者专家以及城市经营商（城市运营商）经营城市的核心思路。按照游客心理设计项目、按照游客规律整合产品、按照游客趣味包装线路、按照游客差异提供配套——是规划者应当始终奉行的准则，也是能够顺利完成一个又一个高质量规划的前提与基础。鉴于此，从游客需求配比角度，将城市旅游地产的特质及城市旅游地产目的地的应有内涵归纳如下：

一、独特的旅游地产品牌

城市应有独特的旅游地产品牌。有专家认为，城市的品牌就是一种代表性的图腾与标志物。国际营销学家阿斯沃兹（Ashworth /2004）曾经主张，城市本身所涉及的层面广泛而复杂，并不像一般性产品的品牌树立那么简单。在我看来，城市旅游地产的品牌竞争力必须跨越品牌名称与标志的范畴，重要的还要研究文化传承、居民精神、产业构成、时代脉络等，使城市旅游地产的品牌成为一个完整的城市辨识系统。为城市或区域创造独特的认知，其过程跟一般性产品大同小异，但要复杂许多。当然，从现实来看，目前全球一体化发展的轨迹也告诫城市经营者，面面俱到的品牌内涵也缺乏竞争力的，过于复杂的内容使得品牌构建和传播都非常困难又难以创造预期的效果，因为毕竟城市涵盖了许多不同的产业、商机和地区利益，反过来说，单一的品牌内涵也同样缺乏市场共鸣。对旅游地产城市的城市旅游地产品牌而言，几乎不太可能只提出一种单一的辨识诉求。因而城市旅游地产在品牌确立的时候，可以依托几种具有代表性的社会和文化象征作为城市的内涵诉求，并且形成品牌的传播效应，帮助城市提高市场地位，吸引观光客前来旅游地产，刺激企业前来投资兴业。成功的案例如纽约的“我爱纽约”和“永不打烊的纽约”、费城的“回到爱你的地方”、伦敦的“伦敦第一”、新加坡的“新加坡别具一格”、希腊的“你的神话在希腊”等。

二、地标型建筑物

有高知名度的地标型建筑物。这一点作为旅游地产城市发展模式的必要元素已经被众多的城市经营者高度认可，全面复制。国际间大部分的著名城市也都拥有他们的地标型建筑物，例如，纽约的帝国大厦、自由女神像，巴黎的罗浮宫、凯旋门、巴黎铁塔，伦敦的泰晤士河塔桥、国会大厦，上海的东方明珠电视塔、金茂大厦、外滩欧式古典楼群，北京的紫禁城等。对一座现代城市来讲，其建筑属性和视觉效应都是城市结构中较经典的特质部分，也是一种重要的城市象征模式。

三、旅游地产旗舰型项目

着力打造的旅游地产旗舰型项目。从这一点来看，最为成功的就是中东国家迪拜（Dubai）的旅游地产发展经典案例，该城市旅游地产道路采用了新加坡以前的模式，利用刻意打造出来的环境，并施以营销手法促销城市，成功地引进了许多外来的投资。令人印象深刻、过目难忘的建筑物一幢接一幢地从地平线上升起，为迪拜打造出举世皆知的城市形象，同时也变成了全球性的旅游地产目的地。2004 年期间，迪拜总共有 272 家酒店旅馆，3 万间客房，30 个购物中心，吸纳了近 500 万人次的海外观光客。新兴城市应用这种策略，一开始就必须创造出一种“特殊的城市感觉”，计划性地发展基础建设、塑造城市形象，最终则形成吸引“人”与资金的“产品”。但是该策略也有它的缺陷，就是得持续不断地努力实现产品更新换代。迪拜的案例同时也告诉我们，通过建筑项目塑造城市形象，一样适用于城市老化的重新改造。西班牙巴塞罗那(Barcelona)利用海岸线的生态环境价值还原，很有系统地将沿线旧有的传统工业区改造成高产值的科技服务园区，并配合主办一系列创新的国际性大型活动，引进了许多海外投资入驻。曾是上海十里洋场起始地的外滩“十六铺老码头”，重新开发成休闲旅游地产地标的规划，亦堪称为难得的去工业化经典杰作。

四、城市节庆活动

倾心创意的城市节庆(节事)活动。有两个主要因素值得我们探讨，首先，城市基于策略性考量，希望以较低成本寻求区域性、全国性、或全球性促销活动的机会来推广城市，例如，承办奥运会除了可以通过媒体传播达到促销目的之外，主办城市还可在明确的时间内强化各项建设，创造更多的周边经济效益。其次，超大型活动可以促进观光旅游地产产业的发展，让城市寻求更具竞争力的优势，这种以消费者为基础的产业发展，是主要的策略考量之一，例如，中国除了 13 亿人口的庞大市场是引进外企的诱因之外，其雄厚的旅游地产资源亦是创造经济价值的重要来源之一，是值得大家深度探讨的大课题。巴塞罗那是城市营销典型的成功案例，该市于 1992 年主办奥运会而在国际间一炮而红，城市当局借由这次活动的机会，重新改造城市，并于奥运会后，透过营销策略的运行，持续举办一系列大型的国际性活动，如“2004 全球文化论坛”，成功的转型成“欧洲的娱乐与文化中心”，其实，这才是巴塞罗那城市旅游地产目的地的最终目标。

五、基础服务设施

功能完备的旅游地产基础服务设施。从一般意义上来说，城市旅游地产目的地都对应的是区域经济、文化、政治中心和交通枢纽，所以往往具备了完善的接待服务设施、文化游览设施，同时在空间上集聚了丰富多彩的旅游地产设施和吸引物，这些都为旅游地产提供了优越的条件。所以，可以说从现代意义的旅游地产诞生之日起，旅游地产就与城市功能有着千丝万缕的联系。目前，城市旅游地产正朝着商务休闲和观光娱乐的方向发展，城市旅游地产目的地作为世界旅游地产发展的重要支撑，正以强大的魅力吸引着世界范围内的游客。如：东京、巴黎、纽约等交通发达都市的都市旅游地产在世界范围内逐渐普遍和成熟，经济发达的都市同时也成为著名的旅游地产都市。

六、时尚性主题公园

高度聚合的时尚性主题公园。具有特定主题，具有一定设施和技术手段；能够给顾客提供独特体验。这些特征使得形式各异的主题公园能够借助一个个鲜明的主题为顾客创造独特的价值体验，而以出售各种体验为主的经营形态顺应了由服务经济向体验经济转变的大趋势，从而能够在较短的时间内风靡世界。也使得现代时尚性主题公园成为一种新形态、综合性的旅游地产产品。据世界旅游地产组织对世界旅游地产形势的预测，主题公园成为现代旅游地产发展的主体内容之一和国际旅游地产业未来10年中最朝阳的板块。主题公园由于其自身特殊的产品和经营形态，从诞生之日起就普遍选址在人口密集、经济发达、商业繁荣的大都市，可以说从诞生就与城市结下了不解情缘。因此，主题公园与都市旅游地产目的地吸引力之间存在着良性的互动影响力。

第一，主题公园是都市旅游地产目的地的重要旅游地产吸引物。各种旅游地产吸引物一般而言可分为自然资源和人造资源。在现代都市旅游地产中，主题公园作为一种新旅游地产形态，满足了旅游地产者多样化的休闲娱乐需求，并且有效地突破了资源为导向的传统旅游地产开发模式，改写了传统名胜风景区的“旅行 + 游览”模式，极大程度上克服了旅游地产时空割据的缺陷，减轻了大规模开发对自然生态的破坏。它选择在特定集中的空间内，借助于现代的多项科技手段，采取主题包装形式，综合运用多种方式（游览、购物、餐饮、表演等），传递高强度信息，使游客在相对短的时间内收获一次震撼的情感体验。而且，现代大型主题公园通常都投资巨大，能够提供大量的就业机会。纵观世界著名的都市旅游地产目的地，巴黎、东京、纽约、伦敦、新加坡、香港等，都不乏许多全球闻名的大型主题公园，每年吸引着大量游客前往。

第二，主题公园的建设能有效诠释都市旅游地产目的地独特的文化底蕴。主题公园是一种蕴涵独特主题文化的产品，同时也是特定文化形态的典型代表。如美国的迪斯尼乐园是美国文化特别是美国动漫文化的典型代表。旅游地产是文化传播和交流的“主题”，这些主题都是采集于自然和人文中的精华，经过精心的设计包装再推向游客，使得游客能够较容易地体验这种精造主题文化。主题公园凭借对自然的真实再现，对历史、民俗文化的异地移植，不仅具有娱乐功能，而且寓教于乐，较好地实现了文化教育和展览功能，有效诠释了都市旅游地产目的地的独特文化底蕴。

第三,主题公园的良性发展促进都市旅游地产目的地特色商业发展。都市作为一个地区的经济、文化、商业繁荣区域,其独具特色的饮食、购物等特色商业活动也是都市旅游地产目的地吸引力的重要因素之一。而主题公园,尤其是大型主题公园往往集游、娱、食、购、住为一体,是一种非常综合性的旅游地产产品。大型主题公园的良性发展不仅能够有效促进都市以及都市周围区域的各项基础设施建设、住宿业、餐饮业、房地产业的良性发展,而且也凭借其独特的主题增强了餐饮、购物等商业活动的特色,促进了都市旅游地产目的地吸引力的有效提升。除此之外,涵盖了“食、住、行、游、购、娱”等方面的旅游地产业是一个关联性特别强的产业,作为旅游地产业中发展的佼佼者——主题公园也是如此。运行良好的主题公园自身不仅能够取得较好的经济效应,还能够产生较好的产业关联效应。通过产业链的关联性,形成营业收入、居民收入、就业和进口额等乘数效应,从而进一步带动都市社会经济的整体发展。随着体验经济的到来,可以预见,未来主题公园的发展将更大程度地促进都市旅游地产目的地的良性发展。而且,顺应经济发展和城市化的步伐,我国未来必将会有一部分大中型城市迈入都市的行列,而我国现在一些特大城市,如上海、北京、广州等也会在不久的将来逐渐进入到世界知名的都市名单中来。在这样一个良好的发展势头下,如何把握旅游地产业发展中的朝阳板块——主题公园与都市旅游地产目的地吸引力之间的良性互动,不仅具有现实意义,也具有较强的理论意义。

七、旅游地产化包装

产业巨头或者行业龙头项目的旅游地产化包装。随着旅游地产事业的快速发展,旅游地产产品已经从单纯的旅游地产景点、旅游地产主题公园等过渡成为多产业共同融合的泛旅游地产产业的概念,严格意义上来说就是旅游地产及其相关产业共同构成城市旅游地产目的地的支撑产品。因此,作为城市支柱产业的工业化产品、农业种植养殖产业、购物商贸、商务会议会展等旅游地产产品化包装,也成为城市旅游地产目的地建设的非常关键的内容,比如科普旅游地产、学术旅游地产、工业旅游地产、购物旅游地产等。像珠海市农业科学研究中心、广州航天奇观、深圳海上田园等一批科普功能大型场所,不但使得越来越多的群众热衷于科普活动,游客数也与日俱增。

以天津滨海新区航天城开发建设为例说明。2007 年 3 月 1 日,中国航天科工集团飞航导弹技术研究院(三院)天津航天城项目奠基仪式,在天津空港物流加工区举行,标志着天津航天城正式开工建设。天津航天城项目是中国航天科工集团三院在天津滨海新区投资建设的航天高科技研发和产业化基地,坐落于天津空港物流加工区,项目总占地面积15万平方米，总投资10亿元，预计于2009年完成建设。项目建成后，中国航天科工集团三院在天津的八三五七所和八三五八所将整体搬迁到园区，作为今后航天高科技研发和产业化发展基地的重要组成部分。在中国航天业蓬勃发展的今天，航天以成为中国人茶余饭后的话题。

航天城的建成将吸引大量的游客前来学习参观。第一，注重与游客的互动。如今的航天也对游客而言还是一个陌生的领域，具有很多不可知性。虽然也有很多旅游地产区设有航天展示类的旅游地产项目，但多数都是简单的航天器具展示，没有充分与游客形成互动。可设置模拟飞船、航天服和虚幻太空。让游客亲身体验航空飞船操作和漫步太空的感觉。第二，营销手段多元化。除通过旅行社和旅游地产公司外，还可吸纳俱乐部加盟，扩大游客量；组织夏令营和冬令营，挖掘青少年团体；设立行业奖励游项目，为企业员工活动提供优越的旅游地产科研地。

第二节　游客消费增量看整合路径

都市旅游地产吸引力的大小并不取决于单项旅游地产产品的质量，而是依赖于城市整体感觉和形象的综合魅力，即旅游地产诸要素整体水平的整合。都市旅游地产资源的多样性、动态性、分散性和旅游地产客源市场构成的复杂性决定了都市旅游地产产品整合的必要性。都市旅游地产产品整合必须和当地历史文化、经济发展、科技，金融，交通所处的地位、周边城市发展、城市发展现状等因素密切结合，根据当地实际情况分析产品整合手段。

一、基本构建要素

以成都为案例解读城市旅游地产目的地的基本构建要素：

首先，从古代意义上来讲，成都是著名的中国文化历史名城之一，也是巴蜀文化发源地之一。从现代经济发展角度来看，成都是中国西南地区科技、商贸、金融、交通和通信中心，成都的发展将带动整个西南地区的发展。此外，成都还拥有休闲之都、美食之都、宜居之城、中国十大最具经济活力城市等美名。这些均为成都旅游地产业的发展提供了得天独厚的条件，也是近年来成都旅游地产呈良好发展态势的主要原因。但是，随着九寨沟和峨眉山景区的突起，成都旅游地产似乎渐渐失去了耀眼的光芒，大多数游客开始以成都为跳板，重点游览九寨沟和峨眉山等成都周边景区。另外，成都与上海、广州等都市旅游地产较发达的国内城市相比，差距仍然较大。

其次，从旅游地产路线上来看，主要有以下几条：①杜甫草堂—武侯祠—锦里；②

青羊宫—永陵—文殊院(昭觉寺或大慈寺);③成都动物园—大熊猫繁育研究基地。这三条旅游地产路线的设计,分别展示了成都深厚的历史文化、民风民俗、宗教文化以及独特的旅游地产资源——大熊猫。可以看出,成都的旅游地产主打文化品牌。但正因为如此,其西部都市风情和独特个性的发掘却被忽视。成都作为休闲之都和美食名城虽然早已名声赫赫,然而,因产品开发及组织上的不足,并没有形成专门的旅游地产品牌。

最后,从旅游地产产品结构上来看,成都的旅游地产仍然仅停留在简单的观光阶段,虽然也有看川剧、吃火锅、品小吃等内容,但并没有形成规模和强大的吸引力。近年来,会展和节庆旅游地产产品虽有一定起色,但总体上在国内外的影响力还比较有限。同时,景区、旅行社及其他旅游地产企业间协作意识的淡漠,使成都都市旅游地产产品的推举也面临挑战。因此,在旅游地产需求日益讲求个性、参与、体验的今天,通过调整思路、优化成都都市旅游地产产品结构、协调旅游地产行业关系凝聚都市旅游地产开发合力,来全面提高成都都市旅游地产产品的吸引力,对推进成都都市旅游的发展具有重大的意义。

二、产品开发容量

以成都为模式来解读城市旅游地产目的地的产品开发容量:

第一,从成都历史文化出发,深度挖掘,将文化资源转化为旅游地产产品。文化是都市旅游地产的灵魂,特色文化和差异文化是吸引旅游地产者的极其关键的因素。成都既拥有悠久灿烂的古蜀文化、三国文化、宗教文化等历史文化,又有源远流长、别具特色的休闲文化、美食文化、茶馆文化等。因此如何利用好这些文化,是成都旅游地产突破瓶颈的关键。在深入研究成都地域特色文化和现代旅游地产发展态势基础上,找到二者的结合点,适应现代游客的审美和体验需求,完成由特色文化到特色旅游地产产品的外显和转化。通过依附于相应载体或通过再造旅游地产载体,灵活采取多种形式,把成都特色文化内涵用具体的物化产品或动态过程来加以外化,以独特的、直观的、可感知的形式使其内涵外显出来,能够为各类文化层次和多种需求的旅游地产者所欣赏、体验、领悟,逐步把成都特色文化的潜在价值转化为有形的旅游地产产品特色优势。

第二,加大现有景区的开发力度,增强旅游地产观光吸引力。将杜甫草堂、武侯祠、永陵、青羊宫、望江公园、浣花溪公园、文化公园等景区再度改造开发,迎合游客需求特征,拓展游览空间,有机整合相关吸引要素,进一步丰富游览内容,推动传统旅游地产产品的提档升级。比如:将杜甫草堂和浣花溪公园整合为诗文化体验胜地,将青羊宫和文化公园整合为道教文化体验地。将动静、雅俗、古今相结合,丰富景区内涵,延伸景区外延，提升景区吸引力。

第三，拓展成都地域特色的旅游地产吸引要素，创新开发都市旅游地产新品。发现和汲取具有成都地域特色的旅游地产吸引要素，并加以整合。如：金沙文化遗址的发现，使成都作为蜀文化中心的形象更趋饱满，遗址出土的太阳神鸟金箔图案成为中国文化遗产标志，在国内外引起强烈反响。《金沙》音乐剧在全国的巡演更令金沙文化声名远扬。可在此基础上继续发展金沙特色文化，将其作为文化品牌打造。为游客深度体验光辉灿烂的古蜀文明提供真实生动的旅游地产场景。另外成都府南河治理曾获联合国人居奖，可借此打造"水上成都"休闲娱乐型旅游地产产品。同时，还可结合成都夜生活的丰富多彩，通过整合相关旅游地产吸引要素推出"夜成都"旅游地产品牌，促使游客旅游地产消费从平面转向立体。

第四，推进节庆、会展和商务购物三大现代都市旅游地产产品的开发。节庆具有塑造和传播城市形象、优化城市环境、促进相关产业发展等优势；会展旅游地产具有人均花费高、停留时间长、季节性弱、回头率高等特点；而商务购物则能有效实现产业互动，带动购物、饮食、会展、交通、信息等相关行业的发展，促进都市旅游地产产品结构的优化。成都应充分利用优良的城市环境、日益完善的现代城市设施和厚重的地域文化，推动三大现代都市旅游地产产品的开发。在旅游地产节庆方面，依托休闲文化，借鉴青岛啤酒节、大连服装节、潍坊风筝节等国内著名旅游地产节庆运作模式，策划能充分展现成都地域文化特色的大型标志性旅游地产节庆，通过政府主导、企业营销、民众参与等方式扩大旅游地产节庆活动的影响力和带动作用。通过加强特色旅游地产商品研发，加强旅游地产商品生产基地建设和旅游地产商品市场建设，构建研、产、销一体化的都市旅游地产商品发展体系。

第五，整合多方力量，凝聚都市旅游地产产品开发合力。相比一般景区，都市旅游地产吸引要素具有明显的复杂性和分散性特征，它要求各旅游地产行业和部门间的密切协作，这涉及多个行业和部门的利益协调和相互衔接问题。成都的旅游地产吸引要素复杂多样，各旅游地产行业间的利益关系错综复杂。所以必须通过政府引导和支持，企业及行业协会间组织协调，来推动都市旅游地产产品的开发。

三、线路策划路径

以宜兴为标杆看城市旅游地产目的地的线路策划路径：

第一，陶都文化之旅。陶文化是宜兴城市和宜兴旅游地产的名片。世界上陶瓷的发源地在中国，而中国陶瓷的古都则在宜兴。据骆驼墩史前文化考古发现，早在7300多年前，宜兴就有制坯烧陶的历史。7000多年来，陶都人创造了灿烂辉煌的陶瓷文化，故有"陶的古都"之美誉。宜兴陶瓷以紫砂陶、精陶、均陶、彩陶、青瓷"五朵金花"

而闻名世界，尤其是独步天下的紫砂工艺，堪称世界一绝。中国宜兴陶瓷博物馆丰富多彩的藏品，是宜兴陶文化的集中体现。到江南不来宜兴，枉到江南；到宜兴不购紫砂佳品，枉到宜兴。宜兴紫砂是难得的观赏、实用和收藏佳品。中国陶都陶瓷博览中心城，以陶瓷文化为特色，汇集了宜兴的紫砂陶、日用陶、工艺美术陶等，还引进全国各大陶瓷产区的名窑名陶名瓷，是中国最大的综合性陶瓷商贸城，使游客能一日看遍全国陶瓷精华，一日购到全国的陶瓷精品，一日揽尽全国陶瓷文化。在陶瓷城内1 000多米长且充满古韵味、明清式样的陶瓷文化商业步行街上，在陶文化载体中，制陶成为游客可参与体验的旅游活动首选，位于善卷洞风景区的中国第一陶吧规模大、档次高，能满足不同层次的需求。因此，宜兴应该重视陶吧的旅游地产开发，引导游客深度体验陶都博大的休闲文化内涵，实现宜兴陶文化由宜兴市民的自娱自乐到与游客共娱同乐的转变。

第二，生态休闲之游。国家旅游地产局将2009年确定为“中国生态旅游地产年”，并将主题年口号确定为“走进绿色旅游地产、感受生态文明”。宜兴山水秀丽，景观神奇。千奇百怪的各种溶洞和一望无际的竹海茶洲，是山水生态景观的典型代表。“中国陶都 生态宜兴”在人们心目中的形象由来已久。在各种文化场所、公园、河畔、陶吧、茶馆、购物中心、娱乐演出等休闲文化载体中，以茶道、茶社等尤为典型和突出。一方面可以把以上载体与景区进行组合开发，另一方面可以把休闲文化有机地融入到景区开发、特色街区打造及旅游地产设施的建设之中，以凸显浓郁的地域文化特色。

第三，人文修学游。陶都宜兴历史悠久，文化底蕴深厚，有教授之乡和书画之乡之称。有8 000多名祖籍宜兴的教授活跃在世界各地，贤臣良将、文人学士更代不绝书。历史上的“四状元”“十宰相”名闻遐迩；22位两院院士，8 000多位教授，使宜兴成为名副其实的“教授之乡”；徐悲鸿、尹瘦石、吴冠中等众多书画艺术大师更是家喻户晓。国山碑、古龙窑、太平天国王府、周王庙、东坡书院、蜀山古南街等历史遗存彰显了浓厚的地方文化底蕴。同时，澄光寺、磬山寺、南岳寺、洞灵观、娘娘庙等一批著名的宗教寺庙，使宜兴成为宗教朝拜和文化旅游地产的好去处。要充分利用这一优势，推动名人雅士寻踪修学游。同时，可以通过组织相关的学术研讨会及名人纪念活动，强化针对特定目标市场的营销措施，为这一产品开发推波助澜。

第四，探奇游。作为世界三大奇洞之一的善卷洞风景区，其奇特的溶洞景观、梁祝故里的爱情传奇、暗水行舟的洞内水道、恐龙时代的万古第一树——银缕梅等奇特文化遗存都留下了许多不解之谜。可利用这一点，以陶都文明的神奇展现及神秘探索为开发主线，灵活采取多种方式，从时空上加以组织、营造和恢复古时场景，引导游客去发现、思考、探索和体验，发展陶都奇洞探险游。

第五，购物游。构建旅游地产商品批零交易市场、旅游地产商品购物休闲街、旅游地产商店之间组配合理的三级旅游地产商品销售网络。以宜兴陶都陶瓷城为核心进行精心改造，适应现代都市旅游地产需求特征，以人为本，有机整合相关吸引要素，通过商业功能的部分转型进一步增强和完善休闲游憩功能，以其整体魅力吸引游客来此观光驻留、休闲购物、体验风情。通过精心组织，让游客在宜兴观光游览及停留的过程中，能轻松愉快地买到特色鲜明的地方旅游地产商品，达到在休闲中购物、在购物中休闲的目的，并能体验到成都浓郁的旅游地产商业文化氛围。

旅游地产开发导则之功能

第一节　旅游地产功能

一、旅游功能

旅游地产是依托周边丰富的旅游资源而建，较之一般的住宅，旅游房地产的特点和优势在于它是旅游业和房地产业的无缝嫁接，具有更好的自然景观、建筑景观，同时拥有完善的配套功能和极高的投资价值。

没有一个好的自然环境，旅游地产就没有立足之地，这是作为一个产业链的形成方式。如果没有优美的环境，可以造出一个好的环境资源，但人造的环境就涉及选址的问题。旅游地产项目所在地一般都拥有优美的自然环境和稀缺资源，如山、湖、海、森林、气候、温泉等和特色浓郁的人文环境。在具备丰富的自然资源的基础上，再嫁接以人文理念。资源始终是旅游地产的命脉，人性之中，追求美好的自然环境的本能不会改变，适宜的气候、幽静的环境和丰富的物产综合成为购置旅游地产最基本的理由，也使旅游地产具有了旅游的功能。

二、度假功能

按照世界旅游组织标准，人均 GDP 达到 3 000 美元，该国或地区将进入度假时代。2009 年，我国 GDP 总量已达 4.92 万亿美元，人均 3 785 美元，个别地区和城市甚至超过万美元。这意味着，中国从总体上已开始进入度假时代。从观光到度假，这是旅游发展的必然规律。在发达国家和地区，度假旅游、度假生活已经成为一种常态的旅游方式、生活方式。

旅游地产是适应度假生活需要应运而生的产业形态，是以旅游为目的的地产，是承载旅游度假生活的地产。从这个意义上说，旅游地产本身并不是一般意义的房地产，而是一种重要的旅游产品。随着度假生活的行为需求不断增长，人们对旅游地产的需求也将不断膨胀。

三、休闲功能

随着经济社会的发展和中国人收入水平的提高,越来越多的人开始放慢奔波的脚步,通过休闲享受幸福的生活。休闲,成为目前人们一种新的生活方式。

休闲产业是近代工业文明的产物,或者更确切地说,它是现代社会的产物。它发端于欧美,19 世纪中叶初露端倪。进入 20 世纪,随着科学技术的快速发展,与休闲相关的产业便逐渐应运而生。20 世纪 70 年代进入快速发展时期。

休闲产业是指与人的休闲生活、休闲行为、休闲需求(物质的与精神的)密切相关的产业领域,特别是以旅游业、娱乐业、服务业为龙头形成的经济形态和产业系统,已成为国家经济发展的重要的支柱产业。休闲产业一般涉及国家公园、博物馆、体育(运动项目、设施、设备、维修等)、影视、交通、旅行社、导游、纪念品、餐饮业、社区服务以及由此连带的产业群。休闲产业不仅包括物质产品的生产,而且也为人的文化精神生活的追求提供保障。

休闲活动划分为消遣旅游类休闲、文化娱乐类休闲、体育健身类休闲、怡情养性类休闲、社会交往类休闲和其他休闲等六大类,以前三者为主,同时结合其他领域的休闲消费。初步估算,2009 年我国居民休闲消费最核心部分约为 1.7 万亿元,相当于社会消费品零售总额的 13.56%,相当于 GDP 的 5.07%。

四、养生(老)功能

按照世界联合国健康组织的调查显示:商业社会中有 20% 的人是患者、75% 为亚健康人群、只有 5% 是健康人。不难想象,现代社会的快节奏生活和竞争压力使得越来越多的人不堪重负,生态环境恶化和环境污染造成的疾病也在不断威胁着人们的生存安全,全球有 87% 的都市人有生态移民的愿望。伴随着人们物质生活水平的提高,养生地产所营造的健康人居理念,越发受到各界追捧。科学规范的市场引导,也使得以健康和养生为主题的地产开发形式逐渐走进了人们的视野并逐步崛起。

1999 年,我国步入人口老龄化社会,自此开始经历规模最大、速度最快的人口老龄化发展过程。截至 2009 年底,我国 60 岁以上老年人口已达 1.67 亿,占总人口的 12.5%,且正以每年 3% 以上的速度快速增长,是同期人口增速的五倍多。到 2015 年,老年人口预计将达到 2.13 亿,约占总人口的 15%;2020 年达到 2.43 亿,约占总人口的 18%。人口老龄化将成为未来一个时期我国基本的国情特征。我国的老龄化进程与经济发展不同步,国人未富先老。所以,解决老龄问题,做好老年社会工作,创造良好的物质基础，实现老年人“老有所养、老有所医、老有所为、老有所乐”的目标成为我国社会主义现代化建设的重要战略。

养生对自然环境的要求相当高，最好是原生态环境，并且有青山绿水。空气清新，宁静幽雅，这些也是最吸引人的卖点。中国传统养生讲究天人合一，如果权且将“天”理解成“环境”的话，恐怕所有人都只愿意跟优美、洁净的环境“合一”。环境是养生的核心要素、基础条件，其他诸如运动养生、医疗养生等分项可以后天设计，唯有生态环境是先天的不可再生资源。而旅游地产项目所在地一般都拥有得天独厚的优质自然环境和稀缺资源，适合开展养生活动。

在国内，老年住宅这个特殊的住宅产品刚刚引起人们的注意，随着未来中国老年人口数目的不断增加，需求与供给之间的矛盾自然是越来越激烈，可以预见的是，老年住宅的发展将是未来不可抗拒的必然趋势。老年人居住建筑是指老年人长期生活的包括经济供养、生活照料和精神慰藉三个基本内容的居住场所，包括老年住宅、老年公寓、干休所、老人院（养老院）和托老所，也包括普通住宅中供老年人居住或是使用的部分。

五、商务功能

近年来，商务旅游是发展最快的旅游项目之一，从其规模和发展看，已成为世界旅游市场的重要组成部分，而且仍有巨大的发展潜力。全球每年旅游业收入的35 000亿美元中，有4 200亿美元属于企业的商旅支出，占全部旅游收入的12%，并且随着世界经济的发展和全球化进程的推进，这一比例仍会提高。目前全球商务旅游人数约占旅游者总数的1/3，国际上许多著名的连锁酒店通过调查发现，商务客人已占全球住房游客的53%，占连锁酒店的60%。近年来许多新兴的旅游项目也推动了商务旅游的发展，例如增长最快的奖励旅游，目前全球每年约有11～18亿人次进行奖励旅游。

会议产业，是指以规模化、集中化、现代化的手段运作会议及相关活动的行业，属于朝阳产业。会议产业属于第三产业，是一种新兴的产业形式，是市场经济发展到一定阶段的产物。以文化为其基本内涵，具有带动性。会议产业不仅能创造巨大的直接经济效益，还可以带动上下游的相关产业，是一个集交通、宾馆、餐饮、购物、旅游文化交流、区域形象推介、商品交易和投资项为洽谈为一体的高效益、无污染的“产业链”。

会展产业是新的朝阳产业，近年来，我国已经有40多个城市把会展产业作为城市经济发展的支柱产业。就目前该产业在各地的发展状况看，有一个基本相同的特征，就是均采用政府主导型的会展发展模式。从效果看，政府型会展发展模式对拓展城市发展空间，提升城市国内外地位起到了极其重要的作用。改革开放20多年来，中国会展业在各城市发展迅速，尤其以北京、上海、广州、大连、成都五大会展城市最为活跃，形成了“环渤海、长三角、珠三角、东北、中西部”五个会展经济产业带。

快速发展的商务旅游、会议产业、会展产业，促进旅游地产的商务会议功能的形成。

六、商业功能

近几年来，以“休闲”为主要需求的商业正在崛起。无论是何种形态的休闲商业或者是全新概念的商业广场，都离不开满足休闲商业消费的六大要素，即“食、住、行、游、购、娱”，即餐饮行业存在的空间、酒店行业的空间、商业交通的空间（城市大交通与商业之间的关系与商业配套的交通体系，尤其是停车位的设置）、商业文化的空间（博物馆、画廊、艺术展）、零售以及百货业的空间、娱乐业的空间（酒吧、KTV、演艺吧、演唱会、话剧）。

在商业功能基础上，为旅游地产打造现代综合型商业步行街区、民俗特色休闲街区、滨水休闲步行街区、酒吧休闲步行街区、餐饮休闲步行街区等特色商业街区。

第二节　景区露营的功能

目前，中国景区露营地建设还处于初级阶段，还存在许多问题。据不完全统计，全世界约70%的旅游帐篷产自中国，但其中出口数量占到95%，只有5%的在国内销量。这说明国内的露营环境还很不成熟。目前，国内房车保有量的不断增加，近3年正以每年30%的速度增长。国际景区露营地组织主席佩雷拉指出，中国的露营旅游将会以惊人的速度发展起来的。因此，露营旅游在中国的发展，需要根据自身特色借鉴欧美以及日本和韩国在经营露营方面的一些成功经验，站在一个比较高的起点上规划，从而通过景区露营地建设，最终实现与世界休闲潮流的对接。今天的中国景区露营地建设就像昨天的欧美，经过一段时间的锤炼，必将成为未来中国休闲旅游的主流方式。

一、景区露营的休闲功能

景区露营具备使中国与国际休闲潮流接轨的休闲功能。

（一）国际露营旅游

国际休闲度假旅游的基本方式是汽车露营的旅游模式。这也是国际休闲潮流的完全特征。汽车露营作为一种露营主题的旅游模式，在发达国家甚为流行。据统计，欧洲拥有6000多个标准的露营地，每年的夏季都处于爆满的状态，各种文体活动也吸引了成千上万的爱好者以露营方式参与。德国是欧洲房车露营发展最快的国家，房车露营已成为德国的一项支柱经济。据统计，德国有1 300万人在房车里度假，房车和露营每年总收入为100亿欧元，其中39亿欧元为停靠地花费，31亿欧元为路途花费，30亿欧元为车辆和装备。美国1/3的旅游住宿设施、1/3的旅游时间、1/3的旅游土地是以露营形式存在，有9%～10%的家庭拥有房车，使用天数每年在50天以上，共有800万美国人常年住房车。目前在欧洲已有50 000个露营地，在日本有1 000个露营地，美国露营地超过20 000个。

露营地在发达国家，并不局限在荒野郊外、高山、海滨，在巴黎、罗马、布鲁塞尔、马德里、里斯本等城市就有好几个营地，以便提供外地来此旅游的露营人口住宿。户外专家凯特·狄科特在《欧洲最酷的露营地》一书中根据自己的喜好，选取了20个最具吸引力的露营地，包括：Cala Llevado露营地（位于西班牙多萨德马）、Areti营地（位于希腊马尔马拉斯）、Peniche营地（位于葡萄牙贝兰加岛），Le Brèvedent营地（法国诺曼底）等，这些营地的选址除了在几乎无人居住、建筑物寥寥无几、生态环境极端优越的区域外，还设在具有世界影响力、具备深厚文化历史内涵的知名城市郊外、风景名胜点等，并且收费便宜，只有大宾馆饭店的十分之一。房车制造——俱乐部/协会——营地——消费者这一房车制造业的产业链中，营地处于核心地位，具备核心价值。房车在国外发展迅猛的原因是：房车旅游的花费低。尽管受燃油价格不断上涨的影响，但相较于酒店和餐馆开支方面的影响，一个四口之家选择房车旅行所需要的花费会比其他不同的旅行方式节约26%～74%不等。另外，生活方式的发展趋势也会助推房车产业的发展，越来越多的人会选择房车旅游。

从以上论述中我们可以看出，以家庭为单位的露营旅游成为欧美露营的一大特点。目前全美已经拥有房车的家庭中有超过三分之二的计划再买一辆房车；而在目前还没有房车的家庭中则有超过六分之一的表达了他们期望在未来购买一辆房车的兴趣。在对全美家庭的调查中发现，接近1/4（23%）的家庭打算在未来拥有一辆房车。每年7～8月，欧美高速公路、乡间小路上处处可见家庭房车的影子。家庭露营已经成为欧美人生活的一部分。并且欧美家庭式休闲露营设施十分完善，一般都具备供汽车接水接电的设施，还设有公共淋浴、卫生间和垃圾处理系统。四、五星级以上的营地常年设有丰富多彩的主题活动 。

（二）中国露营旅游

中国的景区露营是在模仿国外露营旅游，但却是在无法提供相应停留场所的背景下兴起的。

景区露营的发展与自驾车游客数量增长成正比。旅游者开始注重“健康、时尚、个性”,旅游模式开始从传统长线观光型旅游开始转向都市度假休闲游。同时,随着私家车数量的增多,摆脱旅行社自行安排的自驾车游客数量正在以惊人的速度与日俱增。自驾车旅游持续升温,现已占到总量的30%,北京、上海等大城市已占到了50%。据统计,至2007年末,我国私人轿车保有量1 522万辆,自驾车出游呈稳步上升态势。同时,数千家自驾车俱乐部及600多家户外运动俱乐部在中国拔地而起。这些因素为人们借鉴国外露营旅游奠定了基础。

另外,目前很多企业开始由传统的城市酒店的会议模式即单一聚餐的企业年会模式转向休闲的会议模式即野外体育拓展等员工福利模式,景区露营地渐渐融入企业需求。因此,景区露营地是顺应市场发展的旅游活动。

景区露营地相对于其他的休闲方式具有自身的特点,也让人们由单纯模仿发展到喜爱。

第一,露营实现了休闲过程与休闲目的的统一。“随心所游,随兴所留”。露营的目的隐藏于过程之中,目的和过程没有明显的界线,从开始露营的那一刻起,就进入了休闲的角色。所以露营是对游客休闲时间的延伸,也是对休闲空间的扩展。

第二,露营是旅游、娱乐、健康运动等多种活动的统一。露营不是单一的休闲方式,自游客出游起,就开始经历驾车、自救、营造、烹饪、攀登、越野等各种生活技能和运动技能。活动内容包括野外露营、徒步穿越、山地自行车、野外烧烤、篝火晚会、野钓、扎帐篷比赛、寻宝比赛、户外美食制作大赛等。露营休闲使游客真正成为支配旅游的主体。

第三,露营是自主性较强的休闲方式。游客在时间、空间选择、路线组织、消费水平、活动方式等方面均掌握主动权,因此它可以适合不同年龄、不同职业、不同兴趣爱好的人群。人们在露营的过程中,充分体现自我价值,展示自己的才能和技艺。

二、景区露营的旅游功能

景区露营具备提高景区综合优势并为游客提供最佳服务场所的旅游功能。

(一)景区露营提高景区综合优势的旅游功能

对于景区而言,游客已不满足走马观花式的观光旅游,景区面临丰富产品结构,实行立体化经营,走复合型发展之路的转型升级挑战。“景区+露营(休闲)度假”的模式,通过借助露营品牌传递景区生态、高端、度假、个性、自由的理念,是景区旅游延伸扩展的积极尝试。

“三亚小月湾露天度假”的创意起源于投资者洞察到了三亚房车和自驾车市场渐进式增长的发展趋势,从而将原计划建设的五星级度假酒店改为生态环保、设施看似简陋的景区露营地,希望通过小月湾建设,做中国最好的、真正的度假露营。营地从设计、建设到游客的进驻均秉承生态原则，以自然环境保护为宗旨，宣传小月湾生态保护与开发理念，优越的生态环境也更好地展现了小月湾原生态的浪漫海景风情。在优化景区旅游产业的同时，使景区开发与生态保护和谐发展。成熟的景区也成为景区露营地建设的最佳载体，二者相得益彰。

（二）景区露营为游客提供最佳服务场所的旅游功能

在游客服务方面，一个标准的景区露营地一般兼具私密性和各种必要的生活保障及安全措施，是一个集景区、娱乐、生活、服务为一体的综合性旅游休闲度假场所。除了提供必要的吃、住等设施外，景区露营地还配备卫生间、淋浴、洗衣间、酒吧等度假设施，配备提供户外运动、娱乐、周边旅游、天气、交通等各方面信息的系统，为游客提供全方位的优质服务。

在旅游活动方面，景区露营地不单单是一个住宿的场所，而是一个集多种旅游活动为一体的生态公园。除住宿外，景区露营地可设体育运动场，卡丁车、攀岩、穿越等户外体验场，篝火晚会、游船等娱乐活动场等，通过布置符合安全规范的环保游憩设施，营造凸现当地风情风貌的游憩环境。

在旅游形式方面，按环境因素划分，景区露营地包括山地型营地、海滨型营地、海岛型营地、森林型营地、湖畔型营地和乡村型营地。根据市场需求又可分为房车（旅居车）营地、自驾车营地（非旅居车）营地、木屋营地和帐篷营地。其中房车营地是未来营地发展的主要方向。因为房车出游解决了旅游旺季车票、飞机票难求的局面，打破了旅行社固定游线的设计，突破了旅游时间的限制。并且我国生产的房车，售价仅七八万元，越来越多的游客开始拥有房车并融入房车旅游的行列。

因此，景区露营地针对不同层次的消费市场，整合景区资源，构建综合产业，平衡开发与生态保护的关系，以较低的成本，实现了景区综合优势的发挥。

三、景区露营的综合功能

景区露营具备契合国民生活水平需求并能够为各种游客提供一种生活方式的综合功能。

2009 年 7 月 18 – 19 日，央视网露营旅游频道和瑞典拓乐俱乐部在河北怀来卧牛山度假村，组织了周末北京家庭汽车露营体验活动。参加本次汽车露营体验活动的有一半以家庭为单位，他们全部自带露营装备、露营炊具、食品及娱乐装备，有的还带上了家里的宠物。大家结伴体验了一天一夜的休闲露营生活。

露营并不是一种简单的活动，而是一个艰辛的过程。组织一次露营需要详细策划，并了解周围环境、路线、安全指数、选择安营扎寨的地点等。但在这个过程中，不仅加强了每个家庭家人之间的交流，同时也与其他同伴一起分享乐趣，从而体会到人与人之间的真诚，学会在现实生活中宽容、体谅和改变自我。

目前，按照参与人群，露营的方式大致分为朋友式露营和家庭式露营。朋友式露营大多对风景的要求比较高，对场地的要求较低，注重新奇、惊险；家庭式露营更注重舒适度，对场地的要求高，多会选择风景区或离村庄比较近或有山有水的空地。露营一次费用包括车费、保险费、装备费，通常为一两百元左右，再加上食物和晚上篝火活动的费用，大概在两百元之内。适当的价格也使露营成为人们出游的选择。

随着人们对露营的了解逐步深入，近两年来参加俱乐部露营活动的人数呈 5 倍到 10 倍增长。露营地在中国的发展呈现五大趋势：家庭式的露营生活；离开都市、与朋友相约的休闲露营生活；选择维护自身安全，预防人为侵害、自然界的意外事件发生，具备卫浴和照明等服务的有规划有经营管理的营地；可以承载营帐、睡袋、折合床椅、炉灶、床铺、粮食等房车式营地；深入自然的露营车式营地。

工业社会的发展，社会分工的细化，工作性质的单一，都市生活空间的狭小嘈杂，旅游景区旺季的拥挤不堪，家人之间的矛盾生疏，使景区露营这种户外活动成为一种需求，并逐渐演变为一种价值观，当这种价值观融入生活中时，景区露营也就变成了一种生活方式。

四、景区露营的立体产业功能

景区露营具备优化多种产业发展并复合旅游多种功能的立体产业功能。

（一）露营旅游对旅游产业的优化

旅游产业链的产出呈现出多种形态，涵盖了以行、游、住、食、购、娱六大要素为主的诸多产品服务及其部门。六大要素按照递进关系横向构造旅游产品，从而形成旅游产业链。产业链中的各环节关联度和依赖度非常高，并且互补大于竞争。旅游资源互补、各部分资源共享、战略流程对接、文化相互融合，每个环节的协调发展，是旅游产业得以优化，并发挥规模经济效应的关键。

景区露营地以最为低廉的成本将旅游产业六大要素融合在一起。如芬兰全国共有 330 多个景区露营地，大部分景区露营地都位于湖边、河边或者海边。在每年 6 月到 9 月的露营旺季，游客多选择旅行房车或帐篷。旅游房车和帐篷随意性强，淡旺季可随时应对游客容量的增减，大大降低了住宿设施建设成本。目前，芬兰大约有 100 个景区露营地取得了由专门机构评审的服务星级。最高星级的景区露营地为五星级，其服务包括 24 小时保安、服务站、卫生设备、餐馆、小木屋、桑拿房、厨房、电视、邮政、垃圾处理和 24 小时冷热水供应等。五星级景区露营地还必须具备组织各种体育及文化活动的能力。在最受芬兰人欢迎的景区露营地中，通常还设有儿童游乐场、高尔夫球场、卡丁车赛场、热带浴场、露天剧场、儿童乐园和舞厅等娱乐设施，是集娱乐、休闲、观光、购物等多种旅游功能于一体的场所。

(二)露营旅游对汽车制造业的带动作用

中国的体育旅游、休闲旅游开始由原来的自发组织、个体行为向全民化、商业化发展。加上2008年奥运会的推动,中国房车露营也将进入发展的黄金阶段。

虽然中国房车旅游未来前景不可限量,但由于营地建设刚刚起步,在数量、质量及经营管理等方面都与国外存在很大差距,因此成为产业链中制约房车制造业发展的瓶颈。目前,已有不少投资者注意到这条产业链,并开始积极推动营地建设,从而使这条产业链协调发展。如中天联合体首席执行官、中天高科特种车辆有限公司董事长、北京中天行房车俱乐部有限公司董事长王宇峰2007年8月在中美房车·露营专题论坛上表示将以营地为产业链中的核心价值,组织云南—拉萨、成都—拉萨、云南—成都以及四川西部的房车体验路线,开发西北、西南一线营地旅游。青海省体育局副局长达日杰在论坛上做了“展望中国房车旅游未来建设青海房车营地网络”的专题演讲。指出青海将依托自身具备的自然和人文资源条件,以营地建设为核心,打造青海四大体育产业链。目前,青海已设计有十条营地路线,并计划在青藏公路沿线建设营地网络,通过西宁依次向拉萨和乌鲁木齐延伸,与西藏的4个公路口岸和新疆的16个口岸连结,通往印度、尼泊尔、不丹和吉尔吉斯斯坦、哈萨克斯坦等国,形成国际房车旅游网络。同时,遵循营地生态性特征,在青海湖沿线不设固定式建筑,使绿色环保的房车旅游成为青海旅游发展的特色之路。

另外,自驾车游在我国已成为旅游业中的重要组成部分,自驾车俱乐部、网站、旅行业层出不穷,自驾车将成为未来旅游的主流方式。据统计,郑州游客自驾车比例达到55%;海南省黄金周期间散客和团体客的比例为6:4,亚龙湾、大东海等地的高星级酒店散客比例甚至达到七成;福建武夷山2008年“十一”期间共接待自驾车9 700多辆。自驾车旅游的快速发展需要高质量的景区露营地作为停留基地,同时,景区露营地旅游是体育健康运动休闲的新亮点,市场发展空间广大,随着人们对这一活动的深入,必将推动汽车及其他相关产业的发展。

(三)露营旅游对汽车租赁业的推动作用

就目前我国的消费水平及收入水平来看,房车仍然是一种“奢侈品”。房车购买者仅仅局限在生活水平较高的人群中。因此,房车俱乐部应运而生,为崇尚房车露营旅游的游客提供租赁服务。过去,由于大多为进口房车,因此租赁费用大概为1 000~1 200元/天,昂贵的费用也让不少游客望而止步。近年,由于露营市场的不断发展,为满足不同层次的消费市场,低价的国产皮卡房车陆续上市,大大降低了租赁费,拓展了市场空间,房车租赁前景广大。深圳汽车租赁行业始于1993年,发展于2003年,目前共有汽车租赁公司500家左右。其中私人、家庭用车占到租赁市场的20%,主要用于家庭旅游、探亲访友、临时商务需求、临时外出等。在2008年经济衰退,汽车销售量下滑的情况下，深圳租赁产业反而出现上升迹象。

（四）露营旅游对户外用品制造业的助推作用

景区露营的兴起，推动了户外运动的蓬勃发展。据统计，2000 年以来，各种规模经营的户外店每年成倍增长，目前已多达1 000间，有的地区一个城市就多达 40 多间户外店。自 2004 年开始，全国主要城市大中型商场纷纷开设体育户外用品销售专区，国外服装类户外产品在中国销售的品牌，猛增到目前 20 个，而国内户外服装品牌由 2003 年前的 OZARK 一枝独秀，也猛增到目前的 20 个品牌，生产和销售数量剧增。各种户外活动俱乐部蓬勃发展，登山人士成倍增长。2005 年 ISPO 进驻中国，引起轰动，并加速了户外产品市场的发展。户外产品在我国景区露营地较为发达的北京、浙江、江苏、深圳、广州、成都、昆明、乌鲁木齐等地区发展迅猛。

（五）景区露营地是一种另类的旅游地产模式

景区露营地，它是一种旅游方式、一种休闲方式、一种生活方式，但是从资本的角度看，它与酒店只存在形式上的不同，只是较酒店更具灵活性，并没有本质上的差异，都属于固定收益债券范围，是旅游房地产的一个组成部分。

在形式组合方面，露营地规划充分利用其不同与宾馆酒店的住宿特点，丰富露营地的露营设施，匹配不同露营旅游者，有旅居车（房车）营地——非旅居车（自驾车）营地——木屋营地——纯帐篷营地四种不同风格的营地形式。

谈到地产，总会同高楼大厦、酒店集群、生态破坏等词联系在一起，景区露营的概念实现了以生态的设施承载固定建筑所有旅游功能的使命，是取代传统旅游地产的新型地产模式。

旅游地产开发导则之业态

人们在逐步摆脱了吃、穿、住、用等基本需求之后，休闲、娱乐、交际、享受等高层次需求逐步形成，与此同时，仅仅注重功能设施建设的理念已经为现代城市发展所抛弃，随之而来的是构建符合居民和外来游客多元化需求的新型城市体系，生态环境、游憩空间、休闲度假、商业游憩、商务会展、文化创意等现代城市功能将成为主流。

第一节　度假地产业态

度假房地产与普通的房地产开发不同，它更依赖于周边环境和投资实力。因为度假房地产的客户不仅仅需要满足住房的需求，而且更加注重生活品质、更加注重投资效益。随着中国经济持续发展，未来会产生更大规模的富裕阶层，再加上旅游经济潮流的到来，度假房地产未来发展前景乐观。具体表现在功能的城市化、强调环境的舒适性、度假区与中心城市有快速干道相连接、客源市场的地域界线逐渐消失等几个主要特征。

目前在度假旅游房地产开发中，主要分为景区依托型和生态打造型两种类型。景区依托型：城市周边通常是作为都市休闲度假旅游的重要组成部分，与城市配套发展，称之为环城游憩带，其间分布了众多旅游景区，是城市居民日常休闲旅游的最佳去处。同时，景区的人气和良好的生态环境带来了土地的增值，周边房地产开发逐步兴起，从而形成旅游、度假、商务、休闲于一体的旅游综合体，是成熟的城市功能的重要配套。生态打造型：在距离城市一小时车程的范围内，很多区域生态环境优良，土地资源丰富，因此，城市功能逐步延伸，在生态保护和修复的基础上，逐渐成为适宜人居的社区，与人居社区配套的往往是高尔夫开发，温泉疗养的开发等。拥有的度假地产主要有住宅居住、酒店住宿等。

一、住宅业态

（一）普通住宅

普通住宅，是指按所在地一般民用住宅建筑标准建造的居住用房屋。目前，多为多层住宅和高层住宅。多层住宅是指 2 ~6 层(含 6 层)的楼房;高层住宅是指 6 层以上的楼房,高层住宅多安装电梯。普通标准住宅应同时满足:住宅小区建筑容积率在 1.0 以上;单套建筑面积在 140 平方米以下;实际成交价格低于同级别土地上住房平均交易价格 1.2 倍以下。

(二)公寓

公寓最早是舶来品,相对于独院独户的别墅,更为经济实用。早期的公寓式住宅都是高层大楼,每一层内有若干单户独用的套房,包括卧室、起居室、客厅、浴室、厕所、厨房等;还有一部分附设于旅馆酒店之内,供一些常常往来的中外客商及其家眷短期租用。

从功能上来讲,公寓要在保证基本居住功能的基础上,更讲究舒适性、功能的完备性、服务和结构的合理性,并且拥有体现一定室内功能分区的面积和不易让人产生压抑的层高。在配套上,公寓要达到 24 小时电梯和 24 小时热水的标准。在建筑质量和建筑标准上,公寓基本以板楼为主,通风性要好,阳光充足。

(三)别墅

别墅首先是一种生活方式,是与自然景观息息相关的终极住宅形式。其次,它是住户身份品位和个性的标志,是“富人阶层”占有的领地。最后是别墅所在区域的自然景观带给生活的巨大改变。

(1)独栋别墅。即独门独院,上有独立空间,下有私家花园领地,是私密性极强的单体别墅,表现为上下左右前后都属于独立空间,一般房屋周围都有面积不等的绿地、院落。这一类型的别墅历史最悠久,私密性强,市场价格较高,也是别墅建筑的终极形式。

(2)双拼别墅。它是联排别墅与独栋别墅之间的中间产品,由两个单元的别墅拼联组成的单栋别墅。降低了社区密度,增加了住宅采光面,使其拥有了更宽阔的室外空间。双拼别墅基本是三面采光,外侧的居室通常会有两个以上的采光面,一般来说,窗户较多,通风不会差,重要的是采光和观景。

(3)联排别墅。有天有地,有自己的院子和车库。由三个或三个以上的单元住宅组成,一排二至四层联结在一起,每几个单元共用外墙,有统一的平面设计和独立的门户。花园不太大却每户都有,居住品质较高。

(4)叠拼别墅。是由多层的别墅式复式住宅上下叠加在一起组合而成。一般四至七层,由每单元二至三层的别墅户型上下叠加而成,这种开间与联排别墅相比,独立面造型可丰富一些,同时一定程度上克服了联排别墅窄进深的缺点。

(5)空中别墅。发源于美国,称为“penthouse”即“空中阁楼”。原指位于城市中心地带,高层顶端的豪宅。一般理解是建在公寓或高层建筑顶端具有别墅形态的大型复式/跃式住宅。符合别墅全景观的基本要求、地理位置好、视野开阔、通透。

(四)花园洋房

狭义的“花园洋房”就是 Garden Villa(花园别墅),也就是通常所说的花园式住宅、西式洋房、小洋楼,带有花园草坪和车库的独院式平房或二、三层小楼,强调户户有花园,包括市场中的洋式联排(或双拼)的 TOWNHOUSE,户型较大,居住舒适程度高。

广义的花园洋房可定义为:6 层以下多层板式建筑,以四层为主,外国建筑风格明显,强调景观均好,绿化率比较高,普遍存在远郊区一带,一般首层赠送花园,顶层赠送露台,也有将户外绿化景观引入室内的情况。广义花园洋房的容积率比狭义的要高些,但也同属低密度住宅,户型和普通住宅户型相仿,有 100 多平方米的平层,也有近 200 平方米的复式;基本位于郊区,是住宅郊区化的产物。

花园洋房,是介于别墅与普通公寓之间的一个市场化概念,在建筑学上并无硬性的指标,但实际上,花园洋房追求较低的容积率、较高的绿化率、较大的楼间距。花园洋房比别墅有人气,普通公寓可能太嘈杂,别墅可能又太冷清,而花园洋房却把握得当,恰到好处。相比之下,花园洋房营造出来的轻松、单纯的邻里关系,使得人与人的交往回复到自然、和谐的状态。

二、酒店住宿业态

(一)酒店

(1)度假酒店。以接待休闲度假游客为主,为休闲度假游客提供住宿、餐饮、娱乐与游乐等多种服务功能的酒店。与一般城市酒店不同,度假酒店不像城市酒店多位于城市中心位置,而是大多建在滨海、山野、林地、峡谷、乡村、湖泊、温泉等自然风景区附近,并且分布很广,辐射范围遍及全国各地,向旅游者们传达着不同区域、不同民族丰富多彩的地域文化、历史文化等。

(2)主题酒店。主题酒店是指以酒店所在地最有影响力的地域特征、文化特质为素材,设计、建造、装饰、生产和提供服务的酒店,其最大特点是赋予酒店某种主题,并围绕这种主题建设具有全方位差异性的酒店氛围和经营体系,从而营造出一种无法模仿和复制的独特魅力与个性特征,实现提升酒店产品质量和品位的目的。主题酒店是集独特性、文化性和体验性为一体的酒店。独特性要与众不同,是酒店的战略出发点,最终要成为酒店的核心竞争力;文化性体现了酒店对内涵的追求,文化是主题,是酒店执行的具体战术和手段,酒店要通过文化来获得竞争优势;体验性是酒店所追求的本质,酒店最后要实现给顾客独特的体验来获得的高回报的利润,这是酒店的最终目标。差异性、文化性、体验性三者相互渗透,少了差异性和文化性就没有体验性,少了体验性,差异性和文化性就脱离了主题酒店经营的目的——给顾客独特的体验从而获得高回报的利润。

(3)经济酒店。经济型酒店(Budget Hotel)是相对于传统的全服务酒店(Full Service Hotel)而存在的一种酒店业态。此概念产生于20世纪80年代的美国,近几年才在中国出现。经济型酒店的特点之一是功能简化,它把服务功能集中在住宿上,力求在该核心服务上精益求精,而把餐饮、购物、娱乐功能大大压缩、简化、甚至不设,投入的运营成本大幅降低。

(4)公寓式酒店。所谓公寓式酒店,简单地说,就是设置于酒店内部,以公寓形式存在的酒店套房。这种套房的显著特点在于,其一,它类似于公寓,有居家的格局和良好的居住功能,有厅、卧室、厨房和卫生间;其二,它配有全套家具与家电,能够为客人提供酒店的专业服务,如室内打扫、床单更换及一些商务服务等。公寓式酒店既有公寓的私密性和居住氛围,又有高档酒店的良好环境和专业服务。

(5)产权式酒店。产权式酒店就是由个人投资者买断酒店客房的产权,即开发商以房地产的销售模式将酒店每间客房的独立产权出售给投资者。每一套客房都各自拥有独立的产权,投资者像购买商品房一样投资置业,将客房委托给酒店管理公司,分期取得投资回报及获取该物业的增值,同时还获得酒店管理公司赠送的一定期限的免费入住权。其实质就是迎合普通老百姓的不动产投资理财需求。

(二)汽车旅馆

Motel 是 motor 和 hotel 的合成词,即汽车旅馆,以前是指没有房间的旅馆,可以停车,而人就在车内睡,只不过比停在外面多了层保护而已。汽车旅馆与一般旅馆最大的不同点,在于汽车旅馆提供的停车位与房间相连,一楼当做车库,二楼为房间,这样独门独户为典型的汽车旅馆房间设计。汽车旅馆多位于高速公路交流道附近,或是公路离城镇较偏远处,便于以汽车或机车作为旅行工具的旅客投宿。

(三)汽车营地

作为现代汽车营地雏形的露营地在1860年起源于美国,当时是为组织青少年开展自然环境中的理想教育而发起的。由于这项活动既能强健体魄,磨炼意志,又能使参与者体验到人与自然亲近的种种乐趣,所以很快广泛流行。

“汽车营地”是指在交通发达、风景优美之地开设的,专门为自驾车爱好者提供自助或半自助服务的休闲度假区。主要服务包括住宿、露营、餐饮、娱乐、拓展、汽车保养与维护等,是满足现代人休闲时尚需求的旅游新产品。

由于汽车营地提供的大多是参与性较强的活动,满足了人们在紧张的工作之余,远离喧嚣,返璞归真,放松身心的需求,因此,深得自驾车旅游爱好者的喜爱。在我国,它实际上是观光旅游向度假旅游过渡的产物。在欧美国家,汽车营地非常普及,很多国家是把它作为非营利性的社会福利项目来运作的。

(四)自助公寓

自助公寓又称家庭旅馆,源于英国,盛行于美国。大多位于旅游交通比较集中的繁华地段。其经营者多为刚创业的年轻人，大多是租用商住两用楼盘的单套间，简单改造成客房后出租。这些自助公寓大多配置有电视、洗衣机、热水器、冰箱、电脑等设施，但一般不像传统饭店宾馆那样有服务员为你服务，而是自己洗衣服、倒垃圾、收拾房间。价格方面非常实惠，不到同等条件的饭店宾馆价格的40%，非常受旅客的欢迎。

（五）生态农庄

新农村建设的根本点就是要把传统农业改造成现代农业。根据著名经济学家舒尔茨的观点，完全以农民世代使用的各种生产要素为基础的农业可以称之为传统农业。传统农业处于低收益领域，而市场经济总是将三要素，即土地，劳动和资金，从低收益领域配置到高收益领域。传统农业已经走上了恶性循环的道路，唯有发展高效的现代农业才是根本出路。生态农庄是以绿色、生态、环保为目标，以资源有效利用为载体，以科技创新为支撑，以市场化运作为手段，集农业生产深加工与观光旅游为一体的规模集约化农业公司。

第二节　商业商务地产业态

一、商业地产

商业地产是供本地市民和外地游客休息、娱乐、休闲、观光、购物的区域。在这个区域内，房地产形式多样，包括购物中心、商业街、主题商场、专业市场、批发市场、折扣店、工厂直销店、酒店、娱乐类商业地产（如电影院）等，其最主要的业态类型包括购物中心、购物步行街和城市历史文化街区。

（一）购物中心

购物中心（Shopping Center/Shopping Mall）是指多种零售店铺、服务设施集中在由企业有计划地开发、管理、运营的一个建筑物内或一个区域内，向消费者提供综合性服务的商业集合体，属于一种复合型商业业态，是业态不同的商店群和功能各异的文化、娱乐、金融、服务、会展等设施以一种全新的方式有计划地聚集在一起。它通常以零售业为主体。与自发形成的商业街相比，购物中心在其开发、建设、经营管理中，均是作为一个单体来操作，一般是物业公司建楼、出租场地，专业商业管理公司实行统一招租、管理、促销，承租户分散经营。

在城市中心和边缘都有可能形成大型的购物中心，在城市中通常能够形成人流量聚集的场所，从而带动周边区域的游客服务、汽车服务、交通物流、辅助商贸的发展。

社区购物中心（Community Shopping Center）是在城市的区域商业中心建立的，面积在5万平方米以内的购物中心。

市区购物中心（Regional Shopping Center）是在城市的商业中心建立的，面积在10万平方米以内的购物中心。商圈半径为10～20公里，有40～100个租赁店，包括百货店、大型综合超市、各种专业店、专卖店、饮食店、杂品店以及娱乐服务设施等，停车位1 000个以上，各个租赁店独立开展经营活动，使用各自的信息系统。

城郊购物中心（Super－regional Shopping Center）是在城市的郊区建立的，面积在10万平方米以上的购物中心。

（二）购物步行街

购物步行街是国内各个城市迅速发展起来的商业形式，是指在交通集中的城市中心区域设置的行人专用道，在这里原则上排除汽车交通，外围设停车场，是行人优先活动区。主要集中了各个品牌的专卖店、特色店以及各家百货公司，往往能够集聚城市的大量人气，尤其吸引青年人的眼球。传统商业步行街是历史上形成的，在城市中心区和城市区域中心的商业步行街。它是城市的名片，体现城市繁荣，具有独特性和不可再生性，旅游资源、文化资源、商业资源是其核心竞争力所在。

购物步行街注重市中心环境的质量，在步行街上往往有比较亲切宜人的氛围，设立了绿地、彩色的路面、街头雕塑、座椅等，使人们在购物之余，仍愿意留在步行街中活动。购物步行街具备三大特点：突出专业商品特点，经营专业商品的店铺在特色商业街里能够占到50%；突出民族和民俗特色；具有休闲、风情特点。

步行街对居民的购物消费具有强大的拉动效应，但面对城市游客，购物步行街应重点突出特色化，此业态在商业功能中一直扮演着重要的角色，但在发展过程中逐渐失去了特色，各个城市的步行街大同小异，未能显示城市特性和地域文化特色，对于城市观光游客，吸引力在逐步降低。

（三）历史文化街区

历史文化街区是指经省、自治区、直辖市人民政府核定公布的保存文物特别丰富、历史建筑集中成片、能够较完整和真实地体现传统格局和历史风貌，并有一定规模的区域。《文物保护法》中对历史文化街区的界定是：法定保护的区域，学术上叫“历史地段”。

历史文化街区在快速城市化进程中，逐渐成为一种稀缺资源。在构建城市旅游目的地过程中，应该怎样看待城市里这一具有特殊意义的文化遗产？对于地处城市黄金地段的历史文化街区，应该如何保护与开发？目前有的城市提出“全部迁移”的方式，把居民全部迁出，留下的房屋或者改建，或者修整，有的成为高档社区，有的成了高档娱乐场所，还有的成了供游客参观的空壳。这种开发方向不仅不能满足城市居民和大众游客的需求，同时也为当地城市历史文化街区的可持续开发设置了障碍。历史文化街区与现代休闲产业结合起来，复合开发多种经营业态，这是目前历史文化街区在构建城市旅游目的地过程中应选择的方向，历史街区的发展应同新城市功能完美结合，功能完善、空间互动，从而形成良性发展态势。北京的什刹海、上海的新天地依托历史建筑进行商业开发，构成了城市新的吸引点，带来了土地增值和文化恢复的双重效益，是此类商业模式的代表。

二、商务会展地产

中心商务区和大型商务会展区是商务游客的集结地，频繁的商务往来使得该区域集中了大量酒店、餐饮、娱乐等旅游设施，集中了商务房地产的精华，高层写字楼、商务酒店、大型会议会展中心往往构成城市旅游形象的地标。独特的都市景观，同时使得城市观光游客纷至沓来，充分展示了现代化城市形象。

城市中心商务区（CBD）是城市的功能核心，位于城市黄金地带，地价最高，集中了大量的金融、商贸、文化、服务以及大量的商务办公和酒店、公寓等设施，商务活动极其频繁，是城市商务游客云集之地。城市中心商务中心区应该是一个城市现代化的象征与标志，这里聚集着规模宏大、错落有致的建筑群，往往是拥有一座现代化城市的标志性建筑物，成为城市游客必到之处。会展是带动城市商务旅游、提高城市形象的强大引擎。大型商务会展房地产对大城市城市格局演变具有强大的带动性，可以引发大规模、高层次商务游客流动。会展旅游具有组团规模大、游客档次和消费额高、停留时间长、涉及相关服务行业多、成本低、利润丰等特点，在欧洲、北美、亚洲的香港和新加坡，会展已经成为一门成熟产业。鉴于商务会展旅游对区域经济发展的巨大带动作用，国内一些大中城市纷纷在规划中提出了商务、会展功能产业区的概念。相应的商务会展地产的业态主要有：

（一）商务酒店

商务酒店是以商务客人而非旅游度假客人为主的酒店。与度假者相比，商务客人对于酒店的选择更挑剔，但同时也愿意为服务支付高价格。度假者希望的是在酒店找到家的感觉，追求的是“宾至如归”，而对于日理万机的商务客来说，酒店还要有宴会厅、会议室和商务中心。

一家好的商务酒店通常具备以下特点：位置好，距离商务活动中心比较近（商务客人的时间通常很宝贵，不愿意在交通上花太多时间）；酒店的商务设施齐全。

（二）会议中心

与“会议中心”相关的词主要有：会议酒店、会议中心、会展中心以及展览中心等。

从字面上来理解，“会议酒店”主要指会议功能比较强的酒店，以区分于接待商务散客的“商务酒店”等。这个概念在我们国家用的比较多，发达国家则并不常用，即使有时候用到，也主要指的是会议功能相对比较强的酒店，不包括会议中心等专业会议接待设施。“会议酒店”主要有几个方面的含义，一是要有一定的住宿条件。“会议酒店”客房数一般比较多，可接纳的住宿人数一般要与其最大会议室容纳人数相匹配；二是要有较强的会议功能。比如，至少要有一个比较大的会议室（或多功能厅）和几个配套的中小会议室等；三是会议团队收入占总收入的比例要比较高。

“会议中心”是以接待中小型会议为主的专业的会议设施，有别于接待展览为主的“展览中心”、接待大型会议的“会展中心”以及同时接待商务客人、会议客人的“酒店、度假村”等。一般不带有展览空间，对于是否带有住宿设施也没有严格的要求。

美国的会展中心（convention center）主要指具有很强的会议和展览接待功能的设施、建筑或建筑群。convention center 也被译成“会议中心”。convention 是指大会、年会，是美国很有代表性的一个会议类型，一般由行业组织和专业机构主办，规模比较大，而且往往带有不同规模的展览。会议空间与展览空间之间的比例关系约为1∶3，大部分没有附属酒店。我们国家目前的“会展中心”，主要是指的是建造的以展览功能为主的设施，大多数会议功能比较弱，有配套酒店的也不多。

展览中心主要是指专业举办各种展览活动的场所。一般不提供配套的住宿服务，也没有突出的会议功能。

（三）企业会所

会所就是以所在物业业主为主要服务对象的综合性高级康体娱乐服务设施。会所具备的软硬件条件：康体设施应该包括泳池、网球或羽毛球场、高尔夫练习馆、保龄球馆、健身房等娱乐健身场所；中西餐厅、酒吧、咖啡厅等餐饮与待客的社交场所；还应具有网吧、阅览室等其他服务设施。

第三节　其他地产业态

一、休闲地产

休闲功能融入地产就是休闲地产，狭义的休闲地产是指：休闲住宅地产、运动与康体地产、娱乐地产、文化娱乐地产、养趣地产、教育地产等。广义的是指：只要融入休闲元素的地产就叫休闲地产，包括运动与康体休闲地产、娱乐休闲地产、文化娱乐休闲地产、教育休闲地产、公益休闲地产以及其他很多的种类。

休闲地产是复合地产，是和其他的产业融合到一起进行开发的地产，有单一的也有多元化的，实际上是创造了一种休闲的生活方式。生活方式的转变，需要休闲地产，休闲地产包含的元素主要有娱乐、养生、运动、教育、旅游、公益、养趣、文化、制度、节庆、技术、环境、创意、体验，这些元素是地产的驱动力，缺少这些元素就不能推动产业升级。

二、主题公园地产

主题公园是目的地形象的动力引擎，在目的地发展中，主题公园为目的地带来的不仅仅是标志性吸引物，同时提升目的地文化品质，提升地块价值，带动区域发展。

目前以主题公园为依托的房地产发展已经走过了过去简单的"借景"模式。"借景"是指在一些景观较好的主题公园和城市公园周边区域建造社区，依附于现有公园生态资源，对公园周边的土地进行房地产项目开发建设。"借景"只是注重了对公园视觉景观的利用，项目建在公园附近，能够满足俯瞰公园景色的需求。目前主题公园区域的房地产开发较之以前更注重区域带动性和产业联动性，正朝着项目规模化、规划生态化、建筑融合化、管理开放化、配套完善化方向发展，从而满足现代人更高层次的居住需求和多产业联动发展要求。

以主题公园构建为核心的房地产开发模式正在不断创新。地产开发商一直在探索旅游与关联产业互动发展的模式，在旅游业的基础上，进行旅游和房地产、酒店、商业、文化、教育之间的跨产业资源整合，使各产业优势资源彼此结合，提升了规模效应和资源利用效率。旅游的主要作用在于能够集聚人气、打造品牌，但利润相对较低，只有通过整合现有资源和区域资源的优化配置，才能使土地产生出最大的经济效益和社会效益，提供了比旅游本身更丰厚的利润。

三、文化创意地产

文化创意产业园是一系列与文化关联的、产业规模集聚的特定地理区域，是具有鲜明文化形象并对外界产生一定吸引力的集生产、交易、休闲、居住为一体的多功能园区。园区内形成了一个包括生产—发行—消费产供销一体的文化产业链。

按区位依附划分为4种类型：

以旧厂房和仓库为区位依附。城市中被废弃的旧厂房和仓库，因其宽敞明亮的空间及廉价的租金，往往成为文化创意产业园的滋生之地。这些创意产业集聚区，利用现有建筑创造了创意产业发展的平台，又保护了历史文化财产，是文化产业与工业历史建筑保护、文化旅游相结合，建筑价值、历史价值、艺术价值和经济价值相结合的良好典范。

以大学为区位依托。大学作为技术的发生器，可以不断开发新的科技；同时它又是各类人才的聚集地,不但培养人才也吸引着各领域最优秀的人才;大学也是一个开放的社区,是一个提供多元文化的场所,大学往往成为创意的中心。因此,依托大学发展文化创意产业园也就成为一种重要的途径。

以开发区为区位依附。这类文化创意产业园主要是以高新技术产业园区为区位依附。因为高新技术产业园区内高新技术产业发达,高校、科研机构、高科技企业聚集,科技与文化相结合的智力型人才众多,最适宜发展文化与科技结合的文化产业。高新技术产业区都有着大量的信息产业,这些产业跟文化产业能够实现很好的融合。

以传统特色文化社区、艺术家村为区位依附。属于这种类型的主要有两种情况:一种是依托一些传统的文化区域,这些区域文化底蕴深厚,文化氛围浓郁,有利于开发特色文化产业园区。第二种是依托位于城乡结合部的一些艺术家村,有些是属于创作型的园区。

有了创意产业,原本普通的地块可以得到成倍价值链提升,创意产业具有巨大的推动作用。创意产业区集聚了建筑、设计、规划等众多专业人才,区域设计理念的先进使得大量国内创意产业入驻这里,甚至国际的一些知名企业也看中创意性建筑的优美设计,他们放弃在 CBD 租用写字楼,而是在这里租用办公楼、设立总部。目前,创意文化产业区正面临商业地产价值和艺术的冲突问题,文化创造如何与关联产业融合发展,这是亟待解决的问题。

四、体育地产

目前,越来越多的城市将精力投向体育产业,大型体育赛事不仅能够为目的地带来相当的知名度,同时由于赛事举办带来的客源流动以及赛事之后的观光客源,能够为目的地城市的旅游注入新的活力。体育赛事基地、文化演出场馆、旅游服务中心、休闲娱乐中心、群体运动健身馆等项目的建设,使得以体育为核心的区域价值显著提升,同时使该区域成为城市旅游目的地中新的增长点。

城市体育产业分为赛事体育和休闲体育,大型的赛事活动越来越成为提高城市影响力的标志性活动,同时城市居民的休闲体育活动也越来越丰富,在城市发展过程中,城市体育设施的建设占据重要位置,同时以体育为核心,房地产、体育商业、酒店、体育娱乐等各项产业设施随之而起。

旅游地产开发导则之产业

第一节　旅游地产开发的产业集聚

一、旅游地产产业集聚区

产业集聚是指同一产业在某个特定地理区域内高度集中，产业资本要素在空间范围内不断汇聚的一个过程。旅游地产产业集聚区是指依托当地的优势资源，以旅游与地产要素聚集为主体，形成的具有一定空间与经济规模的区域。旅游地产产业集聚区的核心是旅游地产产业要素，是集聚在一定地域空间的核心吸引物、旅游地产供应商和服务商以及相关企业和部门，为了共同的目标，协同合作，形成集聚规模与集聚效益，提高区域综合竞争力。

二、旅游地产产业集聚的内部机理

旅游地产的“休闲居所”、“度假社区”等开发理念，贯穿在整个区域开发过程中，同时部分项目也就涵盖了旅游功能，这与旅游要素中“住”的元素相互包容，同时放大了旅游中“住”的范围，使旅游相关产业及房地产相关产业围绕游客（部分也成为了当地居民）居住所在地，形成旅游地产产业集群及相关产业集群。

（一）影响旅游地产产业集聚的因素

旅游资源禀赋。旅游资源禀赋是旅游地产产品开发的前提与基础，具体是指区域拥有的旅游资源丰富且独特性与垄断性较强，如拥有优质山海、湖泊、温泉、林地资源等，旅游资源对游客的吸引力越大，越容易形成产业集聚。

区位与可进入性。旅游地产项目的区位条件指从客源地到目的地的空间距离及目的地的可达程度。旅游地产产品具有不可位移性，游客需要亲自抵达目的地才能完成一次旅游消费，因此目的地的可进入性至关重要，直接影响了游客目的地选择与消费行为。

规模经济与收益递增。规模经济包括纵向规模经济与横向规模经济。纵向规模经济指随着企业一体化的发展和企业规模的扩大，生产成本和交易费用不断降低，而在旅游地产中，除吸引物的市场结构为垄断竞争外，其他配套产业更多地表现为完全竞争的市场结构特征，旅游地产产业集聚主要体现为横向规模经济，即大量中小企业聚集，相互竞争与合作，提高旅游目的地对游客的整体吸引力，如旅游集散地、餐饮设施、住宿设施、购物设施与娱乐设施的建设。

消费者偏好。消费者偏好的变化为旅游地产企业带来了新的利润空间。为满足游客多样化的需求，提供不同产品的企业不断出现，企业空间集聚的趋势不断加强，以打造差异化的旅游地产产品，满足消费者的不同需求。

市场关联。市场关联包括上下游企业之间的“垂直关联”，即产业链上的前向关联和后向关联，还包括“水平关联”即同类企业之间的交往。高度关联性是旅游地产产业的重要特征，行业间的横向和纵向联系推动了旅游地产产业系统的形成，提高了旅游地产的产业集聚化程度。

政府政策与发展环境。政府政策支持对旅游产业集聚具有重要的推动作用，如政府积极进行招商引资、引进人才、提供完善的基础设施和服务设施，为旅游地产业创造良好的发展环境，这些都能吸引更多的资金、社会资本和人力资源向旅游目的地集聚。

（二）旅游地产产业集聚的内在机理

从直观上看，经济活动的空间分布是两个相反的力量相互作用的结果。这两个相反力量即集聚的力量（或向心力）与分散的力量（或离心力），经济活动的空间分布就是这两种力量推拉消费者和企业行为后达到平衡的复杂结果。旅游地产产业集聚形成后，经济活动的空间集中何以维持，取决于向心力和离心力之间的平衡。

具体而言，旅游地产产业集聚的向心力来自于旅游目的地的吸引力、充裕的客源市场需求、完善的配套设施、产业关联效应和外溢效应等；而离心力主要来自于产品老化、生态环境恶化、过于拥挤、服务质量下降、同质性竞争激烈等导致的旅游目的地吸引力减弱、游客偏好发生改变；或旅游目的地遭到巨大灾害（如雪灾、地震、疫情等）以及宏观经济衰退的影响。开发条件较好的地区旅游地产产业集聚易于形成，但也容易受到外部因素的影响而在短时间内瓦解，因此旅游地产产业集聚的稳定性较差。

三、旅游地产集聚区形态

（一）产业园区

产业园区是在一大片的土地上聚集若干企业的区域。它具有如下特征：开发较大面积的土地；大面积的土地上有多个建筑物、工厂以及各种公共设施和娱乐设施；对常驻公司、土地利用率和建筑物类型实施限制；详细的区域规划对园区环境规定了执行标准和限制条件；为履行合同与协议、控制与适应公司进入园区、制定园区长期发展政策与计划等提供必要的管理条件。

（二）城市功能区

城市功能区是能实现相关社会资源空间聚集、有效发挥某种特定城市功能的地域空间，是城市有机体的一部分。城市功能区是实现城市经济社会各类职能的重要空间载体，集中地反映了城市的特性，是现代城市发展的一种形式。

（三）旅游综合体

是指基于一定的旅游资源与土地基础，以旅游休闲为导向进行土地综合开发而形成的，以互动发展的度假酒店集群、综合休闲项目、休闲地产社区为核心功能构架，整体服务品质较高的旅游休闲聚集区。作为聚集综合旅游功能的特定空间，旅游综合体是一个泛旅游产业聚集区，也是一个旅游经济系统，并有可能成为一个旅游休闲目的地。

（四）旅游小城镇

旅游小城镇是指具有丰富旅游资源，通过大力发展旅游业，使旅游业在当地产业结构中居于主导产业地位的小城镇。“旅游小城镇”作为推动中国旅游业二次创业以及推进中国城市化进程的重要途径，在国家政策层面得到了大力支持，在实践中也得到了快速推广。

第二节　旅游地产开发的产业融合

一、旅游地产产业融合定义

产业融合是在经济全球化、高新技术迅速发展的大背景下，产业提高生产率和竞争力的一种发展模式和产业组织形式。旅游地产产业融合发展是指旅游地产产业与其他产业或旅游地产产业内不同行业相互渗透、相互交叉，最终融合为一体，逐步形成新产业或产业链的动态发展过程。其结果是既满足了游客市场的有效需求，也节约了相关企业与机构的投入成本，并获得了“1 +1 >2”的协同效应。

二、旅游地产产业融合的方式

产业融合的主要方式有三种：

一是高新技术的渗透融合。即高新技术及其相关产业向其他产业渗透、融合，并形成新的产业。高新技术向传统产业不断渗透,成为提升和引领高新技术产业发展的关键性因素,高新技术及产业发展有利于提升传统产业的发展水平,加速传统产业的高技术化。主要体现在:促进传统产业的高附加值化,促进传统产业推出新品种和新的产业,促进传统产业装备现代化。

二是产业间的延伸融合。即通过产业间的互补和延伸,实现产业间的融合,往往发生在高科技产业的产业链自然延伸的部分。这类融合通过赋予原有产业新的附加功能和更强的竞争力,形成融合型的产业新体系,更多地表现为服务业向第一产业和第二产业的延伸和渗透。

三是产业内部的重组融合。重组融合主要发生在具有紧密联系的产业或同一产业内部不同行业之间,是指原本各自独立的产品或服务在同一标准元件束或集合下通过重组完全结为一体的整合过程。通过重组型融合而产生的产品或服务往往是不同于原有产品或服务的新型产品或服务。

三、旅游地产相关产业

2010 年 7 月《贯彻落实国务院关于加快发展旅游业意见重点工作分工方案》中提出"大力推进旅游与文化、体育、农业、工业、林业、商业、水利、地质、海洋、环保、气象等相关产业和行业的融合发展"。

(一)旅游地产与文化创意产业

文化创意产业实质上就是通过开发"人脑"这个主体资源,实现"无中生有"和"有中生优"的创意转化,用无限的创意突破有限的旅游资源束缚,实现旅游资源无限的丰富的想象,从而促进旅游资源由资源驱动向文化软驱动转变。文化创意是旅游地产的灵魂和重要内容,任何旅游地产项目无一不以文化创意为内容,并与文化创意密切联系和接触。

(二)旅游地产与商务会展

商务交流活动日益频繁,商务人士的需求不断更新,促进了可以快速办理入住/退房,办公设施、会议室、健身设备齐全,有好的配套餐厅的商务酒店,具备多种功能的企业会所和俱乐部的发展。

会展包括会议和展览,会展业范围很广,涉及会议、奖励旅游、大会、展览。会展活动的开展,往往伴随着各种经贸洽谈会、技术交流会的举办,并且需要运输、广告、公关、餐饮、银行、邮政、电信等部门为其服务,这些与会展有关的服务活动的总和,构成了蔚为壮观的会展经济。基于会展经济这样强大的社会资源的聚合效应和高附加值配套需求,通过有计划地兴建会展中心的方式,可以带动相关经济发展,达到兴旺房地产市场的目的。

（三）旅游地产与体育产业

在体验经济时代，旅游者越来越注重旅游体验过程，而体育的表现性、运动性、参与性正好适应了人们的旅游需求。旅游者可观赏体育赛事的激烈和运动美，也可亲自参加滑雪、登山、冬泳、龙舟竞赛等活动。正是人们对体育产品的旅游需求，导致产生了丰富多样的体育旅游产品，促进了旅游、地产、体育的融合。

观看体育赛事、参加趣味性体育竞赛、参加体育节等，都是伴随着体育产业的发展而出现的新的旅游吸引物；体育产业的运动器材、赛事吉祥物、体育服饰等都可开发为旅游商品；中国地域广阔，名山大川众多，利用各地丰富的山水资源所开发的漂流、游泳、划船、冲浪、垂钓、攀岩、登山、野外探险、滑雪、滑冰、滑草、骑马、户外等体育健身休闲游项目，目前越来越受到游客的青睐；高尔夫、滑雪等主题度假村相继出现。

（四）旅游地产与休闲农业

休闲农业是利用农业景观资源和农业生产条件，发展观光、休闲、旅游的一种新型农业生产经营形态。城市居民已不满足于简单的逛公园休闲方式，而是寻求一些回归自然、返璞归真的生活方式。利用节假日到郊区去体验现代农业的风貌、参与农业劳作和进行垂钓等现实需求，使我国众多农业科技园区由单一的生产示范功能，逐渐转变为兼有休闲和观光等多项功能的农业园区。

利用农村设备与空间、农业生产场地、农业产品、农业经营活动、自然生态、农业自然环境、农村人文资源等，发挥农业与农村休闲旅游功能，开发综合性的休闲农业区，游客不仅可观光、采果、体验农作、了解农民生活、享受乡土情趣，而且可以住宿、度假、游乐，同时，还可以调整农业结构，改善农业环境，增加农民收入。

（五）旅游地产与汽车行业

露营是旅游地产的另一种模式。虽然中国房车旅游未来前景不可限量，但由于营地建设刚刚起步，在数量、质量及经营管理等方面都与国外存在很大差距，因此成为产业链中制约房车制造业发展的瓶颈。目前，已有不少投资者注意到这条产业链，并开始积极推动营地建设，从而使这条产业链协调发展。另外，自驾车游在我国已成为旅游业中的重要组成部分，自驾车俱乐部、网站、旅行社层出不穷，自驾车将成为未来旅游的主流方式。自驾车旅游的快速发展需要高质量的露营地作为停留基地，同时，露营地旅游是休闲旅游的新亮点，市场发展空间广大，随着人们对这一活动的深入，必将推动汽车及其他相关产业的发展。

就目前我国的消费水平及收入水平来看，房车仍然是一种“奢侈品”。房车购买者仅仅局限在生活水平较高的人群中。因此，房车俱乐部应运而生，为崇尚房车露营旅游的游客提供租赁服务。过去，由于大多为进口房车，因此租赁费用较高，而昂贵的费用也让不少游客望而止步。近年，由于露营市场的不断发展，为满足不同层次的消费市场，低价的国产皮卡房车陆续上市，大大降低了租赁费，拓展了市场空间，房车租赁前景广大。

第三节 村镇旅游模式中的产业链价值

在旅游供给与旅游需求的双重作用下，我国旅游产业已进入新的发展阶段，实力逐步壮大，并同其他产业有机融合、协调发展，进入产业融合化发展阶段。而某些旅游业先进地区，更是将融合化的旅游产业发展与村镇发展结合起来，以旅游产业为主导产业，构建起旅游村镇。在进一步推动旅游产业规模化、多元化发展的同时，也推动了村镇的专门化、和谐化发展。

谈起村镇旅游，不得不涉及的内容就是三农问题，不得不考虑的是农业自身的体系化、产业化发展问题，除此之外，还必须考虑三大产业之间的协调发展。从概念来说，笔者认为村镇旅游模式就是农业产业价值链上下延伸和横向拓展的产物。农业旅游是一个产品概念，农村城镇旅游是一个区域概念，农民旅游是一个市场概念。从产业价值发展入题、经济结构优化入手可以成为解决三农问题的突破口。

一、农业产业价值链

随着产业内分工不断向纵深发展，传统的产业内部不同类型的价值创造活动逐步由一个企业为主导分离为多个企业的活动，这些企业相互构成上下游关系，共同创造价值。上下游关联的企业与企业之间存在产业价值链。即产业价值链是产业链上企业在竞争中所执行的一系列经济活动，这是从价值角度的界定。产业价值链是价值创造和价值活动的组织结构。

如果说“产业链”描述了产业内各类企业的职能定位及其相互关系，说明产业市场的结构形态，那么，“产业价值链”的概念则更加突出了“创造价值”这一最终目标，描述了价值在产业链中的传递、转移和增值过程。产业价值链的形成正是在产业链的结构下遵循价值的发现和再创造过程，充分整合产业链中各企业的价值链，持续地对产业链价值系统进行设计和再设计。

产业价值链是由产业链内各个企业的价值链整合而成，各企业的价值链由联结点衔接。在产业链没有形成前，各企业的价值链是相互独立的，彼此之间的价值联结是松散的，甚至没有联系。通过产业整合，企业被捆绑到一个产业价值链系统，产业链上的产业价值链随之形成。产业价值链概念的提出，有利于企业向规模化、专业化方向集聚发展。

农业产业价值链概念是企业产业价值链理论的拓展和延伸，是农业企业获得竞争优势的一种组织模式，其目的都是创造价值，价值链是农业产业链的本质，农业产业链是价值链的表现形式。

二、农业产业价值链的延展模式

鉴于上述情况，笔者尝试着提出一种适合中国村镇发展实际的农业产业价值链的延展模式，主要包括纵向的延长和横向的拓展两个方面。该延展模式是逐步改变城乡“二元结构”，统筹城乡发展，推进社会主义新农村建设的重要途径之一，是建立有利于逐步改变城乡二元经济结构的体制。

（一）纵向延长

农业产业价值链的纵向延长模式包括前向延伸模式和后向延伸模式。前向延伸是指某产业价值链的产出促进了其他企业进入该产业的下游环节，从而使产业价值链得到延长（见图1）；后向延伸是指某产业价值链环节的投入促进其他企业进入该企业的上游环节，从而使产业价值链得到延长（见图2）。

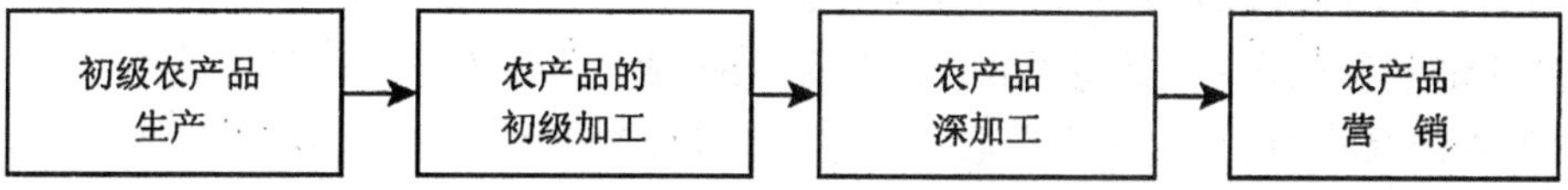

图1　农业产业价值链前向关联延伸模式

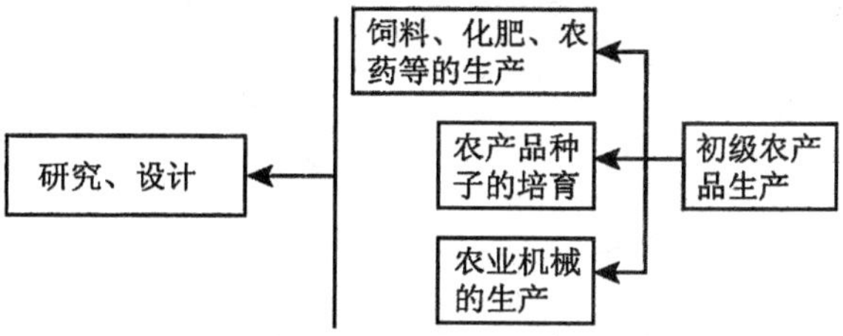

图2　农业产业价值链后向关联延伸模式

农业产业价值链的前向延长促进了市场对农产品的需求，从而促进了对初级农产品的需求，同时对初级农产品的质量也提出了更高的要求。因此，初级农产品生产环节的大量需求，促进了对农产品种子的培育、农用机械、饲料、化肥、农药等的需求，再向后延伸将是研究设计部门。

（二）横向拓展

即可拓展价值链的横向拓展。如利用农作物在生长过程、收获季节中的可观赏性，恰当的与当地旅游资源结合，开发生态观光旅游业；与高科技研究相结合，提升农产品级别，使农产品在性能、营养和消费品品质方面向当今社会需要的目标转变。农业产业价值链的纵向延长和横向拓展，最终形成了网络结构模式（见图3）。

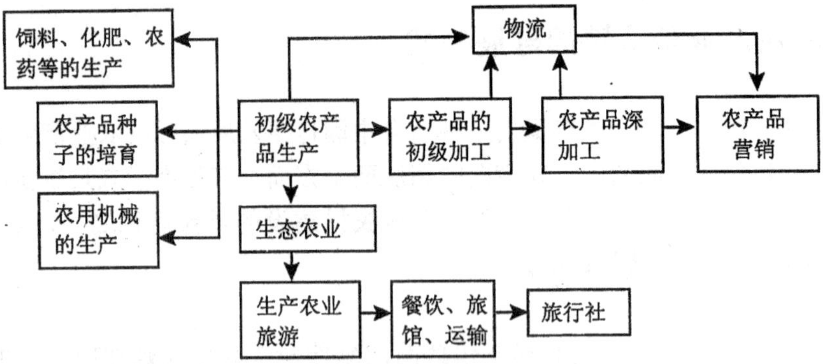

图3　农业产业价值链网络结构模式

现代农业产业价值链的延长和拓展将传统的农业产业链不断地向农产品加工业和流通业，甚至向生态观光业延伸，这样，原属于第二、三产业的农业关联产业，也纳入农业产业链的结构之中，提高了农产品的附加价值（见图4），有利于提升农业产业结构，增加农产品竞争力，增加农民收入，从而有利于减缓农业的弱质性，有利于实现小规模农业生产与现代化大生产的对接，进而推进社会主义新农村建设。

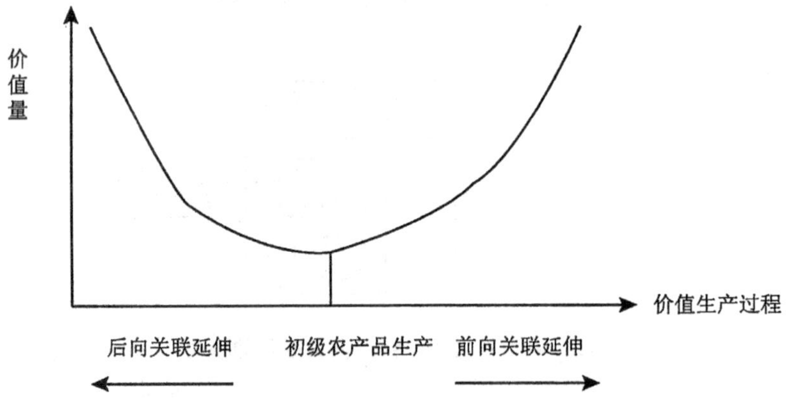

图4　农业产业价值链的拓展，带来的价值量的变化。初级农产品生产的价值量最低，价值量随产业价值链向纵深发展而增加。

三、村镇旅游的产业化过程

(一)村镇旅游产业化过程的原则

村镇旅游发展要紧抓以下三大原则：

一是旅游产业与其他产业形成融合化发展态势——这是旅游村镇发展的基础。经过三十多年的发展，国内旅游业已进入“产业融合化”发展阶段——旅游产业与农业、工业、第三产业中其他产业的利益关系日渐模糊、关联程度日益提高，产业之间的紧密联合、协调发展成为内在要求和必然趋势。围绕旅游产业形成的产业综合体，能够将各种产业有效联结起来，并相互协调共同实现促进城市发展的目标，从而成为旅游村镇形成、发展的基础；

二是以旅游产业为主导产业——这是旅游村镇发展的根本。旅游村镇发展的基础和动力是旅游业的发展。把旅游业确立为主导产业，是旅游村镇产业优势和产业结构合理优化的体现，是旅游村镇发展的根本。但是，仅将旅游产业确立为主导产业是不够的。还需要配套产业、服务产业，与旅游产业共同构成主导产业体系，使产业之间的利益关系更加紧密，使产业综合体更加稳固、可持续，从而使构建旅游村镇的基础更加坚实；

三是旅游产业综合体与村镇的整体性发展——这是旅游村镇发展的目标。一方面，围绕旅游产业形成的产业综合体，将充分发挥旅游产业的各种优势，为村镇经济、社会、环境的全面、协调发展，提供强劲的动力。另一方面，村镇的发展，将为旅游产业综合体的发展，提供更好的平台和载体，推动旅游产业综合体的横向扩张、纵深发展。以此，形成“旅游产业综合体发展——村镇发展——旅游产业综合体壮大”的良性循环，实现旅游产业综合体与村镇的整体性发展。

（二）村镇旅游的分类定位

我国村镇旅游的开发和提升产业，是依托村镇的原有特色而形成的，我们可以按照近些年来实际发展的现状，把村镇旅游按照以下分类方式进行总结定位。主要有：

一是资源拉动型——依托具有吸引力、知名度的旅游资源（或村镇本身就是旅游吸引物）随着以旅游产业为主导的产业综合体日益壮大、旅游产业与村镇发展的关系日益紧密，逐步形成旅游村镇。目前，国内大部分旅游村镇都属于这种类型。

二是交通节点型——旅游业的发展，特别是自驾游的兴起、跨区域旅游合作的深化，推动了旅游交通的快速发展。某些处于重要交通节点（如高速公路出口附近、旅游通道重要集散点）的村镇，在提供旅游交通服务及配套服务的同时，逐步建立起景区及购物、娱乐、信息等旅游产业要素，促进了旅游业的发展，形成旅游村镇。现在，由于自驾游体系不够完善、自驾游游客数量有限、旅游通道建设相对滞后等原因，国内这种类型的旅游村镇较少。但有些地区已将这类旅游村镇的建设，列入今后发展的重点。

三是村镇发展推动型——中国经济的快速发展、村镇化步伐的加快，掀起了新建村镇、改造村镇的热潮。在重视城市个性、形象、品牌的时代背景下，在新的城市规划观念的指引下，在旅游产业发展所带来的巨大效益的吸引下，许多新兴村镇在进行建设时，将旅游产业要素的需求，注入到城市景观、功能设施的设计、建造过程中。一方面，使城市成为“旅游产业要素的载体”；另一方面，使旅游业能够充分发挥“产业综合体”作用，促进旅游村镇的构建和发展。今后，旅游业与村镇发展的关系将越来越紧密。可以预见，这种类型的旅游村镇将越来越多。乡村旅游既是农业发展的新途径，也是旅游业发展的新领域，做大、做好、做活乡村旅游，在创造经济效益的同时，还能获得良好的社会效益和环境效益。

随着旅游者对乡村旅游品种的多样性、内容的丰富性和体验的差异性要求的提高，乡村旅游应加强产品类型和内涵，向集观赏、考察、学习、参与、娱乐、购物、休闲和度假于一体的综合型方向发展，以进一步提高产品的品位，延长产品的生命周期。在“新农村、新旅游、新体验、新风尚”思路的引领下，走旅、农、工、贸综合发展的产业化道路，持久地发挥其振兴农业、繁荣农村、富裕农民的作用。

（三）村镇旅游产业发展的策略

按照以上分类方式，推进村镇旅游产业发展要坚持以下六大策略：

一是提高产业化认识是乡村旅游产业化发展的前提。产业价值链条中各个产业链之间是相互影响、相互制约的，只有达到合理化的配置才能实现产业价值增值，实现共赢。然而在乡村旅游发展过程中有不少经营者忽视了乡村旅游发展链条中的重要环节（农业资源基础、旅游基础设施、卫生环境等），简单认为通过开发现有农田、果园、住宅便能组建成一个乡村旅游区，影响了乡村旅游的进一步发展。乡村旅游产业化是乡村旅游在农村进一步发展的必然选择，要实现乡村旅游特色化、规范化、规模化和品牌化经营，就必须提高乡村旅游地政府、企业、农民的产业化认识。

二是加强政府引导与科学规划是乡村旅游产业化发展的重点。为丰富乡村旅游活动、规范乡村旅游业发展、扩大乡村旅游发展规模，各级政府需要在资金的投入、地方标准的制定、基础设施的建设、人员培训等方面加强扶持和引导。改变各级政府仅从自身职能出发（环保部门抓环境、建设部门抓乡村改造、交通部门抓乡道建设、农业部门抓种植……）各行其道的发展态势，形成扶持的合力，将分散有限的财力优化配置，重点突破，变输血为造血，变授之以鱼为授之以渔。在政府的引导下，制订旅游产业规划，规划在立意上要以景区的概念建设乡村、以产业的观念开发三农资源、以服务的理念打造休闲产品。目前，一些地方也编制了乡村旅游发展规划，但大多停留在宏观的概念规划层面。泛泛地提出发展战略、目标定位、空间布局、市场开发……如同隔靴搔痒。村镇更需要的是把旅游发展规划深化到可操作的产业规划层面。村镇旅游产业规划重在产业的构成、产品的设计、生产链的形成以及开发模式、运作模式、营利模式等商业模式的设计，从而形成有效的旅游功能。重在将资源转化为产品，产品成为可出售的商品，农民得到实惠。规划能不能整合部门资源合力扶持要到钱、能不能吸引投资招到钱、能不能惠及农民赚到钱，是衡量规划效用的主要标准，空洞无用的规划只会误农损农。

三是建立利益联结机制和联动发展模式是乡村旅游产业化健康发展的关键和核心。政府、企业、农民等主体在参与发展乡村旅游的过程中,结成了一定的利益关系,经济利益是其追求的共同目标。可以借鉴近年农业产业化实践中出现的诸如合同制、合作制、股份制、股份合作制、利润返还等多种利益联结方式,促进企业与农民的分配机制由松散型向紧密型利益共同体转变,与农民在产权上结成更紧密的利益关系。形成生态、生产、生活的一体化,农、工、贸、旅的一体化,产、加、销一条龙,形成产业链条。探索多元化的开发运营模式,实现政府、企业、农村、农业、农民全方位的联动发展模式。

四是提高组织化程度是乡村旅游产业化向更高层次发展的根本途径。乡村旅游要向更高层次发展、取得更大的顾客满意、实现可持续发展,就必须提高乡村旅游企业的组织化程度。引导经营单体形成一定集聚规模,引导形成有效管理,利益协调,自我保护,共同发展的合作化组织。

五是以农为本,保护资源,形成产业特色是乡村旅游产业化发展的保障。乡村旅游的开发应以农村的自然风貌和生产、生活、生态为核心资源,以农业为根本。围绕农事、农产、农活、农俗、农民而展开,以增加农民收入为目标。以农民利益为主要的出发点和归宿点,均衡政府、开发商、社区、旅游者、农民各自的利益。坚持以农为本的乡村旅游产业导向,保证乡村旅游的原真性。构建一乡一业、一村一品、一家一招的特色产业和产品,打造核心竞争力,只有如此才能打造吸引力,经营吸引力,保障乡村旅游向产业化、专业化发展。

六是乡村旅游产业的优化升级。十七届三中全会《关于推进农村改革发展若干重大问题的决定》关于土地承包经营权等生产要素的流转,规模现代农业的经营,农村合作组织、农业社会化服务体系建立,城乡一体化发展等利好政策,为乡村旅游的发展提供了重大的战略机遇和新的动力。在具有资源、区位、市场的优势,且要素集聚、规模集中、生产集约,已具产业化雏形或进入产业初级阶段的地区,发展的重点不在于小打小闹搞了多少户农家乐,而在于能否根据发展阶段,政策引导适度推进,形成乡村旅游产业化集约化发展。以乡村旅游村群落、乡村休闲连绵带、乡村度假区块为目标,打造乡村旅游的综合体,多元产品的复合体。促进产业优化升级,使乡村旅游由数量粗放增长向品质效益转型升级转变,最终实现发展方式的转变。

四、村镇旅游的开发模式

不同的乡村旅游开发地的旅游资源状况,造成了它们在开发模式上的不同,从这个角度出发可以将乡村旅游模式归纳为以下七种:

一是民俗风情型发展模式——适用民俗风情型发展模式的地方，具有独特而完整的民俗文化，由文化衍生的各种传统民俗活动也很丰富，得到了完整的保护和传承。民俗风情型发展模式，就是以农村民俗风情为载体而开展旅游活动的发展模式，以当地民间的日常生活方式及文化吸引外来旅游者。民俗风情的内容，包括地方特有的风俗和风物，如岁时、节日、婚姻、生育、寿诞、民间医药、丧葬、交际、礼仪、服饰、饮食、居住、器用、交通、生产、职业、民间工艺、宗教、社会、娱乐、信仰、祭祀、巫卜、禁忌等。以这些风俗风物作为旅游项目的基本内容，进行整合包装，保留原汁原味，杜绝舞台化、戏曲化，推出品味较高、游客参与性强的旅游活动项目等。这种模式，既展示了乡村不同阶段的整体人文系统状况，也满足了游客认知和体验的愿望。

二是农场庄园型发展模式——主要分为两种类型：一种是以农业资源为依托，开发形成教育农园、市民农园、租赁农园等多种形态，凭此开展旅游活动。这种模式承载了农旅结合的农事参与、自然教育等功能。另一种是产业庄园，集生产、研发、销售、交流、教育和旅游为一体的现代化农庄，比较成熟的有葡萄酒庄园、香料庄园、草莓庄园和西瓜庄园等。这种产业庄园既是旅游目的地，又是现代农业产业化生产基地。以农业资源为依托的乡村旅游，适用于具有特色农业生产活动的地区，并且要求当地的经济发展达到一定的高度。因为农场庄园强调生产性、科学性、知识性、艺术性和商业性的融合，寓农业生产于休闲旅游之中，提供田园之乐，比较受都市旅游者的欢迎。

三是景区依托型发展模式——适用于有良好的自然风景旅游资源或位于旅游风景区周围，与风景区之间有较为便捷的交通联结的地区，主要是在地势较为平坦、道路较为通达的风景区周边发展，利用农业资源和自然风景资源互补的组合优势开发乡村旅游产品。这是一些著名风景名胜区的一种附属产品，以景区游客为主要的目标市场，开发中较多地保存着乡村的原生状态，如江西井冈山的公社食堂、湖北随州观光农业区等。也有部分风景区内的村庄，利用风景区资源优势发展乡村旅游，游客在欣赏风景区内的自然风景之余，派生欣赏乡村景观。

四是度假休闲型发展模式——即农家乐型发展模式，是指地处村镇周边的乡村，利用离城市近，交通便利的条件，以乡村生态景观、乡村文化和农民的生产生活为基础，以家庭为具体接待单位，开展旅游活动。这种发展模式投资少、风险小、经营活、见效快，由农民利用自家院落所依傍的田园风光、自然景点，以低廉的价格吸引市民，游客在农家田园寻求乐趣，体验与城市生活不同的乡村趣味。度假休闲型发展模式使用范围较广，一般位于大中城市周边的乡村，只要有足够的城市居民短途休假需求市场，都可以尝试开发休闲度假型的乡村旅游，但要注意培育自身的特色，防止与周边其他乡村旅游景点产品雷同。

五是特色产业带动型发展模式——特色产业带动型的乡村旅游，需要当地具有生产某种特色产品的历史传统和自然条件，有相应的产业，且市场需求旺盛，通过产业集群形成一定规模。特色产业带动型发展模式，在村镇的范围内，依托所在地区独特的优势，围绕一个特色产品或产业链，实行专业化生产，一村一业发展壮大，进一步带动乡村旅游发展的发展。特色产业带动型乡村旅游通常会和农场庄园、度假休闲型乡村旅游相交叉。

六是现代农村展示型发展模式——现代农村展示型发展模式的使用面相对较窄一点，这种模式的乡村旅游必须以新农村形象为旅游吸引物，只能在率先步入小康阶段的社会主义现代化新农村开展。这种农村必须是经济发达，交通便利，知名度较大的乡村，以新为特点，在住宅、街巷、道路和生态环境、产业设施以及各种配套设施方面，都发生了全新的改变，成为乡村城市化、城乡一体化的典范。这些地方可以开展乡镇工业游、农业游、红色游、党员先进性教育游、社会主义新农村游等多条特色旅游线路，但需注意在发展乡村旅游的同时要处理好与发展其他产业的关系，引导当地农民参与旅游活动。

七是旅游小村镇型发展模式——旅游小村镇型发展模式，是指把旅游开发与农村乡镇建设有机地结合起来，把旅游资源丰富的乡镇建设成为旅游小村镇。一般来说，有旅游开发价值的小村镇，多数具有突出的地方特色和悠久的历史文化，体量适中，易于集散，居住条件、基础设施具有一定基础，具有独特的旅游资源，具有较大的发展潜力。

旅游地产开发导则之运营

第一节 旅游地产项目运营模式

一、分期开发模式

2011年8月31日,济南市城乡建设委员会发布《关于办理房地产开发项目经营权证明的通知》。通知明确指出,10万平方米以下的开发项目原则上不予分期,10万至20万平方米的项目可分二期,20万平方米以上的项目每期不少于15万平方米。

通知指出,开发项目的分期标准主要有四个:第一,依据开发期限及有关要求进行合理分期;第二,先期安排开发项目公共及配套设施建设;第三,10万平方米以下的原则上不予分期,10万至20万平方米的可分二期,20万平方米以上的每期不少于15万平方米;第四,《房地产开发经营权证明》载明的分期内容将作为开发项目分期竣工综合验收的依据。

通知同时指出,限制分期开发规模,主要是为了做好项目的综合验收,如果一个项目分期过多,会影响到整个项目配套设施的完善,配套迟迟做不好,也会影响业主的生活。

目前,国内地产项目的"分期开发"的模式,整体规划性不强,仅是简单地切割土地;名称虽然有联系,但项目之间并无联系,不能体现大盘应有的优势、气魄和辐射力,普遍存在整体性差、规划滞后、资源无法共享和社区感觉不统一等问题。

二、PUD开发模式

PUD之所以能得到开发商的追捧和客户的认同,这得力于它所具有的弹性。任何一个PUD项目,它的开发计划都可以为适应市场需求而做出相应改变。一旦你在施工中发现计划有问题,无法适应市场的变化,可以马上修正PUD。

（一）何谓 PUD

20 世纪 70 年代到 80 年代，是西方特别是美国房地产开发发展的另外一个重要阶段。美国地方政府通过许多法令，使得多元化的住宅区域开发成为可能。这个阶段的集中特点是“有规划的单元开发”。后来在日本和台湾都得到了发展。

所谓“有规划的单元开发”，是指政府在开发批准的审核下，不再维持以往的按照住宅地块一块一块的批准，而是为了整体规划的需要，把整个开发区统一审核，这种方式，英语称为“Planned Unit Developments”，一般简称为“PUD”。

PUD 最基本的思路就是讲求规划的整体性。凡是采用 PUD 的建设项目，不论是住宅、商用或商住混合建筑，都有一个共同特点，即都是一个整体的规划而不是一个一个地块的设计。任何一个 PUD 项目上马，开发商都会有一个总体的规划，哪个地块修住宅、哪个地块修公共设施、哪个地块修道路，甚而住宅单元的风格、密度和构形，都会在开发商计量范围，这不仅避免了传统土地开发模式造成的市区和郊区建筑杂乱无序的状况，而且开发商还可以预测自己掌控的土地何时或何地会产生何样的房屋形态，由此避免由于设计缺乏连续规划性而衍生的建筑群不协调不匹配等问题。

（二）PUD 重要特点

用 PUD 来进行开发的建设项目，整块土地上的建筑形态不会一模一样。现在的小区建筑，住宅样式、墙面色彩、造型全一个样，统一中显得单调乏味。PUD 则容许各种各样风格迥异的建筑并存于同一个开放的空间，可以看见意大利托斯坎那风格、法国风格、西班牙风格等各种欧洲经典风格的建筑。这些建筑在 PUD 的总规下奇异而和谐的共存。

PUD 具有的特点主要有：

统一规划。根据市场要求，“有规划的单位开发区”即“PUD”的大小不一，有些可以接近新市镇规模，应有尽有，完全是一个独立城镇，也有些仅仅是小型住宅区域。但是，无论大小，“PUD”都具有统一的设计趋向，采用统一的规划，在建筑户型、色彩、材料、公共形象、标志甚至类似栏杆、大门、入口、景观、环境艺术等方面都保持一致，形成鲜明的本身形象，这是“PUD”从新城镇中吸收的重要因素。

主题开发。房地产开发商或者根据当时市场流行的要求，提供几个不同的设计风格供选择，或者根据某个主题创造一个新风格。比如以高尔夫为主题的“PUD”社区，骑马“PUD”社区、航海“PUD”社区等，来吸引特定的客户。

组团开发。吸收新市镇的经验，在开发大规模“PUD”的时候，往往采用组团方式，相对集中住宅部分，留出大面积的空间作为自然环境、主题活动使用。美国对于“PUD”内部街道的标准，往往允许比标准马路要窄一些，增加自然空间。

三、旅游地产开发的经济技术指标

房地产开发项目规划设计有关技术经济指标一般包括下面几项内容。

平均层数。平均层数是指各种住宅层数的平均值,一般按各种层数总建筑面积与总占地面积之比进行计算。

居住建筑密度。居住建筑密度=居住建筑基底面积/居住建筑用地面积×100%。居住建筑密度主要取决于房屋布置对气候、防火、防震、地形条件和院落使用等要求。因此,居住建筑密度与房屋间距、建筑层数、层高、房屋排列方式等有关。在同样条件下,一般住宅层数愈高,居住建筑密度越低。

居住面积密度。居住面积密度=居住面积/居住建筑用地面积(米 /公顷)。居住面积密度是最能表示住宅群用地是否经济的主要指标。它也与住宅层数、平面系数、层高、房屋间距、房屋排列方式等有关,因此为了全面地反映住宅布置、平面设计和用地之间的关系,一般将居住建筑密度和居住面积密度两个指标同时使用,相互校核。

居住建筑面积密度。居住建筑面积密度=居住建筑总面积/居住建筑用地面积(米 /公顷)。为了便于统计和控制住宅的建设量,在实际工作中常用居住建筑面积密度来表示。

建筑容积率。建筑容积率=居住建筑总面积(平方米)/居住建筑用地面积(平方米)。建筑容积率与建筑面积密度含义类同,区别在于容积率是无量纲的指数。

人口净密度。人口净密度=居住人数/居住建筑用地面积(人/公顷)。人口净密度不仅反映了住宅分布的密集程度,还反映了平均居住水平,因此规划中通常作为概算用地的综合指标。

居住建筑用地指标。居住建筑用地指标决定于四个因素:居住面积定额(米 /人);墙住面积密度(米 /公顷);居住建筑密度(%);平均层数。平均每人居住建筑用地=平均每人居住面积定额/层数×居住建筑密度×平面系数(米 /人)或平均每人居住建筑用地=每人居住面积定额×居住建筑用地面积/总居住面积(米 /人)。

第二节　旅游地产物业运营模式

一个旅游地产项目的成功,必然离不开各类子项目的健康运营和持续赢利。然而,又因为各子项目性质差别较大,项目运营特点差别较大,因此也对运营主体的操作能力提出了较大挑战。下面将分别按项目性质差异,对旅游地产中的酒店、商业及文化设施类物业的运营模式进行解构,以供借鉴。

一、酒店物业运营模式

酒店是旅游地产项目中必不可少的一项，从项目前期开发到后期项目营销，酒店都占据了相当重要的地位。随着国内旅游业的发展，中国也逐渐成为全球酒店业聚焦的核心市场，越来越多的本土地产商及投资商开始频繁与国际酒店管理公司进行合作。这些合作大部分是酒店管理公司进行管理输出，也有一些合作直接涉及参股与合资。

（一）委托管理模式

由投资商投资酒店，委托专业的酒店管理公司进行全面管理的合作形式称为委托管理。酒店委托管理就是指酒店管理公司与开发投资商（或业主方）签订酒店委托管理合同，派出以总经理为首的酒店经营管理班子，发挥酒店委托管理专业特长和酒店集团管理优势，对托管饭店进行全权酒店委托管理，即对酒店的经营结果负责，按照酒店经营业绩定期提取酒店委托管理费。

（二）特许经营模式

特许经营是指特许经营权拥有者，即酒店管理公司，以合同约定的形式允许被特许经营者有偿使用其名称、标志、专有技术、产品及运作管理经验等从事酒店经营活动的商业经营模式。特许经营的合作方式下，酒店管理公司只为酒店业主提供必要的支持体系以及运营管理服务。

在美国，酒店特许经营模式已经发展得非常成熟，大部分业主更希望采用特许经营的模式。而中国业主由于缺乏管理经验，更加希望酒店由酒店集团来管理，不过随着中国酒店业的不断成熟，特许经营模式也得到了比较好的发展机遇。

（三）租赁经营模式

对酒店的经营者来说，租赁经营的模式让管理者拥有完全的自主经营权，同时阶段性地支付固定的租赁费可避免大量的初始资金的投入。对业主来说，这种方式更接近于一种财务性投资，在选择一个好的酒店品牌后，长期的现金流量得到了一定的保证，同时也能提高其无形资产价值。这种酒店经营模式的主要特征是：双方根据所处市场谈判具体租赁协议，租金可包括场地租金，或外加各种资产税，维护费用和保险费用等，也可由一般的固定租金到经营利润的提成。

（四）自主经营模式

酒店的所有者和经营者都是业主。经营理念是希望提供一个能够让人完全放松身心的空间，营业项目包括酒店投资、酒店公寓销售、酒店管理合约、SPA 经营、艺品店、产业销售、设计费及其他项目（包括设计及专案管理、高尔夫球场经营）等，其主营业务为度假村及酒店的管理、开发及投资。

二、商业地产的运营模式

商业地产项目的成功开发，并不仅仅是一个简单的生产与销售过程，而是通过对商业物业的持有和商业运营来实现增值。在商业和地产的组合中，如果说地产是骨骼和肌肉，那么商业便是心脏和血液，而其开发模式就是灵魂，只有三者齐备完善，商业地产才能健康运转。

（一）只售不租

只售不租的模式即是开发商只销售、出让产权，销售完成之后基本上就不再进行干预，仅由物业管理部门进行日常的统一维护管理，这是旧有商业地产开发普遍采用的经营方式。开发商可以快速回收投资，进而实现短期套现，减轻资金压力，并且无需承担后期经营的压力和风险，同时投资者也具备完全的经营自主权。

但由于产权被分割出售后，经营权迅速分散，开发商无法进行统一的招商和统一的经营管理，而经营者往往根据自己的判断"什么赚钱卖什么"来选择经营品种，导致业种业态组合混乱，呈现一种无序状态，最终导致商铺的价值也大大缩水。

只售不租的商业地产开发模式，只能局限于商业的大宗销售或少量的社区街铺，对于大卖场散铺销售和大型商业街销售，采取只售不租往往引起经营管理失控。由于管理不善导致商场难以经营甚至瘫痪的悲剧在商业地产领域时有发生，甚至已成为一种通病。

（二）只租不售

商业地产开发商掌握产权，对所有的商业物业采取只租不售的形式，期望通过租赁持续性获利。在具体的操作方式上，租赁模式又可分为整体出租、分层或分片出租、零散出租等形式。这种模式需要开发商自己进行市场培育，营造商业氛围，并承担经营风险，通过持续有效的经营管理提升商业价值。如果经营得好的话，有利于打造项目的品牌价值，提升项目的竞争力，使整个物业能长期稳定地成为一个品牌。

但是，缺乏商业经营能力的发展商采取只租不售模式，往往会遇到两难的境况：如果将物业大宗租赁给大商家，虽然经营收益稳定，经营风险降低，但是随着商战的升级，大商家所支付的租金回报较低；如果采取散租模式，虽然能提高预期的租金收益，但由于自身经营能力弱，往往导致商场经营失败。

目前的商业地产只租不售的模式更多地体现在购物中心的开发上，在购物中心遭遇"一卖就死"的黑色定律之后，越来越多的开发商不得不面临购物中心运营的现实。因为面临资金压力，越来越多的购物中心开发商不再急于出售商业房地产产权，而更加看好、注重通过商业项目的管理、运作，提升物业的潜在价值。

（三）不售不租

商业地产开发商对旗下的商业物业不售不租，采取自主经营模式，纷纷介入百货、超市、家居等零售行业。开发商自主经营,既是所有者,同时也是经营者,在商业经营中应具有一定的优势。但是,值得注意的是,由于房地产开发与商业经营隔行如隔山,导致很多商业地产开发商在尝试商业运营时困难重重。

房地产开发商介人商业自营,另一个动因是出于融资考虑。随着房地产开发融资难度加大,一些房地产开发商看中了零售超市百货的流动资金,把零售商场巨大的资金流量视为新的房地产融资渠道。

(四)租售结合

租售结合的模式,就是租一部分售一部分,开发商往往将物业的一部分租给主力店,再销售一小部分商铺,以平衡资金压力和经营风险的矛盾,这种模式具备较高的灵活性和可控性。

采用这种经营模式,要把握好出售和出租的比例及结构。通常情况下,开发商都掌握大部分的产权,出售的只是小部分,往往将高楼层整体出租给品牌商家,以品牌商家为商场经营的主体,发挥他们的品牌效应,将低楼层作为大商家的辅营区分割后出售,即“主力店+辅营区”的模式,主力店品牌商家的进驻能提升辅营区的销售价值。而销售区和非销售区相对完整独立,即使未来销售区经营出现问题,也不影响高楼层的经营。

租一部分售一部分的“主力店+辅营区”模式,其运营要点之一在于:以优惠的租金引进零售的主力店、次主力店,尽管他们的租金一般都很低,但这些大品牌的进驻,将聚集人气,带旺该商场,总的来说还是得大于失。运营要点之二在于:通过主力店提升辅营区的销售价值,同时必须找到辅营区的准确定位,真正利用主力店的人流。

(五)开发商与商家联营

开发商与商家联营是商业地产开发经营中一种较新的模式,房地产商在开发商业地产之前,就先与知名商业企业结成战略联盟,在明确了主力店的情况下,对商圈进行了准确的分析、合理的市场定位和业态组合,这样可减少各种资源的浪费,同时,开发商可以借助商业巨头的品牌效应提升自身的形象,加快中小店的招商进度。

三、文化设施运营模式

(一)文化街区的运营

成立专门的艺术区建设管理办公室,推进艺术区当代艺术与文化创意产业的发展。通过对园区的服务中心、展览展示中心和公共服务平台等项目的建设进一步为园区提供完善的服务,按照“保护、开发、稳定、发展”的指导方针对艺术区的核心区域、原创艺术进行有效保护,加强对艺术区的宣传与推广,进一步吸引国内外众多知名的艺术家及艺术机构,为园区内艺术品打造展览展示、交易拍卖的平台,推进园区产业升级，从而展示艺术区的魅力，打造艺术区品牌。

（二）民营博物馆的运营

1. 基金会＋理事制

基金会的公益文化品牌，是一个赢利不分配的机构，赢利多少钱都要用在博物馆上。在管理上，基金会接受社会捐赠，这些款项将用于支持博物馆建设，资助文物研究与保护项目。

引入的“理事会制”和“会员制”，每年缴纳一定费用，即可成为博物馆的理事和会员，并享有相应的权利。所有理事，都是博物馆共同的主人，可以继承和更换。在国外，能做博物馆的理事那是相当高的荣誉，是用钱也买不到的，理事可以对博物馆提供不定期的赞助。此外，各展厅还接受企业捐赠，作为回报，企业享有相应展厅10年的命名权。

此运营模式的资金来源主要是3部分，一是来自董事会，由为数不多的几个成功企业家组成，每年拨一定的款出来；二是来自理事会，这部分人不用承担博物馆的社会责任，拥有荣誉头衔，现在国内也有相当多成功的人士认识到了这一点，理事对博物馆有不定期的赞助；三是建立了博物馆会员制，每年缴纳一定金额的会费，可以享受诸多的优惠政策。

2. 股份化经营＋品牌赞助

博物馆所有权股份化，吸引4～5家中国大企业参与，每家持有一定的股份，让这些企业作为博物馆的长期赞助人，把博物馆的产权社会化，寻求博物馆机制的新突破。

资金链的构建上已经逐渐走向多元化、社会化和稳定化。一方面有来自国家的政策扶持、税收优惠，有时候甚至还会有专项的资金（一次几十万元不等）；另一方面则来自于博物馆自筹，包括基金会资金、社会赞助资金以及美术馆的门票、会员卡收入、咖啡屋、书店以及刚刚建立的艺术礼品店等商业性收入。其中，社会赞助占据整个资金链中的大部分，会员卡收入在不断上升，书店和礼品店经营不到一年时间就有了很大的发展空间。

3. 以房地产养博物馆

地产企业投资建设博物馆，并不仅仅依靠博物馆的门票与工艺品的收入来支撑博物馆的人工费和外事接待活动的开销以及基础设施费用等，博物馆主要依靠地产企业的地产项目供养。

4. 政府支持＋基金扶植＋民间赞助

国外私立博物馆大多有政府和各种基金的扶植以及相当数量的社会捐赠。

美国的博物馆在保持自身非营利公益事业机构性质的基础上，立足于美国市场经济的发展现状，大量引入了市场化的理论、方法，建立起了符合其外部环境的管理体系和运作模式。美国博物馆通常都具有很强的品牌意识，十分重视自身形象的确立和维护。美国博物馆一般都会引入企业运营中的CI理念，设计制作醒目、统一的博物馆标志，并且将此标志应用于博物馆的宣传资料、管理文件，甚至员工名片上。

美国博物馆的资金来源渠道相当广泛。除了博物馆门票收入外，还包括政府拨款、与博物馆相关的各类纪念品的销售、博物馆会员费、个人和社会团体的捐赠、专项基金运作收益、授权和特许销售费以及借展费等。

美国法律规定，博物馆不得直接动用基金本金，只能使用基金本金所产生的部分利息或投资收益，而且基金利益或投资收益也必须按一定比例充实到本金中去，以保证本金稳定增长。同时，为了保证基金运作能够持续得到收益，美国博物馆的基金一般不是交给本馆的业务人员操作，而是专门外聘职业经纪人负责研究和推荐项目，以期得到专业的建议和管理经验。

捐赠收入。美国的相关法律法规鼓励个人或企业团体支持文化事业的资金或实物捐赠，在税收等方面也给予一定优惠政策。通过多年实践，美国博物馆形成了丰富的筹款经验和一整套规范的操作模式，同时，美国博物馆的筹款工作也日益出现职业化的趋势。在美国的博物馆中，一般都会设立一个负责拓展资金来源的部门——发展部（Development Department），专门负责募集的发展资金。

会员费。为鼓励和吸引更多的公众加入到支持博物馆事业的行列中，美国博物馆不仅十分重视博物馆会员、博物馆之友，而且其相关活动也十分丰富。而博物馆收取的数额不等的会员费也积少成多，成为美国博物馆筹措发展资金的重要渠道之一。

博物馆经营收入。为了满足博物馆观众的各类需求，美国博物馆内一般都设立专门的经营服务部门，为观众提供语音导览、纪念品销售等服务。其中纪念品的销售每年为博物馆带来了大量的收益。

授权和特许经营费。美国博物馆的另一个资金来源就是通过授权和特许经营所取得的收益。一些企业也会围绕着博物馆生产相关的文化衍生品。这些企业通常都会交纳给博物馆一些费用，以求得博物馆的特许授权。此外，博物馆也会开放内部的经营场所给外部的企业经营。既满足了观众的需求，减少了博物馆自主开设相关服务设施的成本，同时也增加了收入。

四、高尔夫度假村运营模式

高尔夫度假村是指将高尔夫活动作为主要经营业务，为人们提供休闲度假的活动场所，即以高尔夫为其主要载体的体育主题旅馆。

（一）高尔夫度假村主要经营要素

1. 高水准的高尔夫球场

高尔夫球场是高尔夫度假村发展的关键所在，球场设计的一般原则：安全、公平、流动、弹性、进级、球技。球场要想得到顾客更多青睐，球洞必须为各种级别的球手提供公平迎战的机会。一般球场设计两种类型的高尔夫球洞——战略型和冒险型球洞。当今多数高尔夫球酒店以战略型球洞为主，再辅以少数冒险型球洞。高尔夫球场的设计融合了建筑、园林、环境、动力学等多种学科，真正为游客创造休闲、运动、挑战的竞技环境，使高尔夫球的精髓“挑战”得到充分体现。

同时高尔夫球场的维护是个艰巨的工程，如大面积草坪的维护，如果维护不当，使用大量的杀虫剂等会严重污染环境和水质。高尔夫球场更需要注重环保，注重科学技术的运用，寻求球场的高质量与由于高质量的要求而增加的维护成本之间的平衡，在保护环境的同时创造新的价值。

2. 专业的管理人员

高尔夫度假村不同于一般的酒店，它更需要专业化的管理人才：

高尔夫球场维护的专业人才。拥有草皮管理方面的广泛知识，通晓高尔夫球场养护与修理，并结合环保的理念，力求“绿色高尔夫”。

高尔夫专业培训人员。有良好的从业背景，管理能力以及比赛的各种知识，能够培训和指导各级水平的球手，真正将高尔夫文化传达给顾客。

高尔夫用品的销售人员。掌握高尔夫的各种专业知识，具有很强的销售导向，能够指导顾客购买合适的高尔夫用品。

3. 完善的配套设施

度假村，顾名思义，就是让游客在休闲时间内真正实现度假的功能，集食、住、行、游、购、娱于一体。高尔夫度假村是以高尔夫运动为主要载体，就是需要一系列的配套产品和服务与之相完善。高尔夫作为一种豪华、时尚的体育运动项目，就需要豪华设施设备的匹配，如专门的高尔夫用品商场、豪华舒适的客房、时尚健康的餐饮等，以及高尔夫运动项目的指导培训服务、高尔夫会员的个性化服务、定制化服务等。总之，要让游客在高尔夫度假村度假期间有一个完美的高尔夫体验。

4. 无处不在的高尔夫文化

高尔夫度假村作为一种主题化的体育饭店，其内部装潢，环境氛围以及固定的服务流程都渗透出一种高尔夫文化的理念，当顾客入住高尔夫度假村之后，这种思维将重复性的被复制，随着复制次数的增加，顾客思维随之依次步入熟悉—亲切—依恋三个不同阶段，也就形成了度假村的忠诚顾客。

高尔夫就是一种文化，一种生活方式。高尔夫度假村意在倡导一种健康、自在、和谐共生的生活理念，营造一种高尔夫的人际关系：互相尊重，以礼相待，以球会友，这也正是现代商业文化和社会关系中所追求的和谐和分寸感。

（二）高尔夫俱乐部的运营模式

高尔夫俱乐部将俱乐部和高尔夫运动项目相结合，满足了人们娱乐、休闲、社交等需求，成为大多数高尔夫度假村的主要运营形式。

目前我国高尔夫俱乐部主要有四种模式：

封闭式俱乐部（即会员制俱乐部）指高尔夫球场实行全封闭、严格的会员管理制度，并且有极高的市场定位的一种经营模式。

半开放式俱乐部公众的开放性和权力不等。设置不同的会员形式，会员仍凭会员管理制度中有关规定享受权利和义务，而非会员则按次消费，每次需交相应费用。利用差别定价的原则，吸引不同档次的客人，大多数俱乐部都采用此形式。

开放式俱乐部是向所有公众开放经营并赋予他们同等权利与职责的一种新型经营模式。顾客大众化和灵活的消费机制，首先，会员只需象征性地交缴一定活动费用即可，突破了原来大额会费的限制，具有极大灵活性；其次，实行连锁服务，会员可在全国连锁机构享受同等权力和服务，从而形成有效的激励机制。目前面对高尔夫消费的大众化，这种形式也受到大家的普遍欢迎。

CTS 经营模式又称“分时高尔夫”模式，指有关机构或个人与高尔夫企业签订协议，享受高尔夫球场在每年特定一段时期内的使用权，并可享受该时期内 CTS 系统内其他高尔夫球场的使用权，同时享有转让、馈赠、继承等系列权益的一种新型经营模式。一次性的会籍投入，加入 CTS 系统消费的顾客必须在进入之前支付一次性会费，作为其分时消费的成本投入，会员在一年中特定时期消费不需再交缴其他费用，时间地点不受限制。

旅游地产开发导则之营销

第一节 目的地营销

根据市场需要组织生产产品，并通过销售手段把产品提供给需要的客户被称作营销。营销是关于企业如何发现、创造和交付价值以满足一定目标市场的需求，并且获取利润的手段。营销用来辨识未被满足的需要，定义、量度目标市场的规模和利润潜力，找到最适合企业进入的市场细分和适合该细分的市场供给品。

一、目的地营销的理念

市场营销理念是指企业进行经营决策，组织管理市场营销活动的基本指导思想，也就是企业的经营哲学。它是一种观念，一种态度，或一种企业思维方式。市场营销观念是一种“以消费者需求为中心，以市场为出发点”的经营指导思想。

（一）知识营销

知识营销指的是向大众传播新的科学技术以及它们对人们生活的影响，通过科普宣传，让消费者不仅知其然，而且知其所以然，重新建立新的产品概念，进而使消费者萌发对新产品的需要，达到拓宽市场的目的。

（二）网络营销

就是利用网络进行营销活动。当今世界信息发达，信息网络技术被广泛应用于生产经营的各个领域，尤其是营销环节，形成网络营销。

（三）绿色营销

是指企业在整个营销过程中充分体现环保意识和社会意识，向消费者提供科学的、无污染的、有利于节约资源和符合良好社会道德准则的商品和服务，并采用无污染或少污染的生产和销售方式，引导并满足消费者有利于环境保护及身心健康的需求。

（四）个性化营销

即企业把对人的关注、人的个性释放及人的个性需求的满足推到空前中心的地位，企业与市场逐步建立一种新型关系，建立消费者个人数据库和信息档案，与消费者建立更为个人化的联系，及时地了解市场动向和顾客需求，向顾客提供一种个人化的销售和服务，顾客根据自身需求提出商品性能要求，企业尽可能按顾客要求进行生产，迎合消费者个别需求和品位，并应用信息，采用灵活战略适时地加以调整，以生产者与消费者之间的协调合作来提高竞争力，以多品种、中小批量混合生产取代过去的大批量生产。

（五）创新营销

创新是企业成功的关键，企业经营的最佳策略就是抢在别人之前淘汰自己的产品，这种把创新理论运用到市场营销中的新做法，包括营销观念的创新、营销产品的创新、营销组织的创新和营销技术的创新，要做到这一点，市场营销人员就必须随时保持思维模式的弹性，让自己成为“新思维的开创者”。

（六）整合营销

这是欧美20世纪90年代以消费者为导向的营销思想在传播领域的具体体现，起步于90年代，倡导者是美国的舒尔兹教授。这种理论是制造商和经销商营销思想上的整合，两者共同面向市场，协调使用各种不同的传播手段，发挥不同传播工具的优势，联合向消费者开展营销活动，寻找调动消费者购买积极性的因素，达到刺激消费者购买的目的。

（七）消费联盟

消费联盟是指某个营销主体以自愿入会的方式吸纳消费者加盟消费，取得该主体及其行销网络（结盟企业）的消费资格，营销主体将消费者在其行销网络中的累计消费金额换算成消费积分，然后根据消费者积分的多少，按一定比例给予消费者回报的一种营销方式。消费联盟是一种以消费者加盟和企业结盟为基础，以回报消费者利益的驱动机制的新型营销方式。

（八）连锁经营渠道

这是一种纵向发展的垂直营销系统，是由生产者、批发商和零售商组成的统一联合体，它把现代化工业大生产的原理应用于商业经营，实现了大量生产和大量销售相结合，对传统营销渠道是一种挑战。

（九）大市场营销

大市场营销是对传统市场营销组合战略的不断发展。该理论由美国营销学家菲利浦·科特勒提出，他指出，企业为了进入特定的市场，并在那里从事业务经营，在策略上应协调地运用经济的、心理的、政治的、公共关系等手段，以博得外国或地方各方面的合作与支持，从而达到预期的目的。

（十）综合市场营销沟通

这是一种市场营销沟通计划观念，即在计划中对不同的沟通形式，如一般性广告、直接反应广告、销售促进、公共关系等的战略地位做出估计，并通过对分散的信息加以综合，将以上形式结合起来，从而达到明确的、一致的及最大程度的沟通。这种沟通方式可以带来更多的信息及更好的销售效果，它能提高公司在适当的时间、地点把适当的信息提供给适当的顾客的能力。

二、目的地营销的思考

(一)旅游市场的变化与竞争

1. 旅游市场的新变化

这几年全国旅游行业出现了一系列的新变化：

第一个变化是各个旅游地之间的竞争空前激烈。旅游需求空前增加，旅游供给也空前提高，也就意味着，各地各个旅游地之间的竞争也空前激烈。

第二个变化是市场的结构性变化。首先，旅游产品的复合程度大为提高，观光旅游、休闲度假、商务旅游和特种旅游构成了一个复合型的产品体系。其次，空间结构上，全国各地旅游都开展起来了，产生了一个重大的空间变化，各地都有能力都有条件开发旅游。

2. 旅游市场的竞争

市场竞争主要体现在三个方面：

第一个方面是开发的竞争。现在各地都在努力完善产品，努力在对旅游者的各个服务细节上下工夫。并逐步推出更多、更细、更好的产品，这是开发竞争的一个集中体现。

第二个方面的竞争是营销的竞争。现在已经形成了一个多元化的竞争方式，在各种各样的营销竞争之中，也有一些常规的方式，也有一些创新的方式。

第三个方面的竞争是品牌竞争。在满足消费者某种愿望的同种产品中不同品牌之间的竞争。

因此，面对各个旅游地之间激烈的竞争，就要求我们要用更高的视角来做好景区的市场营销。在方法论上，做到营销的创新；在策略上，要做到营销形式的不断变化。

(二)目的地营销存在的问题

目前，各个旅游目的地之间竞争空前激烈，甚至达到了白热化的程度。在这个背景之下，传统的“目的地营销”面临的问题主要有：

1. 营销观念滞后

单纯把成熟的营销理论移植到旅游地产目的地营销中来。并且对旅游地产目的地作为一种综合旅游地产产品的特殊性所引发的营销理念和策略变革认识不足，如对目的地营销单纯化为主要是目的地形象的建立与传播，对目的地中的众多利益相关群体之间的利益冲突与协调不够，缺乏旅游地产目的地可持续发展的战略思想。

2. 营销目标单一

某个地区的旅游地产项目火了以后，其他地区一拥而上，没有目标市场之分，提供完全相同或者雷同的旅游地产产品。这种单一型的旅游地产项目不但造成旅游地产产品竞相降价，无序竞争，而且游客重游率和旅游地产综合收益率低下。另外，对旅游地产业绩的考核往往只通过游客数量及其增长速度以及旅游地产收入的数量等方面衡量，而忽视了对旅游地产服务质量、目的地居民的满意度及目的地社会、文化、自然环境协调发展的考量。结果造成在旅游地产促销期内，大量游客涌入目的地，客流量超过环境承载力，给当地社会、环境带来许多负面的影响。

3. 旅游地产目的地形象不够鲜明

目前许多旅游地产目的地形象混乱，不明确，目的地信息传播手段比较单一，混乱，缺乏成效，如广州素有“食在广州”和“购物天堂”美誉，但与广州相邻的香港，同样以“购物天堂”和“美食”著称，上海同样有“购物天堂”之称，这样，广州的形象不可避免与其他城市的旅游地产形象有一定趋同性和相互替代性。

4. 营销效果缺乏科学评估

旅游地产目的地的营销效果是指旅游地产营销的实际结果与营销投入的比较效益。目前，我国旅游地产目的地营销大多是政府主导下的营销活动，各地政府在目的地营销中投入大量资金用于促销活动，认为在促销上投入越多，宣传目的地效果越好，但是却缺乏对投入资金的监管和使用评价以及对营销方式优化的研究和对相关责任的追究，存在“盲目性、趋同性与随意性等问题”。

5. 营销方式形成泛滥的态势

总体来看，现在旅游目的地营销采取的方式主要有三类：第一类方式是交易会的方式；第二类主要方式是巡回促销；第三类主要方式是针对媒体。

6. 生产者导向的营销方法无法达到营销目标

目前，传统的营销方法所做的一切还是生产者导向。首先是有什么资源，然后是形成了什么产品，然后拿这个产品就出去宣传促销。这个过程忽略了两个问题，一个是客人到底接受什么？客人为什么要接受？因此，从完成任务的角度来看这个问题，只是生产者导向，而不是以消费者为导向，以生产者导向的营销方法很难达到营销目标。

7. 信息不对称

目的地营销提供的是海量信息，但是传递到消费者那里的信息基本上是二手和三手的信息。第一手信息传递给媒体，媒体只能打折扣。即使新闻媒体传递出去，也是二手信息。信息给了旅行商，旅行商转发出去仍然是二手的信息，甚至是三手信息。信息有一个规律，传递的环节越多，信息扭曲、削减得越厉害，真正消费者所能接受到的信息肯定是更加不对称的信息。

8.服务不方便

一方面,旅行社的门市部没有什么选择的余地。另一方面,旅游的产品和其他的工业性产品不同,它不可能先尝后买,也不可能退货,因此,消费者对旅游产品的信任程度不高。旅游产品没有售后服务,强化了旅游消费者对旅游企业和旅游目的地不信任。

引发的思考:在传统的目的地的营销过程中,根本性的问题是成本与效能无法达到最大化的问题。那么,通过什么样的方式构建什么样的平台,达到成本效能的最大化?这是我们必须要提出的下一步的战略问题。老路数出了哪些问题?新未来又在哪里?

第二节　三地营销模式

一、三地营销模式概念

“三地”营销模式是指旅游目的地营销、客源地营销和网络(第三地)营销同时推进的模式。具体来说,就是结合目的地建设,前瞻性包装目的地,同步面向重点客源地深度营销和网络营销。即:“三地”营销模式=目的地营销 + 客源地营销 + 网络(第三地)营销。

二、三地营销模式迎合的市场发展新趋势

(一)从市场角度来看

三地营销模式能适应现实需求,挖掘潜在需求,创造新兴需求。

第一个方面是适应现实需求。多数目的地营销都是想适应现实需求。三地营销模式中“目的地营销”通过塑造旅游目的地的形象,吸引客源地旅游者前来,满足了市场的现实需求。

第二个方面是挖掘潜在需求。适应现实需求并不错,但是问题在于,需求在不断地变化,市场本身就在不断变化,在这种情况之下,我们还是只瞄准现实需求,很多产品就不到位。因此,我们必须要挖掘潜在需求。比如自驾车旅游的兴盛,最近几年,自驾车已经呈现火暴的发展势头。这实际上是在短短的几年之内一种潜在需求转化成的现实需求,但是现在还有多少没有发现的潜在需求?这就需要挖掘,谁能看到这一步,谁的产品就能先做到这一步,这个潜在的需求就是谁的。“三地”营销模式中客源

地营销和网络营销实现了需要挖掘潜在需求的市场趋势。

第三个方面是创造新兴需求。大旅游、复合型产品这个概念就意味着很多需求是可以创造出来的。可是如果没有相应的产品,就认识不到有这些需求。“三地”营销模式中可以通过客源营销和网络营销,创造出新兴的需求。

(二)从消费者角度来看

三地营销模式可以实现信息传递效能的最大化。

从消费者角度来看,有两个根本问题要解决。第一个是,信息传递的效能问题。也就是说,旅游供应者的海量信息,如何有效地以低成本传递到消费者那里,有些信息如果没有合适的传递途径,同样达不到效果。这是一个根本问题。第二个是,市场服务功能问题。客人不但要有信息,还要解决“去哪里”,“为什么要选择这里”,“如何选择”,“怎么去”的问题。也就是说,在这里不但是一个信息选择问题,更重要的是“谁来给我提供服务”的问题。

三地营销模式中,客源地营销和网络营销可以瞄准目标人群,提供更为方便、全面的信息化产品,并可以建立信息平台传播旅游企业的供给信息,从而实现信息传递效能的最大化。另一方面,客源营销和网络营销可以服务客源市场,实现对市场服务的功能。

事实上,信息传递的效能和市场服务的功能这两个问题解决到位了,就可以说产品转化为市场的营销工作完成了。

三、三地营销模式解决的问题

(一)向消费者导向的全面转型

从目的地营销到三地营销模式,这是一个根本性的转变,也需要我们做一个全面的转型。涉及以下几点,第一,竞争转向建设。第二,现实转为长远,不但要对应现实需求,更重要的是挖掘潜在需求,创造新兴需求,瞄准这个长远的市场。第三,就目的地本身来说,完成了资源转化成产品。第四,产品转化为市场。要想转化为市场,关键是要对应市场需求。第五,市场转化为资金。第六,资金转化为发展。第七,发展转化为品牌。归根结底是从生产者导向转为消费者导向,这就是一个全面转型的概念。这就要求目的地、客源地、网络三者的互动。

(二)目的地形象的持久创新

现在目的地的形象营销基本上都是一次性营销。所以,需要研究一个持久创新的机制、持久保持形象的机制。三地营销模式的构建可以构成持久保持形象的机制。

客源地营销保持形象创新的几种方式如下:

第一,结合主题餐饮。现在各地的餐饮业发展很快,在任何一个地方都可以吃到全国的特色饮食。因此，可以结合主题餐饮，借助餐馆的优势形成我们长期的永久的一个形象宣传之地，到餐馆的目的不仅是吃，还可以顺道旅游。同时可以把这些功能结合起来，比如饭口上卖特色菜，饭口之后空间就闲下来了，这个时候可以卖旅游。这既是功能的深化，又是现有资源的充分配置。实际上各个旅游目的地在各个客源地都可以采用这样的方式，这样就形成了一个长效的形象机制。也就是说，结合客源地主题餐饮促进目的地形象的创新。

第二，形成主题娱乐。同等道理，用各种各样的表演在主要的客源地保持目的地的主题娱乐，通过主题娱乐的方式，形成目的地形象的持续机制和创新机制。

（三）信息效能最大化

我们要追求信息的效能，同时要达到成本效能最大化，就需要扩大渠道，并要减少信息的衰减。在扩大渠道方面，三地营销模式中的客源地营销就可以开发一系列其他的渠道，如社区、各种俱乐部、客源地各种媒体。在减少信息的衰减方面，单纯的目的地营销，客人所收到的信息经常是二手三手，经过扭曲、经过削减的信息。然而，通过客源地的建设和网络营销可以努力减少衰减，可以实现针对客源地和目标客户群进行精准营销。

（四）形成市场服务网络，市场服务功能得到强化

客源地营销和网络营销就形成了便利化服务，构建了服务网络。这体现在以下几个方面：购买方便；保障安全；保险到位；家庭回访。

第三节　旅游地产目的地营销渠道策略

顾客群如何评价一座城市，完全在于你的营销如何去牵引他们的认知。因此，营销在目的地与潜在使用者之间，扮演着举足轻重的角色，它在两者间搭建了一座传递当地社会利益点的桥梁，特别是一些国际上著名的目的地，它们本身不但是本地色彩浓厚的文化中心，同时也是全球性的地方标志，不仅观光客趋之若鹜，甚至在成千上万未曾造访过（或一辈子可能都无法前往）该目的地的人们心中，早已留下了既定的印象。营销学家卡尔莫斯加（Karmowska/2002）的论述中指出，每个目的地的品牌的背后都有它雄厚的资产，如果无法成功地引进顾客群，极有可能是在执行营销策略上出现漏洞。他认为，营销策略的主要目的有：吸引观光客、引进外来的企业投资、吸纳新居民、影响本地社会。

一、旅游地产营销渠道策略

旅游地产目的地在地理框架内与旅游地产客源地相对应，旅游地产空间由旅游地

产客源地、旅游地产目的地和联系客源地与目的地之间的旅游地产通道构成。所谓旅游地产目的地，是吸引旅游地产者在此作短暂停留、参观游览的地方。旅游地产目的地是“一定地理空间上的旅游地产资源同旅游地产专用设施、旅游地产基础设施以及相关的其他条件有机地结合起来，成为旅游地产者停留和活动的目的地，即旅游地产地。旅游地产地在不同情况下，有时又被称为旅游地产目的地，或旅游地产胜地。”旅游地产目的地是伴随着旅游地产业的发展而产生的概念。在世界范围内，现代大规模的旅游地产消费起始于20世纪60年代。到20世纪90年代中期，世界旅行和旅游理事会（WTTC）称旅游地产业是世界上最大的产业。根据WTTC1996年的报告，旅游地产业直接和间接地创造并支持了2.04亿个就业岗位，超过了全球劳动力人数的10%；旅游地产业为全球创造了10%的国内生产总值。旅游地产目的地是以都市文化、都市景观以及商业休憩设施为旅游地产资源，吸引人们在其范围内开展购物休闲、文化体验、商务会议以及观光度假等形式的旅游地产活动的经济发达并具有相当区域影响力的大城市。旅游地产目的地营销是指由某地旅游地产组织将本地作为旅游地产目的地而负责的营销活动。其活动的开展既有对目的地的直接促销，同时也包含了对目的地营销的各种支持和保障的活动。营销的本质就是要使旅游地产目的地获得可持续发展的竞争优势。

旅游地产目的地的营销策略：

第一，树立新颖别致的营销观念。以消费者为核心，站在消费者的角度思考问题。通过目的地的整体营销活动来系统地回报利益相关者。这一点不是旅游地产目的地一时的或短期的想法，而是旅游地产目的地深层思考和长期追求的东西。

第二，营销目标多元化。旅游地产目的地不仅是一个为游客提供游览、娱乐、住宿、购物、体验等多种旅游地产需求的综合体，同时它也包含了分别提供产品、服务、设施等不同的利益相关者，每个利益相关者有着各自不同的利益点，甚至是矛盾的，而他们的每个行为都会影响到游客对目的地形象的看法，甚至决定对目的地的选择。所以，只有当这些利益相关者的利益点拥有对接点的时候，才能保证旅游地产目的地的优越发展。

第三，突出旅游地产目的地形象。旅游地产目的地营销组织必须结合目的地本身的旅游地产资源及产品的特征和客源地消费者的需求特点，提炼出一个统一的、有鲜明个性的旅游地产目的地形象。形象定位有三个原则：凸显区域精华；富含文化底蕴；突出市场原则。目的地形象确定以后，就要将以前分散化的各种营销活动有机地、合理地进行整合和统一，达到由于整合而产生的最大的协同效应。如：可以结合当地历史文化，编辑一本旅游地产宣传册、拍摄一部城市风光片、创作一台民俗风情演出、制作一部以人文生活为主题的电视剧，强化品牌包装推广。

第四，规划营销效果科学评估。对旅游地产目的地营销传播效果的测量，主要体现在对旅游地产者和潜在旅游地产者行为反应的测量，这可以通过以营销数据库为主的信息系统，建立对营销传播的评估和反馈系统。

二、旅游地产的客源地营销策略

客源地的成功营销是游客价值链体现的关键环节，这里建议通过三个策略来实现客源地的成功营销。

第一是依据资源特性选择合理的客源地城市，这里主要确立的关键是客源城市的数量和旅游地产资源特质覆盖或者辐射的城市范围。根据多年的实际工作经验，我习惯于按照旅游地产资源的区位特质、交通潜能以及差异化功能来划分目标客源城市，同时习惯于按照客源城市集群的方式确立城市旅游地产目的地的客源城市。所谓区位就是指按照国家经济区域运营原则以及自身在经济区域中的应有位置来选择，所谓交通潜能就是指根据可进入性的优劣、往来便捷的与否来选择，所谓客源城市集群就是要同时选择100个城市作为客源目标地，进行全面系统的研究，并且按照每一个城市的出游率、出游方式、旅游地产风格、饮食习惯、消费特征、消费水平六大指标进行有序的排列。在形成客源优势市场的过程中，要按照旺淡季节、团队数量、消费额度、游客年龄、投诉内涵等四个方面进行资料的汇集统计。

第二是按照目标客源确立实用的传播手段。从具体操作来说，首先，要对旅游地产目的地的锁定客源进行摸底调查，确保旅游地产客源地的目标客源的总量；其次，要瞄准目标客源关注程度最高的优势媒体和广告平台进行重点突破的旅游地产宣传，比如客源城市的电视台优势频道、专业以及行业报纸杂志内刊、旅游地产同业的交流刊物等；最后，瞄准特殊群体游客进行的专题营销，一些专业机构策划创意的“1 + N”经济实惠的旅游地产活动，比如针对特殊人群策划的沙龙旅游地产推广，户外广告推广模式，比如针对社区居民策划的“送健康进社区”，针对节日节事人群开展的情人节的“相伴走进春天”、老年节的“百年人生百米登高”等。

第三是根据出行习惯设立准确的销售渠道。从长期的游客出行习惯来看，国内主要的出行方式有四种。一是依托社会大交通，比如飞机、火车、城际轨道交通、轮船等；二是公路包车，目前的高速公路网络使得包车旅游地产成为主要交通方式；三是自家车、自驾车联合出游；四是俱乐部出游模式，比如城市中众多的驴友、背包客、徒步客、自行车客等。以上四种出游方式的覆盖，决定了游客销售渠道变得更加细分，更加具体。为此，可以按照旅行社系统、行业工会社区协会、自家车自驾车俱乐部、各种消费环节的VIP客户群进行一对一的专题营销推广活动，比如一些城市旅行社自发组织的客源联盟组织，比如各种各样的夏令营、冬令营、科普营、探险营模式。

三、旅游地产的电子商务营销策略

旅游地产本身是回归大自然的行为，但在数字化生存的信息时代，却在不知不觉中被打上了时代的烙印。通过网络，可以对“景点介绍”、“自驾游路书”、“游记”，还是旅行社、线路推介、摄影图片等各个方面进行搜索。还可在网上寻找交通地图、景点地图、餐饮地图，了解当地的风土人情、民俗文化、历史传承、名人古迹、乃至特色小吃、土特产品等。另外现在的机票已经电子化，宾馆也可以网上预订，旅游地产的方方面面都与数字化形成了千丝万缕的联系。

（一）网络营销的优势

第一，网络营销可以超越时间和空间限制进行信息交换，并且通过网络分销技术的介人，能够使营销和分销有效互动，节省了大量中间环节成本。

第二，互联网的传播速度和传播覆盖面远远强于传统媒体，互联网上的一个话题，可以在短短几天内成为上亿网民热议的话题，这绝对是传统媒体做不到的。

第三，互联网的多媒体功能使网络营销可以集中图、文、声等各种媒体的传播形式，创造出虚拟环境，立体化地传播旅游地产信息，使受众获得极佳的体验，从而能进一步提高营销活动的效果。

第四，互联网具有人类社会最大限度的交互式自由空间。无论是旅游地产企业和团体，还是旅游地产者，都可以自由地发布和寻找信息，自由地互动式地在网上沟通。因此，旅游地产网络营销具有精准营销、双向互动营销、参与式营销的特点。

第五，旅游地产网络营销具有高度的整合性，它可以将旅游地产产品生产、售价、渠道、促销、市场调研、咨询、交易、结算、投诉等所有旅游地产事务一网打尽。

第六，旅游地产网络营销具有无与伦比的高效率，突出地表现在信息量大、精确度最高、更新最快、传递最迅捷。

（二）网络营销存在的问题

第一，景区、目的地大部分都意识到了网络营销的重要性，但依赖自身进行相关推广困难重重，网络营销的具体方式大大小小不下百种，其中搜索引擎营销、联盟营销、社区营销、电子邮件营销等主要手段均有很高的技术含量，纯粹由景区、目的地自身进行投人，不仅耗费大量人力物力，而且因为不能掌握完整的技术和技巧，很多网络营销动作都是无效动作。

第二，传统网络营销机构对旅游地产产品、旅游地产行为、旅游地产受众群的消费特性等缺乏认知，因此当景区、目的地委托此类机构进行服务时往往感觉获得的效果与景区、目的地诉求之间存在很大差距。

（三）网络营销策略

第一，细分市场，精准营销。准确细分市场目标人群，客户是喜欢休闲还是探险，喜欢自驾车还是乘坐公共交通工具,喜欢自然风光还是喜欢历史人文,喜欢住宾馆还是露营等,针对客户的不同需求,采取有效的营销手段。

第二,信息丰富,表现形式多样。通过新闻、论坛、博客、邮件等多种渠道,文字、图片、视频、游戏等多种展现形势,向客户提供各种旅游地产资讯,也可以根据个人的兴趣喜好进行定制,提供个性化服务。

第三,不受时间、地域、语言的限制,全球营销。通过互联网可以不受时间、地域、语言的限制,面向全球发布各种资讯,实现全球化营销。更可以并且通过例如 QQ、MSN 等即时通信软件,实现与游客的直接交流。也可设置留言版块,帮助游客解决疑难问题。

第四,投资少,效果可以跟踪测量。网络营销投资少,持续时间长,并且营销的效果可以通过技术手段进行有效地跟踪、测量和分析,帮助客户及时有效地调整营销方案,达到最好的资源配置。

旅游地产开发导则之投融资

第一节　旅游地产投融资渠道

旅游地产不但面临规模大、投资大、建设周期长、投资回报期长的现实问题，并且还受自然和社会经济、国家房地产政策调控等不确定因素的影响较多。因此，必须打破国内银行信贷为主导的单一融资格局，拓展多元的投资融资途径。

一、旅游地产投融资渠道

旅游地产项目投资融资的途径和方法如下：

（一）国外商业贷款融资途径

这类融资渠道大概分为外国政府贷款、国际金融组织贷款、国际商业贷款。最常用的是国际商业贷款方式，在我国现行的管理中，国际商业贷款包括国外商业银行和其他金融机构贷款、出口银行、发行境外债券、国际金融租赁等。但是特别注意的是这种融资模式因为具有超强的风险控制程序、特别看重企业现金流、特别看重企业是否稳健成长等因素，但是这种融资模式因为具有超强的风险控制程序，特别看重企业现金流和企业是否稳健成长等因素。

（二）旅游地产证券化

将旅游地产与资本市场运作捆绑在一起将是未来融资的趋势，这样有利于在大规模的项目开发中获取资金，加速资本积累，促使土地的有效利用。资产证券化根据其产生现金流资产类型的不同，划分为抵押支持债券（MBS）、商业抵押担保证券（CMBS）、房地产信托投资基金（REITs）、资产支持证券（ABS）、海外房地产投资基金等。

（三）境内外上市融资

上市融资越来越重要，成为各旅游地产开发公司的首选融资模式，境外直接上市即境内的股份有限公司直接以国内公司的名义向国外证券主管部门申请发行股票（或其他衍生金融工具），向当地证券交易所申请挂牌上市交易。即通常说的N股（在中国大陆注册、在纽约上市的外资股)、S股(在我国是指尚未进行股权分置改革或已进入改革程序但尚未实施股权分置改革方案的股票)等。通常还有的做法就是买壳借壳上市。目前我国境外上市渠道主要是纽约证券交易所(NYSE)和纳斯达克(NASDAQ)。

(四)金融租赁融资

金融租赁也叫融资租赁,是由出租人根据承租人的请求,按双方的事先合同约定,向承租人指定的出卖人购买承租人指定的固定资产,在出租人拥有该固定资产所有权的前提下,以承租人支付所有租金为条件,将一个时期的该固定资产的占有、使用和收益权让渡给承租人。只要双方协商一致,在租赁期满后,该租赁物即可以归承租人所有。

(五)典当融资

典当是指当户将其动产、财产权利作为当物质押或者将其房地产作为当物抵押给典当行,交付一定比例费用,取得当金,并在约定期限内支付当金利息、偿还当金、赎回当物的行为。

二、旅游地产投融资渠道选择

旅游地产行业是土地和资金的紧密结合体,二者缺一不可。在当前新的金融环境下,融资能力就是竞争力。面对以上众多的融资途径来看,国内商业银行贷款相对容易获得,这是企业主要融资工具;国外商业银行贷款一旦获得,贷款数额相对巨大,利率较高;投资信托在期限、规模、风险方面与房地产开发匹配,融资方式灵活、节税,适合中大型房企;投资基金关注成长型规范企业,回报要求高;境内上市可以提升企业品牌,直接扩大融资渠道,适应房企改制需求;境外上市公司可达到尽可能高的价格,公司可获得较大声誉,股票发行范围广;金融租赁节省成本,有避税作用,无须额外抵押和担保品,降低企业现金流,可获得余额融资,适合长期融资需求;典当融资办理时间短,借款成数高,无须评估费,当金用途不设限制;私募基金手续简便,可节省企业发行时间注册费用,融资数目大;合作开发互相补充房地产开发资源,推动资金有机结合,盘活开发项目,获得合作比较容易。

从旅游地产企业角度来看,大型企业适宜选择投资基金、境内上市、境外上市、发行企业债、国外商业银行贷款;中型企业适宜选择投资信托、企业并购、国内商业银行贷款;小型企业适宜选择私募资金、金融租赁、合作开发、典当融资。结合各个融资模式的特点,然后根据企业自身情况,找到企业自身适合的融资模式,使自身投入更少,获得更多,效率最大化。

第二节　旅游地产投融资模式

一、旅游地产投融资的模式

（一）自筹模式

自筹模式是指一些资金较为雄厚，有经济实力或募集资金能力强大的大型企业通过自身现有资金或者通过各种方式扩大自有资金进行融资从而投资房地产开发建设的一种模式。这些企业自身融资的方式有多种，主要包括内部融资以及外部融资两种方式，其中内部融资主要包括抵押贷款等各种银行贷款以及预收购房定金和房款等。其中上市公司还可以进行贴现股票等多种方式。而外部融资主要包括发行企业债券、银行贷款、房地产投资信托、利用海外资金、向其他金融及增发融资等方式。机构贷款、上市公司还可以进行上市融资，包括首次公开发行上市融资、配股以及增发融资等方式。

自筹模式通常是资金实力雄厚的企业或公司，可以较轻松拿到地理位置优越，自然环境良好的土地，或者自身拥有土地，对于资金的需求不像其他的旅游房地产那么大，或者管理、开发建设技术过硬，因而可以采用自筹模式进行旅游房地产投融资。自筹模式较适合旅游居住型房地产投融资。

自筹模式是企业自身独立进行旅游房地产投融资，其投融资风险较大，但可以独享收益，对于一些大型企业或者资金雄厚的企业而言是一种不错的投融资模式。然而采取自筹模式的企业也要注意充分利用各种金融工具，有针对性地广开融资渠道，保证资金链的畅通，尽可能减少风险，从而更好地获得旅游房地产高额投融资收益。

（二）合作模式

合作模式，主要是指两家或两家以上企业通过合作的方式，共同开发旅游房地产，这些企业可以是上市公司，也可以是非上市公司，它们通过合资、入股共同设立股份公司，或者以项目合作的方式合作，双方共同提供资金、技术、管理、土地等，共同开发旅游房产，风险共担，收益共享。

合作模式有多种，主要有以下几种方式：

（1）一方提供理想的土地，另一方提供强大的金融运作能力或者雄厚的自有资金实力。一方面，由于随着土地实现完全市场化的公开供给，土地供应量开始逐渐减少，而旅游房地产需要大量的土地进行开发，导致一些企业取得土地的成本逐渐增加，或难以拿到较为理想的土地。另一方面,一些企业虽然有着理想的土地却没有充足的资金进一步运转开放,而那些具备强大金融运作能力以及雄厚自由资金实力的企业却难以拿到理想土地。于是手中有理想土地却没有进一步开发能力的企业与有资金却难以拿到理想土地的企业进行合作,成为一种独特的合作投融资模式。

(2)一方提供雄厚资金,另一方主要提供开发、技术、管理、房地产开发的操作实力以及深厚的社会关系等。这一模式主要存在于一些有着雄厚资金实力或者募集资金能力的大型企业,由于其发展重点有限,没有专业的开发管理技术,或没有足够的人力资源进行旅游房地产投融资,而另一些企业虽有着专业的开发、管理技术以及优质的人力资源,却没有充足的资金。于是两种企业合作共同开发旅游房地产,取长补短,共同开发,分担风险,共享利益,成为一种旅游房地产投融资模式。

(3)一方提供土地,一方提供开发、管理、技术以及房地产开发操作实力,第三方有一家或多家企业共同提供雄厚的资金。这种方式是由三者或者三者以上的主体共同合作,进行旅游房地产投融资,这种模式集合了多方的优势,集理想的土地、雄厚的资金、专业的技术于一体,成为一种不错的旅游房地产投融资模式。合作模式较适合旅游观赏型房地产和旅游商务型房地产投融资。

合作模式可以满足一些有土地却没有资金进行周转的企业、有资金却没有理想土地的企业以及那些发展重点有限,没有专业的开发管理技术的企业进行旅游房地产开发的需求。通过合作模式解决相关企业的资金短缺、投融资渠道狭窄、资金链条断裂、难以取得理想土地等问题,并且使合作双方或多方企业取长补短,共享管理、技术资源,共担风险,大大有利于企业的发展,并且也有利于我国旅游房地产的发展。但是这种合作模式也存在着相应的缺陷与不足,合作模式导致双方企业难以寻找到合适的合作对象,或者为寻找合适的企业付出较大的交易成本,在合作过程中企业可能存在追逐私利而做出有损于对方的行为决定,并且合作模式中双方企业共享利润导致利润下降。

(三)PPP 模式

PPP 是英文“Public - Private - Partnerships”的简写,中文直译为“公私合伙制”,简言之指公共部门通过与私人部门建立伙伴关系提供公共产品或服务的一种方式。

从各国和国际组织对 PPP 的理解来看,PPP 有广义和狭义之分。广义的 PPP 泛指公共部门与私人部门为提供公共产品或服务而建立的各种合作关系,而狭义的 PPP 可以理解为一系列项目融资模式的总称,包括 BT、BOT、TOT、PFI 等具体操作模式,是指政府通过特许权合同给予合同持有人一定期限内自主经营和管理某一企业或项目,并从其经营中获得的排他性权利。特许经营合同的客体可以是已建成的基础设施项目,也可以是没有建设的基础设施项目,但通常要求该项目具有较强的可经营性,具有长期稳定的现金流。

1. BOT 模式

BOT 模式是对 Build - Own - Transfer（建设—拥有—转让）形式的简称，现在通常指 Build - Operate - Transfer（建设—经营—转让）。

BOT 模式主要是指政府对旅游房地产项目进行立项，并进行 BOT 模式招标，将其融资、建设特许权和经营权转让给企业，并与企业签订合同。双方签订协议后，在一个固定的期限内，企业对其筹资建设的旅游房地产行使经营权，收回对该项目的投资、偿还该项目的债务并赚取利润，协议期满后，企业将旅游房地产项目无偿转让给政府。

目前来说，这种方式在国内旅游房地产开发上运用的并不多，成功的案例也较少，主要是一些企业借鉴国外先进的 BOT 模式，从而运用于旅游房地产行业。但 BOT 模式符合资本发展的趋势，是未来开发大型旅游房地产的一种较适合的方式。中国拥有很多优秀的旅游资源，但由于交通、水电等基础设施原因，没有开发出来，如果能够采用 BOT 模式，特别是采用几种不同的变种形式，则可以充分利用社会资金，解决开发前期资金需求大、周期长、风险高以及政府投资渠道不畅等问题。

由于通过 BOT 模式，企业可以获得较为诱人的项目用地，大大减少了获取征地及其开发费用等，同时企业只需要在旅游房地产建设过程中进行融资，获取资金进行开发，从而大大降低其对于购买获得土地而准备大量资金的需求，使企业处于优势竞争地位。但是由于旅游房地产 BOT 模式在我国较少成功的案例，企业采用该模式具有一定的风险，一旦在预定的时间内没有赢利，企业将损失惨重。

BOT 的演变形式有 BT、BOOT、BTO、BOO、ROT、POT、BLT、BOOST。

（1）BT 模式

BT 模式也称为回购模式，是指政府把基础设施的投资建设任务交给社会资本，由社会资本垫付项目资金承担基础设施项目建设，在项目竣工后再由政府出资分期付款和利用补偿措施等方式完成对基础设施的收购。按照融资模式的不同结构，BT 模式还可以分为一次性回购与分期回购。

BT 模式适用于任何基础设施或开发项目，特别是没有经营收入或不具备收费条件的公益性基础设施项目和一些出于安全和战略需要必须由政府直接运营的项目。在 BT 模式下，项目的控制权仍然掌握在政府手中，便于管理。但另一方面，由于项目建设中间环节多，融资成本也较大。另外，融资监管与项目质量监督难度较高，政府承担的风险较大。

（2）BOOT 模式

BOOT 模式（Build - Own - Operate - Transfer），即建设—拥有—运营—移交，这一模式在内容和形式上与 BOT 没有不同，仅在项目财产权属关系上强调项目设施建成后归项目公司所有。政府可以在法律上拥有对设施的所有权，只是在一定期限内将设施交由发展商承建和经营，这只是发展商的一种使用权，对设施并不拥有所有权，特许专营期限届满，又把设施移交给政府，实现政府对设施的实际所有权。

(3)BTO 模式

BTO 模式(Build - Transfer - Own)，即建设—移交—运营。这一模式与一般 BOT 模式的不同在于"经营(Operate)"和"转让(Transfer)"发生了次序上的变化，即在项目设施建成后由政府先行偿还所投入的全部建设费用，取得项目设施所有权，然后按照事先约定由项目公司租赁经营一定年限。

(4)BOO 模式

BOO 模式(Build - Own - Operate)，即建设—拥有—运营。在这一模式中，项目公司实际上成为建设、经营某个特定基础设施而不转让项目设施财产权的纯粹的私人公司。其在项目财产所有权上与一般私人公司相同，但在经营权取得、经营方式上与 BOT 模式有相似之处，即项目主办人是在获得政府特许授权、在事先约定经营方式的基础上，从事基础设施项目投资建设和经营的。

(5)ROT 模式

ROT(Renovate - Operate - Transfer)，其意思为重整、经营、转让。在这一模式中，重整是指在获得政府特许授予专营权的基础上，对过时、陈旧的项目设施、设备进行改造更新，在此基础上由投资者经营若干年后再转让给政府。这是 BOT 模式适用于已经建成、但已陈旧过时的基础设施改造项目的一个变体，其差别在于"建设"变化为"重整"。

(6)POT 模式

POT(Purchase - Operate - Transfer)，其意思为购买、经营、转让。购买，即政府出售已建成的、基本完好的基础设施并授予特许专营权，由投资者购买基础设施项目的股权和特许专营权。这是 BOT 模式的变体，其与一般 BOT 的差别就在于"建设"变为"购买"。

(7)BOOST 模式

BOOST(Build - Own - Operate - Subsidy - Transfer)，其意思为建设、拥有、经营、补贴、转让。发展商在项目建成后，在授权期限内，既直接拥有项目资产又经营管理项目，但由于存在相当高的风险，当出现非经营管理原因导致的经济效益不佳，须由政府提供一定的补贴，授权期满后将项目的资产转让给政府。

(8)BLT 模式

BLT(Build - Lease - Transfer)，其意思为建设、租赁、转让。发展商在项目建成后将项目以一定的租金出租给政府，由政府经营，授权期满后，将项目资产转让给政府。

从 BOT 及其变异模式看，BOT 投融资模式的核心内容在于项目公司对特定基础设施项目特许专营权的获得，以及特许专营权具体内容的确定。而建设(重整、购买)、转让则可以视项目不同情况而有所差异。这样既能解决政府财政资金不敷项目需求的困难,又能保证项目公司在经营期间的获益权和国家对基础设施的最终所有权。政府通过项目特许权的授予,赋予私营机构在一定期限内建设、运营并获取项目收益的权利,期限届满时项目设施移交给政府。同时,作为项目发起人的私营机构除投资自有资金外,项目建设所需资金的大部分来自银行贷款等融资渠道,借款人还款来源限于项目收益,并以项目设施及其收益设定浮动抵押为债务担保。

2. TOT 模式

TOT(Transfer - Operate - Transfer),即移交—经营—移交。近些年来,TOT 是国际上较为流行的一种项目融资方式。它是指政府部门或国有企业将建设好的项目的一定期限的产权和经营权,有偿转让给投资人,由其进行运营管理,投资人在一个约定的时间内通过经营收回全部投资和得到合理的回报,并在合约期满之后,再交回给政府部门或原单位的一种融资方式。TOT 也是企业进行收购与兼并所采取的一种特殊形式。TOT 与 BOT 模式不同的地方表现在投资方的项目结构、外资投资人承担的风险和责任以及法律要求不同。但是最大的区别在于 TOT 避开了“B”(建设)中所存在的较高风险和大量矛盾,中外双方往往比较容易达成一致,在我国当前的实际情况下,TOT 是一种较为合适的、创新性的项目融资方式,更加符合我国的实际。

TOT 模式是指由政府部门融资建设城市基础设施,建成后政府部门将经营权出售给民间投资者并取得一定资金用以再建设其他项目,投资者在约定时间内通过经营收回投资并取得回报后,再将经营权无偿交给原产权所有人的经营方式。

TOT 模式主要适用于水利、污水处理、桥梁、公路、电厂、水厂等基础设施项目。与 BOT 相比,TOT 模式具有许多优点:第一,只涉及已建基础设施项目经营权的转让,不存在产权、股权的让渡,因此能够有效保证政府对公共基础设施的控制权;第二,有利于盘活国有资产存量,实现国有资产保值增值,同时为新建基础设施筹集资金;第三,从政府角度来看,通过 TOT 模式出让特许经营权、引进私人资本,可以减少政府财政压力,最大限度地筹集城市建设所需资金;第四,从投资者角度来看,由于其受让的是已建成且正常运营的项目,建设期的风险完全不用承担。因此,体制因素制约较少,能较好地利用社会资本参与公共基础设施建设。

3. PFI 模式

PFI(Private Finance Initiative),英文原意为“私人融资活动”,在我国被译为“民间主动融资”,是英国政府于 1992 年提出的,在一些西方发达国家逐步兴起的一种新的基础设施投资、建设和运营管理模式。PFI 是对 BOT 项目融资的优化,指政府部门根据社会对基础设施的需求,提出需要建设的项目,通过招投标,由获得特许权的私营部门进行公共基础设施项目的建设与运营,并在特许期(通常为 30 年左右)结束时将所经营的项目完好地、无债务地归还政府,而私营部门则从政府部门或接受服务方收取费用以回收成本的项目融资方式。

在PFI模式下，政府的主要目的就是将民间资本引入公共项目建设开发中，使政府一次性投入建成的项目，分摊到若干年支付，可有效缓解当前的财政压力，同时有利于提高公共项目的投资效率、服务质量和水平。与BOT、TOT、PPP相比，PFI模式的最大优势是适用领域广泛，它不仅适用于经营收益性的城市公共基础设施，还可以用于非经营性的城市公益项目。另外，PFI模式可以有效转移和分散基础设施项目的投资风险。

二、旅游房地产投融资模式比较分析

旅游房地产三种投融资模式是按照投资主体组成及投融资渠道不同进行划分的，但都属于旅游房地产投融资。

（一）相同点

1. 融资方式以银行贷款为主，投融资渠道相对狭窄

由于我国金融体系相对不够完善，资本市场发展较慢，证券市场起步较晚，资本证券化程度有限等原因，导致我国现阶段旅游房地产的投融资渠道相对狭窄，对银行的依赖较为严重。无论是自筹模式、合作模式还是PPT模式，其融资方式都是以银行贷款为主，其他方式为辅，且银行贷款所占比例较大，对银行的依赖性较高，没有形成多元化的投融资渠道。

2. 对土地购置、环境构建维护等方面的资金需求比重较大

旅游房地产具有投资与需求双重功能。由于其具有相对优越的地理位置条件，优美的自然环境，以及相对齐全的基础设施建设，占地面积较大，需要大量的土地来进行开发建设，同时对于环境、绿化的要求较高，建设、维护成本相对于普通房地产而言更高，故在整个旅游房地产投融资过程中对于资金的需求巨大。综合以上三种旅游房地产投融资模式来看，无论是自筹模式，合作模式还是PPT模式，它们都对于资金的需求非常大，尤其是在土地购置、环境建构维护、基础设施建设维护方面的资金需求所占比重较大。因此能否有效融到足够的资金，资金流通性是否畅通，资金的融通成本高低都直接制约着三种投融资模式的成功与否。

3. 看好旅游房地产投融资前景

自筹模式中一家企业独享收益，合作模式中各企业之间共享收益，PPT模式中政府与企业之间各自享受经营收益和所有权收益。无论是自筹模式、合作模式还是BOT模式，都是基于对旅游房地产投融资前景的良好预期。

（二）异同点

1. 投融资主体构成及结合方式不同

自筹模式是以一家企业作为投融资的唯一主体，独自承担整个过程中的融资需求

以及投融资风险，独享收益。合作模式则是由两家或者两家以上的企业作为投融资主体，它们以合同的形式约定彼此之间的权利及义务，共同承担起整个投融资过程中对资金的需求。PPT 模式中则是由政府与企业之间通过合作并签订合同形成的一种模式，是政企合作形式，政府和企业共同作为投融资的主体，最终由企业享受经营收益、使用权收益或者出租收益，而政府享受所有权收益。

2. 投融资渠道侧重点差异

三种投融资模式的融资渠道各有不同。其中自筹模式中，由于是独家企业投资，资金需求较大，对企业的规模等要求较高，通常是资金雄厚的大型公司，其融资渠道相对多元，在以银行贷款为主的融资渠道中，自有资金的运用占有相当比例。在合作模式中，由于是两家或两家以上的企业合作共同进行投融资活动，所以分担至每家企业的资金需求没有独家企业大，它们在以银行贷款为主的融资渠道中，向其他企业短期借款等私募资金的渠道占有一定比例，同时依靠上市公司发行股票也成为一种融资渠道。PPT 模式中，由于是政企之间的合作，有着政府的土地支持及信誉支持，政府融资较为便利。银行对于企业的房贷门槛放低，致使企业银行贷款占其资金的很大比例。

3. 投融资利益分配形成差异

由于选择的投融资模式不同，企业最终的收益会产生较大的差别。自筹模式中，由于仅有一家企业，故而其收益由一家企业独享。在合作模式及 PPT 模式中，由于属于合作性质，投融资收益由合作的双方共同分配。

4. 投融资的资金使用、分配区别

旅游房地产开发建设对于资金的需求较大，其中土地在旅游房地产投融资的过程中起着重要作用，不同的投融资模式在用地特征上存在着较大的差别。

在自筹模式中，企业通常是资金实力雄厚的企业，可以较轻松拿到地理位置优越、自然环境良好的土地，或者自身拥有土地，对于土地的资金需求不像其他的旅游房地产企业那么大。其资金主要分配在房地产的开发建设以及环境的维护，绿化等方面。

在合作模式中，来自土地方面的资金需求较大，双方资金将很大一部分运用在土地购置获得方面，合作模式资金分配主要分配在土地购置、环境的维护绿化等方面。

在 PPT 模式中，由于政府拥有并且经常拥有较为理想的土地，企业不需要通过资金的运用而只需要政府签订合同便可以获得优质土地，因此在 PPT 模式中，对于土地的资金需求也不大，其资金主要分配在旅游房地产的开发建设过程中。

5. 适用的旅游房地产类型不同

三种投融资模式各具特点，它们适用的旅游房地产的类型各不相同。其中自筹模式较为适合旅游居住型房地产投融资。合作模式则较适合旅游观赏型房地产、旅游居住型房地产、旅游商业性房地产投融资以及旅游休闲房地产投融资。PPT 模式比较适合旅游商务型房地产、旅游观赏型房地产的投融资。

针对不同的旅游房地产类型，从适应旅游房地产企业的自身资金需求特点出发，选择不同的投融资模式，从而可以避免开发建设过程中资金不足、流动性弱等带来的问题，从而使企业获取较为理想的收益。

第三节　旅游地产证券化

旅游地产开发与城市地产有根本的不同，旅游地产的开发必须依托旅游资源的特色优势，因此，存在着旅游地产要首先开发旅游项目，然后根据旅游产品人气的旺盛情况，后续开发地产。这样的风险就是造成旅游地产产业投资周期长，受自然和社会经济影响的不确定因素较多，传统的信贷融资方式较难发挥应有的融资功能。这也使得许多地区的旅游资源处在半开发或开发不当的境地，极大地影响了产业发展。

《国务院关于推进资本市场改革开放和稳定发展的若干意见》明确提出，要"加大风险较低的固定收益类证券产品的开发力度，为投资者提供储蓄替代型证券投资品"。因此，探索创新的融资手段势在必行，而将旅游地产与资本市场运作捆绑在一起将是未来融资的趋势，这样有利于在大规模的项目开发中获取资金，加速资本积累，促使土地的有效利用。

一、旅游地产资产证券化的内涵

何为旅游地产资产证券化？从旅游地产资产所有者或经营者的角度，以旅游地产资产未来收入的收益权作为基础支持资产，交由特定机构发行证券，以基础资产所产生的未来现金流支付证券的收益，从而把流动性低的收益权资产转化为证券资产的结构性融资活动就可以称为旅游地产资产证券化。

二、旅游地产资产证券化的模式选择

资产证券化根据其产生现金流资产类型的不同，划分为 MBS、CMBS、REITs 和 ABS 四大类。属于旅游地产的资产范围很广，除旅行社、旅游饭店、旅游交通公司的固定资产、流动资产和其他资产外，一般还包括景点旅游地产与景区中的自然和人文资源，以及相应的基础设施、附属服务业、商业和零售业的固定资产、住宅和流动资产等。我们应该根据这些资产的特点来选择不同的融资模式。

(一)MBS 与 CMBS

其中 MBS 是以住房抵押贷款为基础，以借款人对贷款进行偿付所产生的现金流为支撑。

CMBS 商业抵押担保证券(Commercial Mortgage Backed Security,CMBS)是指将传统商业抵押贷款会聚到一个组合抵押贷款池中,通过证券化过程,以债券形式向投资者发行的融资方式。CMBS 与 MBS 的主要区别在于,MBS 以住宅地产作为担保,而 CMBS 以商业地产作为贷款抵押品。

以公司形式存在的旅行社、旅游饭店和旅游交通公司、酒店、商业地产等固定资产,这类资产更新速度较快,则可采用 CMBS 模式。具体来说,是从商业银行等金融机构的角度出发,金融机构将如饭店等的资产抵押贷款进行组合,以贷款的收益权为基础发行资产支持证券。

(二)REITs

REITs(房地产投资信托基金)是一种以发行收益凭证的方式汇集特定多数投资者的资金,由专门投资机构进行房地产投资经营管理,并将投资综合收益按比例分配给投资者的一种信托基金。

适用于:商业地产(因为商业地产现金流要比住宅地产现金流稳定的多)。运作方式有两种,其一是特殊目的载体公司(SPV)向投资者发行收益凭证,将所募集资金集中投资于写字楼、商场等商业地产,并将这些经营性物业所产生的现金流向投资者还本归息;其二是原物业发展商将旗下部分或全部经营性物业资产打包设立专业的 REITs,以其收益如每年的租金、按揭利息等作为标的,均等地分割成若干份出售给投资者,然后定期派发红利,实际上给投资者提供的是一种类似债券的投资方式。

(三)ABS

ABS 它是以项目所属的资产为支撑的证券化融资方式,即以项目所拥有的资产为基础,以项目资产可以带来的预期收益为保证,通过在资本市场发行债券来募集资金的一种项目融资方式,主要针对除不动产外的能够产生稳定的、可预期现金流的资产加以证券化。目前,ABS 资产证券化是国际资本市场上流行的一种项目融资方式,已在许多国家的大型项目中采用。

景点旅游地产资源及其相应的基础设施、附属服务业和零售业等资产的基础设施投资规模大、建设期限长,不具有变现能力或者变现能力很差,更重要的是,名胜古迹类景点旅游地产由于受国家物权法的保护,不可进行抵押或质押行为,因此资产证券化可采用 ABS 模式,即景点旅游地产未来营业收入的收益权证券化。

运作方式为景点旅游地产管理处将一定时期内的景点旅游地产营业收入进行组合,包括门票收入、租金、特许经营费等,之后以相应的收益权为基础发行资产支持证券。景点旅游地产资产的原始权益人——政府出售的只是未来一定时期内的现金流,投资者只对 SPV(信托等特殊目的机构)的经营活动产生限制,因而不会改变景点旅游地产资产的所有权。

我国旅游地产资产证券化起步较晚,发展远没有欧美成熟,但潜力巨大,将是未来融资的大趋势。但在进行资产证券化的道路上还有很多需改善,比如加强资产证券化方面的人才培养,加快相关法律的立法,规范中介服务机构等。

旅游地产开发导则之保障

第一节　政策保障

一、财税优惠政策

加强对旅游产业转型升级的引导支持。对开发新业态旅游产品企业(海钓、邮轮、游艇、游船、会展、培训教育等旅游企业),按照税收管理权限,给予先征后返或减免的优惠。涉及海域使用、不改变海域现状的,在审批确定范围内,在企业赢利之前,允许无偿使用;实现赢利以后,积极落实国家减收和免收海域使用金的优惠政策;对投资规模较大的工程项目,可分期缴纳海域使用金。

促进旅游企业提高创新能力。旅游企业产品研发费用,可按有关规定享受技术开发费相关优惠政策。

增加土地出让金用于旅游事业发展的额度。凡利用荒岛、荒山、荒滩投资开发新旅游项目,规划符合政府要求,投资额达到一定规模以上的,土地出让金地方净收益一定比例用于项目配套基础设施建设。新建星级饭店、改建旅游景区项目投资额度、占地规模达到一定程度的,土地出让金地方净收益的一定比例用于项目配套基础设施建设;在旅游经济区内开发旅游项目,土地出让金地方净收益部分全额用于旅游发展区的基础设施建设。

规范对旅游企业的收费行为。严格执行行政事业性收费制度,凡未列入收费目录的项目一律取消收费,凡是收费标准有上下限幅度规定的,一律按下限额度收费。旅游企业用水、电、燃气等能源与工业企业同价。

二、土地利用政策

对利用荒山、荒坡、荒水、荒滩、荒岛进行旅游开发,可以由开发单位或自然人按基准价以挂牌方式取得,最高使用年限为40年;对保护自然生态环境的旅游成片绿化用地,在不改变农用地用途、性质及承包农户自愿的前提下,可以依法有偿流转使用。

保障旅游产业建设用地供应。对重点旅游项目用地指标和重点旅游基础设施的新建、改建、扩建等,国土部门优先报批、优先供地。对不改变土地性质的,采取流转方式获得土地使用权。项目建设涉及一般林地的,在省下达指标内优先保障使用。

旅游项目用地需要出让的,可按规划分期出让、分期建设、分期付款。以出让方式取得土地使用权的,可依法转让、出租、抵押。

对旅游产业中的公益事业和基础设施建设用地可按行政划拨方式供应土地,并优先安排农用地转为非农用建设用地计划指标。

三、项目信贷政策

对旅游经济区的重点旅游项目、旅游基础设施建设,应优先安排贷款资金,优惠贷款利率。确定一批旅游企业,纳入市金融体系金融重点扶持范围予以扶持。

各金融机构应积极开发小额贷款、创业贷款、应收款质押贷款等多种贷款形式,切实解决旅游企业和旅游项目开发的资金紧张问题。

鼓励和支持组建商业性担保机构和旅游企业担保公司,或企业会员制互保机构;旅游企业融资担保纳入市中小企业担保公司的担保范围。

金融机构要加大对发展休闲观光渔农业(渔农家乐)的信贷支持力度,适当放宽担保抵押条件,扩大信贷额度,简化审批手续,并给予贷款利率和时间上的优惠。

四、管理运营政策

旅游项目的立项审批,旅游部门应签署意见,对一些重点旅游项目,旅游部门应全程参与,并具有一票否决权。

坚持"非禁即入",全面对外开放旅游资源,除国家明令禁止或限制的经营业务外,区域内外各类经济主体可以通过直接投资、购买、租赁、承包等多种形式投资开发旅游资源,兴办各种旅游实体。

对重点旅游项目、旅游骨干企业、旅游经济区,实行各级领导联系制度。

建立旅游人才专项资金,用于引进、培训、聘用等系统工作。

五、行业奖励政策

对获得省级绿色饭店称号的企业,予以奖励。对进入全国百强、省五十强的旅行社,予以奖励。被列入国家级和省级旅游度假区、生态旅游示范区、工农业旅游示范点等相关名录并通过验收的，分别予以奖励；被新评上5A、4A、3A级旅游区的，按级别分别奖励。对新评为五星级、四星级旅游饭店的分别给予奖励。

对全年组团来目的地的游客总量达到一定规模以上前三名旅行社，给予奖励。

鼓励发展入境游。以本市旅行社（包括分社）上一年来目的地城市的入境游接待量为奖励基数，进行奖励。

鼓励本市旅行社开辟旅游新线路，设立旅游线路创新奖。

鼓励本市企业在国内大中城市设点。根据各旅游集散站（点）年发送到目的地城市的游客规模，设立奖励额度。

第二节　服务保障

面对日渐成熟的置业群体，旅游地产项目仅仅将赢利的重心放在传统的吃、住、玩、购上已远远不够，服务将成为旅游地产的核心竞争力。

一、托管服务

随着房地产调控政策的持续、随着理性化异地房产拥有理念的深入，越来越多的异地不动产潜在需求者关心异地房产的管理、空置期增值等问题。

由于多数业主长期生活在目的地之外的城市，对房产的管理无暇顾及，造成房产长期空置，不动产处于常年不动状态，因而造成管理成本高昂、房屋质量下降，资产收益无望。另外，业主也没精力、没时间装修房子，在业主或亲朋好友想到目的地度假时，无法享受自己的第二居所，只好预订其他酒店或家庭旅馆，给度假生活带来极大不便。尤其是最近开始的全国房地产调控政策的出台，短期内房产出手获益的机会显得异常渺茫。房产作为一种资源，除了自住以外，如果将闲置的时间利用好，获取投资以外的增值收入，早已成为多数业主的期待。

托管服务不仅能够帮助业主在有效管理房产的同时带来资金收益，并且还不会影响业主自住消费，解决业主短期房产增值停滞现状，收益灵活透明，并且，还随时为迎接业主或亲朋好友提供包括接机、餐饮、家政等各类专业服务。同时，还为业主提供免费的精装修服务，把不动产变成精装修度假公寓，并得到定期的专业而精心的养护。

二、管家式服务

“管家式服务”起源于英国，经由香港引入内地，其有效运作依赖于高素质的从业人员对服务内涵进行有效诠释,配以细分的、完善的专业外包服务。

“管家式”服务(housekeeping)是一种被动的服务提供;而真正的“管家式服务”之精髓在于它是一种主动的全方位服务,是希望在日常公共物业服务的基础上,把服务的触角延伸到业主的居家生活和商务需求领域中去。

“管家”充当的应是一个“外包服务过程管理”的角色。物业服务企业首先为客户筛选出优质外包服务供应商,并将各类优质外包服务供应商统一整合到物业服务企业资源下,由“管家”统一与业主进行衔接安排。其价值在于:通过对“外包服务”的“过程管理”,为业主把控服务时间和质量,处理服务过程中的纠纷或矛盾,免除业主与服务供应商直接接洽的麻烦,节约业主花费在居家事务处理上的时间。

在这个服务价值引导下,业主对“管家”的依赖和信赖逐渐建立,在首先成为业主信赖的“居家生活管家”后,再将服务广度与深度逐步扩大到业主的商务需求领域,逐渐成为业主居家和商务生活的全方位管家,为管家式服务的施行打开局面。

“管家式”服务模式强调“专属”的特性优势,服务重点需放在涉及业主生活及商务需求方面的专属管家服务领域,以提供能满足国内消费者专属服务的个性化需求的落地方式,实现该项目的定位需求和业主的服务预期。

三、酒店式服务

在一般的服务模式中,物业管理公司负责打理的主要是物业的公共部分,在顾客服务方面,一般也只注重客户群体的共同需求,而没有充分顾及不同客户在职业、家庭人员组成、年龄结构、对物业使用功能、生活习惯等方面的差异,从而在服务需求上存在不同的个性化需求。酒店式服务,其含义就是在满足客户共同需求的基础上,同时能够满足不同客户的特殊需求。“酒店式管理”服务的推出,目的是根据不同的客户需求提供不同的专业服务,将管理服务模式从无差异性的大众化服务上升到个性化服务的新境界。

酒店式服务模式是原有大众物业服务模式的延伸。作为一种服务模式,其宗旨不仅仅在于针对客户的某些个性需求策划一些特别的服务,更重要的是改变服务的观念与方法,拓展一种新的服务模式而不单单是提供一些服务项目。酒店式服务模式需要建立信息档案输入和服务输出的动态循环系统,突出客户尊贵特性,全方位满足客户个性需求。

酒店式服务有两方面的含义:一是酒店式管理,即在常规性管理工作之外的,针对单个客户的单元物业所提供的特别管理,如对每户建立独立的房屋维修记录档案、给排水、电设备维修记录等,根据不同的运行情况拟定检修计划。二是酒店式服务,通过对客户个性的分析,在常规性服务之外,能够针对客户的需要提供个性化服务,如商务服务、信息提供、旅游项目、私家礼宾、关爱家人等特色服务。

酒店式服务的策划有三种途径：一是根据经验、资料及社区情况，进行策划，为客户提供可满足其特殊需求的服务；二是不断收集客户的反馈信息，挖掘和分析客户的个性需求，不断策划推出新的酒店式服务项目；三是开展多种互动活动，包括客户与社会的互动、客户与客户的互动、客户与物业服务人的互动、人与环境的互动、社区组织互动等，并从中提炼个性需求。

推行酒店式物业管理服务模式，是希望以此有效地向客户传达物业服务的信息，实现物业服务围绕客户个性与凸显尊贵而开展的目标，同时向员工灌输服务的理念，在社区中营造“酒店式”这种尊贵的服务氛围，并通过高标准的服务质量，持续为客户提供贴心周到的服务。

酒店式服务模式是满足客户酒店式需求的服务方式，使不同需求的客户在周到、便捷的沟通渠道中感受到贴心的服务，达到省心、满意的服务效果，体现出物业管理服务水平，得到社区客户认同和赞许，进而实现企业的美好愿景。

酒店式管理服务的经营性效应。传统的物管只是满足客户的共性需求，没有充分发掘客户对服务的个性需求，从而忽略了这部分潜在消费需求。客户是一个庞大的消费群体，物管公司可以对客户的个性需求进行分类组合，引导其形成实际的消费需求，通过提供有偿的个性服务来满足客户，并有效提高物管公司经营收入。

四、配套服务

旅游地产的配套问题几乎是关系到旅游地产项目开发成功与否的关键，配套是旅游地产的灵魂。配套可谓这一类复合型地产打造的核心元素，也是项目持续运营、长久发展的关键。旅游地产、养生地产、养老地产或成功或失败，多数归结于此。

就旅游度假而言，是否有便捷的交通、餐饮、购物、娱乐设施、服务体系，可能是重要的。就度假养生而言，是否有良好的环境、健康的生活方式非常重要，除此之外，是否有与之配套的健康养生项目来完善养生活动更显重要。就商务休闲而言，有否为商务活动配套的酒店、会议等功能是重要的，但是商务之余的休闲配套是否齐备也是衡量商务品质的重要因素。作为综合性的旅游度假区，配套恰恰是衡量其度假区品质的核心指标。旅游地产的复合趋势越来越明显，单靠着海滩、大海这样的资源构建一种城市地产的营建模式越来越不适应人们的需求，旅游地产越来越多地复合了旅游观光、商务休闲、养生养老等概念，涉及酒店、商业、运动、休闲、物业等多种形态的开发，对开发企业的资源、开发能力、规划能力、配套能力、经营能力的要求越来越高，而是否能够提供与之匹配的产品是衡量旅游地产质素的重要指标，也是未来旅游地产的发展之道。

旅游地产市场基本呈现“一级城市靠地产，二、三线城市靠资源”的发展态势。北京、上海、天津等一线城市的旅游房地产基本上走“地产”路线，以人造景区、景点来配套于住宅、酒店、社区等的开发；而二、三线城市的旅游房地产则主要走“旅游”路线，依托区域的高等级旅游资源进行项目配置。

旅游房产通常具有“投资 + 自用”的两重功能，投资者不仅可以在投资中获得保值增值收益，更可以通过投资长期享受物业带来的空间享受和消费功能。这样的旅游房产通常会吸引一些“高收入”、追求“高品质”生活的人群前来消费与投资。

现如今旅游地产出现多种开发模式以应对差异化的置业需求，其中以产权酒店为主体的投资型模式开始向分时共享产权的消费模式转换，商务型与度假型旅游地产模式等将逐步发展起来。旅游地产的租务需求所引致的对配套服务等的要求也越来越高。

中国旅游地产市场基本呈现出综合化、多元化的发展态势。众多旅游房地产已由过去的产权式酒店、分时度假逐步发展延伸，以健身、滑雪、旅游、休闲、娱乐、健康为主题的旅游房地产项目逐步兴起，旅游房地产的运作方式逐渐综合化、多元化。

第三节　其他保障

一、旅游地产咨询系统

根据国家旅游局下发的《关于建设旅游者咨询中心的指导意见》(旅管理发[1993]096 号)文件精神，各地逐步建立起了由政府旅游行政管理部门设立旅游信息咨询中心(协调管理机构)，再独自或与企业和其他政府部门合作下设若干旅游咨询点(服务窗口)的咨询服务架构体系。各省市通过不同的运营方式积极投入旅游咨询点的建设。

(一)旅游咨询系统

1. 国外旅游咨询服务

在澳大利亚，旅游咨询点星罗棋布，散布于城市、度假区的各个角落，在游客聚集区域随处可见各种旅游咨询服务店、亭、台、柜，随时为游客提供专业便捷、热情周到的旅游咨询及相关服务。在墨尔本市，政府设立的旅游咨询中心甚至借鉴银行等金融机构的服务方式，以排队叫号的形式进行服务。韩国旅游发展局在仁川机场、金海(釜山)机场和首尔市中心共设有 4 处直接管理的旅游咨询服务处，并开设 24 小时提供多语种服务的 1330 旅游热线。除了提供基本的中、英、日、韩多语种旅游咨询及导游服务外,在主要咨询处还设置了网络检索角、韩流馆、旅游纪念品柜台、资料室、放映馆、人类文化遗产展览室、旅行社服务台、医疗观光中心等,为游客提供自助查询、资料查阅、文化展示、旅游代理等多项服务,俨然一个城市缩影展示厅。韩国旅游发展局还在北京庄胜崇光百货商场新馆地下一层的阳光推广区开设了"韩国旅游咨询中心",将服务地点延伸到了旅游客源地。新加坡旅游局在境内设有亮阁、乌节路、樟宜机场、游轮中心、小印度、新达城 6 个旅客询问中心。

2. 国内旅游咨询服务系统

(1)旅游信息服务中心

在旅游业发达国家,旅游信息咨询中心是最典型的为公众和游客提供服务的公共机构,业已成为旅游者获取当地旅游信息的首要选择。英国有 800 多个旅游信息中心(TOURIST IN—FORMATION CENTER),它们多位于游客集中的目的地区域中心,或距离机场、车站、码头不远的地方。

美国的旅游咨询服务中心绝大多数都位于游客集中的地区,提供的异常丰富多样的服务项目。首先在旅游信息服务方面,涵盖了包括旅馆、文化、餐饮、购物、观光、盛大活动、精彩赛事以及交通等方面的信息,具有资质的信息专家提供最多可达 10 余种语言的信息咨询服务。服务中心同时也提供 24 小时多种语言的电话咨询服务,并根据每个月的特殊盛事、体育赛事和文化活动更新咨询服务中心的电视节目。值得一提的是,大多数咨询服务中心还为残障人士提供专门的信息咨询服务。此外,咨询服务中心还为游客提供其他多种综合服务,主要包括:预定旅馆、娱乐订票服务,出售纪念品、地铁票、电话卡,出租相机,发送电子明信片,获取免费的打折券,此外还有停车服务、休息室、话吧、自动提款机、酒吧、公共休闲中心等。

国内旅游信息咨询服务点,主要位于城市火车站、机场、市区中心节点、各区县及重点景区、国内主要目的地城市、旅游合作城市等。咨询服务中心除必要的景区景点、酒店宾馆、旅行社、旅游交通线路咨询、电子信息屏查询等必要功能外,还具备游客投诉建议、实力旅游公司国内及出境游咨询服务、现金提取、内外币兑换、旅游商品购物、美食餐饮等功能。注重语言的多元化服务,设中、英、日、韩、东南亚语言服务。

(2)呼叫中心与网络服务

充分利用国家 12301 旅游资讯公益服务工程与 114 为旅游热线,24 小时为游客服务。游客可以咨询出行、节庆活动、本地游、美食店、购物街区等相关信息。

信息化是 21 世纪旅游业的趋势,旅游网站的建设、经营方式的网络化、电子化为旅游者的出游提供了很大便捷。在旅游电子业务运作和信息服务领域,英国是走在世界前列的,其旅游系统有着非常完善的电子化政务公开和旅游信息服务功能。从 2005 年 4 月开始,旅游者就已经可以在线查询英国境内旅游产品和价格,通过目的地管理或国家服务提供系统来预订,这标志着英国电子旅游网络的形成。英国的旅游网站上还会提供完善的旅游宣传品递送服务，如打开伍斯特郡的旅游网站，旅游者只需要填写首页“宣传册请求”(BROCHURE REQUEST)栏中的一份电子表格，网上发送后就会收到相关地方寄来的宣传册。

利用网络信息服务设置：自主旅游安排——提供游客可以自主选择旅游日期、停留时间、旅游线路的网络安排系统(如香港、新加坡旅游网站)，设旅游景点通票，在游客自行拟定好行程和路线后，通过网络订购旅游通票；在线咨询——建立嵌入网站信息平台，通过BBS、QQ、MSN、SKYPE、飞信、电子邮箱等日常聊天工具，实施旅游在线咨询和票务订购；旅游频道——在度假区旅游网开设旅游频道，游客可以查询酒店景区优惠折扣情况及其他旅游咨询；游客资料库——对游客进行资料库的记录和整理，包括游客姓名、年龄、来访目的、旅游产品偏好、停留时间、消费情况、景点选择等。

(二)地产信息咨询查询平台

游客通过咨询查询平台，可以获悉目的地的房屋出租动态及价格；业主可以通过查询平台，获得房屋现场维护记录和照片、小区周边动态信息(房产价格变动、物业通知、周边配套及市政变动信息等)，使身在异地的业主随时掌握房屋及周边环境动态。

二、旅游地产标志导引系统

建立健全目的地的旅游标志指示系统，对高速公路、国道、省道的道路指示牌和旅游标示牌进行统一规划、统一设计、统一设置。

旅游标志指示系统设置的系统化。在对指示系统设置进行标准化时，要从系统化的角度考虑问题。将单个导向系统作为一个整体考虑时，要保持内部的连续、一致和完整。

在国际化中体现本土化。由于旅游标志指示系统是向世界各国和我国各地的游客传递旅游信息，因此，它应具备两个特点：一是要没有语言和文化的障碍，具备国际化，使用国际通用的图形标志；二是要具有本土特色，要使用规范的汉语、汉字，设计具有中国传统风格的标志，以提高对旅游吸引物的审美感。

建构专家库和知识系统。为了加快形成目的地的形象符号和公共标志生成机制，应建构专家库和知识系统、完善咨询审核机制，尽快形成跨部门(包括公安、交警、民政、园林、医疗、旅游等)的城市公共标志委员会并纳入法制建设轨道，赋予相关部门立法、管理、执法功能。

加快目的地形象建设人才培训。加快高校(标志)语言学、符号学、跨文化交际、翻译学研究的落地，为目的地形象建设提供智力和知识支撑，在合适的时机形成产业平台，形成产学研结合的机制。

促进公共标志事务管理。促成公共标志管理事务的专业化、机构化、法规化和国际化。引进国际公共标志法律法规和先进管理模式，减少“视觉垃圾”，制定和完善《公共信息图形标志标准化管理办法》。

三、旅游安全救援保障

早在20世纪70年代，旅游安全问题就引起了国际上众多学者及旅游业界的注意；至今，旅游安全一直是旅游业的重中之重，是保障旅游者权益的核心内容。在发达国家和地区，旅游安全保障已经由传统的事后补偿变为事前、事中、事后的全方位服务，是被广为推崇的现代旅游理念。许多国家通过政府发挥主导作用以及社会、企业的广泛参与，已经形成了较为完善的旅游安全保障体系。

（一）安全管理

在安全救援方面，建立旅游地产安全预防体系，加强安全检查教育、防范制度，并建立专职保安队伍，安全生产、公安（消防）、卫生防疫等部门定期进行指导，不定期进行检查或抽查；建立经营者安全管理责任制，设置明显的界限、服务设施和游览导向标志等，并设置有效的安全防护设施，要求从业人员必须具有安全知识和救援防范技能；落实对外开放前的安全验收制度，由县及县级以上旅游主管部门牵头，会同安全、公安、交通、质监等部门进行综合评估，凡不符合安全要求的，坚决不许试营业或对外开放；建立旅游紧急救援和事故应急处理制度，成立旅游事故应急处理小组，并由地方主要领导担任组长。

事故应急小组制定不同级别的旅游事故处理预案，以应对各种突发性旅游事故。发生旅游事故时，旅游经营者应当及时采取救护措施，并向旅游事故应急处理小组报告。旅游事故应急处理小组应按照预案组织旅游、公安、医疗等有关职能部门参与救助。进一步完善医疗急救中心的服务，通过各种途径公布医疗急救中心的电话，实行24小时服务，度假地必须设立医疗救护点；完善旅游保险体系，积极与各保险公司合作，拓展相关保险业务，强化安全意识，使突发安全事件有明确的利益补偿来源。

1. 成立管理中心

成立管理中心来主管目的地的游客安全管理工作，并赋予其调度和分配其他各个相关部门工作的权利，这样可以大大提高管理效率。

2. 高科技注入

在旅游安全管理的具体操作措施中，高科技手段被引入安全预测工作，可以及时为游客提供准确而详细的信息，保障旅游者的人身安全。例如美国的夏威夷火山国家公园就运用高科技监测手段，专业火山观测组每天观测火山的最新动态，将这些信息输入数据库，及时更新，为旅游者提供最新的火山活动信息。旅游者可以根据这些信息安排自己的行程，避过危险时间，大大地减少了事故的发生。同时，将检测数据录入资料库，游客可随时查询。

3. 安全知识教育

对旅游者进行安全知识教育，以减少旅游者安全事故的发生。为具有安全隐患的项目配备安全知识讲解服务人员。在游客参与项目前对游客的年龄、身体状况进行核实，并对相关安全保障措施进行讲解。配套安全知识手册，在游客进入度假区时免费分发。

如美国的冰川国家公园别称为“熊的国度”，公园及邻近区域的熊多达300多只。冰川国家公园充分利用解说手段对旅游者进行安全意识教育，以免遭到熊的攻击。公园管理者会提醒旅游者千万不要接近熊，在公园徒步旅行时，应该时常发出声响，让熊有所准备，以免熊因惊吓而袭击旅游者。

（二）旅游保险

旅游的特点决定旅游事故更多的是在路上、在旅途，需要及时救助。这也使旅游保险有别于其他保险种类。在旅游业发达的国家，不仅旅行社要为旅游者购买责任险，旅游者要为自己买意外险，而且旅游者还可以购买救援险，以保证出事后先抢救、后报销，变事后赔偿为事前预防、事中救助。

除目前较为普遍的保险外，还可增加如：

度假保险：以外出度假旅游、野营者的家庭为保险对象，除目前较为普遍的保险外，还可增加如：救援险，可保证意外后，先救援、后报销，变事后赔偿为事前预防、事中救助；度假保险，被保险人在外出度假旅游期间，因其家中发生水灾、火灾、失窃等造成的家庭财产损失，由保险人负责赔偿，解除了人们外出旅游的后顾之忧。

体育旅游险：专门承保游客因滑雪、骑马、露天野炊等引起的损伤、烧伤等风险，当被保险人死亡或伤残时，由保险人一次给付赔偿金。除此之外，还可以增加娱乐多种险。

四、通信保障

在通信保障方面，建成技术先进、网络运行可靠、业务品种齐全、服务优良的现代化电信通信网。一方面，积极发展移动通信，提高通信质量，为游客提供通信便利；另一方面，在交通要道上，每一段距离要建设公用电话，以应游客之急；再者结合数字建设，有效推动旅游信息化建设。

经验篇

行业观点

1. 政策调控之下地产行业的细分和深化

2010年4月17日，国务院出台《关于坚决遏制部分城市房价过快上涨的通知》，被称作"史上最严厉"的楼市调控开始。围绕"差别化信贷政策"和"保障性住房建设"，各地调控新政密集出台。9月29日政府再出台"新五条"政策。此次以"限购"等行政手段为核心的调控政策意在防范房价再次反弹。自2010年4月"新国十条"调控政策出台以来，国内住宅市场进入了漫长的市场盘整期。

随着国家调控深入，房地产企业在中心城市生存的困难越来越大，于是旅游地产成了他们的选择。首先，大城市中房地产开发的门槛越来越高，进入房地产行业的困难也越来越大，而旅游地产的门槛相对较低，进入较为容易；其次，土地供给紧张，开发商拿地困难，很多开发企业在中心城市拿不到土地，只有转移到二、三线城市或者是郊区拿地进行开发，而旅游地产开发利用的多是荒山和林地，拿地相对容易；再次，休闲度假已经成为一种流行的生活方式，而休闲度假对景区的硬件设施也有了更高的要求，旅游休闲地产的开发可以提高景区的硬件设施，满足消费者的这些需求。

政策对于房地产企业的影响正在逐步显现，此前一直处于次要地位的商业地产以及旅游地产开始成为市场多方关注的热点。旅游地产是房地产行业中的一个新兴市场，也是房地产行业细分的结果。发展旅游地产是对房地产行业的细分与深化，也是房地产行业发展到一定阶段的必然。旅游与地产的结合，是房地产市场发展的必然，也是顺时应势的明智之举。旅游和房地产是完全不同的两个行业，相互交叉、理念渗透，形成了许多边缘性的全新综合结构，如产权酒店、分时度假项目、度假别墅区、高尔夫别墅区、中央游憩区、商业步行街、shopping mall 等模式。

2. 旅游与地产双轮驱动下的土地开发走势

旅游房地产既满足了旅游度假者的游憩需求，又为部分投资置业者提供了新的投资渠道，成为房地产领域内的新亮点。与住宅市场照应，旅游地产在弱市一下子火了起来，在北京、天津、上海等城市都把"世界级旅游 + 地产模式"作为手中最重要的一张名片。旅游地产，一个新的投资机会，一个规划的重点问题。

从发展观点来看，旅游地产虽然是个新兴行业，但在房地产整体市场疲软的情况下，反而成为一个发展方向——开发商躲避战场的方向。飞机班车化、城际高速列车公交化，交通便捷，城际距离正变短或消失，是旅游地产兴起的客观外部条件。旅游地产并非暴利行业，投入多，但收益稳定而持续。所以，有实力的开发商都对旅游地产感兴趣。令人诧异的却是开发商们的"大手笔"规划。不论这些规划如何"富于想象"，其背后的核心只有一个，就是圈地，囤地是最挣钱的。针对这些情况，只有正确引导旅游地产的发展，将旅游地产模式正规化，才能让旅游地产可持续发展下去。

从政策层面上讲，政府是鼓励旅游地产发展的，地价款对于政府而言是一次性收入，除此的门票、餐饮、住宿、购物等将成为政府的持续地方收入，还在增加就业机会、稳定生活等各方面提供一个综合效益。另外，"为了防止开发商借机囤地，建议当地政府捆绑销售土地，在合同上明确用地用途，要求先做旅游项目，再做地产。"当然，政府的想法不一定都对，可以跟政府商量，甚至是引导政府。而对于开发商来说，旅游地产开发周期相对漫长，一旦遇上地方政府换届，该旅游地产就将存在相当大的政策风险。这些需要协调和解决的问题在旅游地产规划当中应多加斟酌。

3. 城市地产向旅游地产的快速转型

从市场价值链看，城市客源对旅游地产的需求由简单走向多元。游客滞留时间相对较长，将休闲、观光、运动、体验甚至商务等有机结合；旅游者复游率显著升高；游客希望实现异域家的感觉，这种异域感可来自于自然环境的不同、文化的不同、建筑产品的不同、体验性项目的不同等；购买消费的同时兼具投资目的性，既满足功能需求的内在冲动，又看中房产品的稀缺性，既是消费又是存储，更是一种投资。

从产品价值链看，城市旅游目的地的旅游地产产品由单一走向复合。旅游地产开发在经历了圈地、小盘、大盘之后，逐渐出现了复合型旅游地产开发的萌芽。复合旅游地产打破了以往旅游地产开发中的单一理念支持，以房屋为载体，整合多种产业（农业、商业、旅游业、生态、体育产业、教育、科技等），创造出一种全新旅游地产经营模式。

从收益价值链看，城市旅游地产开发由集中收益走向多维收益。就目前来看，开发商过多的将利润环节集中在土地和融资上，造成了开发商和政府之间特殊的利益分配关系，但从长远来看，消费者的利益需求应该在旅游地产收益价值链中占据更加重要的地位。而我国的旅游地产开发模式也将不断由开发销售向开发、物业经营和物业持有转变，向品牌输出和管理竞争改变。

从品牌价值链看，城市旅游目的地开发运营进入品牌竞争时代。由企业主导的区域旅游地产开发将逐渐被政府主导的城市运营所取代。城市旅游目的地的构建在此背景下逐步走向品牌竞争时代。对城市进行综合运营的巨头将旅游地产与旅游、休闲、教育、体育、会展、工业、文化创意等众多产业相互嫁接,从而给城市经营者及旅游地产开发商提供了更大的发展空间。

4. 走向综合体时代的中国旅游地产业

旅游消费模式从单一观光旅游向综合休闲度假升级、景区发展模式从单一开发向综合开发升级、地产开发模式从传统住宅地产向综合休闲地产升级,这三大升级共同作用的结果就是"旅游综合体"的出现。旅游综合体可以推动"区域旅游从观光时代走向休闲时代"、"从景区时代走向旅游目的地时代"、"从单一产品时代走向综合体时代"。从这个意义上看,"旅游综合体"必然是推动中国旅游产业再次升级的主力引擎,中国旅游地产业将走向综合体时代。

"旅游综合体",有时也称为"休闲综合体"或"度假综合体",是指基于一定的旅游资源与土地基础,以旅游休闲为导向进行土地综合开发而形成的,以互动发展的度假酒店集群、综合休闲项目、休闲地产社区为核心功能构架,整体服务品质较高的旅游休闲聚集区。作为聚集综合旅游功能的特定空间,旅游综合体是一个泛旅游产业聚集区,也是一个旅游经济系统,并有可能成为一个旅游休闲目的地。

旅游综合体为大地产开发特别是旅游地产的开发提供了一种创新的模式。按照"旅游综合体"的特色模式进行旅游休闲导向的土地综合开发,实现地产开发与综合旅游休闲发展的完美融合,为旅游地产的创新开发带来了巨大的空间。作为旅游综合体典范的东部华侨城,是由华侨城集团斥资35亿元精心打造的,是国内首个集休闲度假、观光旅游、户外运动、科普教育、生态探险等主题于一体的大型综合性国家生态旅游示范区,集两个主题公园、三座旅游小镇、四家度假酒店、两座36洞山地球场、大华兴寺和天麓地产等于一体的综合体项目。

5. 新生活方式需求是中国旅游地产快速发展的市场支撑力

伴随着时代的进步,"新生活方式"正在成为引领经济发展、产业转型和产品创新的重要动力,人们对"新生活方式"的向往与追求正在催生着种种商品和服务的更新与复兴。因此,新的生活方式需求成为了中国旅游地产快速发展的市场支撑力。

旅游地产的核心价值和诉求就是"卖生活方式",满足精神和心灵的需求。海景、山景、水景,先天性因素的不同就决定了开发理念和开发技术的不一样,但是开发的地产项目追求的目标都是一样的,就是一种生活方式和生活态度的展示。目前,旅游、休闲的生活方式已逐渐被中国人所接受，随着中国经济发展，人们对健康、绿色的生活拥有更多诉求，越来越需要通过旅游、休闲以及自己的私属空间来提升生活品质，因此符合人们生活方式的地产项目将成为地产界新的开发目标。

新生活方式需求的市场支撑力可以从以下方面来表达：首先，文化特色和区域内涵个性突出。将休闲资源与地域文化结合形成自己的文化特色，有了文化旅游地产才具有综合的竞争力和长久的吸引力；其次，创意产品和休闲业态的多元化。创意可以给旅游地产带来活力，只有具有创意性的休闲，才能满足人们的个性化、多元化的休闲需求；再次，休闲心态和日常生活融合为一体。只有业主拥有日常化的休闲消费习惯才能形成一个旅游地产项目的休闲氛围，在先进的休闲空间里感觉不到生活的紧张和压力；最后，生态空间和环境设施形成体系。合理的生态、生活、环境空间的策划可以使不同阶层的人们共同享受阳光、绿地，并有机会互相交流，构成和谐温馨的休闲气氛。

6. 旅游地产内涵与外延的全新解读

传统的旅游地产是指一个区域在进行旅游景区开发时，围绕吃、住、行、游、娱、购等基本要素，规划建设一批必要的功能设施，在确保游客的观光体验的同时实现旅游的综合服务价值的开发方式。而如今，旅游地产在内涵和外延上都有了全新的解释。

从内涵上来说，旅游地产是集投资与消费于一体的新型物业模式，是以旅游度假为目的，通过整合规划设计、开发建设、专业策划、市场营销、网络管理等各个环节，把旅游业、房地产业及其他关联产业结合在一起的一个全新模式。从外延上来说，旅游地产兼具服务性、经济性、灵活性和投资性，既满足了旅游度假者的游憩需求，为部分投资置业者提供了新的投资渠道，同时也为区域内以现代服务业为代表的其他关联产业的发展提供了融合与共生的空间。

随着大众休闲时代的到来，国民外出休闲度假已经成为一种常态。而随着国民对房地产投资需求的不断增长和国家对一线城市房地产行业的政策调控的不断加大，越来越多的消费者和开发商开始转向融旅游、休闲、度假、居住为一体的旅游地产，旅游地产作为旅游业和房地产业的无缝嫁接，其升值潜力也越来越为人所看好。但是，目前国内旅游地产发展最大的瓶颈问题在于旅游核心吸引力的缺乏。对于消费者来说，购买旅游地产产品的本质目的是要实现一种融自然生态和休闲享乐于一体的理想生活方式体验，在自然景点、文化景点等传统旅游资源的吸引力日益下降的情况下，如何人为地打造满足游客需求的独特体验产品，构建地块自身的核心竞争力，强化品牌效应，对于旅游地产开发商顺利将生地变成熟地，避免同质化竞争，实现区域价值最大化和可持续发展至关重要。

7. 旅游地产综合体模式

旅游综合体的提出，源生于城市综合体，而城市综合体，又来自建筑综合体。建筑综合体将城市活动中如办公、居住、商业、餐饮、会议、文娱等多种不同的功能空间，在各层之间或一层之内的各房间之间进行有机地组合，组成一个既有分工、又有联系的多功能的大型单体建筑综合体。城市综合体则将商业、办公、居住、酒店、展览、餐饮、会议、文娱和交通等城市生活空间进行三项以上的有机组合，在不同功能之间建立一种空间依存、价值互补的能动关系，并与城市的交通协调，从而形成一个功能复合型的、高效率、大空间的、复杂而统一的综合体。

旅游综合体，其实是突出旅游功能或者说是以旅游功能为主导的一种城市综合体。所谓的旅游综合体涉及旅游、文化、商业、酒店、房地产等多个产业，它可由旅游景区、高星级酒店、酒店式公寓、高尚居住社区、中高档购物中心、游乐场、休闲娱乐街区、市民广场、剧院和一系列交通、市政配套设施组成。它是一种全新的、开放的、生态的、环保的、地标性的综合性城市结构体系，是多功能、复合性的第三产业集群，是旅游经济的龙头，也是城市活力的源泉。

旅游综合体出现的本质在于通过复合、集聚两种手段，提高空间效率和空间价值：一是降低旅游者消费的成本，相应的赋予、提高了旅游者的旅游消费水平；二是降低了旅游地的交易成本，相应提高了旅游地的综合效率和效益；三是提升了旅游地价值和开发商的开发价值；四是对旅游综合体本身来说，产业（如服务业的兴起），技术（如交通、营建）、经济条件的不断提高和对消费水平要求的提升，使集聚在更大层面和更小范围、更多业态和更大规模的旅游综合体使其成为可能，这就体现了旅游综合体的开发价值并保障了它的发展。

8. 旅游地产综合体的学术支撑

旅游地产综合体的出现，主要是借鉴了或应予引入两种理论为其学术支撑，即城市经济圈理论和集群经济理论。所谓的城市经济圈，即由一个具有较高首位度的城市经济中心，和与中心密切关联且通过中心辐射带动的若干腹地城市所构成的环状经济区域。该理论的特点，一是关注“整体性”，二是关注“协调性”。所谓集群经济，是指相同的产业高度集中于某个特定地区发展的产业成长现象，该理论的特点，一是关注“规模性”，二是关注“关联性”。

城市经济圈理论立足宏观视野，从大区域的角度研究问题，强调“整体发展”，意在“协调诸元素之间的关系”。集群经济理论立足微观视野，从区域内部的角度研究问题,强调"同类集中",重点关注,意在"发挥同类项集中的力量"。旅游地产综合体,实质上就是一个以旅游集群经济为特色标志的小型的"旅游城镇经济圈",它既是旅游产业园区,又是游人生活特区。从中可以清楚地看到城市经济圈理论和集群经济理论的渗透与影响。

在城市经济圈的整体发展理念指导下,可以实现综合体内的深度合作,即围绕着旅游综合体的整体发展目标,统筹解决区内各方在旅游合作中的矛盾和冲突,整合不同旅游资源,促成旅游统一市场的形成,实现区域旅游业和旅游企业经营的最优化组合与整体化发展,保证旅游经营活动的高效运行和规模经济效益。在旅游地产综合体内多种因"旅游度假"的需求而会聚的相同产业,互相配套、互相辐射、共享功能、共享品牌、节约土地空间使用、节约公建设施投资,形成一个强大的吸引力,形成一个旅游经济强区(文化强区)。

9. 旅游地产综合体的两点论

从旅游综合体的发展路径与未来的价值来看,应该主要体现在以下核心思想与开发理念,即旅游综合体的两点论:区域产业价值链和行业价值观。

旅游综合体的区域产业链要从旅游产业的驱动力来体现,随着旅游业的不断发展,其关联作用、拉动作用、融合作用、辐射作用等逐步凸显出来。首先是围绕旅游业为核心的多产业横向联动发展成为区域经济里程碑式的新模式。这里提到的旅游业不仅仅指传统的山水景区,而是具有现代意义的城市旅游观光产品、旅游休闲产品、旅游度假产品等。提到的多产业不仅是指传统意义上的一、二、三产业的联动,而且更加注重现代服务业内部之间的多业态组合。其次是围绕游客出行并多方位消费为主题的纵向联合将成为未来区域旅游经济的核心主题。这里提到的纵向联合就是指游客出游过程中能够涉及的门票消费、购物消费、租赁消费、特色消费、美食消费、民俗消费等产业或业态的联动。

行业价值观是从旅游综合体体现出的社会与经济两个方面考虑的。从社会价值来说,主要体现有:一是旅游综合体让各行业的从业者整合成泛旅游产业的就业群体;二是旅游综合体让不同身份的居民进入全新的生活方式;三是旅游综合体让多业态转换成特色有序的主题产品;四是旅游综合体让城市化旅游和旅游城市化成为现实;五是旅游综合体让文化、体育、文物、商业、交通、教育、地产、环境等成为主客共享的全新空间。从经济价值来说,主要有:一是旅游综合体让旅游经济从一票经济走向了多元收益的综合经济;二是旅游综合体让企业收益走向全社会收益的立体经济;三是旅游综合体让传统地产收益实现了高附加值的"核"动力引爆经济。

10. 旅游地产综合体的双线论

关于旅游综合体，一些专家学者将其列入旅游领域的外延学科进行研究，一些企业将其按照连锁模式进行整体复制开发，一些地方政府领导也拿出土地做区域驱动发展的政绩工程。这些都是自然形成的规律性结果，即为旅游综合体的双线论：“资源整合—产品复合—差异竞合”论与“旅游地产—新生活方式”轴心论。

旅游综合体已经或者正在成为中国旅游产业发展具有可操作价值的现实目标，如何实现有序、有利、有人气的开发，笔者提出了“资源整合—产品复合—差异竞合”论。首先，必须优化以旅游项目开发为主题的优势资源配置，使有限的资源发挥最大的效益。在树立“大旅游”开发概念的同时，要注意开发的时序性，既要考虑到目前又要兼顾未来。其次，必须建立合理的旅游产业结构以形成完美的观光休闲度假产品。主要由住宿接待设施、休闲娱乐经营、交通运输体系、旅行业务组织和目的地旅游组织五个部分组成，彼此相互配合，组成旅游大系统，只有各个部分比例恰当，才能保证旅游活动顺利进行，发挥出最大的效益。再次，必须避免区域内部旅游综合体间同质化竞争，实现区域竞合发展。必须坚持差异发展、主题鲜明的基本原则，使旅游综合体之间的空间竞争限制在各自均能承受的范围之内，促进各地旅游综合体有序开发、公平竞争，形成竞合发展的共赢特色。

旅游地产与新生活方式的联姻不仅仅是经济社会发展的需要与人们生活的需求，也是旅游综合体发展的轴心与核心。旅游地产是一个新的消费需求，且会因人们生活方式的改变而日益成为一种潮流。当人们解决了第一居所之后，这部分人的消费方式将随着经济生活的改善而发生改变，从长期来说，这部分人群必定会有旅游地产的消费需求。

11. 旅游地产的经济价值论

旅游地产离不开旅游与地产的形态组合，狭义上的旅游地产早已存在，任何为旅游服务的基础设施，如游客中心、饭店、娱乐设施等均可纳入旅游地产范围，而广义上的旅游地产则延展了很多，包括新兴的旅游业态，如产权式酒店、分时度假酒店、依托旅游景观或旅游产品建设的高档公寓、酒店、会所等。从开发主体上看，旅游地产建设方不外乎两个，其一是以旅游开发为主的企业，由于旅游项目投资汇报周期普遍较长，因此希望通过地产开发或土地运作加快资金回笼。其二是以地产开发为主的企业，核心诉求是土地和房地产，旅游产品不过是提升土地价值或房地产价值的手段之一。

旅游与地产是最近一两年来最热的两个行业。国务院去年发布的《关于加快旅游业发展的意见》,对旅游业的地位与作用给予了历史性的突破,明确了旅游业战略性产业的地位。反观房地产行业,近年来已经成为为富不仁、巧取豪夺、贪污腐败、强奸民意的代名词,毫不夸张地说,房地产行业对广大人民群众而言成了“妖魔化”的定义。流动的业态与固定的业态嫁接后产物究竟是什么,恐怕仍需要时间去检验。

旅游地产原本无罪,特别是对于提升旅游服务质量有直接推动作用的旅游基础服务设施,更是应大力提倡。通过旅游产品和旅游资源来提升环境、改善民生,进而促进土地增值本身也没有错。但是作为旅游行业来说,一定要把握自身的行业重点,保持一份清醒和理智。对于依托已有的、特别是具有一定稀缺性和垄断性的自然或文化旅游资源,在其周边进行旅游地产开发,应本着审慎、克制的原则,切不可饮鸩止渴、与虎谋皮,甚至狼狈为奸。降低了旅游资源品质,无异于断送了旅游业可持续发展的前景。

12. 旅游地产的土地价值论

土地具有双重属性,首先是其本身的生产承载性,再者是其具有潜在增值性。在旅游地产项目的开发过程中,土地的潜在增值性是实现企业目标的关键点。同时,准确的预判土地的增值潜力,从战略上判定土地的开发价值,将能够有效平衡政府、企业、居民三方的利益需求,达到土地的战略价值和经济价值的统一。为此提出旅游地产开发过程中的“土地四大价值学说”。

土地的景观价值论:景观打造是旅游地产开发的先决条件。景观价值主要蕴涵在土地的生态物种、土地坡度坡向分布、景观天际线形态、水域生态环境等方面。其中,优良的植被生态是一个地块具备景观价值的基本条件。

土地的居住价值论:在旅游地产项目开发中,土地的核心功能是附着其高品质的居住生活空间,所以在土地的综合价值衡量中,居住价值所属的权重值较大。土地的居住价值衡量是构成土地潜在升值空间的关键要素。

土地的商业价值论:土地商业价值未来将主要影响经营性物业的开发。在旅游地产项目中,经营性物业的开发形态和经营模式是实现土地增值的重要因素。在一个成功的旅游地产项目中,经营性物业必定扮演了旅游吸引物和综合服务体的双重角色。而对文化的深入挖掘、精细化融入是每个成功的旅游商业模式成功的必要条件。

土地的生态价值论:土地的生态价值主要表现在土地的生态适宜性方面。通过对珍稀物种的培育、特种资源的保留、特有文化的传承,可以构建未来稀缺资源的升值空间,提升土地附着物的品位和档次,保证土地开发价值的最大化。目的是创造最高品质的人居休闲空间,实现环境价值、经济价值、社会价值的完美统一。

13. 旅游地产的城市再生价值

2009年，建成才两年多的东京中城（Tokyo Midtown），已有评价是“全球建筑师都想去造访的东京指标”，有定位是“日本设计走向全世界的发源地”。在强手云集的东京，作为年轻建筑综合群的东京中城，为何会出类拔萃？这要从它独特的设计理念说起。2000年防卫厅搬迁，空出了10公顷的可开发用地，2005年，以三井不动产为首的六家公司中标，开始在此建设一个包括商务、居住、商业等多种城市功能在内的全新的复合型街区，这也是东京这个国际大都市的“城市再生”计划的一次大规模的实践。在东京中城，居住、工作、游乐、休闲等多重功能相互融合、相互刺激，从中激发出富有活力的先进城市文化。这个崭新的复合型城区由6栋建筑构成，汇集了各种各样的商店、餐馆、写字间、饭店、高级租赁式公寓、美术馆等设施。东京中城的规划设计思想是以人为核心，创造新的生活美学空间。从规划设计和商业设施来看，东京中城注重建筑与商业文化结合，充分运用商业世界中人、物、环境构成空间概念，以美学设计作为主轴，构造东京21世纪衣食住行乐的完美景观。

在项目运营管理方面，通过美术馆和设计中心等吸引白领人群，通过高档酒店吸引金领人群。东京中城写字楼成为企业总部聚集区，吸引了高端办公人群，他们都是消费力较强的白领和金领人群。项目中的众多休闲餐饮业态也聚集较多人流，东京中城作为日本最新的一流综合体拥有着旺盛人气。而大面积的绿地和公园也是一大特色，在寸土寸金的东京市中心，中城的绿化率高达40%，原防卫厅用地中的140棵树木也被重新安置在这里。

14. 旅游地产的名称引力与经济价值

自1989年深圳“锦绣中华”建成开放以来，旅游主题公园作为一种现代旅游形态，曾一度成为我国旅游景区中令人羡慕的佼佼者。进入20世纪90年代以后，国内旅游热的兴起，使庞大的国内旅游市场被启动，诞生了一批非常成功的主题公园，如深圳华侨城的锦绣中华、中华民俗村、世界之窗等。在层出不穷的主题公园里，文化创意成为景区的灵魂所在，而极为契合文化主题的景点名称则会成为游览体验中的点睛之笔。

北京欢乐谷的名称解读：欢乐谷的主题名称是这个旅游地产立足国内成功项目开发的发力点，本身就把人们的旅游、休闲、居住欲望与项目的规划开发节奏紧密连动起来。六大主题游乐区名称（“峡湾森林”主题区、“亚特兰蒂斯”主题区、“爱琴湾”主题区、“失落玛雅”主题区、“香格里拉”主题区、“蚂蚁王国”主题区）的经典创意又把旅游地产消费能力抬升到热点楼市的成功吸引环节当中。每个主题园区背景下，一切的游乐设施都有一个契合主题又令人浮想联翩的名字，形成了一套欢乐谷语言，引领游客进入欢乐谷营造的环境中。

欢乐谷在充分运用现代休闲理念和高新娱乐科技手段的同时，给各传统游乐景点起了充满文化与创意的名称，每个区块的项目名称对应的文化和市场定位各不相同，使游客更快地融入游乐环境中，颠覆了以往的游乐园概念，创造新奇的主题乐园的语言模式，增加了游客们游览体验的乐趣。在满足人们参与、体验的时尚旅游需求同时，营造清新、惊奇、刺激、有趣的旅游氛围，带给我们充满欢乐气息和动感魅力的奇妙之旅，而契合主题的创意名称时常令游客们会心一笑。

15. 旅游地产开发的风水意境

关于规划风水，就是要更合理地利用土地的自然资源，弥补土地所存在的一些缺陷。每一块土地，都是有其“个性”的。经纬度的不同，海拔高度的不同，磁场角度的不同，地形地貌的不同，周边环境的不同，都使得地块呈现出变化万千的“个性”。

关于化解风水，对于可能出现的一些形煞，要选择合适的方法避开或是对其进行改建来化煞，例如水景之后，再设置适当的乔木、灌木等植被，充分运用五行环环相生之理。

把握风水：世间万物皆有五行属性，当然，建筑也不例外，豪宅建筑宅形根据五行，可以分为五种：金形、木形、水形、火形、土形建筑。金形建筑，其建筑的顶端成尖角形，有些类似于金字塔状；木形建筑，从形态上来说，高度大大超过宽度，高度一般是宽度的二倍以上，一般呈长方形；水形建筑，其形态如圆形、弧形、波浪形；火形建筑，建筑物形态过于尖削，如教堂、发射塔；土形建筑，形状呈四方形，横长可以远大于竖高，除去木形之外的四方形建筑皆可称为土形。

创意风水：环境对人的影响很大，但普通的中端楼盘，购房者较多关注的往往还是地段、户型、价格等因素，对于小区的园林设计顾及较少，而越是豪宅项目，高端客群对于景观、园林的要求越是高。园林景观已然成为开发商品牌或高端楼盘营销战略的重要手段。开发企业在考虑园林美观与大气的同时，需要考量物种的和谐以及人与植物的长期共处；意境营造需阴阳搭配，即在移步换景之余，更应考量阴与阳的转换，八卦意象的归位，“静”与“动”的变化在多变空间中得以充分展现；中西合璧的园林设计，在各类素材的引用和搭配上，需注意彼此的协调与统一。

16. 旅游地产的产业链式营销

采用链式营销有两大好处：首先，它可以使服务业态组合达到优势互补，并便于向来消费的顾客提供全方位的“一条龙”运作;其次,它还能够产生混业相契“集约成市”的效应,进而形成相对稳固而有利可图的客户关系。对于旅游地产的产业链式营销方式,主要包含对案名的品类化管理、价格制胜策略、掌控地产开发的品质至上。

案名的品类化管理:案名作为地产营销的第一要素,往往是广告、营销公司在制订营销方案过程中最为重要的一个环节。如将其所有的地产项目进行统一归类管理,类似于商品的品类化管理模式。案名能在第一时间树立项目的整体形象,从而快速有效地寻找到项目的目标客户。

价格制胜策略:开盘的成功与否决定着这个项目的生死,这在地产界是公认的开盘准则。恒大在开盘的价格策略采用的是地产营销中惯用的“开盘必升值,特价必升值”的价格渗透模式,在开盘初期以低价的诱惑力竞争到相当的客源,提升对项目的关注度与认同感。从企业资金运作的角度而言,能够快速地回笼资金流,并在后期逐渐拉升价格,实现产品升值。对于消费者而言,刺激着第一次开盘未能购得相关房源的消费者,以此驱动后续客源的不断导入。当然在这轮价格拉升的过程中,必须保证实际的开盘量小于需求量,造成供不应求的局面。

掌控地产开发的品质至上:随着房地产行业的日趋成熟,品质成为越来越多的市民在购房中考虑的主要因素。而在激烈的市场竞争下,也有越来越多的开发商日渐注重自己产品的品质提升,将品质开发应用到产品的设计、建设和营销的整个过程当中。

17. 旅游地产的项目质量及客户满意度

一是抓两核:意会资源,意向成果。从旅游地产咨询行业的技术价值来说,就是要体现两个核心,即资源把握的程度和未来蓝图的描绘。资源把握的程度就是体现旅游地产咨询团队能不能从旅游地产规划区域范围内的所有资源中紧紧抓住特色、抓住差异、抓住亮点。未来蓝图的描绘就是通过对资源的整合、策划、创意、嫁接等手段,形成复合功能的旅游地产产品。

二是立品德:心系甲方,心领市场。旅游地产咨询企业的信誉是能否把企业做强做大的关键所在,应当秉承市场需求为己任,满足甲方为出发点。确保旅游地产规划成果最大程度满足了甲方开发的初衷,同时从市场未来的营利方式上做严密的研究论证,实现了“宏观战略有高度、经济效益有厚度、执行政策有尺度”的工作原则。

三是保质量:整合专家,整合团队。旅游地产规划咨询涉及知识面广、专业复合度高,不仅仅需要专业知识复合的技术专家,也需要有实践经验的运作人员,对每一个甲方委托的旅游地产项目,都组织专家顾问团和成果制作团,并安排实际经验丰富的人员担任旅游地产项目组长实施过程督导。

四是把关键:重在落地,重在实用。体现旅游地产规划实用价值的关键点是旅游地产地产项目的商业价值、土地的可用空间、市场的认可程度，而以上三点的重中之重则是土地的可用空间。因此，利用当地城市旅游地产规划院联合合作的方式，保证所有旅游地产项目的旅游地产规划策划均能够在城市旅游地产规划的空间中得到完整的落地至关重要，有了土地与城市功能空间的保证，旅游地产规划的实用性就有了基本的保证。

18. 旅游地产的开发原则

总体规划、分步实施，先做旅游、后做房产的原则。旅游地产项目的开发建设应强调高起点、大手笔、跨越式，最好是聘请实力雄厚、资质一流的国际知名景观设计公司进行精心设计和规划，做到规划一步到位，实施分步进行。原则上应先做旅游，后做房地产。因此首期的项目中应包括主要的旅游项目，以人气带动区域价值提升（旅游项目的建设与经营要不求赢利，只求精品），并可增强项目在政府领导和公众中的号召力，取信于人，为后续开发的顺利实施奠定基础。由于这类项目规模巨大，开发周期长，资金压力大，因此，一定要注意合理安排开发的节奏，确保资金链的安全，要短线开发与长线开发相结合。

综合开发、全面收益、合理衔接的原则。旅游房地产项目的功能组合极其丰富，配套齐全，因此其子项目往往很多，从而达到相互支撑、降低风险的目的。但一般说来，都是由旅游项目、休闲度假项目、人居项目和配套项目四大部分组成，要尽量实现不同项目组合的最佳整体效益。另外，在项目规划中要着重处理好一期工程与后续工程、整个项目与各子项目之间的衔接，协调好关系，使各子项目一方面具有相对的独立性，同时又共同组成有机的整体，合理分担整个项目不同的功能诉求。对项目周边原来的景区、景点，可与之开展多种方式的合作经营，丰富、提升整个区域旅游的游历空间与内涵。

环境优先、永续利用的原则。自然生态资源是项目生存和可持续发展的基础，因此项目建设应体现“统一规划，近期、远期兼顾”的精神，正确处理保护与开发的矛盾，防止和杜绝一切破坏性的建设，坚持“严格保护、环境优先、永续利用”原则。

19. 旅游地产开发的资源保护与民生问题

当前，越来越多的地产投资商把目光投向风景资源优质的部分湖泊，在一定程度上促进了当地经济的发展。但由于未认真研究湖泊区域承载能力，未很好处理被征地农民生存、经济发展与环境保护协调发展等问题，不断上马的旅游地产项目已对湖泊生态造成影响，引发了社会各界的质疑和不满。

旅游地产资源是宝贵的，必须像保护眼睛一样精心保护。有的地方政府和开发商错误地认为资源好的区域就要建设高端酒店，其实酒店应该依托城镇，吃住在城镇，观光、游玩在景区。征地也应选择荒山荒坡，而不是良田。另外，政府把最好的土地和资源出让给开发商，却没有解决好农民生存和发展问题，易形成新的不稳定因素。一些农民的土地被征用后，不得不到周边发展形成新的破坏和污染，这类关联问题，必须在开发中一并解决，而不能转嫁给社会和政府。

在旅游地产开发中，应该树立底线、危机和容量意识。湖区的旅游地产资源密集，同时也是重要的生态功能区和环境敏感区，湖泊生态系统封闭程度高，抵抗外力干扰及破坏能力弱。引进和建设旅游地产项目时应秉承“先治理再发展”的观念。政府和开发商应在湖泊的流域资源承载力和环境容量范围内优化开发，认真对湖区的水、大气、土壤等进行调研，分析其发展旅游产业及旅游地产的承载力，开发之前先恢复和保护好生态。对湖泊分圈层开发利用，如湖体属于重点保护区，不能有任何有形建筑；湖滨缓冲带要禁止一切开发活动；限制开发区可适当发展旅游地产业；严禁沿岸沿湖开发布局、兴建旅游地产项目。要控制湖泊重要水域上游的旅游地产数量和规模。要学习国外在景区只修少数通道进入湖区、吃住行都远离湖区、观光需背包走入的做法。

20. 界定旅游地产商业模式

早在20世纪50年代就有人提出了“商业模式”的概念，但直到40年后（20世纪90年代）才流行开来。商业模式在学术上的定义是：“为了实现客户价值最大化，把能使企业运行的内外各要素整合起来，形成高效率的具有独特核心竞争力的运行系统，并通过提供产品和服务，达成持续赢利目标的组织设计的整体解决方案。”在分析商业模式过程中，主要关注一类企业在市场中与用户、供应商、其他合作办的关系，尤其是彼此间的物流、信息流和资金流。

旅游地产行业成长的基础是生活观念的转变、生活方式的改变、生活消费的提升、生活环境的改善、居住多元的需求。1960年在法国的阿尔卑斯山地区，德国的AIexander Nette先生将自己管理的酒店的每一个房间的使用时间进行切块，消费者可以购买具体日期的使用权，还可以转手、转售、转租，成为世界流行的“分时度假”旅游地产商业模式的开端。

旅游地产商业模式是指投资企业站在旅游产业以及地产行业高度，能够实现项目开发名利双收的综合要素、关联因素与提供绝对营利方式推动力的要点组合。主要包括：企业价值、管理结构、合作网络、关联资本等核心要素。“商业模式5R模型”：分别从每个企业都会经历的五个篇章：产品篇、经营篇、传播篇、融资篇和社会价值链互动篇章来讨论和设计各个企业独特的商业模式，并最终争取设计出随着时间和环境变化而变化的商业模式体系。

21. 旅游地产的城市功能关系

传统旅游地产就是按照一个旅游景区、一个风景名胜区打造一个度假产品，比如说酒店、餐饮、综合配套购物等业态所形成的旅游地产的方式。但是，最近几年来，它成了一个投资消费于一体的新兴物业方式，以旅游度假为目的，通过整合、开发、建设形成旅游产业和房地产业全新的产业体系。这个产业体系，上游把传统的旅游景区景点进行了整体的转型和提升，下游与城市的发展、与综合产业的融合形成了一种发展模式。该模式将会成为未来旅游地产尤其是远离中心城市的旅游地产开发所走的道路，因为它只有世界级的旅游吸引物、世界级的旅游产品，通过吸引才能让人们不只是来观光旅游、休闲度假，同时到这里宜居生活。

旅游地产在中国来看首先是市场需求，从中国利好的发展方式来说是允许和认可的。从企业推动来说，大量的房地产投资商进入旅游地产业，旅游行业景区景点打造会形成一种新的发展模式。从外部环境来说，汽车在家庭中的普及，还有高铁、城际列车、廉价航空产品的推出、高速公路的建设都将形成旅游地产在未来从观光走向度假、走向宜居生活的综合发展提升。

对城市化进程的机遇可以理解为：旅游拉动城市化从主体来说就是以旅游的理念打造城市，实现城市软硬件结合和软素质的全面提升，通过这些提升使旅游业在城市发展过程中成为一个重要的驱动力。旅游拉动城市化，更重要的是人们如何宜居生活，这种宜居生活成为一种新生活方式。在这样的机遇中，把旅游地产在未来发展中分为四大类：城市功能区模式、旅游产业经济区模式、旅游小城镇模式、乡村旅游综合体模式。

22. 节庆背景下解读奥运会的商业模式

1984 年以前，奥运会的承办主要是靠强制指定，那个时候并没有哪个国家愿意举办奥运会，更谈不上是大众期盼或者竞争承办，甚至可以说是各个国家都是避之不及。直到最后由天才的商人彼得·尤伯罗斯出面负责组织，才一举改写了奥运会传承的历史。

尤伯罗斯大力开源节流。举办奥运会最大的两项开支是盖新体育馆和奥运村。尤伯罗斯主张不盖奥运村，借用附近的三所大学学生宿舍一共可容纳 2 万名运动员的公寓来提供临时接待；比赛场馆也多半是利用现有的设施，没有大兴土木新建场馆。同时一方面大力缩减正规工作人员，常规工作人员减半；另一方面大力招募志愿者以获得支持。在开源方面，尤伯罗斯更是力所能及尽量多收钱：大幅度提高门票价格，同时几乎各项设施都明码标价，一间小型电视广播室收费50万，就连火炬传递每公里也要收3 000美元。

在赞助费创收方面更是锐意创新：只限定30家企业最终有资格赞助，每个行业一家，每家最低赞助门槛400万美元。赞助方案公布后，各行业内冤家对手大打出手，可口可乐和百事可乐竞相竞争，最后可口可乐以1 260万美元获得独家赞助资格；柯达认为400万太贵，只愿意出100万美元，尤伯罗斯立刻飞到日本找到富士总裁，富士正愁找不到进军美国的敲门砖，喜出望外立刻以700万的赞助费用成交；通用900万超越丰田；最高莫过于电视转播权的拍卖，美国三大电视网角逐竞拍，最终NBC以1.2亿获得转播权。结果是尤伯罗斯成功地运用了2:8原则，30家赞助商共赞助3. 85亿美元，而1980年莫斯科381家赞助商才赞助900万。最后，洛杉矶奥运会总共收入7.6亿，赢利2.5亿美金，成为人类历史上第一次赢利的奥运会。

23. 城市化进程中旅游地产的使命

随着交通网络化、公交化，中国的城市发展跳过了形成多个人口、工业大规模集中的城市“集中化”阶段，直接进入区域化发展阶段。中心城区人口集聚、环境恶化、交通拥堵、地价飙升等，使得人们不由自主向城区边缘扩散，加之公共交通的不断优化，人口的外溢，催促了公共配套的建设，购物、教育、办公、休闲、娱乐等相关设施相继增加，郊区逐步城市化，催生了新的城市空间版图，使城市空间不断外扩，区域界限逐步消失。

在城市化发展的过程中，特别是近年来城市快速区域化发展的进程中，有一个新生元素正伴随城市化进程以惊人的速度成长，这个元素就是旅游地产。伴随着城市化的发展，区域界限的消失，旅游地产赢得了更大的市场空间和机会，区域资源被置于广阔的地域范围内进行优化配置，使旅游地产价值更大化。同时，旅游地产也成为提升城市形象，改善城市品质的重要支撑，甚至在某种程度上牵引城市空间的发展走向。可以说城市化与旅游地产将逐步体现出“双轮驱动”的并存态势，相互为用，缺一不可。

旅游地产与房地产的区别在于，旅游地产改变了以单纯住房为核心构成的局面，上升为以自然资源、人文资源、人造资源等为依托，以休闲度假等旅游产品为吸引点而开发建设及经营运作的房地产项目。即：旅游地产是超越“看得到，摸得到”的单一住房地产，而以“看得到，摸不着”的住宅＋环境，以及“看不到，摸不到”的休闲生活方式为特征的房地产。可以说，旅游地产一方面是城市区域化发展的必然产物，另一方面也是人们生活理念不断更新的必然诉求。

24. 田园城市理论下旅游地产的价值

埃比尼泽·霍华德针对当时大批农民流入城市，造成城市膨胀和生活条件恶化的现象，在"空想社会主义"的基础上，提出"田园城市"的设想，目的是建设一个兼具城市和乡村优点的理想城市，避免"城市病"的发生，以使人们更好地在其中工作生活。

霍华德的"田园城市"社会改革理论自成书以来，就成为影响全球城市化进程的指导性思想。在他的改革理论中，城市不再是一张被无限摊大的钢筋水泥饼，而是被绿带环绕的无贫民窟、无烟尘的小城市群；城市道路不再是拥挤不堪且毫无人性关怀的城区切片，而是绿意盎然的林荫大道；城市与乡村之间有便捷的穿越在田园景致上的道路，城市与乡村之间不再有文明的差距。

在"田园城市"的思想被提出来的一百多年间，被包括中国在内的若干国家的若干城市学习效仿，建设田园城市也发展成一项世界性的运动。2010 年成都提出了建设世界现代田园城市的战略规划，并以此为基础处理农业、工业、观光业和城乡发展关系。这一战略规划包括三个方面的内涵：一是在功能定位上，不但是国家重要的中心城市，而且是国际性的区域枢纽和中心城市；二是在城市形态和发展水平上，是超大型、现代化的城市，同时也是符合田园城市理想、统筹城乡发展的田园城市。在广大的农村地区是"人在园中"，二、三圈层是"城在园中"，中心城区是"园在城中"，把城市和农村两者的优点都高度地融合在一起，让广大城乡群众既享受高品质城市的生活，又同时享受惬意的田园风光；三是在城市等级上，先努力成为国内一线城市，继而进入世界级城市的行列。

25. 休闲名城的旅游地产发展理念

"城市让生活更美好，休闲让城市更具魅力"，已经成为当代中国城市发展的一种时尚和潮流。休闲将成为人类生活的重要组成部分。旺盛的休闲需求拉动了休闲产业的发展，休闲产业的发展推动了城市的发展。

休闲城市是以休闲产业为重要产业，以休闲文化为气质与灵魂，具有良好的休闲环境和完善的休闲设施，拥有先进的城市休闲理念，城市生活中休闲活动普遍，并在市场上形成品牌知名度和具有市场吸引力的城市。2010 年 4 月国内首套"休闲城市评价标准体系"发布，综合评价体系由环境休闲力、基础休闲力、核心休闲力等三大指标，自然环境、人文环境、基础设施、休闲设施、市民休闲力、休闲感受度等六大要素共同构成。根据指标体系的基础内容，城市在休闲化过程中要做到"三好"：保持好城市已经存在的良好自然环境和特色文化传统资源；规划好城市未来需求的丰富休闲设施和合理休闲产品布局;维系好市民现有的四季生活习惯和日常消费方式。

国际及国内已经或者正在出现越来越多的休闲城市,这些城市为市民营造了良好的休闲环境和氛围,提供了充足的休闲空间、休闲设施,拥有完善的休闲服务体系。大连就是休闲城市的一个典型的代表。综合大连的城市休闲发展历程,可以发现大连通过"环境革命"、"浪漫革命"、"产业革命"、"蓝色革命"四大城市"休闲革命"使其成为最佳旅游城市,并进入了全域化的时尚浪漫时代之中。大连以打造休闲产业推进城市休闲化进程作为核心目标,围绕全域城市化,谋划全域旅游产业布局,培育"旅游地产、旅游商贸、旅游会展、旅游文娱、旅游餐饮、旅游装备"六大旅游休闲产业高速发展,形成"两港六中心"的城市休闲旅游产品体系。

26. 循环工业园区对城市空间结构的影响

随着工业化的进程加快,城市旅游和综合产业之间的关系也逐渐复杂,传统的发展模式牺牲生态环境效益,对城市的发展和安全构成了较大的威胁。

依据旅游生态学原理构建的循环工业布局是一个由制造企业与旅游服务业组成的企业群落,通过能源、水和材料等环境与资源方面的管理合作,实现生态环境与经济效益的双重优化和协调发展。

从整个城市空间格局上,传统的中心城区向四周扩散辐射的方式将逐渐形成中心城区与周边工业组团的相互协作又相互竞争的关系,构成城市增长的两个核心。

从生态环保的角度,规划依托循环经济理念建设循环工业园,建立污染预防机制和应急处理机制,预防产业园发展对周边环境的污染,营造和管理区域旅游景观体系。

从区域统筹协调的角度,循环工业园的规划将加强工业组团与中心城区的联系和配套设施的共享,强化交通体系的联系和独立,完善区域的综合辐射作用,强化城市的区域综合服务职能和专门人才的培养,促进金融、商贸、物流、会展、科技开发、市场中介、信息咨询等生产型服务业的发展,加快中心城区工业用地的集约化、科技化、信息化,不断推动用地性质的转变。

从旅游的角度,循环工业园内旅游元素的加入和深化,丰富和拓展了工业带的内涵与外延,引入了工业旅游的概念,发展餐饮、参观、教育、展示、展览等相关的服务,搞活企业经营和管理,走一条新经济增长点的发展模式。

27. 度假旅游地产的概念解读

度假旅游地产是以接待休闲度假游客为主,为休闲度假游客提供住宿、餐饮、娱乐与游乐等多种服务功能的旅游地产。度假旅游地产在设计风格上返璞归真,讲究人与自然融合,努力为住客创造休闲放松的环境。

度假旅游地产的地理位置远离城市、交通便利,主要建于滨海、山野、林地、峡谷、乡村、湖泊、温泉等自然风景区附近;为了给游客提供多样化服务、多类型休闲及娱乐服务,度假旅游地产拥有完善且独立的生活配套设施和综合性的游憩、娱乐服务设施;度假旅游地产集中了不同地域风格和不同文化特征,再加上所在地的民风乡情以及为符合度假旅游地产主题而设的特色设施和活动,使其成为多元文化的综合体;度假旅游地产拥有多种类型,主要有综合性度假旅游地产、会议型度假旅游地产、小型精品度假旅游地产、一价全包度假旅游地产等。

度假旅游地产与城市型度假旅游地产因所建造的地域环境不同,在经营管理上形成各自的特色:一是度假旅游地产服务理念更注重营造人文归属感。在服务理念上除了给游客营造一个“家”的舒适感觉外,城市度假旅游地产强调给客人创造快捷、方便的细致化服务,并致力于寻求高质、高效的服务理念。而度假旅游地产更注重人文关怀,给游客营造一种人文归属感,不但是一种体验型经历,更能在游者离开后仍可回味这种体验。二是度假旅游地产服务内容更为全面与完善。城市度假旅游地产通常是满足顾客的住宿需求为主,而度假旅游地产,则是顾客度假活动的中心,在客人的整个度假活动中处于主导地位,客人的吃、住、行、玩、游以及交流等全部的度假活动都是度假旅游地产的服务内容。三是度假旅游地产的经营管理更注重文化性与异质性。城市度假旅游地产要求往纵向深化发展,使服务更细致,更人性化。度假旅游地产既要加强服务细化,更注重挖掘所在地最有影响力的地域特征、文化特质,确定一个有意义的主题文化,提供主次结合的服务项目。四是营销战略更注重无形化营销。因为目标市场定位不同,城市度假旅游地产依靠硬件和服务进行营销,而度假旅游地产侧重于对环境、文化的营销。

28. 度假旅游地产的四大创新

设计创新:打造度假旅游地产是以市场研究与资源整合为基础,以主题定位为核心,以度假环境营造、度假载体设计、休闲项目配套、生活方式构建及运营模式设计为五大支撑的系统工程。所以,度假旅游地产设计一定要突出特色化差异,营造度假环境以及对度假载体的具体设计手法就成为将度假旅游地产建设理念落地实施的核心。

产品创新:度假旅游地产在规划设计、管理经营中要综合考虑人文地理、民俗风情、生态环保等多方面因素,开发出浓郁而独到的主题化风格产品,以某一特定的主题来体现度假旅游地产的建筑风格和装饰艺术以及特定的文化氛围,让顾客获得富有个性的文化感受,同时将服务项目融入主题,以个性化的服务取代一般化的服务,让顾客获得独特而难忘的体验。

管理创新：度假旅游地产在管理方面有活动多、自由多、自助多、体验深、安全要求高的特点，并且以人本主义精神为核心，以特色经营为基础，以超越型的品位为目标。所以在管理过程中要“以人为本”，以人性化的理念提供服务、创新管理机制与模式、实施经营品牌化策略，迅速壮大实力。

运营创新：包含投资模式和营销模式的创新。投资模式创新应该首先从理念上、观念上进行，未来度假旅游地产的产业模式是资产证券化，将度假房产或度假旅游地产资产进行合理分割，通过度假旅游地产资产证券化，让度假旅游地产资产整体或部分上市，进行市场化融资，以旅游金融模式推动度假旅游地产业的快速发展。目前我们已经处于一个网络和数字化的时代，度假旅游地产营销要与网络结合，提供完整的信息和便利服务。

29. 养生旅游地产的开发理念

所谓养生地产，就是凭借优越的生态景观资源和气候条件，在具备宜居条件的区域将养生、保健理念渗透在房地产开发中去，通过生态环境、建筑科学、服务设施和物业管理的资源整合，开发建设具有对身心健康有改善和促进意义的房地产开发形式。在开发过程中，要秉承中医养生文化理念、环保节能理念和景观设计理念。

中医养生文化理念。在养生度假产品设计中，全面引入中医养生文化以及儒释道的修心养身理念、民间养生产品，通过洁净空气、优美环境、有机食品、中医中药、保健理疗、康体运动、养生互动等各种养生产品及方式，使人们融于自然、调节身心、平衡阴阳、恢复机能、固发精气，实现从精神、起居、饮食、运动、医疗等方面综合调养的养生目标，实现养生与养心的完美结合。

环保节能理念。在环境保护方面，将针对废气、废水、废物、噪音等制定一系列的环保防治措施，使其成为现代环保理念的示范基地。

景观设计理念。景观规划设计中将贯彻“以人为本，自然优先，生态营造，环境优美”的思想，突出生态养生、中医养生的主题，将自然景观与人文景观有机融合，营造宁静、舒适、恬淡、幽雅、柔美的现代养生休闲居住胜地。同时，充分借鉴吸收中国传统建筑风水学和园林艺术精髓，结合中华养生文化内涵，根据本土气候特征，背山面水，藏风聚气，争取最佳的景观效果和人居环境。

30. 葡萄产业驱动的旅游小镇开发模式

通过对传统葡萄产业小镇与传统旅游区进行分析研究，发现二者存在互补关系，传统葡萄小镇存在缺少人气、商气、没有永续产业支撑，基础设施利用度不够；而传统旅游区小镇恰好相反，存在没有永久性居民，季节性比较强，基础设施配套缺失等问题，二者的联姻有其必然性。据此提出了以葡萄产业为小镇发展的产业基础，构建完整的社会框架，形成"旅游景区+葡萄经济+城镇建设"的发展模式。

葡萄旅游小镇以涵盖葡萄生产、加工、贸易等环节的葡萄产业为驱动，整合葡萄工业、葡萄风景、葡萄文化及本地旅游资源，形成独特旅游吸引力，在改善旅游地服务配套设施上，形成生态环境良好、产业形式多样、旅游氛围浓厚的生态人居小镇。其核心价值在于重点解决了旅游核心吸引物的打造，同时重点解决了关联产业的开发布局，以旅游要素与其他产业的融合发展作为城镇化进程的依托和基础。

葡萄旅游小镇与传统的地产开发比较具有如下优势：改变了传统地产开发的单一结构体系；旅游观光与多业态休闲同时并举，保证了旅游观光经济与居住消费经济能够链条完整；主题特色明确。应该注意的问题主要是：注意多种利益的调整与融合；注意资金链条的计划，防止出现资金链条断裂；从开始就要进行"概念包装+品牌策划"；规划中注意旅游、产业、地产等相互之间的土地空间比例关系；研究国家产业经济、旅游发展、土地法规、城镇化等相关政策，实现国家、区域政策的打包使用，实现综合效能。其提供的借鉴意义：旅游、产业、城镇要联动发展；所有国家、区域、行业扶持政策要打包争取；受众客源与居民的生活方式、生产方式要并重考虑。

31. LOFT① 公寓型旅游地产开发模式

LOFT 最初诞生于纽约 SOHO(South of Houston 地名缩写)区。20 世纪 40 年代，大批的工业制造商逐渐在后工业城市消失，形成废弃工业厂房大量存在的局面，那时许多城市艺术家需要大量的空间进行绘画、雕塑等创作。由于租金低廉，艺术家与设计师们涌向 SOHO 区废弃的工业厂房，并根据自身艺术品位和空间的实用性，从中分隔出居住、艺术创作、社交、娱乐、收藏等各种空间。由于艺术家对废弃厂房进行再创造，使艺术产业聚集，吸引文化交流中心、画廊等艺术机构入驻，与之配套的商业产业如餐饮、旅游、服务业、娱乐业随之兴起，最终带动当地房地产业热。LOFT 旅游地产开发形式主要有厂房改造说和 LOFT 公寓住宅。

厂房改造为包含艺术工作室、娱乐休闲场所、时尚店铺共存的旅游街区或者旅游社区。开发模式主要包括自发式开发、集中式开发及混合开发。自发式开发，多发生在 LOFT 改造和开发的初期，拥有很大的灵活性，但是，由于没有整体的发展规划做指导，其基础设施建设和配套服务不够完善，布局混乱。集中式开发，是指政府或者开发商出资统一规划、开发，多配合周边其他业态展开，虽有良好的配套设施服务和科学的

① LOFT 在牛津词典上的解释是"在屋顶之下，存放东西的阁楼"。现在 LOFT 所指称的是那些"由旧工厂或旧仓库改造而成的，少有内墙隔断的高挑开敞空间"，这个含义诞生于纽约 SOHO 社区。

布局规划，但灵动性不足，缺少艺术的灵动感。自发式开发和集中式开发两者各具优势和不可避免的劣势，只有两者进行有层级的结合，才能切实改善产业类历史地段中建筑和环境品质。

LOFT 公寓是一种相对成熟的住宅产品，严格来说，它是一种注入 LOFT 建筑风格和生活理念的泛 LOFT 产品。它将 LOFT 理念从一个小范围（艺术家）扩展到了大众市场，尤其受到了对住宅有刚性需求的年轻一族的欢迎；它代表前卫的生活方式，进入了一种更为高大宽敞的立体空间；在这里，艺术创造是第一位的。

32. 度假酒店地产的低碳与智能

度假酒店旅游地产在选址设计、建筑装饰、经营意识上越来越注重低碳生态化的发展方向。回归自然是现代都市人的梦想，而度假酒店旅游地产正是实现这一梦想的载体。从室外的环境，到室内的布局，甚至材料设备的选择，都要遵循生态的原则，构造整体的和谐生态空间，给游客一种回归的感觉和“天人合一”的感悟。在构造生态空间时，应最大限度地利用和发挥周边自然环境的资源优势，实现“天造一半，人造一半”。

由于旅游度假建筑多是处于环境优美的生态敏感地带，所以度假酒店旅游地产在选址与设计上突出建筑与人文环境的共存。尊重自然，最大限度地保持原有地形地貌，创造出“尺度适宜与湖泊、海景为友，与山相邻，融于自然”的景观效应；在建筑与装饰上注重环境的营造、服务项目设计、功能生态布局与空间的使用效率；强化低碳生态环保意识，如节能降耗：采用绿色建筑、太阳能与建筑一体化、分散与集中相结合的资源优化配置和循环利用、绿色交通及废品处理、一次性用品改造等。

酒店旅游地产智能化。酒店旅游地产设施设备的智能化水平高低表现了酒店旅游地产科技化应用的程度，也在一定程度上反映了酒店旅游地产管理水平的高低、决定了客人满意度实现的效果。随着科技发展的越来越快，越来越多新的技术、材料被运用到酒店旅游地产的设计与建设当中，提升了酒店旅游地产的功能，并且向绿色环保方向迈进了一步。智能化已成为酒店旅游地产追求的法宝之一。如海格拉斯酒店旅游地产的商务客房，目前就使用了中国电信推出的最新业务——“数码 E 房”，让入住的客人尽情享受先进通讯手段带来的便利。

33. 度假酒店地产的主题与体验

主题旅游地产是度假酒店旅游地产的灵魂，以主题旅游地产经营实现有序的和精致的市场细分。将主题旅游地产文化的各种元素融入到饭店的建筑设计、环境装饰、经营空间、服务过程、管理系统之中,形成凝聚于主题旅游地产品牌中的产品新形象,也只有这样经营主题旅游地产,度假酒店旅游地产的才是真正有价值和生命力。度假酒店旅游地产的经营必须有准确的主题旅游地产定位,一是规模的定位,二是功能的定位,三是风格的定位,还有就是特色的定位,然后通过主题旅游地产环境与氛围来展示主题旅游地产。

定位应该从客人角度出发,能带给客人独特的度假感受,让顾客获得富有个性的文化感受,同时将服务项目融入主题旅游地产,以个性化的服务取代一般化的服务,让顾客获得独特而难忘的体验。个性化的品质体验应该从以下方面入手:文化品质比奢华更重要。主题旅游地产性、精品型的度假酒店旅游地产越来越被广大的客户接受,强调个性、追求新颖、追求传统应该是成为度假酒店旅游地产建设的一个目标,集吃、住、休闲于一体的全方位的酒店旅游地产有了更广阔的市场;文化品质应该成为最高级别的奢华。越来越多的旅行者更倾向于带有异域文化色彩的目的地,未来的度假酒店建设应该寻找与当地文化的完美契合点;同一个品牌的酒店旅游地产在不同的地域下采用不同文化的设计,体现出地域的文化特征,不同的文化背景和地域的差异通过物品鲜明地表达出来从而给人以感染,当客人入住酒店旅游地产时就知道身在何方。

34. 度假酒店地产的多元化

度假酒店旅游地产类型的多元化。位于著名旅游度假区和具有独特度假资源的度假酒店旅游地产;自然环境好、距离城市较近、具有比较完善的商务会议设施的城郊度假酒店旅游地产;以特定客源为对象的农家旅馆;以休闲、消遣设施为主,主要以满足人们娱乐为主的休闲度假设施。

度假酒店旅游地产层次的多元化。目前,度假市场正处于“少数人消费”向“大众化普及”发展的阶段。与此相联系的是度假酒店旅游地产层次的多元化,即高、中、低三个层次共同发展的局面。中高层次主要是满足国外旅游休闲度假旅游者以及国内中高层收入的休闲度假客人,而低层次是满足低收入人群,尤其是近年来农村旅游市场的增长,更需要低层次的休闲度假设施。从发展趋势来看,随着我国有薪假期的进一步实施,面向工薪阶层的普通家庭度假酒店旅游地产将会有较大的需求。

度假酒店旅游地产经营方式的多元化。一是传统经营方式,这类度假酒店旅游地产是独立法人,酒店旅游地产或自主经营或委托经营,实行独立核算,自负盈亏;二是时权酒店旅游地产,即将酒店旅游地产分成若干个单位,客人购买一定年限内在某一单位(客房)每年一定时间(一般为一周)的使用权,客人可以通过分时交换系统进行酒店旅游地产时权的交换,获得交换系统内其他时权酒店旅游地产某一时间段的使用权;三是产权酒店旅游地产,客人购买的是单位酒店旅游地产一定年限内的产权,客人可以在一年的某个时段使用单位酒店旅游地产,其他时间段将单位酒店旅游地产委托给产权酒店旅游地产管理公司进行统一管理,支付相关费用,享有收益;四是休闲房产,是一种经营理念,是客人的第二住所,专供休闲度假使用,位于风景优美的度假胜地或者具有良好的气候环境的地区,适合长时间的度假旅游,这种经营方式主要是为了满足老年市场和富裕阶层的度假需求。

顾问观点

1. 旅游地产规划顾问的“四书”

旅游地产规划涉及了政府、投资商与区域百姓的利益。从政府角度来看，旅游地产是城市形象区和城市第三产业发展的承载区，是展示城市吸纳力和中高消费群体多次往返效率的一个重要要素；从开发商的角度，旅游地产是企业突破城市地产高成本快回收的运营模式之外的平衡出售持有物业关系的新型商业模式，同时可以通过低成本的土地进行房地产开发；从百姓的消费者角度来看，旅游地产是城市化大跃进时代，人类内心想要回归自然的一种生活方式，一种能把休闲引入生活的地产存在方式。面对三方得利益需求，从旅游地产规划的系统创意的角度，提出旅游地产规划过程中的顾问“四书”。

书一：旅游地产项目咨询报告。一般是解决旅游地产开发前期，基于市场角度考虑的项目定位、产品、开发运营模式、商业模式等问题。

书二：旅游地产项目概念性规划。指导下步规划，连带一个概念性规划实现定位与落地的衔接。

书三：旅游地产项目可行性研究报告。一是由于开发商取地前企业内部的决策需要而产生的项目决策咨询报告，主要包括定位、土地现状分析、空间建议、项目时序、综合测算、运营策略。二是开发商内部已经决定要进行开发，开始与政府进行商讨项目思路而产生的项目可行性研究报告，此成果主要以效果图的形式展示开发商对项目的一种构想，同时配上定位、项目和土地指标方案等。

书四：旅游地产项目中单体项目的策划与初步设计。开始从市场的角度寻求准确的项目发展定位和方向，以及系统的策划产品、创意开发模式和商业模式，得出经济技术指标和投资估算，指导用于土地报批和项目立项的系列规划。

2. 旅游地产规划顾问的“五经”

具体旅游地产的开发通常是市场行为，它的成功与否取决于多方面关系和自身的开发水平，如区位、地价、商圈、交通、产业、环境和消费能力以及在此基础上对地产项目的定位、功能匹配、空间组织、形象特色等众多因素，应该说存在一定的市场风险。为此，旅游地产开发企业应该懂得的“旅游地产开发的五经”。

一经：政治政策。旅游地产业是当今世界经济发展最快，前景最广阔的新型产业之一，它所产生的经济效益早已有目共睹。为此各国政府纷纷制定了相关的积极财政政策以加快旅游地产业的发展。

二经：经济收益。“公共利益＋居民利益＋企业利益”，利益的均衡体现和客观界定是旅游地产项目能不能顺利推进的制约条件，如何平衡包括国家集体、居民个人、开发商三者利益关系成为旅游地产项目开发的关键条件。

三经：社会条件。旅游地产业在构建和谐社会中有着重要的作用。要合理规划旅游地产综合体的功能分区和具体地块的容积率、绿化率等规划指标。同时，以市场为导向，优化产业布局，接轨旅游地产市场，以体现其独特的社会功能。

四经：土地设施。供地问题是地产项目建设的核心问题。在旅游地产建设过程中，应优先安排旅游地产综合体土地指标。根据城市旅游地产规划和地块规划具体用途、业态、建设周期等不同条件，采取有针对性的土地出让方式。

五经：保证保障。政府要积极发挥“有形之手”的作用，从体制机制、舆论导向等方面着手，要加强领导、督查、协调、宣传，为旅游地产的建设提供必要的保证。

3. 旅游地产开发的四大关键环节

旅游地产在开发过程中要注意对四个关键环节的把握：旅游地产招商的有力推进、旅游专项发展资金的到位、旅游规划和设计的编制、旅游地产配套业态的落地。

旅游地产招商的有力推进：旅游产业的发展，除了政府必须投资的公共性基础项目以外，相当一部分游览项目是需要旅游地产投资商投资的，因此，旅游地产招商引资情况的好坏在某种程度上也反映了这个地区旅游地产产业发展的成熟程度。

旅游专项发展资金的到位：旅游地产产业要迅速启动，需要政府在前期进行大量的旅游地产基础资金投入，这些资金将用于旅游地产公共基础项目的投资建设，如旅游地产道路的修建、旅游地产核心景区的建设、旅游地产集散服务中心的建设、旅游地产及综合目的地的促销、对旅游地产企业的政府政策等。

旅游规划和设计的编制：旅游地产发展，必须是规划先行，旅游地产以及综合发展规划的编制将为一个地区旅游经济的起飞指明方向，避免因为领导意志而导致旅游地产发展的畸形。

旅游地产配套业态的落地：旅游餐饮——旅游地产发展地区都有自己独特的地方美食；旅游住宿——旅游地产综合发展必须有多元化的旅游住宿体系，诸如度假酒店、度假木屋、帐篷营地、城市酒店、特色度假村等；旅游交通——对旅游地产来说，必须有完备的内部交通体系和外部交通连接系统;旅游景区——旅游地产发展必须要有具有核心吸引力的景区景点支撑,必须构建完备的旅游目的地体系;娱乐购物——地区旅游地产经济发展除了传统的门票经济外,旅游地产空间内的购物经济将占据较大比重,服务经济、消费经济在整个旅游地产经济中所占比重也占重要位置。

4. 旅游地产项目前期操作的顾问“五步曲”

旅游地产项目开发过程中,前期的工作是整体旅游地产开发中非常重要的环节。旅游地产的前期工作从节奏来说,可以分为五个步骤:选地、包装、签署战略协议、规划、签署正式的开发协议。五个步骤中,每一个环节必不可少,也缺一不可。

选地是一个旅游地产项目的基础和成败的关键,土地范围的大小和选址的是否正确,直接关系到整体旅游地产项目未来开发的成功与失败;包装概念是旅游地产未来前景的一种展示,是一种理念与构想,是一种理想与预测,是一种愿望与期待,理念支撑、概念包装、策略到位是旅游地产项目开发包装的基础与核心环节;战略协议是旅游地产项目开始的标志,这个标志是开发方与土地所有者联合开发旅游地产项目的合作开始,是旅游地产开发过程中的一个初始环节任务,也算是一种意向性的合作方式,无所谓成功,无所谓失败;规划设计是所开发地块的正式法律手续的开始,通过规划的报批与申请,让旅游地产项目的构想与愿望合法化、程序化、公众化,在目前旅游地产的发展模式下,比较稳妥而且有效果的规划模式,就是战略规划和概念性规划;正式的开发协议的签署是旅游地产项目工程正式开始的标志,也标志着前期工作的结束。

5. 旅游地产开发的“点”思维

旅游地产发展过程中,如何关注区域政府、投资企业等多方利益,是旅游地产发展过程中相伴始终的问题。在旅游地产开发中,必须关注区域政府、投资企业、农村农民等多方利益,必须核心解决景观园林系统与可开发用地的技术难题,强调多种土地利用关系与经济技术指标的平衡体系构建,强调旅游景区景点打造与城市功能性之间的联动并实现旅游产品转化的路径,强调注意解决旅游景区与旅游度假区不同体系下旅游地产开发的比例关系与体量界定,强调道路交通系统规划对旅游地产的整体影响力评价体系问题,强调农民回迁的基本原则和新产业体系建设对移民后续发展的贡献能力。

关于区域政府的旅游地产“点”思维,提出了“五大需求点”的旅游地产政府思维。主要包括生态价值最大化、民生价值最大化、资源价值最大化、土地价值最大化、服务价值最大化;在对投资企业的旅游地产“点”思维中,总结出了要科学选址、控制空间、市场包装、两极联动、经济测算等“五大关键点”；旅游地产咨询顾问过程的商务“五大突破点”，即详细解读涉及规划成果深度与体系、准确把握资源与核心重点提炼、创造深入浅出的深度沟通路径、适时推进高端对话的商业机会、提出留有余地的同行评价话语；规划设计成果的“五大关键点”主要有：可建设用地的空间与规模、旅游项目与产品的确立、地产功能与业态的确定、景观园林与建筑的系统构成、经济指标的多角度测算。

6. 旅游地产开发的名利尺度

事实上，房价下行、成交持续低迷、资金紧张、城市土地资源匮乏等城市地产危机让越来越多的开发商开始考虑战略转型，严峻的现实使他们把目光投向新兴的旅游地产。然而，作为新兴领域的旅游地产，并没有一个成熟的开发模式，可供借鉴的运营策略也少之又少。在全球金融危机的大背景下，其存在的诸多风险往往让开发商难以把控。许多开发商渴望找到适合自身状况的开发运营模式，找到摆脱困境的新思路。

那么如何来规避上述风险呢？第一，旅游富民、文化兴国：旅游产品是旅游地产的最终归宿，依托文化产业振兴规划的背景，旅游行业将融入更多的产品形态，可以设计诸多的旅游产品来为“地产”找到合理的存在形式；第二，城乡一体：旅游地产的核心是旅游资源，而好的旅游资源则往往远离城市，旅游地产的开发可以带动城市周边区域的发展，有效促进城乡一体化；第三，产业融合：旅游地产的开发必须注重产业体系的构建产业融合产生新的产业或新的增长点，意味着附加值的最大化；第四，关注旅游地产的所有土地流转的核心问题：农业、农村和农民大盘开发往往涉及地块上原住居民的安置问题，在开发商拿地阶段更是与政府达成协议的关键一环，在地产开发中，居民的妥善安置成为最大难点；第五，战略土地储备是投资旅游地产效益最大化的较好方式，在很多情况下，未来政策的走向是不明确的，所以建议涉足旅游地产领域的投资商作战略土地准备，通过分期开发的方式适当拉长周期；第六，旅游地产的核心开发路径：低价圈地，旅游地产包装，土地升值；第七，旅游地产依托政策背景，可以通过阳光运作来拿地，没必要搞暗箱操作；第八，旅游地产风险在于如果房子卖不动，那这些地可能一文不值。

7. 旅游地产开发的企业社会责任

在国家旅游产业政策、行业部门职能、国家“十二五”旅游规划、文化发展规划等环境与条件的基础之上，提出了旅游地产开发的“依托国家政策、研究地方需求、重视民生民意、创造多元效益”的“旅游地产企业工作法”。

企业社会责任是指企业在创造利润、对股东承担法律责任的同时，还要承担对员工、消费者、社区和环境的责任。企业的社会责任要求企业必须超越把利润作为唯一目标的传统理念，强调要在生产过程中对人的价值的关注，强调对消费者、环境和对社会的贡献。威海天和房地产开发公司副总经理尹盛锐也认为“一个出色的房地产开发企业，应该肩负着一个民族企业应该具有的社会责任”。因此，旅游地产开发商要真正做好旅游地产（文化地产）投资模式的研究和投资联盟平台的建设，因为伴随中国后旅游时代和旅游休闲度假时代的到来，旅游地产（文化地产）将进入高潮开发阶段，必须以旅游地产（文化地产）的高品质、名品牌、强民生、重生态作为基本原则，那就要体现规模价值、集聚投资方式、联合开发路径，不能再出现一个企业单打独斗做点的方式。旅游地产（文化地产）企业家要有足够的胸怀、坦荡的情怀、高尚的情商、古朴的道德来面对名利，真正为中国旅游地产（文化地产）行业做出一些精品成果，开发一些传世项目。

8. 旅游与地产的融合难题

依照国务院新近发布的《贯彻落实国务院关于加快发展旅游业意见重点工作分工方案的通知》：“支持各地开展旅游综合改革和专项改革试点”、“制订国民旅游休闲纲要”、“积极鼓励符合条件的旅游企业在中小企业板和创业板上市融资”等再次强调2010年年底《国务院关于加快发展旅游业的意见》提出的主要任务，而相关权责所属也被厘清。

作为与旅游行业关系密切的房地产行业，没有理由不去理会这跨界利好背后传递的积极信号，旅游综合改革意味着会带来城市与地产开发的契机。国民休闲纲要的制定意味着必须增强旅游要素的组合，而旅游六要素“吃住行游购娱”中，除了行，其他几乎都与房地产业相关；鼓励旅游企业上市和提供金融支持，也意味着地产企业通过进入旅游行业有可能开拓新的融资渠道……看似“跨界”的房地产与旅游业的融合，其实宿命早已注定。

住宅市场的牛转熊，让旅游地产、商业地产、产业地产、老年地产等曾经被认作资金周转率低、回报率低的产业模式重新被审视，并且凭借其稳定的回报率和长期看好的前景被公认为平缓以往“快进快出”模式的良方。事实上，除了度假村的发展尚算正规，旅游主题社区、分时度假产品、产权酒店等产品目前在中国的发展依旧问题多多。对于开发商打旅游地产牌更是非议众多，有“借名圈地”之说，有挂“旅游头”卖“地产肉”之说，有“侵占公共资源”之说。其背后的要因，便在于地产业并未做到与旅游业的无缝接合，急功近利的情结在某种程度上依旧占据主导地位。

如何让旅游这张“皮”与地产这个“核”真正做到完美融合，是摆在地产业者与旅游业者面前共同的难题。事实上,作为拉动内需的两大引擎,地产与旅游能否形成"双核驱动"对于国民经济的持续健康发展有着不容忽视的意义。

9. 旅游地产项目开发中需注意的问题

地价问题。由于旅游地产项目需要巨大的投入,为扩大现金流,降低投资风险,提高其可持续发展能力,需要政府提供强有力的政策扶持,除允许项目配套建设旅游休闲居住结合的房地产,还要对项目建设用地给予优惠的出让价格。

项目选址问题。区位上,由于成本关系,不宜在城市中心,但必须位于大城市近郊,距市中心车程距离一般不宜超过两小时;地形地貌上,要求有丰富的自然山水资源;项目所在地及周边的环境破坏与工业污染较少,空气质量优良。

土地的取得方式问题。由于报批建设用地(在尤其是70年的房地产用地)指标、征用集体用地需要时间,可以先办出一部分,其余作为预留建设用地,令政府承诺在一定时间内全部办理完毕。

公关资源问题。在旅游地产项目开发过程中,要注意建立和充分用好省市与本地的公关资源,这是项目顺利推进的关键因素之一(在投资环境还不完善、不透明的情况下就更是如此,因为它提供了一条投诉和监督渠道,这是极为重要的稀缺资源)。

项目规划的若干问题。在规划时对项目的功能分区、交通组织等要有前瞻性;在项目总合同书中,容积率、建筑面积、建筑高度和方位等规划指标不可能作具体限制;高尔夫项目获得批准难度较大,其建设用地可以是农用地,以"绿化用地"的名义建高尔夫球场;项目中的水道、陆路、游步道等宜曲不宜直。

项目拓展与品牌推广问题。在签订项目开发总合同书时,应有后续项目储备土地条款和周边一定范围内同等条件下优先开发权条款,避免土地带旺后为人做嫁衣;由于旅游房地产契合世界旅游休闲和大型人居建设的最新发展趋势,具有主题地产、休闲房产的若干要素,因此,应将它上升到"旅游新城"的高度,注意认真总结经验,提升包装理念。

10. 旅游地产的新农村建设发展路径

国家提出新农村建设的战略方针是要实现农业现代化、城乡一体化,推进城市化发展,最终实现全面小康。从2005年提出新农村建设战略方针到如今,大江南北涌现了许许多多的典型和模式,其中不乏由房企运作的新农村建设,也出现了一些反面教材。房企介入新农村建设的功利心,让政府很难放心。那么作为房企该选择怎样的路径介入新农村建设这片蓝海呢?

从战略来说:一是借势旅游,顺应国家发展方式转变。未来十年是国家发展的重要战略机遇期,中央把转变发展方式确定为工作的主线。旅游因其特殊的战略性,面临新的历史性选择,能够也应该成为国家战略转型的一个重要切入点和突破口。二是发展经济,形成以旅游产业为主导的新农村建设。经济的发展,需要打破农业产业的界限,把农业产业与二、三产业结合起来。旅游产业横贯一、二、三产业,是新时期新农村建设的重要手段。三是平衡三方,实现农民致富、政府满意、投资商获利。

从战术上来说:一是选好区位拿大地块。房企只有拿到大的地块,并距离中心城区一个半小时车程之内,才能借助目标房产的区位、交通等方面的优势,有系统地开发内部生态完整的综合地产项目,企业才能在未来取得预期收益。二是村容村貌建设与产业发展相融合。以旅游的视角,审视农业产业转型,大力发展高效农业、休闲农业、商贸农业,实现耕地资源集约化利用、多元化经营、建立产销通道。村容村貌整治,以旅游配套设施的要求进行统一规划设计,并引导农民经营农家乐、民宿等,促使部分农民融入旅游产业系统。三是旅游服务型地产与居所型地产结合。根据项目所在区域的旅游资源品质属性和未来旅游发展蓝图构想,科学配比旅游服务型地产与居住型地产。四是需要会聚多方智慧,全方位高起点规划。以旅游为主导的新农村建设涉及旅游产业、农业产业、房地产业等多方领域,房企需要在前期就跳出传统项目运作模式,进行统一的规划策划。

11.养生旅游地产的开发之道

关于养生的标准体系,除了具备食疗、健康环境、娱乐项目等各种休养方式外,还要具备强大的医疗设施和人员。这也正是养生地产和养老地产的区别。

关于旅游地产型养老地产的物业形态设计。基于土地问题和主题销售的商业模式形态,物业最好是公寓,只是在设计的时候考虑基于养生(养老)需求的创意性和多样性,思考房间面积组合、形态结构、朝向、风水、植物等。

关于养生地产的商业模式的设计。首先需要考虑的是企业的战略,是开发商还是运营商,如果是开发商,那就全部出售。就未来形势而言,房地产建设路越来越难走,管理运营是一种趋势,但是需要设计一套产权运营的标准体系并且培养一批相关专业人才,使之自然形成一个完善的运营产业链,即通过商学院、大家联合的培训教育储备人才,实行自有物业管理和输出管理。关于自持和出售的部分,建议将公共服务设施自持,其他出售。持有旅游地产的公共服务设计和商业空间,可以保障现金流、培育运营管理团队和投资主体的利益分红。

旅游地产型的养老地产的淡季如何支撑是运营的关键。人的长寿除了需要优质的医疗外,顺应自然的四季转换也是长寿之道。四季分明的地方是养生的地方。做养生(养老)不等同于旅游,养生(养老)关键在于养生之道的体系设计。通过四季的餐饮体系、运动体系、保健体系等的组织,形成四季产品体系。而且基于完善的养生体系还可以开发一日游养生(养生论坛、药膳等)及一个月养生(养生体系体验)等。

12.温泉旅游地产开发的三大模式

温泉旅游地产集旅游、休闲、健身于一体,蕴涵着极高的商业价值、广阔的市场前景和极佳的投资潜力,是继山水观光、大型游乐场、度假村、主题公园之后又一新兴的旅游开发热潮。对温泉旅游地产的开发主要有三种模式:高端精品温泉旅游地产模式、温泉旅游地产的品牌加盟连锁模式、温泉旅游地产的旅游综合体模式。

与传统的大众温泉旅游地产洗浴开发方式不同,高端精品温泉旅游地产的打造赋予了温泉旅游地产度假更多的内涵,包括高端的服务、精美的设计、优越的环境、超然的享受,将养生、度假、文化等多种体验方式和温泉旅游地产融为一体,提供高档次、专业化的服务项目,以“精致型、小型化、私密性”的方式经营,使游客在尊享高端温泉旅游地产度假产品的同时,达到身心的彻底放松和享受。这种全新的温泉旅游地产休闲度假方式最大的特点在于温泉旅游地产与SPA、文化内涵的紧密结合。

温泉旅游地产的品牌加盟连锁模式的特点在于企业通过对温泉旅游地产资源的合理开发,形成经典的开发案例,在业界产生一定的品牌知名度和影响力,然后吸引其他合作者进行品牌加盟,通过这种方式实现连锁化经营和品牌管理。这种新型的开发模式使温泉旅游地产突破了地域的限制,实现了“多泉管理”,创造了跨地域的温泉旅游地产品牌。

温泉旅游地产的旅游综合体模式以旅游区内良好的温泉旅游地产资源为基础,利用周边优美的自然环境,辅之以人工设施,开发休闲度假、康体健身、观光娱乐、商务会议等多功能的旅游产品,以此来吸引各种需求的游客。其最大的特点是能够适应各层次、各类型的旅游市场。

13.温泉旅游地产开发的六大策略

温泉、旅游、地产的结合融合策略:温泉旅游项目和旅游地产、户外运动、康体养生、会议度假、亲水娱乐等具有天然可融性。在温泉旅游地产旅游项目策划时应特别注重与上述项目的要素复合配置。

本土化与国际化策略:目前国内温泉旅游地产旅游,能够传达历史,体验汤泉文化经典的项目少之又少,大多是“拿来主义”形成的“万国文化”,缺乏品牌自主性,缺乏产品差异化,无法形成国际竞争力。旅游消费是消费文化。因此,在设计中应当挖掘中国传统文化和本地文化资源。

市场细分，准确定位策略：细分市场是温泉旅游地产旅游大众化发展的必然趋势。对区域市场进行细分和研究，对同一区域细分市场的消费游客再进行细分和研究，针对不同的年龄、消费能力、偏好提炼消费需求，跟进需求开发特色产品，最终形成竞争优势。

亲水休闲四季整合策略：温泉旅游地产 24 小时可消费产品，淡旺季越来越不明显。四季休闲，是温泉旅游地产产业最为可持续发展的结构要素。由此，引发了四季休闲产业全新的集结与整合。

生活方式与游憩方式不断创新策略：温泉旅游地产泡浴方式在不断创新，其动态化、娱乐化在持续发展，产品的附加值在不断提升，创意产品层出不穷，游憩方式在温泉旅游地产休闲文化体验上也在不断地创新。

核心竞争力延伸产业链的策略：温泉旅游地产旅游不是单一项目结构，而是产业结构，可以形成产业体系，可以延伸为多种业态的丰富产业链，带动地区产业发展，从而获得稳定宽广的收益。

14. 中国滨海旅游地产的价值

就滨海城市旅游地产的价值，从中国著名的滨海旅游城市天津市、大连市、天津滨海新区、杭州市、宁波市等旅游产业发展模式入手，提出大连旅游地产的“旅游经济区模式”，天津市与天津滨海新区的旅游地产的“功能组团”模式，杭州旅游地产的“旅游综合体模式”，宁波旅游地产的“基地连动”模式。

就滨海旅游度假区的旅游地产价值，在滨海旅游地产开发过程中要注意滨海旅游地产的环境再造、滨海旅游地产的人文创意、滨海旅游地产的山水园林格局、滨海旅游地产的温泉体验、滨海旅游地产的休闲运动、滨海旅游地产的生态度假、滨海旅游地产的海景视觉、滨海旅游地产的美食特色、滨海旅游地产的城市功能嫁接、滨海旅游地产的商业集群、滨海旅游地产的建筑融合、滨海旅游地产的道路交通组织、滨海旅游地产的旅游产品转换、滨海旅游地产的国际服务标准建设、滨海旅游地产的养生功能、滨海旅游地产的综合区位等。

滨海旅游地产开发过程的难点、焦点、疑点问题，主要是滨海旅游地产所需要土地的流转置换、滨海旅游地产所需要的特殊政策支持与扶持、滨海旅游地产所需要的四季产品的组合搭配、滨海旅游地产的容积率与建筑高度取舍、滨海旅游地产的地质特征综合价值利用、滨海旅游地产的天际线与色彩组合、滨海旅游地产的社会公共系统配套等具体的一些滨海旅游地产开发应该注意的细节。

15. 滨海旅游地产的主题特征

滨海地区由于资源的特征鲜明:秀岛奇礁、海抱山连、峰峦叠翠,独特的海湾、明媚的阳光、金黄或银白的沙滩、开放的海岸、温润的湿地、旖旎的海景、诱人的海鲜,文化多元、资源丰厚,因而滨海旅游地产的开发呈现出不同于内陆的主题特征。

大连市旅游业发展"十二五"规划中确定的城市口号为"浪漫之都,中国大连",城市名片为国际花园城市、国家园林城市、国家卫生城市等,其表现的主题特征为时尚、浪漫。三亚市凤凰镇台楼村旅游概念性规划中的形象主题为"凤栖台楼,漫享空间",使三亚的台楼灵气与祥和得以完美彰显,并为锐意进取、又懂得放慢脚步、享受人生的都市人营造舒缓、惬意、浪漫的慢调生活,表现的主题特征是优雅、惬意。《天津团泊农业主题公园项目总体开发策划》中围绕农业生态建设,通过发展迷宫种植园、主题葵园、拓展基地等项目,将农业种植与旅游体验有机结合,将此区打造成为一个集农业观光、采摘、娱乐、餐饮、购物、休闲、运动为一体的农业主题庄园,表现的主题特征是绿色、梦幻、生态、活力(梦幻体验)。滨海旅游地产体现出浓郁的海派文化,特点为中西合璧、口岸文明、国际窗口、兼容并蓄。

虽然旅游地产的主题各有侧重,但时至今日所有的旅游地产开发都会有共同的方面:即文化多元、功能复合、设施完备、业态丰富,滨海旅游地产开发较内陆旅游地产开发海派文化的体现更充分些。

16. 滨海旅游地产的开发模式

滨海是旅游地产走向高端化、品质化、主题化、健康化的基础与根本。这主要是因为滨海的资源价值,这种资源价值主要表现在海景特色、生态持久、四季有序、食品健康、产品丰富。这些元素成为旅游地产的产业支撑和物产支持。所以,滨海旅游地产前景广阔、价值永序。滨海旅游地产将会成为众多企业和政府青睐的发展方式与平台。

《大连大长山岛金海湾国际旅游度假综合体开发策划》依托地块"山海相望、山海相连"的优质资源,通过海岛岸线生态恢复和山地生态景观营造,打造的是五星级度假主题酒店 + 国际游艇俱乐部 + 国际海岛高尔夫 + 国际海岛生活社区 + 多业态支撑(海景商街、极品海鲜等)的模式,目标构建集商务会议、海洋运动、休闲度假三大功能于一体的四季海岛旅游度假综合体。《三亚市凤凰镇台楼村旅游概念性规划》中开发的是农业主题公园 + 文化体验 + 度假养生的模式。《团泊农业主题公园开发策划》依靠开发的团泊梦幻体验庄园、团泊乡村俱乐部、地球村、蝴蝶花谷(融入木屋和房车)

等项目,打造的是绿色农业+体育产业+教育产业+宜居地产的模式。

滨海旅游地产的开发,没有也不可能有统一固定的、一成不变的模式,就好像世上没有两片完全相同的树叶,没有两个纹路一致的指纹一样,但我们研究案例依然很有意义,它能让我们开阔眼界,放开思路,在一定程度上让我们少走许多弯路。

17. 旅游地产开发中的土地整理说明

土地开发整理,也统称为土地整理,是指在一定区域内,按照土地利用总体规划、城市规划、土地整理专项规划确定的目标和用途,通过采取行政、经济、法律和工程技术等手段,在一定建设期内,投入一定数量的资金,按照审定的项目规划设计和项目预算,对土地利用现状进行调整、改造、综合整治,提高土地集约利用率和产出率,改善生产、生活条件和生态环境的过程。

土地开发整理项目属于公益性投资建设项目,它除具有公益性建设项目拥有的一次性、独特性、渐进明细性、资源整合性、不确定性、非私有品性、较强的外部性、政府的效率和公平目标性、预算安排或政策安排等特征外,还具有明确的开发整理区域、明确的开发整理目标和内容、明确的开发整理建设期、必须有一定数量的资金投入作保障、相对的独立性和组织保障等特性。

根据土地开发整理内容的不同,土地开发整理可分为三种类型:土地整理,根据土地整理后的主导用途,可将土地整理分为农用地整理和建设用地整理;土地复垦,指对生产建设中因挖损、塌陷、压占等造成破坏的土地,采取一定措施,使其恢复到可供利用的状态;土地开发,指对未利用但具有利用潜力和开发价值的土地,采取工程措施或其他措施,把荒山、荒地、荒水和荒滩等改造为可供利用的土地。

18. 非政府投资土地开发整理项目的主要方向

土地开发整理项目按投资主体和资金来源分为:政府投资项目和非政府投资项目。非政府投资项目和编制土地开发整理项目的设计文件是目前企业参与土地开发整理项目的主要方向。

企业参与土地开发整理项目的投资,首先是立项阶段,在立项阶段需要做好投资意向与市场研究的工作,并且要研究投资主体条件,最终做出投资决策。第二步进入实施阶段,委托、控制项目设计及概预算,准备招投标及订购设备,为项目开工建设做准备,协调项目相关各部门的工作,进行施工监督,控制工期、成本、质量及生产安全。编制土地开发整理项目的设计文件,首先根据国民经济发展规划和地区、行业规划要求,结合自然资源条件,对建设项目的一些主要问题,从技术和经济两个方面进行调查研究，全面分析、比较和论证，观察项目在技术上的先进性和适用性，经济上的营利性和合理性，建设的可能性和可行性。在上述基础上进行项目的设计工作，一般建设项目的设计按扩大初步设计和施工图设计两个阶段进行。根据初步设计编制设计概算，根据施工图设计编制施工图预算。初步设计是从技术和经济上，对建设项目进行综合全面规划设计，论证技术上的先进性、可能性和经济上的合理性，并确定总的建设费用。施工图设计是把初步设计中确定的设计原则和设计方案根据建设安装工程或非标准设备制作的需要进一步具体化、明确化，把工程和设备的各个部分的尺寸、布置和主要施工方法以图样及文字的形式加以确定，并编制设备、材料明细表和施工图预算。

19. 传统房企构建的旅游地产商业模式

随着国家对房地产政策的频频出台以及市场需求的不断转变，房地产企业可以依托在地产业的优势与旅游等其他产业进行结合，进行转型升级，形成新的经济模式——旅游地产。而早期房地产业只有一种资源依托就是土地，只要有土地指标就可以建设赢利。现在山水环境、区位条件、田园经济等综合条件都成为地产项目是否赢利的关键条件。自然资源、人文资源、产业资源已经成为旅游地产核心竞争资源。传统房企应当依靠原有产业优势进行扩张，嫁接政策利好的行业，依托土地资源升级，构建适合企业自身条件及特点的商业模式。

国泰集团的旅游地产商业模式。商业模式一："国泰 12111"。"1"一个可供主客消费的旅游产品打造；"2"一级土地整理、一群项目建设；"1"一个公共服务标准设立和系统构建；"1"一个名利双收的国家级知名品牌树立；"1"一个操盘运营人才集聚的综合团队建设。商业模式二："国泰创意综合体"或者"国泰山水园林 + 文化景观"。商业模式三："空间控制，点式开发"：空间资源的有效控制递进产品的有力组合。商业模式四："国泰系统执行"：开发企业跨行业整合能力首当其冲；公共空间与公共服务系统举足轻重；旅游休闲产品的主客共享并存共荣；经营型物业与销售型物业售租平衡；先导项目与产品不断丰富；资源占有与梯级开发成为运营方式；异地置业与本地居所成为投资模式；商业商务与文化风情结合势在必行；人本精神且宜人怡人成为时代追求。

国泰百花山项目的开发构想。构想一："景区 + 旅游度假区"的产品构想；构想二："点式启动，一级蓝图"的时序构想；构想三："产业升级，政策维系"的经济构想；构想四："旅游驱动，地产并行"的运营构想；构想五："国泰品牌，国家模式"的行业构想。

20. 旅游休闲项目的核心创意

通过体验铜川市药王山旅游风景区、西安市蓝田秦岭北麓的厚镇的现场资源，针对投资集团与政府的多位需求,提出了重点的开发理念与运营思路。利用政策启动区域开发的发展模式是目前区域空间发展的基本思路和成功路径。旅游小镇模式是目前城乡一体化与城乡统筹应该同时解决的有效手段和科学思路。度假休闲生活方式是目前旅游进入休闲度假时代的基本特征和全新产品。

针对旅游休闲项目的落地问题,提出了八大核心的项目创意。主要有:低空旅游项目,让通用航空的旅游休闲化进程成为旅游地产新的时代吸引产品;药王文化项目,让养生价值的游客市场化运作成为旅游地产新的产业价值路径;单车生态项目,让骑游生活的空间场景化布局成为旅游地产新的功能配套链条;田园度假项目,让休闲农业的土地规模化控制成为旅游地产新的旅游体验方式;城郊农舍项目,让草根农耕的城乡日常化生活成为旅游地产新的产业形态模式;国际服务项目,让国际标准的服务系统化理念成为旅游地产新的运营管理标志;覆土建筑项目:让风格风情的特色地方化文化成为旅游地产新的功能建筑色彩;城乡统筹项目:让农村农民的生活旅游化转型成为旅游地产新的政府企业工程。针对项目的可行性难题,从文化创意角度提出了文化融合的基本规则,并且从农业科技、生态维系、中药养生、休闲产业、主题度假等进行了提示。

21. 温泉旅游地产开发模式

受委托方的委托,就温泉资源优势地带的旅游地产开发 5300 亩土地选址与前期空间展开顾问工作。

温泉旅游地产是旅游地产开发模式的提升与创新。从旅游角度来说,旅游地产产品有了明确的竞争力和内涵特征;从地产角度来说,旅游地产形态有了功能性的突破和核心表现。所以温泉旅游地产从进入市场开始就表现出生命力与形象力并举、竞争力与效益化双赢的格局。基本处于开发一家成功一家,发展一家火暴一家的结果。这种旅游地产的综合业态成为政府与企业青睐的方式与路径。

从旅游功能来看,马陵山旅游发展有限公司是站在马陵山旅游从单一旅游景区模式走向综合旅游度假区模式的方向上瞄准了温泉旅游地产作为战略发展的目标来实施开发的;从土地结构来看,马陵山风景名胜区利用风景旅游用地、国有集体林地、乡村集体建设用地、流域开发荒地荒坡等实施了综合利用;从产业结构来看,温泉旅游地产将传统观光旅游提升走向精品休闲与区域度假方式,将生态环境再造、文化演绎创意、历史遗迹保护等实行了复合应用;从经济结构来看,温泉旅游地产形成了全新的经济模式,从旅游综合体的打造走向城市功能区的复合,将城市群的功能需要作为经济发展的开发基因。

22. 工业园区旅游地产项目

首钢大厂工业园，位于河北廊坊大厂县，拥有近1万亩的土地，是在国有资产监督管理委员会领导下的一家跨生态工业园区建设经营、参与重大工业项目投资、中小企业孵化、投资银行等业务领域的综合性投资公司。该公司通过工业设施建设、高科技企业孵化、股权投资、财务顾问和项目合作等相关工作，为国内外工业企业创造良好的投资环境并提供专业化的投行服务，以此推动中国现代高科技产业的持续、快速发展。该公司秉承“为资本服务”的宗旨，采取市场化的运作模式，按国际化、现代化的标准和要求，积极开展生态工业园的投资经营工作，并充分利用和整合国内外技术、资本、人才等资源，致力为大中型企业和创业型企业提供投融资服务、资产管理等现代金融服务。

中国首钢集团大厂工业园应向现代服务产业转型：对接国家大力发展旅游产业、文化产业政策，针对首钢作为国企的性质，建议以发展文化旅游为突破口，以盛方拥有的众多国内一线品牌企业资源为平台，后期组建联合投资体，以此为投资载体，创新首钢模式，从而实现从规划到项目落地到后期运营的全程服务。

23. 把脉弥勒国际假日公园旅游地产项目

从发展背景、县域发展、区域形象、资源组合、联合运营等方面，通过“七个好”的总结首先对《弥勒国际假日公园可行性研究报告》进行了肯定。并针对甲方需求，提出三条可建设性和可操作性的建议。具体包括：紧密对接国家对主题公园开发的相关政策动态，建议对以公园命名的想法进行斟酌，减少项目在后期报批中的风险；重点研究市场结构，突破传统旅游规划中市场分析路径，分析“弥勒”两字的辐射力和影响力，温泉资源的辐射力和影响力，突破区域范围，锁定市场区域，进行市场细分，从而支撑后续产品设计的可行性；在地产类物业设计上，针对目前物业配比结构不合理，住宅、公寓类比例过大的问题，以及规划提出的国际化旅游度假区的定位，建议调整市场定位，调整各物业占比，避免旅游度假区城区化。

目前项目开发中遇到的三大难题。难题一：资本运作。对策：由资本到资产再到资本的转变。首先控制资源，通过好的规划与政府博弈，圈下土地，以小博大。以土地为资产，实施非股东联合体投资。然后通过基金、民间资本等手段融资，最终成为投资主体。难题二：股东价值观。对策：借鉴案例，创新模式。剖析华侨城模式、武当太极模式，创新吉成模式。难题三：政企博弈。对策：三大要点，政企同心，发展文化旅游产业，争取政府扶持倾斜；实行管委会模式，实现政府政策、管理职能前移；研究行业政策，挖掘行业优势项目。

24. 北京世界马博园的创意旅游休闲综合体模式

经过调研与实际地形勘察，最后确立“北京世界马博园”项目位置在北京市延庆县小张家口村。具体规划范围为一万亩，并且战略性的考虑周边相关资源整合。

按照“经济转型、产业创新、模式创造”工作路径，实现世界马博园开发规划区域的城市群主题功能与特色旅游产品的双体价值目标，具体分述为：

规划成果满足项目立项，并且达到规划区鸟瞰图、功能区经济技术指标、产品体系结构的深度；统筹解决面向周边城市群和中远程旅游客源的功能定位与旅游产品体系建设；系统谋划政府层面的扶持支持政策与公共服务配套系统工程，解决区域可持续的战略性发展问题和在城市中的角色定位问题；空间解决休闲度假时代游客需求的旅游精品项目建设，实现综合开发项目的旅游产品化和市场消费结构化，能够与区域内的旅游产品形成有机的旅游产业链条。实现旅游产品空间结构、交通游线组织、游憩休憩系统等的合理布局发展；构建主客共享的休闲度假模式，能够通过文化创意形成文化创意园区，能够通过旅游地产开发建设形成旅游度假区；构建具有“景景一体、景农一体、景民一体”为创新内涵的“世界马博园开发商业模式”，实现多极投资混合、多元价值共赢、多方利益共享的发展目标。

25. 丹阳国家级旅游产业创新发展试验市的发展路径

“让历史变得更轻松，让文化变得更时尚”；“让工业产业经济能量与企业路径变幻成为旅游休闲经济模式的启动器”；“城市化、工业化的旅游产品融合结合道路”；“旅游规划成为城乡规划的指导与前提”；“旅游休闲与文化创意的一体化”；“城市化与现代服务业成为丹阳未来的根本思路”；“创意集市、创意家园、创意嘉年华的旅游地产模式实施启动”等论点成为丹阳旅游产业发展的重要抓手与战略思考。

以“六大意义”、“五大路径”来倡导“丹阳国家级旅游产业创新发展试验城市”的模式与路径。“六大意义”的具体内容有：区位交通的优势化；工业经济的商务化；旅游产业的复合化；社会文化的风情化；城市功能的服务化；消费结构的层次化。“五大路径”的具体内容有：旅游产品的终极归宿；旅游经济的模式设计；旅游服务的标准体系；旅游政策的制定实施；旅游地产的启动带动。

针对“丹阳国家级旅游产业创新发展试验市”的开发提出了具体建议：选择区域旅游经济创新发展的典型案例的研究，从中寻求一些成功经验与典型路径；对旅游产业与多产业融合发展的方式与手段做深度研究，找出可以指导丹阳未来实验的策略；

建议由石培华教授亲自主持规划成果的研究与制作，要站在中国旅游产业发展的前沿高度提升本规划的战略与策略；建议组织专家团队进行专题研讨，解决丹阳旅游产业构建、旅游经济模式、产业融合路径、政策体制机制等关键问题与技术难题；成果中要对“国家级旅游产业创新发展试验城市”的可行性、可能性、必要性、政策性等进行具体的研究。

26. 旅游地产的集群开发战术

战术源自《吉林北大湖体育旅游经济区战略规划》中。北大湖体育旅游经济开发区是我国重要的冰雪运动训练基地和冰雪旅游中心，为我国首批 AAAA 级风景区之一，是以省级旅游经济开发区的形象跃上历史舞台的，也是国内唯一的以体育旅游为主的经济开发区。策划抓住区域内部价值链的发展契机，创意出以旅游地产产业构建的形式为区域发展注入经济活力，以滑雪、温泉、高尔夫三方经典组合联动发展，打造世界级体育运动休闲度假目的地。

依托现状资源及发展需要，采用价值资源集聚复合利用方式组建三大发展组团，即包括体育商务组团、温泉度假组团、乡村经济组团。体育商务组团是依托现有滑雪场的品牌效应，延伸出以体育运动为主题并突出商务会议功能的个性化、高端化的组团，即阿尔卑斯小镇（包括滑雪场与高尔夫体育公园、运动培训基地、户外拓展基地、商务会议中心、异域风情商业街等），旨在打造世界著名、国内一流的运动与商务休闲旅游地产目的地。温泉度假组团，依托资源特色，提出温泉多方面应用与地方资源的嫁接，如：温泉 + 高尔夫、温泉 + 滑雪、温泉 + 农业、温泉 + 康疗、温泉 + 商务、温泉 + 民俗的温泉主题旅游地产产业区，并配套发展休闲地产等项目。乡村经济组团，作为开发区的门户区域，依托北大湖体育旅游休闲目的地的构建，借势新农村建设形势及政策，强调同步开发，依托现有资源发展高效益科技农业，体现四季经济的特色，并配套体育旅游产业发展体育用品装备制造旅游地产产业园区、体育用品交易中心等项目。各组团内部通过多旅游产业的合作形成自成系统且相互支撑优化发展的复合旅游地产产业区，共同见证国内首个体育旅游地产经济开发区的蓬勃发展。

27. 旅游地产开发的产业园区战术

战术源自《大连环黄渤海黄金旅游圈发展规划》中。该命题中的关键字“旅游经济圈”对接“辽宁沿海经济带”，凸显旅游经济、旅游产业的重要性，这是该规划突破传统行业发展指导思想的一大特色，也是国务院对“旅游产业作为战略性支柱产业”的最佳实践。

规划中提出的总体目标位以旅游产业集聚区和旅游经济(试验/示范/先导)区为重点发展区,以滨海风景道为串联轴,着力发展滨海旅游产业,强化滨海特色和休闲度假功能,提升旅游产业素质,培育旅游经济新的增长极,带动区域综合效益,最终将大连打造成为东北亚著名的旅游目的地、世界知名的国际滨海旅游名城。

规划中提出旅游产业园区发展策略,即集中优势资源、土地、资金和政策进行集聚性、成片式、大区域的开发建设,这样才能形成滨海度假旅游生产力的集核效应,形成具有“自身造血”功能的综合旅游产业发展区,形成对内陆具有一定辐射力和带动力的人流集聚区。也就是形成以旅游产业为主体旅游产业之一,通过政府引导、市场主导聚集整合各类旅游相关产业要素,形成相关产业高度聚合、旅游企业高度集中、具有旅游产业规模效应、实施资源一体化管理的经济区域。其特色在于以旅游产业为主导的综合旅游产业联动发展,即以旅游带动区域发展,带动地方农民致富,形成自身旅游产业集聚与收益。在成果中,创意出了龙门旅游经济区、长兴岛旅游经济区、长海群岛旅游经济区、安波旅游经济区。四大旅游经济区将承载大连未来旅游产业发展的集聚区。

28. 旅游地产开发的产城一体战术

战术源自《虞山尚湖旅游区发展总体策划》中。常熟市突出的特点是山水相依、半山入城、古城灵秀、商城繁荣。山、水、城三者的关系之紧密是其他城市不能相比的,同时山、水、城三者承载了城市和旅游的双重功能,既满足城市需求,又具备旅游功能,具备生态、文化、餐饮、购物、度假等多种功能,构成了长三角独具特色的城市旅游的大格局。独特景观中所指的“十里青山半入城”,虞山尚湖旅游区便是这其中的“半”。因为这独特的格局,使虞山尚湖在作为一个旅游区的同时,还是常熟城区的一部分,从科学发展观的角度来看,虞山尚湖必须解决科学旅游化、系统产业化和城市边缘化等问题。

在空间上,要从旅游、产业、城市三个不同角度来解读虞山尚湖旅游区的独特性。即跳出考虑单一的旅游发展问题进入综合考虑县域特征的空间发展层面。在旅游功能角度下,以“山水城”互动的战略思路将虞山尚湖纳入常熟市城市旅游的大格局中,实行大景区逐层纵向发展、同类产业项目横向布局的发展思路。在产业体系角度下,以文化旅游为核心吸引,以休闲服务为配套,复合以商务、会议、养生、养殖和居住产业的旅游复合产业发展模式,将旅游区内的第一产业进行旅游产业转型,形成旅游化的水产、耕种和林业的旅游环境产业。在城市载体角度下,城市载体从单纯的城市建设转变为推动外向型旅游城市的软硬件建设,直接表现为配套服务(软件)开发和旅游地产(硬件)建设。虞山尚湖和古城一体发展是不可分割的,因此,从“山、水、城”的三要素出发，形成虞山尚湖旅游度假区“一心三瓣”的城市载体空间布局。

29. 旅游地产开发的绿色屏障生态修复战术

战术源自《河北省封龙山生态旅游区开发总体策划》中。该规划提出将封龙山生态区建设成为“全国生态文明示范区、循环经济的示范区以及大太行山区域的绿色生态走廊”的战略目标。绿色山水、生态田园是生态区的独特卖点和核心吸引力，是项目开发成功的基础和前提。

策划中具体创意提出了绿色屏障的九大生态修复战术。一是出入便捷的交通路线——生态观光路的贯通：将建设一条生态环境良好、视野开阔，同时道路等级高的旅游观光和体验道路；二是道路的生态改造和功能置换：改善道路条件和道路两边生态环境，建立绿色隔离带，道路功能上进行生态农业和旅游地产服务功能的置换，最终形成一条旅游地产公路和生态隔离带；三是生态水体景观环境：通过水体生态环境的改造，以及水岸景观和休闲设施的建设，整体营造环山绕水的优美环境；四是对荒山裸地进行植树造林和生态恢复：重点对封龙山的荒山野林进行生态恢复和景观治理；五是扩大枣林种植面积和适宜种类：将现有零散的枣林带扩大成林和旅游产业种植区，形成具有典型示范意义和高附加值的特色生态旅游产业区；六是对农田景观进行大地景观设计，形成具有特色的田园景观生态；七是生态自然的设施特色和景观设计：各设施的造型及颜色均考虑整体环境的调和效果，景观上配合生态资源做出最适当的建构；八是“七位一体”的环保型农居建设：沼气、猪圈、大棚、太阳能热水器、厨房、卫生间、住宅的生态民居革新建设；九是节能环保、循环利用的公共基础设施：在具体民居的建设中注重以沼气、太阳能等为代表的生态能源、清洁能源的循环再生利用。

30. 旅游地产开发的区域人文文化传承战术

战术源自《洪湖旅游度假区详细规划》中。洪湖湿地位于长江中游的江汉平原，有着悠久的历史与革命传统，沐浴在独具性格的荆楚文化之中。提起洪湖人们就会联想到“洪湖岸边是家乡”的歌声，“洪湖岸边是家乡”出自抗战题材歌剧《洪湖赤卫队》中，具有怀旧意义和红色文化内涵。历史上洪湖岸边曾是劳苦大众的家乡，而当代家乡体现的是一种时尚、现代、绿色、健康的回归自然的生活方式。“家乡”的文化含义体现了宜居、第二居所的规划理念。未来的洪湖岸边将成为当代休闲度假的好去处。

项目依托洪湖湿地地貌、生态环境等优良自然资源，立足于“洪湖岸边是家乡”这一文化内涵，以“家”为主线，贯穿在产品构建中，将洪湖湿地打造成为国际级湿地生态度假休闲综合旅游目的地。基于“家”的文化内涵，项目提出三大产品板块：宾至如归——高端度假产品;生态家园——湿地观光度假产品;财富之家——商务休闲产品。同时打造五大重点项目作为支撑:金湾大酒店是建筑、水系、生态三大体系的完美结合,通过洪湖的背景衬托,洪湖文化的内涵提升,优质的高端服务给游客以宾至如归之感,营造品位之家;湿地观光园以良好的生态环境成为生态之家;湿地生态房利用天然湿地景观,先进的科技表现手法,自然的展现湿地生态体系、湿地新能源技术、湿地环保等理念展现未来之家;企业会所凭借卓越的硬件和软件环境打造财富之家;湿地创意园充分利用湿地自然资源进行深入挖掘,开发具有湿地特色的创意产品构建创意之家。"洪湖岸边是家乡"区域文化的传承,增加了旅游地产产品的生命力和吸引力,为洪湖湿地成为国际级湿地生态度假休闲综合旅游地产目的地提供了有力的文化支撑。

31. 旅游地产开发多元并举的融合发展战术

战术源自《吉林靖宇旅游产业发展战略规划》中。主要提出了靖宇需要强化自身优势与谋划未来战略性旅游产业双管齐下,着眼于发展服务周边、配套大农业的现代服务性旅游产业、流通性旅游产业,如现代物流旅游产业、能源旅游产业、农林产品深加工等。采用"提一、增二、促三"的方式,明确以现代物流、矿泉饮品、特产经济、矿产冶金、能源、旅游六大产业为重点的旅游产业融合发展思路,相互联动,并行发展。

提一:提升传统农业,加速培育农业龙头企业,推进农业旅游地产产业化、高效化转型。通过"十百千工程",以工业生产机制经营农业,构建特色农业经济结构。重点扶持三大特色旅游产业:以人参、贝母、五味子为主的中药材;以食用菌、山葡萄、山野菜等为主的绿色食品;以林蛙、梅花鹿等为主的特色养殖。增二:坚持工业兴县,加大工业突破力度。扩大传统矿泉水产产业规模,推进产业集群发展,加大招商选商力度。在特色农业的基础上重点发展医药食品工业,以健康科技产业园为载体打造中药生产基地、绿色食品深加工基地。深化矿产冶金产业,向质效化发展。大力促进新型能源产业的发展。促三:主动吸纳长白山腹地的基础资源,对接长吉经济带(长春—吉林)、东部沿边经济带的经济资源,发挥通道作用,发展现代物流业。借长白山之势、造松花江之势,迅速提升靖宇旅游产业,构建以松花江、火山矿泉群地质公园、杨靖宇殉国地为主体的旅游地产产品体系。

32. 旅游地产开发空间布局的功能转换战术

战术源自《重庆茶山竹海旅游度假区》规划中。一个项目的发展有时因为周边的一条路、政府的一条法规、区域的一个村庄而改变了整个发展格局,如何在限定条件下或突变情况下寻求突破点,并可快速反应获取新的发展思路和空间,成为项目成功的关键所在。

重庆永川茶山竹海景区的大跨度发展就是由于大交通格局的改变，入口转移，引发整个景区功能的大挪移和开发空间的大扩张。原茶山竹海景区入口位于景区西侧与城市先接的节点，可进入性差，区间道路曲折，且距离核心景区较远，成为景区发展的瓶颈之一。随着景区东侧成渝高速的贯通，一条乡镇级的瓦金公路与成渝高速相接可进入景区，因此景区主入口东移，格局大变。

第一，该入口脱离城市密集区，并与高速相接，游客可由高速直接抵达目的地；第二，该区域周边有多个乡村聚落，可结合“新农村”建设、城乡统筹和林家乐、农家乐建设，制定优惠政策，统一开发整理，分期分批实施置换，鼓励农村、居民点通过土地置换向小城镇、中心村集中，置换出用于旅游地产发展的用地。并引导居民实施旅游产业转型，拉动周边经济发展；第三，在用地充分的前提下，结合永川历史文化、居民旅游产业结构、城市化进程等条件，在茶山竹海入口综合服务区内创意了具有城市文化代表性的“中华永川龙主题公园”，是将科普、博览、游乐、休闲度假和居住生活集于一体的城市文化休闲新社区，提升了城市文化内涵，展现了城市新风貌。在入口综合服务区附近创意欢乐乡村俱乐部，通过发展农业高新技术旅游地产产业，实现农村旅游地产产业结构调整，为城乡居民提供乡村度假的同时解决了当地居民的发展问题。

33. 旅游地产开发土地流转的利益兼顾战术

战术源自《虞山尚湖旅游区发展总体策划》中。土地资源的有效流转是旅游地产项目落地的重要保障，在旅游地产开发中怎样才能使农民、企业、政府的土地利益维持均衡？本项目中策划的土地流转的利益兼顾战术很好地解决了这一问题。

按照旅游区发展“进三、优一、退二”的旅游产业导向，对不符合旅游区发展要求的工业企业（主要指非农、非涉旅企业）实施“退区进园”。工业企业搬离旅游区内的工业用地，迁入工业园区内，享受优惠的旅游产业政策和良好的功能配套。收回的土地用于旅游地产发展，实现土地空间置换，申报国家、省或地市级重点扶持或旅游地产示范项目，取得上级政府在土地上的支持。依托国家各大部委支持方向，根据经济区旅游产业发展需要，可从多角度申报项目，如：当代江南文化示范基地江南文化艺术中心——国家文化旅游地产产业示范基地；常熟古琴艺术中心——国家级非物质文化遗产的保护和继承；江苏省硒茶旅游地产产业园——江苏省农科院合作重点试验项目；中国风景名胜区保护与开发论坛会址——中国风景名胜区的研讨交流基地等。

整理农村集体建设用地，盘活存量土地资源。比如通过“减法”将旅游经济区内部分农户搬迁出去，腾出的宅基地可以置换为旅游地产项目的建设用地指标；比如清理农村集体建设用地，成立农村土地股份合作社，所有者以地折价入股介入旅游地产开发获得相应收益；比如置换宅基地功能，对民居进行改造，农民在自愿的情况下直接或间接（土地入股）介入旅游地产经营，获取收益；合理流转农、林用地，实现农业规模化经营、促进土地集约化利用；保持土地性质不变，引导特色农业规模化、特色化生产；旅游地产经济区内地块置换，达到占补平衡。

34. 旅游地产开发的区域共荣核心引爆战术

战术源自《厦门大嶝岛开发战略规划》中。大嶝岛与大小金门隔海相望，是距离金门最近的居民岛。单一发展商贸的模式使大嶝市场缺少人流，无法快速实现集聚效应。加上市场自身在政策应用、管理秩序、商品控制等方面存在不足。大嶝市场存在着日益边缘化的危险。对台小额商品交易市场若要在区域内形成核心竞争力，必须要自身具备强大能量及超凡的外向吸引力。

策划立足高远理念，为大嶝岛提出了“海峡之钻、台海商城”的高端定位。将大嶝岛建设成为以台海互市商贸与旅游休闲为核心，实现商旅一体化发展的服务两岸、辐射亚太的具备特色旅游地产目的地功能的“台海商城”购物主题公园。提出了高远的发展理念必先找到区域发展引擎，人流集聚效应是本项目的发展关键所在。“人流效应”可推动大商业、大市场、大流通的形成。实现人流聚集效应需摆脱传统旅游模式，采用商旅一体的方式“活化”闽南文化和历史题材，承接大厦门旅游市场，并顺应区域家庭休闲度假趋势，为远程旅游和本地休闲打造特色产品。

策划提出四大核心项目带动人流聚集效应。包括：入口服务区，以金厦广场、热带公园（雨林园）为主要项目，具备人流集散、车辆分流、游客休息、商品寄存、游览咨询等基本服务功能；商贸休闲区作为购物主题公园的一期发展区域，主要以购物（对台商贸、大陆商品交易）为主题，配套发展家庭休闲度假、闽台文化风情体验、餐饮娱乐等项目；文化休闲区为购物公园未来的核心休闲空间，具备娱乐、文化体验、餐饮、住宿等功能；商务休闲区，本项目在整个发展环境成熟后建设，主要发展商务与商务配套。

35. 旅游地产开发的综合政策的引导扶持战术

战术源自天津龙顺集团作为一级开发商规划的《雪山湖旅游度假区》规划中，如何体现“政府主导、部门监管、企业投资、多方参与”的开发格局，集中政策优势来推动雪山湖旅游度假区的整体开发，为安图县的旅游经济发展树立一面旗帜和标杆。

整合提出雪山湖旅游度假区开发的十大政策以示借鉴：政策一是雪山湖省级旅游度假区项目（吉林省）作为省政府重点项目立项，所在地政府可以给予贷款贴息或以奖代补扶持，3 年内减半征收市政公用设施配套费。同时，在安排国债资金、财政贴息或补助资金时，享受其他经济主体同等的政策，给予适度的税费优惠。政策二是以旅游地产经济为核心的新农村建设（国家、吉林省）工程，给予了比较多的鼓励和优惠措施。政策三是农村公路建设（国家补贴和国债工程）、旅游公路（非干线）建设（国家旅游地产局、吉林省旅游地产局）工程，可得到国家较大的支持力度。政策四是国家2010年民生工程的资金补贴以及国家发改委批给各地都有鼓励民生发展的支持资金。政策五是设施农业的推广：吉林省政府专发文件补贴扶持农民建设温室大棚等，引导周边农民向旅游地产业转型。政策六是松花江中上游水源涵养林造林工程，由吉林省林业局按（涵养林）面积给予贷款进行造林。政策七是雪山湖上游的生态堤防建设，对松花江流域上游的堤防建设给予资金支持。实现雪山湖上游湿地公园建设和堤岸改造。政策八是国家鼓励农村沼气池和节柴炕灶利用（国债补贴、省补贴）。政策九是自然村屯自来水改造项目（国家），按照年度自来水改造实际情况进行一定补助；政策十是冷水鱼养殖浮化场、水产养殖的油料补助（国家农业部）对接雪山湖的“长白山鱼”绿色养殖基地。

案例观点

1. 洪湖区域旅游地产开发方式

20 世纪 60 年代伴随着电影《洪湖赤卫队》的公映，一曲《洪湖水浪打浪》唱响大江南北，一幅鱼米之乡的美好画卷在人们眼前徐徐展开。洪湖在人们心中留下了“人人都说天堂美，怎比我洪湖鱼米乡”的美好印象，洪湖也因此成为家喻户晓的全国知名品牌。2008 年初，国际湿地公约组织将洪湖湿地自然保护区列入国际重要湿地名录，更是让洪湖开始走向国际成为世界级的资源。“洪湖岸边是家乡”湿地生态旅游城位于湖北省荆州洪湖市境内洪湖湿地生态区，在洪湖之滨，长江北岸。规划用地现状为鱼塘、藕田、淤泥滩，基本以水体为主。

“承湖启城、分层渐进”的发展模式：空间上将洪湖良好的自然生态环境，通过东西向的景观生态廊道引入城市；同时将城市的功能和空间形态延续过来，形成良好的城市展示面；从规划用地的湖城关系入手，采用分层渐进“层叠式”的开发模式，控制靠近湖边（湿地保护区）的区域开发，同时保证邻近城市新区（洪湖湿地生态区）的区域在空间形态和土地性质上呼应城市主题，形成由湖至城渐强发展的空间开发模式。

“一体两翼、隔而不离”的空间格局：用地中央反 S 形的生态水域，促使空间自然形成两侧“高端商务”和“生态休闲”两翼的空间格局；在一体两翼的大结构下，将规划用地合理的分为四大功能区，包括高端商务区、生态休闲区、产权酒店区和湿地生态区。各区功能互异互补、相互独立、相互分隔，同时又巧妙的通过处于中央区域反 S 形的“湿地生态区”网络围绕其周围的其他三个功能区，形成四区共同的结合点，使相邻各功能区之间产生交集，相互渗透浑然一体，进而达到隔而不离的效果。

2. 雁鸣湖旅游地产开发模式构想

雁鸣湖生态风景区位于郑州市中牟县北部，地跨东彰、大孟、万滩三乡，总面积约 35 平方公里，是黄河边最大的淡水湖泊，也是国内目前最大的一块自然湿地。乘车一小时内可达郑州、开封两市，随着郑州市区东拓、开封市区西进的发展态势，雁鸣湖生态风景区的发展潜力突出。

基于对政府规划导向分析和企业发展战略的双向解读，与郑东新区“中华龙湖·国际商城”发展战略对接，将雁鸣湖定位为“华夏凤城·文化闲城”，并确定以“华夏凤城”为核心的国家级生态文明示范区的产业发展目标。为支撑和打造“国际闲城·华夏凤城”的战略构想，提出了以旅游产业为核心产业，拉动三大主导产业——生态产业、休闲产业、文化产业进行联动发展的产业构架。并在这四大产业基础上全面构筑“华夏凤城”宜居地产的体系建设和战略举措，形成了四大产业区的产业空间格局，即：现代农业产业区、休闲旅游地产产业区、文化创意产业区、生态水城功能区。

具体策划了支撑产业内涵的十二大产业业态，主要是指对雁鸣湖四大产业体系的具体的产业形态和实现载体，分别是文博会展、运动竞技、主题演出、节事节庆、夜间休闲、健康养生、露营地、旅游地产、观光农业、循环经济、高新技术集成、欢乐嘉年华。通过深度挖掘核心资源和中原文化内涵，创意四大核心旅游地产项目，即中原文化硅谷、雁鸣新城、郊野公园、乡韵地带来支撑产业落地。运用土地运作策略、产业运作策略、旅游地产项目运作策略、资本运作策略四大策略为综合大盘的开发提供切实保障。

3. 江苏虞山尚湖的旅游地产新思路

虞山尚湖旅游区本是两个风景区的合并，一个是太湖旅游自然保护区的一部分——尚湖，一个是国家森林公园——虞山，合并后的旅游区成为占据常熟市中心城市三分之一的中心风景区，因此，虞山尚湖一直以保护和控制为主，但是，随着城镇化进程的加剧，一方面风景区转型提升面临较大的开发阻力，另一方面也受到周边地产的不断侵蚀。

从长三角产业优势、大上海世界城市群、江南文化特质、环太湖旅游带、常熟城市旅游目的地五大态势上看虞山尚湖旅游区的发展机遇与背景，提出了虞山尚湖旅游区的发展方向：以当代江南文化为核心，以生态环境为依托，体现“山水城奇观，三千年江南”特征，将虞山尚湖旅游区打造成为“山水城”一体发展的、复合多种产业的全国知名旅游区。

从资源文脉、区域格局、文化定位、空间封闭上提出虞山尚湖旅游区发展的四大开发战略，分别是“跳出旅游区发展综合型度假区”的转型战略，“东连（大上海）、西承（苏锡南）”的空间拓展战略，打造“当代江南文化的示范区”的文化主导战略，以及凝聚核心吸引力“封闭运营”战略。

按照旅游特色、功能以及游客组织结构将虞山尚湖分为“一轴一廊三带”；按照综合产业发展和服务配套，将旅游区内部分为组团集聚、核心拉动的旅游—配套—环境复合产业布局；按照“山水城”结合特征，以及对城市旅游承担的功能角色，提出打造常熟“新江南地产综合体”的载体建设，辐射周边20平方公里一体化打造，形成“示范江南”、“传承江南”、“时尚江南”和“古韵江南”四大地产板块。

规划实施的保障，分别是公关交通规划，保障产业封闭；土地运作策略，保障项目落实；机制提升中建议要将虞山尚湖管委会的旅游职能前移，总体监管其所辖两个乡镇六个村的社会经济职能，加强对控制区的规划审批权，保障《开发自咨询报告》的快速有效落实。

4. 汉丰湖旅游地产的立体化综合开发

开县汉丰湖是三峡工程为综合治理水库消落带而建设的一项国家全额支持的重大工程，10余年来湖岸周围的开县移民已经达到26万，按照三峡后续工程的继续移民的原则预测，到2010年县城移民将达到50万，随之而来的压力将是综合性的。开县新一届县委政府领导提出了生态移民、发展移民、产业移民的科学发展思路，利用汉丰湖的综合开发，打造中国西部水城的宏大构想。

在《走进中国三峡：汉丰湖保护与开发论坛》中，从旅游行业、书记工程、三峡产业等情节开始，提出了汉丰湖综合开发要立体进行，把旅游作为先导项目拉动、湖岸实施六大产业布局、城市空间按照梯级结构竖向发展的要求。提出水上、水岸、山体构建三环生态体系的保护模式，旅游产业按照水上运动与岛屿休闲、刘伯承故里与军事主题公园、汉丰古镇与三峡农家庄园、商务会议与高山度假等梯级结构的四大组团来构成汉丰湖的城市旅游产品体系。为强化旅游业的发展地位，要把旅游局的管理职能前移并实施对汉丰湖未来投资项目可行性的监督审查权利、汉丰湖周围旅游项目用地的红线控制原则、旅游投资与城市营销的资金保障、《开县城市空间发展战略规划》的启动等确保汉丰湖快速发展的策略与措施。

5. 阳澄湖旅游地产的运营策略

阳澄湖旅游虽发展多年，但是旅游品牌远远逊色于阳澄湖大闸蟹品牌。自2009年初成立管委会之后，开始申报省级旅游度假区。因管委会不具备整体开发阳澄湖的实力，因此需要通过实施招商途径对阳澄湖进行整体开发。某集团成为阳澄湖旅游产业发展的第一批招商企业。首先，要代表该集团与阳澄湖管委会谈判，提供全程项目运营服务；其次，在28块招商地块中，选择最利于该集团的地块；最后，分析阳澄湖发展现状及未来前景研判，量身定制本项目开发思路及核心项目。

综合考虑之后，项目组提出在现有A地块的基础上向南扩展，呈带状布局，扩大规模。将沿湖300米禁止建设区域直接纳入，作为项目地的后院。开发以温泉为主题的高端旅游度假实施，结合美食+康体+休闲+运动+商务会议功能。

从实现阳澄湖旅游与阳澄湖大闸蟹品牌齐名破题、从依托长三角休闲度假与商务旅游市场破题、从紧抓长三角区域温泉旅游产品供应不足和创新温泉旅游方式破题，指出其功能定位为：依托长三角区域商务需求和阳澄湖国际品牌知名度，以生态环境为本底，以江南文化为内涵，以阳澄湖大闸蟹美食为特色，形成商务会议集聚、温泉康疗与特色美食体验三位一体的复合型休闲度假区。以“温泉、健康、娱乐、园林、世界泡浴之旅”为基本构想，将温泉养生泡浴方式做到极致，成为长三角地区首家以世界贵族温泉养生泡浴方式为主题的温泉。通过三步走的产品开发节奏，分散风险。即：近期以休闲旅游——休闲文化为主导开发大众产品；中期以商务旅游——社交文化为主导开发高端产品；远期高端与大众互动，以度假文化为主导发展全端产品。

6. 镜泊湖旅游地产的时尚旅游产品

镜泊湖本地旅游资源条件良好，具有世界级品质的观光资源和生态旅游地产条件。但与同类和周边同级景区比较，规模现状差距较大。究其原因，镜泊湖旅游产品开发现状较差，开发较为成熟的只有观光性质的旅游产品，度假旅游产品、生态旅游产品和文化旅游产品都处于初级开发阶段，其他诸如商务休闲旅游产品、体育旅游健身产品、温泉度假产品等专项产品是缺项的。因此，镜泊湖的旅游产品体系没有形成整合竞争力，差异化不明显，产品开发现状粗犷，需要中高端旅游产品打造其核心吸引物。

策划提出未来镜泊湖将构建成为“大镜泊湖”国际生态旅游度假旅游地产目的地。其中旅游地产是“大镜泊湖”国际休闲度假旅游品牌的重要支撑。提出镜泊湖的集群地产创意，项目采取旅游地产互融的开发模式，立足于地块自身资源，针对不同市场，构建不同主题、特色浓郁的集群地产。打造旅游景区与住宅、度假旅游功能的综合体。重点集群有：在南镜泊湖乡形成以“温泉养生＋商务旅游地产旅游＋旅游综合服务＋地产”的组合形式高端商务休闲旅游产业、康体产业、生态旅游小镇旅游服务集群；在尔河站场以西地块以冰雪旅游、高端运动旅游地产、度假旅游地产会所为核心吸引物，形成以“康体旅游＋地产”的组合形式高端康体旅游产业服务集群；在杏山果树场地块和预设综合服务接待区地块建设生态旅游小镇，开发产权式地产。集群式旅游的发展，实现了旅游产品的等级提升，推动镜泊湖旅游向国际休闲旅游目的地的发展目标快速迈进。

7. 千岛湖旅游地产的新产品休闲业态

杭州市旅游产业在经历发展旅游景区、主题公园之后，杭州市委市政府把“旅游综合体”建设列为杭州旅游转型升级的引擎,实施以旅游综合体为带动机制的战略方针,着力打造一湖三园、西湖、西溪、运河、千岛湖等旅游综合体。

淳安县把休闲度假旅游作为千岛湖旅游转型升级的核心,目标是“打造休闲度假旅游胜地,建设旅游经济强县”。在宏观趋势推动下,千岛湖已经成为我国县级单位中拥有高星级酒店最多的景区,以形成酒店+休闲旅游地产相结合的度假旅游地产模式,如:开元度假旅游地产村(五星级酒店)、绿城度假旅游地产公寓(绿城喜来登酒店)、索菲特滨江度假旅游地产酒店、伯爵号游轮、游艇俱乐部等项目逐步培育着千岛湖新的旅游地产产业体系。

在以上背景下,作为千岛湖风景区的四个环湖一级旅游度假中心的东部羡山半岛开始寻求自己的发展之路。在充分比较分析下,找出了本项目的优势条件,如可开发的旅游地产空间大,容易形成规模效应,具有环抱的私密水域海岛,毗邻高速公路出入口,拥有千岛湖唯一的乡村俱乐部高尔夫球场等。并通过酒店体系、休闲旅游地产体系、配套体系、景观体系、游览体系、文化旅游地产体系这六大体系打造集餐饮、住宿、游览、运动旅游地产、康体、休闲旅游地产、养生、娱乐、会议、度假旅游地产、旅居等旅游地产产业要素集合的羡山度假旅游地产综合体。其中核心支撑是构建全覆盖(覆盖不同消费层、不同客源层、不同国别)的度假旅游地产酒店体系,一站式满足各种度假旅游地产游客需求。

8. 雪山湖旅游地产的综合服务旅游产业结构

吉林省安图县雪山湖旅游区位于长白山北坡方向,处于大长白山旅游度假格局中的核心组团范围。面对长白山功能区、松花江流域旅游开发、安图县旅游产业发展以及长吉图(延边州)发展等大区域环境带来的机遇与挑战,雪山湖若要快速形成旅游产业优势必须确立自身在省级旅游度假区及长白山度假旅游格局中的地位,树立以旅游经济为主导,引领地方农业、农村、农民向休闲旅游地产、度假旅游地产转型或配套,以此实现雪山湖区域整体的综合发展。

项目创新性地提出了政企联合的复合地产创意即“新农村建设”+“设施农业、会议旅游、综合地产”的“1+3”的旅游地产发展模式。通过“新农村建设”获得政府认可和国家政策支持,拉动地方旅游产业综合发展,提高地方综合效益,使得旅游地产项目真正成为拉动地方经济发展的引擎;通过“设施农业、会议旅游、综合地产”的旅游地产产业支撑和捆绑发展,资源共享、优势互补、强强联合,实现旅游吸引人、商务旅游地产滞留人、地产留住人的全面拉动格局。这种以旅游地产拉动城镇建设,以设施农业拉动地方农业,以集体经济模式拉动全村人民的共同致富的成熟模式,可以有效地复制在雪山湖旅游度假旅游地产区的开发中,真正实现以旅游经济带动社会、经济等综合效益。通过“1+3”政企结合的复合地产的操盘运作，不仅大大增强了景区的核心竞争力，而且奠定了项目战略投资商天津龙顺集团在旅游地产的开发道路上不可取代的企业竞争力和品牌地位。

9. 零陵的旅游地产发展蓝图

从四大反差解读零陵。深厚的人文资源与景区现状形成强烈反差，零陵人文资源厚重，但产品不成体系；旅游产品现状和旅游大趋势形成深刻反差，旅游已经由观光游览走向休闲度假时代，但是目前零陵旅游产品还处于中国旅游业发展初期阶段的开发形态；景区整体环境与历史文化名城地位具有强烈反差，目前城市环境与旅游城市的要求还相去甚远，发展旅游首先需从城市环境治理入手；旅游产业发展现状与战略性支柱产业地位形成强烈反差，当前旅游业已成为国家战略性支柱产业，但零陵旅游收入占区域经济 GDP 比重仍相当低。

五大时代机遇造就零陵的理念：第一是旅游业成为战略支柱产业，中国进入文化旅游时代；第二是中国进入交通飞跃发展时代；第三是中国旅游进入休闲度假时代；第四是湘江流域进入全域开发时代；第五是成功案例引领区域旅游走向新时代。八大策略发展零陵：即“整合、文化、山水田园、旅游经济、城市化进程、旅游地产、多元共赢、主题营销”八个关键词，未来零陵旅游的发展将与这八个关键词相伴相随。

零陵旅游必须首先选择几个亮点景区、景点进行点式开发拉动，集中力量打造旅游目的地格局，通过打造城市营销品牌，构建旅游产业化发展模式，以旅游为引领拉动区域产业融合发展，那么零陵将进入一个新的时代，一个以旅游拉动城市化发展的时代。

10. 丹阳旅游地产的发展之路

通过实施产业集聚，特色集中的产业战略；双核城市，梯度推进的城市战略；旅游融合，多元带动的旅游战略以及城乡融合，以城带乡的城乡战略实现丹阳市域突破，形成两核驱动（丹阳市中心城区——政治、经济、文化中心；滨江城市副中心——工业、物流、休闲、现代服务）、一区贯通（旅游经济区——旅游产业集中区、发展休闲经济）、两带辐射（内部经济发展带——发挥两心一区的产业辐射作用，形成内部坚实的经济发展轴；外部经济联动带——旅游业、物流业，联动南京都市圈和上海都市圈）、多点集聚（视光学产业集聚区、农业、旅游产业集聚区、轻纺产业集聚区、高效农业产业集聚区）的空间布局，最终成为沪宁后花园、苏南新商谷。

关于丹阳旅游地产的发展，丹阳市委、市政府能在工业集聚发展的同时，提出旅游休闲产业的同时打造。6 000 件珍贵文物的政府并购也体现了丹阳领导的国家责任和社会责任，本身就是一个旅游文化的卖点，与齐梁文化融合发展就是丹阳旅游的蓝宝石。此外镜之都、纺之城、吴之源、井之奇等连动起来就是一串旅游产业的珍珠。加上生态绿色产业的背景打造，未来丹阳的旅游定会让世人注目。为此，要创造推进丹阳经济城市发展的休闲度假方式，比如旅游产业集聚区模式、低碳经济生活的宜居示范区等，要形成“景区并行城市发展，产业复合多种业态”的泛旅游地产的城市模式，通过城市区域的空间发展战略规划，形成以丹阳故城、江岸新城的双核驱动城市战略形态，双城之间打造100 平方公里的生态休闲走廊。

11. 全域化旅游下的旅游地产格局

全域旅游的核心是通过对资源的重新整合，在各个空间板块上形成不同特色的旅游产品或业态集群，打破都市（或单一景区）旅游一枝独秀的接待格局。全域旅游战略的提出，最根本的就是打破这种都市（或单一景区）旅游一枝独秀的接待格局，在不同的区域内打造各自旅游吸引物和服务业态。全域旅游的本质是泛旅游产业的差异开发和集聚落地，关键是对资源的重新整合，对旅游功能和产业分布进行重新“洗牌”。全域旅游的开发要从区域角度审视旅游城市的功能定位，要跳出旅游业看现代服务业的集聚落地，要强调特色组团式的开发。

杭州的国内外游客持续大幅增长与城市核心景区容量有限、资源保护的矛盾日趋突出，游客需求与市民需求的矛盾日益加深，越来越多的旅游者与有限资源之间的矛盾造成了资源的相对短缺。针对这些问题，只能是市区旅游向全域城市旅游的转变以及加强城市旅游软环境建设。

大连作为东北亚国际航运中心、东北亚国际物流中心和区域性金融中心，是区域经济发展的核心和龙头。考虑到大连是辽宁沿海经济带上唯一的一座三面临海的城市，而且所有县市级行政单元都临海，同时北部大通道（永青线）又将大连东西海岸相连，正好形成覆盖大连全市域的“环状”格局。因此，提出了“大连沿海经济圈”的概念，既承接辽宁沿海经济带，又突出大连滨海优势和多元资源特色的空间形态，体现大连特色旅游经济和城市功能的全域化发展特征。

12. 天津的组团型旅游地产

在“京津同城、互补发展”、“城旅一体、整体发展”、“项目带动、集聚发展”的总体发展战略指导下，确定“区域发展策略、品牌发展策略、资源开发策略”三大策略，将天津建设成为浓缩近代文化、凝聚现代文明、体现生态海洋的“中国北方旅游大都市”。

突出近代历史文化特色，体现现代港口城市繁荣，结合山、水、海、泉等自然资源，构建都市观光、休闲度假、商务会展三大体系。

规划布局为一带三区九组团，其中一带为海河旅游发展带，是连接天津市中心城区和滨海新区的发展轴线，是天津旅游的主打品牌之一。三区为中心都市旅游区，展示近代中国文化的窗口、都市旅游核心区、天津市旅游的服务中心和集散中心；东部滨海旅游区，海上旅游集散地、环渤海旅游门户枢纽；北部山野旅游区，京津旅游枢纽、绿色休闲基地。九组团为以商务休闲、温泉养生为主体功能的京津新城温泉度假组团；以湿地观光、康体休闲旅游、工业科普为主体功能的大黄堡生态休闲旅游组团；以湿地观光、生态度假旅游为主体功能的七里海湿地度假组团；以商务会展、康体娱乐为主体功能的东丽湖商务休闲旅游组团；以民俗文化、精武文化、生态休闲为主体功能的杨柳青民俗文化组团；以生态休闲旅游、康体运动为主体功能的团泊湖休闲博览组团；以休闲娱乐、会议度假为主体功能的天嘉湖—鸭淀水库商务度假组团；以民俗体验、历史文化为主体功能的葛沽—小站民俗风情组团；以生态度假、休闲游乐为主体功能的生态游乐组团。

13. 杭州的综合体型旅游地产

“十二五”期间是推进杭州国际旅游休闲中心建设的关键时期，要进一步强化旅游休闲特色、丰富旅游产品、融合多元产业、促进城乡交融发展、完善提升旅游公共服务、加大旅游市场营销、引导市民旅游休闲，进一步巩固全国排名第五的地位，进一步提升杭州作为终极旅游目的地的综合吸引力，打响“东方休闲之都，品质生活之城”品牌形象，初步建成国际重要的旅游休闲中心。重点建设“一个示范区，四个目的地”，“十二五”期间要通过重点旅游产品体系构建、重要支撑体系建设以及重大项目布局来逐步充实完善“一个示范区，四个目的地”的功能。

大旅游地产产业融合战略与国际化发展战略是为杭州未来城市化发展的理念。经过“十一五”期间的大力投入，旅游综合体型旅游地产建设已经取得初步成效，尤其东部都市区以湖滨南山路国际旅游综合体型旅游地产、南宋御街国际旅游综合体型旅游地产、西溪湿地国际旅游综合体型旅游地产、“大美丽洲”良渚文化旅游综合体型旅游地产为主的旅游地产已全面投入运营。“十二五”期间将继续以旅游综合体型旅游地产建设为抓手，推进杭州旅游向休闲度假旅游转型，规划打造 43 个集商业办公、休闲旅游、餐饮文化、生态居住、文化体验、温泉养生、商务会议等部分功能的综合体旅游地产。

14. 大连的经济区型旅游地产

“十二五”期间空间布局为“一环一岛，四片十区”的全域化格局。“一环”由国家海岸和温泉走廊组成；“一岛”即长山群岛和近海岛礁；“四片”指南部都市旅游片区、东部黄海旅游片区、西部渤海旅游片区、北部生态旅游片区；“十区”包括钻石湾商务旅游区、旅顺口历史文化旅游区、金石滩旅游度假区、金渤海岸旅游度假区、北部湾旅游度假区、龙门温泉旅游经济区、安波温泉旅游经济区、步云山温泉旅游经济区、长兴岛旅游经济区、庄河·花园口旅游经济区等。

五大经济区的发展定位。龙门温泉旅游经济区：以温泉养生、滨海度假为底蕴，复合度假、运动、购物、会议等多种旅游产业，建设成为省级旅游度假旅游区；长兴岛旅游经济区：以滨海休闲旅游为主体，融合水上运动休闲旅游、海文化娱乐、旅游购物、会议旅游产业，成为大连沿渤海半岛旅游产业集聚开发和突破发展的重要抓手和示范区；庄河花园口旅游经济区：以城子坦历史文化名城为依托，以文化休闲旅游地产为内涵，以生态休闲、生态康养产业为特征，融合服装制造业、农副产品加工业、综合服务业、滨海度假旅游地产、水产养殖等旅游产业，成为大连极具文化气息的生态宜居区、东北振兴工业先导区；步云山温泉旅游经济：以温泉养生为主体，以专业理疗、康复健身为主体功能，融入休闲旅游地产农业、山野运动、文化娱乐、旅游商贸、会议等旅游产业，打造集 SPA、理疗、康体、商务、滑雪、农家乐、登山、漂流、跑马、狩猎为一体的省级温泉度假旅游地产区、东北温泉养生旅游目的地；安波温泉旅游经济区：以温泉养生为核心，与休闲农业、康体疗养、体育运动、旅游购物、文化娱乐等多产业充分融合，构建温泉滑雪度假、田园休闲、山野运动、民俗风情四大产品，打造省级温泉旅游度假旅游地产区、中国温泉旅游地产旅游名镇。

15. 宁波的基地型旅游地产

从营造宁波市商务人士的第二家园、旅行者乐园角度出发，积极建设生态主题社区、教育社区、艺术主题社区、运动主题社区、Boutique hotel（精品酒店）、Living Hotel（生活酒店）、COM - PARK（新型商务公寓）新型商务公寓等各类旅游主题社区，重点培养养老型酒店、分时度假酒店、产权酒店、时权酒店、温泉度假村建设。宁波要实现建设成现代化国际港口旅游名城目标，成为全国高端海洋旅游示范区、长三角城市群商务休闲中心。

优化“2 + 6”产品组合模式，其中“2”指以都市旅游和海洋旅游产品为龙头，强化宁波都市旅游服务功能，以宁波海洋城市特色的开发海洋旅游产品，拓展商务会议、滨海度假、休闲运动等市场，树立宁波滨海城市特色；“6”指在“十二五”期间集中优势重点发展的旅游产品，有山水休闲、温泉旅游、人文古镇、休闲农业 + 主题乡村、宗教旅游、购物旅游，是比较具有优势和发展潜力的产品。

重点推进涉及人文山水、滨水文化休闲、主题文化展示、温泉养生、乡村度假、疗养保健、滨海度假休闲、滨海运动休闲、商贸会展、文化体验休闲、主题游娱乐、山地游憩、滨水生态休闲等等方向，涉及休闲商业街区、文化街区、景区、酒店、会所、会议中心、运动康体、游艇基地、景观地产、写字楼、购物中心等等业态的33个旅游休闲基地的建设。推进八大旅游新业态，即商务会展、城市游憩商业区、免税购物 + 外贸内销、露营旅游、游艇、海钓、SPA康体、节事旅游的发展。

16. 城市化进程下长吉田园新城的旅游地产

长春莲花山生态旅游区位于长春市东部，从长春市以往的城市发展方向中可以看出，莲花山所在的二道区一直作为长春市的后腰而未被赋予高度的重视，在新一轮城市规划中也为把这片区域作为城市空间拓展的主导方向。2009年，《中国图们江区域合作开发发展纲要》出台，将长吉上升为未来我国沿边开发开放的重要地区、面向东北亚开放的重要门户、东北亚经济技术合作的重要平台、东北地区新的重要增长极的高度。随即，埋没多年的，处于长吉连接线中心位置的，拥有412平方公里区域范围的莲花山生态旅游区由“后腰”变为“前脸”，跃于世人眼前，迎来了黄金发展期。

莲花山生态旅游度假区，总面积412平方公里。作为长吉连接线的中心节点，它所承担的不仅是一个生态旅游区所应具备的旅游功能，还必须承载长春东扩、吉林西张的城市空间拓展以及长吉区域产业转移、人口溢出的重任。也就是说这里要打造的不是一个单纯的旅游区，而是一个有多产业支撑的、多岗位就业的、全新生活方式体验的“长吉新城”。结合莲花山最大的优势——生态环境，基于长吉城市群中已难以寻觅如此大面积的生态处女地的现状，最终将莲花山生态旅游区定位为“长吉都市田园新城”。

在明确莲花山未来产业发展走向的基础上，提出“双心双区”城市空间结构。在发展理念上，倡导“城田相接，城园相融”的城市意境，确立“城区组团分布、便捷交通串联、田园分布其中”的组合模式。莲花山由一个普普通通的生态旅游区发展为长吉城市群中的新城，是城市化进程作用下的必然结果。

17. 广州华南板块旅游地产下的城市空间走向

华南板块孕育于20世纪90年代初，于2002年全面爆发，被公认为中国房地产大盘运动的发源地。小者近千亩,大者数千亩的开发大盘集聚,使这片区域顷刻间成为世人瞩目的焦点。同时,强手相逢,是"窝里斗"、还是"一致对外"成为外界纷纷猜测的话题。团结一致、高端定位、差异发展成为"八大金刚"在大盘运动中取得胜利的法宝。在这次大盘运动中,旅游地产的概念更是体现得淋漓尽致。别样的地产模式,高端的品位格调,让华南板块一经推出便成为一片销售热土。

当时广州市政府对南部城区的规划和政策尚未出台,但开发商似乎已经洞察到华南板块作为广州市重点发展方向,珠江新城与黄埔开发区两大板块直线连接之间的节点,其发展前景不可限量。虽然一切都是判断,但在香江集团打造超大型居住卫星城项目祈福新村后,华南板块"八大金刚"相聚长隆大酒店,相约结盟,揭开了广州乃至整个中国大盘时代的序幕。

广州洛溪地区单纯以市场需求为导向,政府缺位的弊端正逐步显现。因此,针对华南板块的发展,政府采取了政企互动的模式,探索了一条新的城市发展道路。政府方面,做出了决定番禺撤市设区,新规划市中心南移,华南快速干线等交通网络配套的举措。这一举措,无疑使华南板块成为广州市未来又一个发展中心。而开发商方面从政府拿到大量的土地,完成区域内的商业、文化、生活配套。政企互动,造就了今日的华南之势,造就了广州市发展重点南移的局面。

18. 山东泰山的目的地型旅游地产模式

泰山作为旅游景区可以说是家喻户晓,从学生课本的入世之学,到国家民族的山水信仰,泰山都堪称是中国旅游产品的品质精华。著名的国学大师季羡林大师以《泰山颂》来慰藉自己终生的信仰,世界多家旅游组织和旅游论坛还授予"中国国山,中华泰山"的尊贵称谓。但是,多年来作为我国著名的风景名胜区、世界第一个自然文化旅游地产双遗产旅游目的地,也是世界地质公园和非物质文化旅游地产遗产地的泰山旅游景区,一直受困于开发与保护的原则界限难以把握,在产品更新、品质提升方面受到了困扰。

为了规避在泰山风景名胜区内开发建设的众多限制,本着"核心区吸引人,辐射区留住人"的战略思路,在风景名胜区范围内进行软提升,即"强化两端、主题梳理、营造四季泰山、优化小环线和强化服务";在风景名胜区红线外,泰山景区范围内,进行了重点的开发建设,其中关键内容就是对泰山东西两翼的差异化打造,提出了以艾洼民俗村为核心的泰山东翼的"泰山文化旅游地产家园"和以西大门综合服务中心为依托的泰山西麓的"国际家园"的开发。

从泰山东翼的"泰山古镇"到西麓的"国际家园","一古一洋"两大主题区块的开发,从不同的开发方向上进行形象、功能和运营模式的尝试性打造,但规划的核心内涵或开发理念上都是归结于旅游主题下多元结构地产的开发，将其归纳为“休闲度假旅游地产地产”模式，而泰山休闲度假旅游地产的开发集中体现了泰山古民俗、古信仰、古传统和古工艺等泰山非物质文化旅游遗产的继承和发扬。

19. 秦始皇陵与兵马俑的目的地型旅游地产模式

在《关中——天水经济区发展规划》实施的背景下，依托区位交通优势和生态环境基础，面对迅速增长国民休闲需求，以关天都市群为目标市场，重点发展度假酒店、主题酒店、酒店式公寓、度假住宅、文化小镇、精品购物中心等业态，打造宜居、宜业、宜游的旅游目的地，使旅游地产成为区域经济的核心增长极。

依托秦兵马俑和秦始皇陵独一无二的旅游资源，坚持“在合理利用中保护，在有效保护中利用”的发展原则，规划开发“秦文化旅游区：国际旅游度假区”。将以秦兵马俑与秦始皇陵的现代创意为驱动力，以综合产业融入和联动为经济模式，以骊山自然风貌为特色支撑，融合关中平原田园生态与民俗风情，体现出城市空间发展的大生态格局。通过旅游产品与城市功能联动发展，打造集文化体验、田园度假、温泉养生、山地运动、现代农业、商务会议、景观居住于一体的国际旅游度假区。“秦文化旅游区：国际旅游度假区”项目建设既承接国家战略，又体现文化遗产促进经济发展的新亮点，既实现对文化遗产的整体性保护，又为当地居民创造良好的生活环境，促使世界文化遗产在与产业和市场的结合中实现传承和可持续发展。

打造的文化旅游产品，将成为秦文化产业集群的核心支撑，并将以其深厚的文化内涵、创新的产业模式、丰满的服务业态，与秦始皇帝陵博物院秦文明展示体系构成的秦文化旅游展示、体验两大板块，实现你中有我，我中有你，互补有无，形成新概念的遗址与文物、文化与艺术、休闲与体验的秦文化旅游目的地。

20. 河南洛阳龙门石窟的目的地型旅游地产模式

立足龙门世界遗产的综合功能配套建设，以盛唐武则天文化为主题，以文化的现代创意为驱动力，以“当代精品，未来遗产”为理念，将唐都文化旅游区打造成为集文化演艺、文化博览、文化体验、商务会议、康体养生、宜居度假于一体的文化旅游综合体、国家级文化产业示范基地。

文化体验区的项目策划思路为按照武则天时期的王朝管理体系进行文化的串联，通过场景再现、故事模拟、幻境体验、主题展览、文化创新和功能配套等现代文化表现方式和文化旅游产品，寓教于娱，表现武则天一代女皇的统治艺术和传奇文化；打造武周城—主题公园和紫宸宫—演绎剧院两大核心旅游吸引物，配套唐风情的农家乐、旅游步行街(洛阳当地文化商品的展销中心)、艺术品的专营店、剧院形成的娱乐休闲商业、高端主题会所等休闲商业,配套特色民宿、文化度假主题酒店、会议型酒店、企业培训会所、影视拍摄基地、知名学者和艺术家创作交流和生活的基地等产业服务。

养生度假区项目策划有"行宫酒店+女皇温泉会馆+皇家养生苑(度假木屋)",其中行宫酒店继承主题博物馆式高端酒店的品牌内涵,以女皇温泉和皇家养生为特色功能,打造洛阳标志性的七星级度假酒店,打造酒店中的劳斯莱斯。女皇温泉会馆的产品组成为室内的汤苑和室外的星辰池两大温泉组团,功能定位是以"温泉养生和文化体验"为主的顶级女皇温泉体验会馆。

21. 高句丽王城王陵及贵族墓葬目的地型旅游地产模式

高句丽王城、王陵及贵族墓葬于2004年7月列入《世界遗产目录》。中国高句丽王城、王陵及贵族墓葬距今已有2000多年的历史,主要分布在吉林省集安市境内以及辽宁省桓仁县境内。针对这一世界遗产的现状和特色,规划打造三大特色旅游区。

古韵新风特色旅游区的总体定位以古渤海国、高句丽墓葬群为基础,用新农村、新学校、新农业、新工业来全面展示中国改革开放30年的巨大变化,展示科学发展观统领下的社会主义和谐社会建设理念,强调国家之间的和谐、民族之间的和谐、经济发展与生态保护的和谐。通过开放的视野、大手笔的策划,建设一个充分反映在当代中国和平与和谐发展理念指导下的社会主义新农村。

传奇文化特色旅游区的总体定位是以世界遗产地为核心吸引,以高句丽文化、抗联文化、抗美援朝等传奇历史为基础,集历史文化、异国风情、界江观光、滨江休闲为一体的国际知名世界文化遗产休闲度假型历史文化区。

千古幽情主题游憩区的总体定位是以高句丽文化展示体验为核心,集休闲度假、会议、住宿、餐饮、娱乐为一体的文化旅游城;核心项目主要有高句丽手工作坊、高句丽宴饮场、高句丽乐舞场、高句丽百戏场、高句丽居屋、高句丽文化小品。

22. 花都温泉(许昌)主题小镇型旅游地产构想

许昌旅游资源不具绝对优势,旅游产品创新难度大;本地市场购买力不足,区域市场辐射力不够,地产市场拓展难度大;短期内无法利用许昌区域升值优势获得重大利好;开发现状与未来的旅游产品、地产板块对接难度大。面对这些难点,只能跳出旅游、跳出地产,换一种玩法。

鉴于上述情况,提出"大旅游地产"的概念,即以旅游作为开发主导,注入其他产业要素,综合旅游地产和产业地产驱动的大型复合项目,同时,旅游和产业之间是相互转换、相互影响和相互驱动的。通过“区域产业内涵化、旅游产品差异化、小镇生活欧洲化”的战略创新，使花都成为大旅游地产时代的领跑者，超越同行竞争。具体言之，在旅游产品方面，以温泉产品和高尔夫产品的差异化打造为核心吸引物；在产业要素选择方面，以小型商务会议产业、家庭园艺产业和文教产业为区域经济内涵；在地产品质方面，确立以欧洲田园小镇为蓝本的地产意象。在“大旅游地产”发展模式的引导下，花都的定位就是“花都小镇，花样生活”。

花都造镇五部曲。造镇步骤一：温泉创新极致体验，提出三大主题温泉产品，即冰火温泉、温泉街市、SPA 生活馆；造镇步骤二：产业塑造区域内涵，为花都小镇注入三大产业功能，即商务会议产业、家庭园艺产业、文教产业；造镇步骤三：高尔夫铸就尊贵品质，打造花园高尔夫、绝版高尔夫大宅；造镇步骤四：风情社区再现欧洲小镇，一个小镇中心，五大地产组团，浓缩地中海风情，再现欧洲小镇意象；造镇步骤五：PUD 模式奏响小镇交响乐，采用“整体运作，分体开发”的 PUD 开发模式，PUD(Planned Unit Development)，是指“计划单元综合开发”模式，即通过一个总体的规划来控制几年甚至几十年的开发，从而有效避免了区域开发中出现的杂乱无序的状况。是一种既符合整体规划条件，在实施上又能机动灵活的先进开发模式。

23. 武清天和城旅游地产的休闲旅游生活方式

武清天和城项目位于天津市武清区下朱庄街，下朱庄是武清面向天津的南大门，西北距北京五环路 75 公里，南距天津外环 10 公里，东南距天津塘沽新港 75 公里，地理位置得天独厚。项目地内部整体地势平坦，水资源丰富，包括地热、机排河、城市排污河、多条灌溉水渠。基于项目地本底资源条件，采取“放大优势、转化劣势”的思路，将现有条件赋予多种功能，实现旅游地产价值递增，提高环境品质。

经过综合论证，创意基于“水”主题的风情水镇，即充分利用优势水要素，将项目地水资源进行概念化，提出海、湖、河、溪(湿地)四个层次，由此延展出四大风情承载风情水镇概念。包括具有海湾特色的阿姆斯特丹风情、具有开放内海的威尼斯风情、具有城市黄金水道的巴黎塞纳河风情、具有河溪、湿地风格的中国江南水乡风情。

通过导入各风情的核心要素与项目地有机结合，形成四大特色物业板块。核心要素应用包括：威尼斯风情的开放内海旅游地产空间、小船、圣马克广场、蜿蜒的水巷等；阿姆斯特丹风情的成片郁金香、浪漫运河、随处可见的脚踏车、珍贵的艺术收藏文化旅游地产、层高三到四层的山形墙建筑等；江南水乡风情的水陆并行、临水而居、前巷后河、白墙灰瓦建筑形成的“小桥、流水、人家”；塞纳河风情的 36 座特色桥梁、河两岸丰富的商业业态、休闲旅游地产文化旅游地产等。该主题赋予项目地丰富的水居文化旅游地产与外向的吸引力，形成双倍旅游地产价值。增强项目地以居住地产为本质的综合吸引力的同时为旅游休闲旅游地产、商务旅游地产、会议、康疗、运动旅游地产等多旅游地产产业生长提供了温床。

24. 天津蓟县旅游地产开发模式

对天津蓟县县城北部1 425亩的旅游地产项目实施整体策划，最终形成具备生态功能、旅游地产集散功能、商业宜居功能的旅游地产地产综合体。立足优势区位条件，把握项目在区域格局中肩负的三大职能：将成为蓟县“北扩”的桥头堡、推动器；将疏解蓟县中心城区北扩的城市功能，重点承载生态、旅游地产、宜居的职能；将承载京津后花园和都市休闲旅游地产、度假旅游地产、商务的功能配套职能。总体定位为欧洲风尚社区。主力客户群锁定：蓟县的中产阶层、北京的中产阶层（重点北漂中产阶层）和养老阶层、天津其他区县的中产阶层和养老阶层。

项目中，通过对特殊地形的改造处理，非常适宜开展大型旅游地产及户外活动项目，从而形成具备强大磁力的城市增长极。在方案中提出了具有世界顶级规模的“东方爱琴海”大型室内热带海滩项目，同时引入代表时尚前沿的全地形越野赛车项目，从而打造一个“F—ZERO激情运动俱乐部＋东方爱琴海”大型项目捆绑的休闲旅游城市增长极。

在“东方欧陆”的定位基础上，通过欧洲特色地产项目的打造、风格化公共空间的设计、高端文化商业设施的配套，以及具有欧洲风格的皇家马车、中世纪古堡等特色项目的融入，不仅与天津地域文化相吻合，而且依山就势，形成了具备自身特色的经典文化产品。立足低碳技术的应用，通过用名贵树种、花卉作为景观打造的核心；建设环保建筑；发展循环经济体系；开展“碳补偿”行动；利用可再生能源，使用低碳交通工具；尽量避免使用一次性用品等措施，构建高端生态背景和科技化人文社区。

25. 旅游地产谋划出靖宇的未来度假旅游格局

靖宇县地处吉林省东南部，位于长白山腹地，松花江沿岸；靖宇县以抗日英雄得名，是英雄的归宿；靖宇县是中国长白山矿泉城，是世界三大优质矿泉水源地之一；靖宇县是中国西洋参之乡，曾是全国重要的西洋参生产加工基地。然而，如此优越的资源条件却没有给靖宇带来太多的惊喜。

在区域出现重大变化的时刻，即在东北振兴大战略的指引、区域交通格局大贯通、白山市旅游地产产业结构全面调整的大背景下，靖宇县遇到了千载难逢的发展机会。靖宇县站在区域发展格局的高度，谋划靖宇未来城市化蓝图，确立了“长白山门户，大东北商谷”的战略定位，在此定位的引领下，形成了旅游产业优选集聚、城市旅游地产空间、城乡旅游地产空间格局大扩张的格局。在此格局中,将旅游产业发展和城市化进程紧密联系在一起,盘活自然资源、村镇资源,为具备牵引和拉动靖宇经济发展的旅游产业提供充分的成长空间。

创意出"提升老品牌,发展新产品"的靖宇度假旅游地产模式,确立靖宇旅游产业在区域中应有的地位,即扩大和提升目前杨靖宇纪念地的旅游内涵和文化旅游地产价值,融入多功能的休闲旅游体验板块,打造成为国内知名的靖宇文化旅游区。提升世界火山矿泉地质公园旅游区,打造靖宇县商务旅游后花园龙湖商务休闲旅游度假区,完善县城旅游功能配套。同时利用与长白山资源互补的特色,发挥松花江与江岸、村镇资源旅游价值,打造集游览、休闲、商务、度假为一体的松花江国际度假旅游区,整体拉动靖宇东部休闲旅游产业,融入大长白山旅游目的地和吉林旅游的大格局中。

26. 旅游地产规划出的鸭绿江流域节点旅游城镇

鸭绿江沿线风景秀丽、气候各异、生态旅游地产良好、物产丰富、民族风情浓郁,文化旅游地产特色突出,资源丰富、多样、品质高。吉林省政府将鸭绿江黄金旅游线建设列为全省重点建设项目之一,出台了各项旅游地产产业优惠政策,不少企业也已纷纷投入到旅游基础设施的建设中。鸭绿江在国内外的知名度主要来自于半个多世纪前的抗美援朝战争,很少使人联想到旅游。

因此,鸭绿江旅游的大开发首先要解决的是品牌转型。充分依托鸭绿江已有的知名度,深入挖掘鸭绿江符合现代旅游特点的边境风情、自然生态旅游地产、民俗风情、关东文化旅游地产,通过对鸭绿江风情、风景、风光的打造,使之成为一条最神秘、最适宜旅游的黄金旅游带,将鸭绿江从过去的战争品牌形象转变为国际旅游目的地品牌形象。以鸭绿江为轴线,两端联动,充分对接长白山和集安高句丽两个世界级旅游资源,最终形成鸭绿江景观、休闲旅游和旅游产业三线一体,长白山和高句丽两极带动的总体布局,将鸭绿江打造成为一条风情黄金旅游带。

遵循"同质化资源、差异化打造"的开发原则,根据对鸭绿江(吉林省段)资源的梳理,自鸭绿江源头开始,规划了以"幽、动、谐、炫、秀、奇"为特色的"高山生态旅游地产、户外运动旅游地产、古韵新风、水上娱乐、水岸风情、传奇文化旅游地产"六大特色旅游区,并在此基础上,进一步规划了四个主题游憩区和三大节点。策划在不同的旅游区域和节点建设各具特色的旅游小镇,实现"一段一品"、"一区一特色",有效避免重复建设和无序竞争。

27. 永定河流域开发管理运营模式探讨

永定河流域的综合管理 PIB 模式的具体阐释如下:首先为了追求最大综合效益,

永定河必须实行流域综合管理。即对永定河流经地区水事活动实行统一管理;将行业和部门的涉水活动纳入流域综合管理的轨道。实现“以流域管理为主导,以行政区域管理为基础”,“以行业部门管理为指导”,流域、区域、行业三结合的管理模式。同时,将水管单位的管理纳入流域管理的轨道,建立“流域管理—区域管理—单位管理”3个层级密切结合的新型流域管理模式。其次为了便于传播和品牌运营,确立“中国永定河生态走廊 PIB 管理模式”。实现“流域—区域—地域”三级权利融合一体,“公益 public—收益 income—利益 benefit”三种利益有机结合。

“中国永定河生态走廊 PIB 管理模式”运营手段:立法是流域综合管理的基础;建立有效的流域管理机构是实施流域综合管理的体制保证;流域管理的合理权利结构是流域管理有效实施的保障;流域规划是流域综合管理必不可少的手段;引入经济手段与完善投融资机制是实施流域综合管理的重要方面;利益相关方参与是流域综合管理的基本要求,保障社会公平性的基本形式;坚实的信息和科技基础是实施流域综合管理的重要支撑;开展宣传教育、提高公众意识是一项长期而艰巨的任务。

永定河流域土地运作的九种模式:行政划拨,规范用地;生态修复,再造土地;清理国有,收储土地;异地置换,交换土地;临时建筑,节约土地;工业企业退区进园,回收土地用于旅游发展;申报国家、省或地市级重点扶持或示范项目,取得上级政府土地上的支持;整理农村集体建设用地,盘活存量土地资源;合理流转农、林用地,实现农业规模化经营、促进土地集约化利用。

28. 天津龙顺庄园旅游地产模式

面对周边可开发空间的减少,日益激烈的竞争态势,以及更加精致化、多样化和成熟化的市场需求特点,龙顺庄园要在天津保持和发展旅游地产业,就需要找出自身核心的、不可复制的、具有市场吸引力的竞争力。

立足北辰区的城市配套,看龙顺集团产业发展的战略目标:强化龙顺庄园核心竞争力,打造旅游地产综合体,形成可持续发展的优势产业,及发展以综合旅游地产为核心的现代服务业,即打造以生态环境和商务休闲为特色,融入观光、商务、旅游等现代服务业功能的旅游地产综合体,成为天津生态宜居新城的典范;立足天津综合服务产业发展,看龙顺庄园产业发展的战略目标:为现代服务业打造商务休闲、农业旅游、生态宜居的旅游地产综合体,打造成为北辰区重要的商务消费、休闲娱乐中心,北运河民俗风情带的功能节点,运河现代服务业综合发展轴上的核心节点和龙头引爆点。

运营模式的核心卖点为生态环境 + 商务休闲下的综合旅游地产;打造会议 + 休闲农业 + 康体娱乐 + 特色美食的旅游产业链,酒店 + 商务俱乐部(会馆) + 别墅 + 城市旅游地产 + 经济房产的旅游地产产业链条,休闲农业(采摘) + 林下经济的外延产业链条；由3S均衡（设施农业、会议旅游和综合旅游地产的三大产业空间的均衡发展）向2F扩展的产业发展，即区域的人气效应、企业的品牌价值树立起来之后，一方面公司集中资金投入利润大的旅游地产开发中，获得更多的利益；另一方面迎合地方政府的要求，发展以设施农业（以及休闲农业等高附加值农业产业）来拉动地方农业的发展，起到更大的社会责任。

29. 新沂旅游产业经济园区模式

“新沂市旅游产业经济园区”不是单纯意义上的旅游区，也不是单纯意义上的产业园区。对于新沂旅游产业经济区来讲，不仅具有大型旅游区资源禀赋优越、区域辐射面广、关联社区群体广泛的特点，同时更加注重区内产业经济的发展。因此在管理模式的探索过程中，既考虑了国内大型旅游度假区、风景名胜区的管理经验，又研究了国内先进产业园区、经济开发区、各类产业集聚区的管理模式，总结其利弊，以期在产业经济区的管理模式上，探索出适合新沂的道路。

新沂旅游产业经济园区的发展原则。景城一体：旅游与城镇、乡镇一体化管理；景农一体：旅游与农民、农业、农村一体化规划；景企一体：旅游与投资主体一体化发展；景业一体：旅游与多产业业态的一体化融合。

运营模式为设立旅游产业经济区党工委，独立行使一级党委；设立旅游产业经济区工作委员会，并按照区域经济发展的模式并列成立马陵山、龙马湖、运河古镇三个旅游区域管理委员会；成立市场运营平台，即新沂旅游投资集团，作为新沂市旅游产业经济区的市场运作主体，属于一级开发运营商，负责经济区范围内土地整理、开发建设、景区运营、酒店经营、物业管理、土地收储、项目招商、市场营销以及旅游产品项目的调整升级等事宜，对外和内部主要交通干道的建设，主要城镇和乡村的市政配套提升，重点城镇、乡村和旅游区生态环境修复治理、景观环境打造。根据规划明确的经济区，对区内主要旅游资源、土地资源等进行一次性产权界定，为后续发展理顺责、权、利关系。

30. 二郎山旅游地产开发模式

北纬30度被称为不可思议的神秘之线，四川雅安二郎山旅游区正是这条神秘之线上的重要节点之一，不仅如此，它还是四川盆地向青藏高原的过渡地带，是青藏高原的东门户。通过从区位条件明确区域价值、从资源条件挖掘开发潜力、从客源分析锁定核心项目提出突出两大核心旅游项目、配套三大特色地产项目、近中远期秩序开发、打造二郎山国际生态度假旅游目的地的发展规划。

两大核心旅游项目。30里喇叭河漂流：在现有简易滑水项目的基础上，打造长约

30里的喇叭河漂流，根据喇叭河蓝水晶段至二郎山门票站流量和地形落差，将30里喇叭河分为三段，打造动静结合，娱乐、观光一体的水上项目；野生动物在线旅游：在国内首创“数字化野生动物观赏乐园”的概念，建立二郎山自己的基站，通过摄像头捕捉自然保护区和不易进入区域内的野生动物的生活细节。

三大特色地产项目配套。高山度假天堂——二郎山度假村：组成模式是“一个国际度假村＋喇叭河沿线酒店集群”；交通文化圣地——二郎山小镇：二郎山小镇由“交通文化项目——二郎村”和“茶文化项目——茶马驿”两部分组成，从“文化体验”的角度切入，以展示二郎山中国山岭交通演变，传承四川茶文化两部分为主线，借助新沟村过去在318国道上“小香港”的特殊文化背景和地位，实现“文化体验＋旅游地产”的融合；宗教养生地产——二郎山祈福文化园：“二郎山祈福文化园”以“菩提道场”、“祈福天梯”、“缘合园”等祈福区、朝觐区为核心吸引物，周围配套居士/功德信士区、游客禅居体验区、养生度假区等禅居式养生地产。

31.三亚凤凰空港新城的旅游地产构想

三亚凤凰机场面临着机场扩建的历史性机遇，现有的机场，已经远远无法满足年794万（2009年数据）吞吐量的需求，春节期前，大量度假人群的导入，使三亚机场的候机大楼俨然成为一座火车站。面对如此局促的候机楼，饱受全国人民争议的凤凰机场，在“国际旅游岛”战略的指引下，面临着前所未有的发展机遇：机场准备向西、北两侧扩容，增加一个候机楼，开发非传统机场功能。

扩建后的凤凰机场，规模将较原有机场扩充一倍，更重要的是，在原有传统机场功能的基础下，导入更多商业、酒店、住宅、产业等非传统机场功能，将机场的物业形态衍生成为城市功能。由此一来，片区将不再是一个传统的机场，而是一座综合性的空港新城。三亚空港城的功能最终筛选为：旅游休闲和商业购物作为主导功能，机场作业、航运服务、机勤保障、物流加工仓储、总部商务、生态居住作为主要培育功能，同时塑造两大中心：购物中心和会展中心。给出项目的整体定位：中国三亚，凤凰空港新城，以休闲旅游综合商业驱动下的空港经济区。

重构后的主要功能分为五大集群，分别是：空港物流集群（物流中心、仓储中心、加工中心、贸易展示中心、商务商贸中心）；机勤保障集群（机场作业、航运服务、机场保障）；总部商务集群（独栋办公、企业会馆、度假别墅、企业会所）；休闲旅游集群（食尚文化区、主题运动区、夜生活娱乐区、综合酒店区）；综合功能集群（购物中心、会展中心）。

附　录

许豫宏教授主持/领军的旅游项目与专家活动目录

（2007—2011 年）

★《2007 山西晋城王莽岭风景旅游区详细规划》，担任项目组专家；
★《2007 山西晋城王莽岭风景旅游区市场营销策划》，担任项目组组长；
★《2007 山西临汾市旅游发展战略规划研究》，担任项目组专家；
★《2007 山海关旅游开发总体策划》，项目组专家；
★ 国家旅游局《2007 哈尔滨阿城旅游发展总体规划》，项目组专家；
★《2007 江西龙虎山旅游发展总体策划》，项目组核心专家；
★《2007 河北省唐山市南堡旅游概念性规划》，项目组核心专家；
★《2007 青海黄南洲旅游发展研讨会》特邀策划专家；
★《2007 山东省淄博市周村旅游区委托管理》项目核心专家；
★《2007 青海省黄南洲旅游战略发展咨询》专家组核心专家；
★《2007 黑龙江哈尔滨阿城旅游开发讲座》特邀培训专家；
★《2007 长江三峡中国名景区营销论坛》特邀智业专家；
★《2007 河北省唐山市曹妃甸旅游概念性规划》，项目核心专家；
★《2007 河北省唐海县旅游总体规划》，项目核心专家；
★ 国家旅游局《2007 贵州省江口县旅游总体规划》，项目核心专家；
★《2007 河北秦皇岛市文化创意产业规划》，项目核心专家；
★《2007 国家电网公司国网新源旅游产业化模式及开发策略研究》，项目组长；
★《2007 北京市旅游局胡同游项目研究》，项目组长；
★《2007 北京市文化创意研究项目——北京市延庆旅游露营地》项目组长；
★《2007 北京市文化创意研究项目——北京市散客旅游运营中心》项目组长；
★《2007 山东省泰安市泰安抽水蓄能电站旅游区总体策划》项目组长；
★《2007 山东省泰安市泰安抽水蓄能电站旅游区修建性详细规划》项目组长；
★ 国家旅游局《大丝绸之路总体规划》核心专家；
★《2007 山东泰安抽水蓄能电站景区管理咨询》核心专家；

★《2007 山东省东营市老河口旅游区规划》项目评审带队专家；

★《2007 山东省东营市黄河入海处旅游区总体规划》项目评审带队专家；

★《2007 山东省威海市圣经山旅游总体规划、营销规划、修建性详细规划》项目核心专家；

★《2007 河南商丘古城旅游营销研讨会》特邀营销专家；

★《2007 辽宁省旅游协会景区营销论坛》特邀培训专家；

★《2007 河南省洛阳丝绸之路起点论证》项目咨询及培训专家；

★《2007 河南省洛阳白马寺旅游总体规划》项目核心专家；

★《2007 河北省承德市避暑山庄旅游市场网络营销》项目咨询专家；

★《2007 天津市旅游信息中心网络营销》项目咨询专家；

★《2007 内蒙古赤峰市宁城热水旅游度假区旅游总体规划》项目评审组织专家；

★《2007 河北省唐山市唐海湿地旅游总体规划》项目评审组织专家；

★《2007 河北省邢台岐山湖旅游总体规划》项目组核心专家；

★《2007 宁波东钱湖旅游发展战略研讨会》特邀专家；

★《2007 泰山旅游发展规划研讨》特邀智业专家；

★《2007 贵州梵净山旅游发展总体规划座谈会》特邀专家；

★《2007 山东昆嵛山旅游区发展规划座谈会》特邀专家；

★《2007 安徽颍上县旅游发展战略论坛》特邀培训专家；

★《2007 山东泰山风景名胜区总体规划》拓展咨询专家；

★《2007 南京旅游市场营销策划研讨》特邀策划专家；

★《2007 黑龙江阿城旅游产业化模式研讨》特邀培训专家；

★《2007 辽宁鞍山旅游座谈会》特邀策划专家；

★《2007 山东昆嵛山旅游区总体规划》项目组长；

★《2007 泰山风景区旅游发展总体规划》项目组长；

★《2007 山东兰陵古镇旅游区概念性规划》项目组长；

★《2007 山东龙口旅游发展座谈研讨》特邀策划专家；

★《2007 山东淄博周村古商城旅游开发研讨会》特邀营销专家；

★《2007 山东淄博淄川区旅游总体规划》拓展咨询专家；

★《2007 山东龙口丁氏宅院旅游开发策划》拓展咨询专家；

★《2007 山东泰安抽水蓄能电站旅游运营服务》项目总策划、总统筹；

★《2007 山东龙口丁氏宅院旅游开发策划》项目组长；

★《2007 山东泰山两翼 46 平方公里休闲产业发展专项规划》项目组长；

★ 国家旅游局《2007 烟台滨海 23 平方公里度假区总体规划》评审专家；

★《2007 河南洛阳大伏牛山总体规划》特邀咨询专家；

★《2007 山东招远黄金产业发展规划》拓展咨询专家；

★ 2008《山东潍坊安丘 47 平方公里旅游产业发展规划》研讨拓展咨询专家；
★ 2008《辽宁朝阳市文化新城 330 平方公里产业总体规划》拓展咨询专家；
★ 2008《重庆永川茶山竹海旅游区总体规划》咨询专家；
★ 2008《石家庄封龙山旅游区发展总体规划》咨询专家；
★ 2008《重庆黄瓜山 66 平方公里休闲产业区发展总体策划》咨询专家；
★ 2008《石家庄封龙山 75 平方公里商务休闲产业发展总体策划》项目组长；
★ 2008《重庆永川茶山竹海 117 平方公里产业区发展总体策划》项目组长；
★ 2008《天津市团泊新城 330 平方公里产业发展总体规划》拓展专家；
★ 2008《吉林北大湖国际滑雪旅游度假区 136 平方公里产业发展》咨询专家；
★ 2008 吉林省人民政府:《大鸭绿江 560 平方公里旅游产业发展总体规划》竞标组组长，并获得全国竞标第一名；
★ 2008 山东省人民政府:《周村古商城 13 平方公里旅游产业发展调研》特邀专家；
★ 2008《海南省三亚鹿回头风景名胜区旅游发展策划》咨询专家；
★ 2008 广东省利海集团:《郑州市雁鸣湖 33 平方公里产业策划》项目组长；
★ 2008《郑州市雁鸣湖旅游区概念性规划》项目组组长；
★ 2008 天津市重点规划指挥部:《天津市旅游发展总体规划》项目组组长；
★ 2008 吉林省人民政府:《鸭绿江旅游产业发展总体规划》全国竞标第一名；
★ 2008《张家口市坝上白塔草原旅游区总体规划》咨询专家；
★ 2008《合肥市鑫诚旅游地产北京通州、河北霸州项目》咨询专家；
★ 2008《天津武清区梅厂新村旅游发展运营策划》咨询专家；
★ 2008《邢台市临城县歧山湖旅游区产业发展策划》咨询专家；
★ 2008《集安市绿江源休闲旅游区产业发展策划》咨询专家；
★ 2008《白山市望天鹅旅游区发展规划》咨询专家；
★ 2008 吉林省人民政府:《大鸭绿江 10000 平方公里旅游产业发展总体规划及重要接点的控制性详细规划》项目组长；
★ 2008 吉林省人民政府:《龙湾自然保护区旅游产业发展总体规划及重要接点的控制性详细规划》项目组长；
★ 2008 河北省人民政府:《永清、固安、霸州温泉产业发展总体规划》竞标组组长，并获得全国竞标第一名；
★ 2008《廊坊市永清县旅游发展总体规划》项目组组长；
★ 2008 吉林省人民政府:《北大湖国际体育旅游经济区发展总体规划暨重要项

目的的招商说明书》项目组长；

★ 2008 海南航空集团《兰洋温泉度假区控制性详细规划》咨询专家；
★ 2008《海南洋浦工业区旅游产业发展总体规划》咨询专家；
★ 2008《海南儋洲市 3369 平方公里旅游总体规划》咨询专家；
★ 2008《北京市顺义区安利源庄园总体规划》咨询专家；
★ 2008《青海省贵德县 30 公里黄河生态走廊开发规划》咨询专家；
★ 2008《山西省晋中介休市张壁古堡旅游区开发可行性研究》项目组长；
★ 2008《太原市王郭村旅游开发总体规划及两个重点项目规划》咨询专家；
★ 2008《福建厦门大嶝岛总体开发策划》项目组长；
★ 2008《黑龙江镜泊湖总体开发策划》项目组长；
★ 2008《河北省永固霸温泉产业带发展规划》项目组长；
★ 2008 天津市重点规划指挥部:《天津市滨海新区旅游发展总体规划》项目组长；
★ 2008 浙江万象集团:镜泊湖战略开发策划首席专家；
★ 2008 厦门象屿集团:英雄三岛战略开发首席专家；
★ 2008 海南航空公司:洋浦工业港及儋洲旅游开发策划专家；
★ 2008 广东利海集团:雁鸣湖总体开发战略规划专家；
★ 2008《江苏省虞山尚湖风景名胜区发展规划》咨询专家；
★ 2008 天津市旅游局:旅游发展研讨会特邀(主讲)专家；
★ 2008 天津泰达控股集团:《天津市滨海休闲旅游区总体规划》评审专家；
★ 2008《天津市官港国际游乐城总体规划》评审专家；
★ 2008 天津泰达控股集团:《滨海城市设计导则及起步区行动规划》投标方案评审专家；
★ 2008 天津泰达控股集团:《天津市渤海之钻海洋之城总体规划》论证专家；
★ 2008《廊坊市城市空间发展战略策划报告》评审专家；
★ 2008《浙江省千岛湖功能服务中心总体规划及概念性设计》项目组长；
★ 2008《天津市旅游产业布局规划》项目组长；
★ 2008 天津海河开发集团:《海河中游柳林风景区总体规划》市场营销咨询专家；
★ 2008 深圳新宇龙科技股份:《泰山风景名胜区智能化旅游发展规划》咨询专家；
★ 2008 深圳新宇龙科技股份:《天津市数字化旅游发展执行方案》咨询专家；
★ 2008 山东省泰山风景名胜区管理委员会:环山景观大道整体布局咨询专家；
★ 2008《泰山户外大本营实施策划》项目咨询专家；

★ 2008 吉林盘石市区域发展战略顾问专家；
★ 2008 吉林－深圳产业合作示范区战略投资咨询专家；
★ 2008 江苏省虞山尚湖管委会总体策划及营销模式顾问专家；
★ 2008 泰山环山植物园及美食走廊策划咨询专家；
★ 2008 重庆市武隆县旅游产业发展模式整合咨询专家；
★ 2008 重庆市天舆旅游投资项目咨询专家；
★ 2008 浙江省绍兴古城旅游区总体规划竞标顾问专家；
★ 2008 福建泉州市白鹭湾休闲地产开发总体咨询专家；
★ 2008 四川省雅安二郎山旅游区发展咨询专家；
★ 2008 山东省泰山中国文化博览园旅游区地产开发咨询专家；
★ 2008 兴宇地产集团：内蒙古鄂托克前旗大沙头旅游区地产开发咨询专家；
★ 2008 兴宇地产集团：内蒙古鄂尔多斯大沟湾旅游度假区地产咨询专家；
★ 2008 江西南昌高店市畲山贾村古村落旅游产业开发咨询专家；
★ 2008 宁夏兴宇旅游地产开发公司企业战略发展咨询专家；
★ 2008 陕旅集团：陕西关山草原旅游区修建性详细规划、旅游市场营销与运作计划、项目可行性研究报告项目组长；
★ 2008 北京青龙潭土地开发规划项目组长；
★ 2008 北京昌平区 864 亩土地开发模式咨询专家；
★ 2008 北京顺义区 880 亩土地开发模式咨询专家；
★ 2008 吉林省鸭绿江黄金旅游带基础设施项目可行性研究报告项目组长；
★ 2008 天津市华明镇旅游产业整合发展咨询专家；
★ 2008 吉林省林业厅/通化市政府旅游产业发展专题讲座特邀专家；
★ 2008 辽宁省辽阳市弓长岭温泉地产开发特邀咨询专家；
★ 2008 吉林省集安市鸭绿江旅游区项目开发策划咨询专家；
★ 2008 山东昆嵛山梧桐安地产模式开发咨询专家；

★ 2009 黑龙江牡丹江市“镜泊湖国家重点风景名胜区旅游开发模式”讲座；
★ 2009 江苏省《虞山尚湖旅游区开发总体策划》首席专家暨项目组长；
★ 2009 同创德业地产集团：河北唐山唐海湿地 2000 亩土地开发咨询专家；
★ 2009 豫发地产集团：河南花果山旅游地产综合开发模创意式咨询专家；
★ 2009 辽宁省鸭绿江黄金旅游带集安段基础设施建设咨询专家；
★ 2009 辽宁省高句丽世界文化遗产旅游项目资源整合咨询专家；
★ 2009 江苏宜兴城市旅游目的地中原营销策略讲座特邀专家；
★ 2009 新疆沙雅县旅游产业化发展战略咨询专家；

★ 2009 浙江省绍兴市会稽山国际旅游度假区开发模式咨询；
★ 2009 江苏省常熟市“休闲度假产业”模式专题讲座；
★ 2009《内蒙古鄂尔多斯沙漠大峡谷旅游区开发总体策划》首席专家暨项目组长；
★ 2009 辽宁省辽阳市“弓长岭温泉产业及地产开发模式”专题讲座；
★ 2009《四川省二郎山旅游区开发总体策划》首席专家暨项目组长；
★ 2009 上海市《金融危机下旅游景区的营销之道》专题讲座；
★ 2009《吉林省靖宇县县域空间发展战略策划》首席专家暨项目组长；
★ 2009 吉林省北大湖体育旅游经济区发展模式专题讲座及咨询专家；
★ 2009 北京市\天津市\河北省泛金海湖京津冀旅游金三角发展规划项目首席专家及项目组长；
★ 2009 内蒙古《鄂托克前旗大沙头旅游景区修建性详细规划》项目组长；
★ 2009 江苏省“大脚旅游活动”营销专题讲座特邀专家；
★ 2009 江苏省扬州旅游营销中心发展模式特邀咨询专家；
★ 2009 江苏省泰兴市黄桥旅游开发格局及运作策略咨询专家；
★ 2009 中国光华旅游投资基金投资走向特邀咨询专家；
★ 2009 中央卫视新媒体 CCTV. COM 旅游营销模式咨询专家；
★ 2009 中国风景名胜区协会中国风景名胜网市场营销咨询专家；
★ 2009 中国茶马古道文化研究院文化项目创意特邀咨询专家；
★ 2009 河南驻马店驿城区西部休闲带发展模式咨询专家；
★ 2009 天津大沽区旅游发展专题咨询专家；
★ 2009 天津大邱庄镇发展专题咨询专家；
★ 2009 福建省人民政府《福建省温泉产业发展规划》竞标组长并获得全国竞标第一名；
★ 2009 天津静海区休闲农业发展专题咨询专家；
★ 2009 天津环北大港湖休闲走廊发展咨询专家；
★ 2009 天津武清区生态农业发展专题咨询专家；
★ 2009 宁夏沙坡头旅游区大旅游格局咨询专家；
★ 2009 河南汝阳杜康酒业旅游发展规划咨询专家；
★ 2009 北京金融街休闲旅游产业发展总体规划核心专家；
★ 2009 国家旅游局汤旺河国家公园总体规划核心专家；
★ 2009 浙江舟山风景道旅游产业总体规划核心专家；
★ 2009 浙江舟山群岛马岙逍遥谷概念性详细规划核心专家；
★ 2009 浙江湖州长兴太湖图影旅游度假区战略发展咨询专家；

★ 2009 江西萍乡市安源区旅游产业总体发展咨询专家；
★ 2009 广东东莞市寮步镇空间发展战略咨询专家；
★ 2009 天津龙顺集团长白山雪山湖总体开发战略咨询专家；
★ 2009 中房渤海投资集团天津武清大黄堡综合开发战略咨询专家；
★ 2009 河南驻马店驿城生态旅游度假区总体规划项目组长；
★ 2009 湖北秭归县文化旅游战略发展策划项目组长；
★ 2009 湖北秭归县屈原故里旅游区总体规划暨可行性研究报告项目组长；
★ 2009 辽宁本溪市华夏房地产集团龙风峡总体开发战略咨询专家；
★ 2009 河北省屈家营古乐产业化发展战略咨询专家；
★ 2009 浙江天目山运动公园项目咨询专家；
★ 2009 山东青岛胶州少海新城旅游产业布局咨询专家；
★ 2009 京杭大运河台儿庄国际旅游度假区规划咨询专家；
★ 2009 太湖苏州国际生态农业旅游示范区规划咨询专家；
★ 2009 苏州市吴中区旅游总体规划咨询专家；
★ 2009 东方置业广西亚热带植物研究中心旅游发展战略规划咨询专家；
★ 2009“洪湖岸边是家乡”湿地生态旅游城详细规划核心专家；
★ 2009 新疆克拉玛依石油工业旅游战略发展规划咨询专家；
★ 2009 新疆克拉玛依市石油旅游总体规划咨询专家；
★ 2009 武当山旅游区中原客源市场营销咨询顾问专家；
★ 2009 中国风景名胜区协会景区露营旅游模式咨询顾问专家；
★ 2009 浙江舟山岱山旅游开发咨询专家及管理模式培训专家；
★ 2009 天津市大邱庄 4000 亩土地开发模式策划咨询专家；
★ 2009 天津市龙顺集团战略发展咨询顾问专家；
★ 2009 江苏丹阳旅游产业发展战略咨询顾问专家；
★ 2009 长白山(吉林安图)雪山湖产业开发战略策划报告及重要地块的控制性详细规划和重要接点的修建性详细规划项目组长；
★ 2009 浙江省舟山群岛定海重点旅游投资项目评估会咨询专家；
★ 2009 苏州吴中·太湖金秋国际经贸洽谈会主题论坛《太湖时代与产业投资》演讲专家；
★ 2009 河南永达集团:许昌花都温泉旅游度假区 4500 亩土地开发咨询专家；
★ 2009 北京中国浩远集团江苏阳澄湖旅游度假区核心项目开发咨询专家；
★ 2009 北京永定河流域开发管理运营模式咨询专家；
★ 2009 北京水务水电建设集团:《大型工程项目成功管理专题培训》专家；
★ 2009 安徽合肥/六安旅游产品整合及营销模式咨询专家；

★ 2009 无锡市公园管理中心所属资源综合发展战略咨询专家；
★ 2009 北京博大集团：坤元房地产开发有限公司、天津博大东方置业投资有限公司武清南湖 10 平方公里一级开发项目咨询专家；
★ 2009 联想集团：融科智地房地产有限公司九江归宗游地产项目咨询专家；
★ 2009 三亚保亭佳源农林发展有限公司 461 景观地产项目咨询专家；
★ 2009 三亚万顺源尖峰国家森林公园沉香园土地综合利用项目咨询专家；
★ 2009 三亚黄花梨主题旅游度假区土地开发项目咨询专家；
★ 2009 三亚九所庄园旅游地产开发模式战略咨询专家；
★ 2009 深圳莱梦置业公司天津武清高店万亩土地一级开发项目咨询专家；
★ 2009 天津静海 100 平方公里生态循环经济示范区发展战略咨询专家；
★ 2009 江苏风灵集团文化产业和生态农业农家乐产业园区项目顾问专家；
★ 2009 港中旅(中国)投资有限公司：广州花都旅游地产项目咨询专家；
★ 2009 深圳“大鹏所城文化遗产合理利用与产业设计研讨”战略规划专家；
★ 2009 宁夏盐池县旅游产业发展战略咨询专家；
★ 2009 重庆市开县汉丰湖战略发展咨询专家；
★ 2009 中国浩远集团：江苏阳澄湖旅游地产开发项目专家组组长；
★ 2009 山东科达集团：黄河口大剧院旅游地产项目设计优化论证特邀专家；
★ 2009“走进中国三峡：汉丰湖开发与保护高端论坛”旅游地产特邀专家；
★ 2009 安徽凯润集团：九华山旅游地产开发项目咨询专家；
★ 2009 江苏新沂市区域空间战略发展战略咨询专家；
★ 2009 江苏丹阳市区域空间战略发展战略咨询专家；
★ 2009 江苏无锡市太湖空间战略发展战略咨询专家；
★ 2009 中国汇联投资集团安徽金寨 200 平方公里区域开发项目咨询专家；
★ 2009 天津市武清区旅游产业发展战略咨询专家；
★ 2009 河南许昌花都温泉旅游度假区 5000 亩旅游地产规划专家组组长；

★ 2010 辽宁滨海经济带大连旅游产业发展规划专家组组长；
★ 2010 天津市京津天合城旅游地产项目规划专家组组长；
★ 2010 江西九江庐山星子温泉旅游小镇归宗旅游地产项目专家组组长；
★ 2010 浙江华成集团天津蓟县 5000 亩旅游地产项目组长；
★ 2010 秦皇岛金沙湾旅游度假区开发策划及地产功能概念性规划组长；
★ 2010 天津天房集团团泊湖休闲城镇项目开发咨询专家；
★ 2010 北京博大东方集团天津武清 12 平方公里一级开发规划组长；
★ 2010 江苏丹阳九里旅游度假区开发咨询核心专家；

★ 2010 江苏新沂市泛旅游产业发展规划项目组长；
★ 2010 香港华懋财团泰山项目投资咨询专家；
★ 2010 山东福兴集团冠石榴园开发项规划项目组长；
★ 2010 山东大屋集团威海市 5000 亩土地综合开发项目咨询专家；
★ 2010 江苏无锡园林旅游发展规划项目组长；
★ 2010 山东银座旅游集团投资明府城与费县旅游项目咨询专家；
★ 2010 山东青岛黄岛经济开发区旅游发展规划项目组长；
★ 2010 山东青岛珠山森林公园概念性规划项目核心专家；
★ 2010 石家庄常青集团 10 平方公里旅游城镇发展规划咨询专家；
★ 2010 吉林安图旅游战略项目投资推进特邀咨询专家；
★ 2010“中国东陇海战略高峰论坛”特邀演讲专家；
★ 2010 广东绿湖控股南昌安义万埠旅游度假区项目咨询专家；
★ 2010 石家庄久强集团正定古城城隍庙地产项目特邀专家；
★ 2010 河北廊坊九鼎集团牛驼温泉度假区项目特邀专家；
★ 2010 天津聚锦庄园管理企业公司开发项目特邀咨询专家；
★ 2010 天津冠跻集团北辰 6000 亩红酒文化园项目开发咨询专家；
★ 2010 天津冠跻集团黑龙江黑河项目开发战略咨询专家；
★ 2010 江苏新沂马陵山旅游度假区温泉开发项目咨询专家；
★ 2010 江苏新沂龙马湖环湖开发战略项目咨询专家；
★ 2010 吉林长吉一体化战略：长春二道区发展战略策划项目组长；
★ 2010 成都和镜国际马术 3500 亩综合开发咨询专家；
★ 2010 天津天房集团团泊湖开发总体策划项目组长；
★ 2010 江苏新沂百里休闲农业走廊开发及运营咨询专家；
★ 2010 中国房地产信息集团·易居中国·克而瑞旅游地产特邀战略专家；
★ 2010 南京青和集团宝华山国家森林公园 3000 亩旅游地产项目咨询专家；
★ 2010 承德市双滦区 25 平方公里开发项目咨询专家；
★ 2010 黑龙江黑河新生鄂伦春民族旅游项目咨询专家；
★ 2010 泉州市旅游产业战略定位与支柱项目发展方向咨询专家；
★ 2010 福建省正荣集团莆田市田园城市功能区开发项目前期咨询专家；
★ 2010《郑州市旅游产业发展规划》竞标项目咨询专家；
★ 2010《杭州市旅游产业发展规划》竞标项目组长并获得全国竞标第一名；
★ 2010《宁波市旅游产业发展规划》竞标项目组长并获得全国竞标第一名；
★ 2010 河南南阳宝天曼国际养生谷项目开发咨询专家；
★ 2010 三亚市渔盐温泉项目产业发展咨询专家；

★ 2010 三亚市曲岭河漂流与黎族农家乐项目开发咨询专家；
★ 2010 河南中昊公司生态科技农业旅游开发项目咨询专家；
★ 2010 山东绿叶集团烟台滨海项目开发咨询专家；
★ 2010 山东汶上大宝相寺产业发展项目咨询专家；
★ 2010 大连港口投资集团旅游地产项目开发咨询专家；
★ 2010 山东福兴集团枣庄冠世榴园项目修建性详细规划项目组长；
★ 2010 吉林修正药业集团望天鹅项目规划及修建性详细规划专家组组长；
★ 2010 山东新汶矿业集团泰安盐海神汤温泉旅游度假项目咨询专家；
★ 2010 山东鸿建集团威海四季海湾旅游地产开发项目咨询专家；
★ 2010 河南驻马店天鹅岛农业旅游项目概念性详细规划项目组长；
★ 2010 河南新乡南水北调工程旅游产业发展规划咨询专家；
★ 2010 河南新乡沿黄河旅游发展带旅游产业发展规划咨询专家；
★ 2010 河北省三河福山旅游产业开发公司旅游地产项目咨询专家；
★ 2010 云南省泰兴隆房地产开发公司湖南衡阳旅游地产项目咨询专家；
★ 2010 河北省滦平金山岭旅游地产开发项目咨询专家；
★ 2010 泛海国际集团兵马俑秦文化旅游产业开发项目咨询专家；
★ 2010 天津市河东区旅游产业发展规划咨询专家；
★ 2010 中国国际休闲协会：中国休闲地产规划 · 建筑 · 设计领袖峰会论坛专家；
★ 2010 中国传媒大学：中国城市传播与市场营销干部培训班讲座专家；
★ 2010 重庆市云阳旅游产业发展规划、龙缸国家地质公园总体规划、龙缸旅游区修建性详细规划项目组长；
★ 2010 江苏省龙城旅游控股集团：东方盐湖城项目概念性规划项目组长；
★ 2010 湖南省武冈市旅游产业发展规划、云山国家森林公园旅游产品规划、武冈古城开发规划项目咨询专家；
★ 2010 云南省吉成旅游地产集团弥勒县 2000 亩开发项目咨询专家；
★ 2010 江苏省新沂市旅游产业功能区规划与旅游产业经济区规划项目组长；
★ 2010 北京盛睿佳投资集团：珠海横琴岛旅游地产开发项目咨询专家；
★ 2010 山东省山川文化投资胶南珠山书院旅游地产开发项目咨询专家；
★ 2010 湖北省武当山太极湖国际旅游营销论坛特邀专家；
★ 2010 河北金土地集团：中国西安日月湾国际旅游度假区项目总体规划、可研报告、控制性详细规划项目组长；
★ 2010 大连港集团：大长山岛 2000 亩度假综合体旅游地产项目前期策划与概念性规划项目组长；
★ 2010《杭州市旅游产业发展规划（2011 - 2015）》成果制作项目组长；

★ 2010《宁波市旅游产业发展规划(2011－2015)》成果制作项目组长;
★ 2010 西安百事通集团:西安兵马俑旅游地产咨询项目组长;
★ 2010 云南泰兴隆集团:湖南衡阳珠辉盐湖旅游地产概念性规划项目组长;
★ 2010 杭州余杭旅游产业发展规划项目组长;
★ 2010 浙江省青山湖科技城旅游服务产业综合规划项目组长;
★ 2010 宁波保国寺旅游产业发展概念性规划项目咨询专家;
★ 2010 泛海国际地产集团:西安秦文化国际旅游度假区战略规划项目组长;
★ 2010 北京文元昌投资集团:白山项目咨询专家;
★ 2010 江苏常州茅山风景名胜区管委会旅游产业开发咨询专家;
★ 2010 西安九州映红旅游投资集团:《秦始皇》文化旅游项目特邀咨询专家;
★ 2010 中国创维集团:深圳基地旅游开发项目咨询专家;
★ 2010 经纬国际集团(纳斯达克上市):网络市场推广技术咨询专家;
★ 2010 克尔瑞集团(纳斯达克上市):旅游地产联合开发模式研究咨询专家;
★ 2010 浙江省科技创新基地:旅游休闲产业发展规划咨询专家;
★ 2010 上海亚龙投资集团:四明山旅游度假地产开发咨询专家;
★ 2010 杭州市温州商会:旅游地产投资联盟特邀咨询专家;
★ 2010 内蒙古贵帮圣泰投资集团:黄河大峡谷旅游地产项目咨询专家;
★ 2010 长白山功能区:长白县旅游产业发展规划项目组长;
★ 2010 吉林省鸭绿江旅游风光带长白县旅游综合服务区控制性详细规划项目组长;

★ 2011 港中旅集团:北京潮白河燕郊 2000 亩开发前期咨询专家;
★ 2011 吉林白山靖宇内陆干港物流产业园开发咨询专家;
★ 2011 中国深圳住房交易会特邀讲座:中国旅游城市开发与旅游地产模式;
★ 2011 新奥产业集团:廊坊 10000 亩文化旅游开发项目咨询专家;
★ 2011 华林集团:三亚凤凰台楼旅游导向新农村发展示范区项目开发顾问;
★ 2011 中基投资集团:驻马店乐山旅游度假区开发顾问专家;
★ 2011 鑫阳地产机构:深圳旅游地产训练营特邀培训专家;
★ 2011 济宁大宝相寺宗教旅游产品提升与市场营销策划项目组长;
★ 2011 无锡市五芝源灵芝科技产业发展项目开发顾问专家;
★ 2011 专题讲座:旅游地产新趋势与开发策略新挑战;
★ 2011 专题讲座:宁波旅游业的十二五突破;
★ 2011 专题讲座:旅游地产——后旅游时代的创新构想;
★ 2011 专题讲座:城市化进程中的旅游地产开发模式;

★ 2011 专题讲座:网络时代的旅游地产发展平台构想;
★ 2011 专题讲座:中国城市旅游开发与房地产发展路径;
★ 2011 香港世华投资集团特邀旅游地产开发顾问;
★ 2011 重庆融汇投资集团特邀旅游地产开发顾问;
★ 2011 湖北和信地产集团特邀旅游地产开发咨询专家;
★ 2011 河南中陆福基投资集团特邀旅游地产开发顾问;
★ 2011 海南金石地产集团特邀旅游地产开发顾问;
★ 2011 海南双大集团特邀旅游地产开发顾问;
★ 2011 青岛荣置地集团特邀旅游地产开发顾问;
★ 2011 郑州金程集团旅游地产开发顾问;
★ 2011 深圳箱根温泉设计特邀旅游地产开发顾问;
★ 2011 中原康城集团:黄河小浪底 5000 亩旅游地产开发项目咨询专家;
★ 2011 中原康城集团:洛阳伊河区域 13000 亩旅游地产开发项目咨询专家;
★ 2011 京煤集团:北京门头沟区中瑞生态谷旅游地产项目开发咨询专家;
★ 2011 专题讲座:大宝相寺宗教文化旅游与城市功能区开发项目顾问专家;
★ 2011 泰山东部新区管委会旅游地产项目启动顾问专家;
★ 2011 滦河旅游投资:承德坝上旅游度假区开发咨询专家;
★ 2011 正阳集团:洛阳龙门世界文化遗产园区旅游地产项目开发咨询专家;
★ 2011 无锡阖闾古城:旅游地产项目开发咨询专家;
★ 2011 国鼎投资:洛阳城市综合体项目咨询专家;
★ 2011 北方投资:旅游地产项目开发运营咨询专家;
★ 2011 北京行宫酒店集团:洛阳龙门旅游文化地产开发项目咨询专家;
★ 2011 青岛麦迪绅集团(德国上市):胶南海岸旅游地产项目咨询专家;
★ 2011 华房(上海)股权投资集团:九江温泉旅游地产项目开发咨询专家;
★ 2011 清华总裁商会北京峰会:环渤海文化旅游地产开发模式培训专家;
★ 2011 新沂旅游产业经济园区南京研讨招商:开发模式专题演讲专家;
★ 2011《新沂旅游产业经济园区发展战略报告》创意专家及项目组长;
★ 2011 天傲国际投资集团北京、武汉、广州旅游地产项目咨询专家;
★ 2011 内蒙古万达集团麻池古城温泉旅游地产项目顾问专家;
★ 2011 中国太平洋建设集团旅游地产项目前期工作咨询专家;
★ 2011 南山集团旅游地产项目咨询专家;
★ 2011 中辉集团三亚天涯湖旅游地产项目咨询专家;
★ 2011 内蒙古日月轩集团成吉思汗古城旅游地产项目咨询专家;
★ 2011 唐山大唐鼎旺集团曹雪芹主题公园项目咨询专家;

★ 2011 世界遗产杭州西湖旅游产业发展咨询专家；
★ 2011 清华大学房地产总裁班“中国滨海旅游地产”培训专家；
★ 2011 北控集团河北承德金山岭长城旅游度假区项目咨询专家；
★ 2011 世界遗产：《西湖旅游经济发展规划》项目组长；
★ 2011 辽宁汤沟国际温泉旅游度假区开发策划、总体规划、详细规划项目组长与全程开发顾问；
★ 2011 北京国泰集团百花山旅游地产开发项目顾问专家；
★ 2011 丹东市锦绣集团同兴镇旅游地产综合发展项目顾问专家；
★ 2011 海城市宗骏集团流域综合开发旅游地产项目顾问专家；
★ 2011 西安市蓝德集团铜川市药王山旅游度假区开发项目顾问专家；
★ 2011 西安市蓝德集团蓝田县厚镇骑游旅游度假区项目顾问专家；
★ 2011 北京国泰集团旅游地产商业模式设计专题培训专家；
★ 2011 秦皇岛象旅集团象山旅游度假区项目咨询专家；
★ 2011 北京中马文化集团延庆世界马博园旅游地产项目顾问专家；
★ 2011 首钢集团河北大厂工业园区旅游地产开发项目顾问专家。

责任编辑：孙延旭

图书在版编目(CIP)数据

旅游地产开发概论/许豫宏，崔宴芳著．—北京：旅游教育出版社，2012.3（2016.7）
ISBN 978-7-5637-2375-1

Ⅰ.①旅…　Ⅱ.①许…　②崔…　Ⅲ.①旅游—房地产开发—概论　Ⅳ.①F293.3

中国版本图书馆 CIP 数据核字(2012)第 030817 号

旅游地产开发概论

许豫宏　崔宴芳　著

出版单位	旅游教育出版社
地　　址	北京市朝阳区定福庄南里 1 号
邮　　编	100024
发行电话	(010)65778403 65728372 65767462(传真)
本社网址	www.tepcb.com
E-mail	tepfx@163.com
印刷单位	北京京华虎彩印刷有限公司
经销单位	新华书店
开　　本	787×1092　1/16
印　　张	20.375
字　　数	326 千字
版　　次	2012 年 5 月第 1 版
印　　次	2016 年 7 月第 3 次印刷
定　　价	36.00 元

（图书如有装订差错请与发行部联系）